Ellen Fein, Sherrie Schneider
Die Kunst, den Mann fürs Leben zu finden

Ellen Fein, Sherrie Schneider

Die Kunst, den Mann fürs Leben zu finden

Alle Regeln in einem Band

Aus dem Amerikanischen von
Renata Platt und Ursula Buntspecht

Kabel

ISBN 3-8225-0527-7
Einbändige Sonderausgabe 2000
© Ellen Fein, Sherrie Schneider 1995 und 1997
Copyright der deutschsprachigen Ausgabe:
© Piper Verlag GmbH, München 1996 und 1998
Titelabbildung: Frank P. Wartenberg, PicturePress
Satz: Clausen & Bosse, Leck
Druck und Bindung: Graphischer Großbetrieb Pößneck GmbH
Printed in Germany

Ellen Fein, Sherrie Schneider

Die Kunst,
den Mann fürs Leben zu finden

Titel der amerikanischen Originalausgabe:
The Rules. Time-tested Secrets for Capturing
the Heart of Mr. Right,
Warner Books, New York

*Unseren wunderbaren Ehemännern
und großartigen Kindern*

*Mit besonderem Dank an
Connie Clausen,
Anne Hamilton
und Myndie Friedman*

Inhalt

Kapitel I	Wie dieses Buch entstand 11
Kapitel II	Was sind *Die Regeln?* 15
Kapitel III	Eine Frau, die sich an die Regeln hält 21
Kapitel IV	Doch zuerst einmal geht es um – Sie! 25
Regel Nummer 1	Seien Sie anders als alle anderen 32
Regel Nummer 2	Sprechen Sie einen Mann nicht zuerst an (und fordern Sie ihn nicht zum Tanzen auf) 36
Regel Nummer 3	Starren Sie die Männer nicht an, und reden Sie nicht zuviel 43
Regel Nummer 4	Kommen Sie ihm nicht auf halber Strecke entgegen, und machen Sie bei der Rechnung nicht halbe-halbe 46
Regel Nummer 5	Rufen Sie ihn nicht an und auch nicht immer gleich zurück 50
Regel Nummer 6	Beenden *Sie* die Telefongespräche 56
Regel Nummer 7	Nehmen Sie nach Mittwoch keine

	Einladungen mehr für Samstag abend an 63
Regel Nummer 8	Füllen Sie die Zeit bis zur Verabredung aus 69
Regel Nummer 9	Wie man sich bei der ersten, zweiten und dritten Verabredung verhält 71
Regel Nummer 10	Wie man sich bei der vierten Verabredung verhält, wenn sich die Beziehung allmählich festigt 75
Regel Nummer 11	Beenden immer *Sie* das Rendezvous 79
Regel Nummer 12	Machen Sie mit ihm Schluß, wenn Sie von ihm zum Geburts- oder Valentinstag kein romantisches Geschenk bekommen 81
Regel Nummer 13	Treffen Sie ihn nicht öfter als ein-, zweimal die Woche 85
Regel Nummer 14	Gönnen Sie ihm bei der ersten Verabredung nicht mehr als einen flüchtigen Kuß 89
Regel Nummer 15	Überstürzen Sie es mit dem Sex nicht – und noch ein paar Regeln für Intimitäten 91
Regel Nummer 16	Sagen Sie ihm nicht, was er tun soll 96
Regel Nummer 17	Überlassen Sie ihm die Führung 99
Regel Nummer 18	Erwarten Sie von einem Mann nicht, daß er sich ändert, und versuchen Sie nicht, ihn zu ändern 101

Regel Nummer 19	Öffnen Sie sich ihm nicht zu schnell 105
Regel Nummer 20	Seien Sie aufrichtig, aber geheimnisvoll 110
Regel Nummer 21	Streichen Sie Ihre Vorzüge heraus – und noch ein paar Tips für Bekanntschaftsanzeigen 113
Regel Nummer 22	Ziehen Sie nicht zu einem Mann (und lassen Sie keine persönlichen Dinge in seiner Wohnung) 119
Regel Nummer 23	Lassen Sie sich nicht mit einem verheirateten Mann ein 123
Regel Nummer 24	Machen Sie ihn behutsam mit Ihrer familiären Situation vertraut – und noch ein paar Regeln für Frauen mit Kindern 126
Regel Nummer 25	Auch während der Verlobungszeit und in der Ehe sollten Sie sich an die Regeln halten 129
Regel Nummer 26	Halten Sie sich an die Regeln, selbst wenn Ihre Freunde und Eltern sie für Unfug halten 134
Regel Nummer 27	Beweisen Sie Köpfchen – und noch ein paar Regeln für Freundschaften während der Schulzeit 137
Regel Nummer 28	Passen Sie auf sich auf – und noch ein paar Regeln für Freundschaften während des Studiums 141
Regel Nummer 29	Der nächste, bitte! Oder: Wie man mit einer Enttäuschung fertig wird 145
Regel Nummer 30	Erzählen Sie keinem Therapeuten von den Regeln 148

Regel Nummer 31 Verstoßen Sie nicht gegen die Regeln 150
Regel Nummer 32 Halten Sie sich an die Regeln, dann haben Sie das Glück auf Ihrer Seite! 157
Regel Nummer 33 Lieben Sie nur Männer, die Sie auch lieben 162
Regel Nummer 34 Machen Sie es ihm leicht, mit Ihnen zu leben 165
Last but not least Zwölf Extratips 171

Die Regeln auf einen Blick 174

Kapitel I

Wie dieses Buch entstand

Offenbar erinnert sich niemand genau daran, wie es mit den hier beschriebenen »Kunstgriffen« anfing, aber wir glauben, es war um 1917, als Melanies Großmutter in einem kleinen Vorort von Michigan nervöse junge Männer im Wohnzimmer von Melanies Elternhaus warten ließ. Damals hieß das »die Männer zappeln lassen«. Wie man es auch nennen mochte – jedenfalls hatte Melanie mehr Heiratsangebote als Schuhe. Ihre Großmutter gab ihr Wissen an Melanies Mutter weiter und diese wiederum an Melanie. Fast ein Jahrhundert lang wurde es in der Familie gehütet wie ein Schatz. Doch als Melanie 1981 heiratete, legte sie ihren ledigen Studienfreundinnen und Arbeitskolleginnen die altmodischen Ratschläge ans Herz, darunter auch uns.

Anfangs erzählte Melanie nur im Flüsterton von den *Regeln*. Schließlich spricht eine moderne Frau nicht laut über ihre Heiratswünsche. Wir hatten bislang davon geträumt, Chefin einer großen Firma zu werden und nicht etwa die Ehefrau des Chefs. Also erzählten wir die *Regeln* hinter vorgehaltener Hand unseren Freundinnen weiter und schämten uns dabei ein bißchen, weil sie, na ja, weil sie so sehr an die fünfziger Jahre erinnerten. Aber Hand aufs Herz: So stolz wir darauf waren, im Berufsleben unsere Frau zu stehen, war das für die meisten von uns eben doch nicht alles. Wie schon unsere Mütter und Großmütter wünschten auch wir uns Ehemänner, die gleichzeitig unsere besten Freunde waren. Im Grunde unseres Herzens sehnten wir uns nach einer romantischen Hochzeit mit Brautkleid, Blumen, Geschenken, Flitterwochen – kurz, mit dem ganzen Drum und Dran. Unsere Unabhängigkeit wollten wir zwar nicht aufgeben, bei unserer Rückkehr abends vom Büro aber auch keine leere Wohnung vorfinden. Wer sagte denn, daß wir nicht alles auf einmal haben konnten?

Falls Sie die *Regeln* für eine Schnapsidee halten – keine Sorge, uns ging es anfangs genauso. Aber nach wiederholtem Liebeskummer gelangten wir zu der Einsicht, daß die *Regeln* keineswegs unmoralisch oder überholt sind, sondern lediglich eine schlichte Mustersammlung von Verhaltensweisen und Reaktionen, die – bei strenger Einhaltung – die meisten Frauen in den Augen der begehrten Männer unwiderstehlich machen. Warum es nicht zugeben? Den Frauen der neunziger Jahre mangelt es ganz einfach an gewissen Grundkenntnissen. Dieses Buch zeigt ihnen, wie sie den Mann fürs Leben finden oder in der Männerwelt zumindest gut ankommen.

Bald schon wurden wir kühner und sprachen offen darüber. Diese *Regeln* – sie funktionierten tatsächlich! Sie wirkten zwar altmodisch und unerbittlich, waren aber äußerst wirkungsvoll!

Anfangs hatten wir Vorbehalte gegen einige Leitsätze, weil sie scheinbar all das Lügen straften, was man uns über das Mann-Frau-Verhältnis beigebracht hatte, aber – und daran ist nicht zu rütteln – der Erfolg sprach für sich. Wir warfen also unsere vorgefaßten Meinungen über Bord, hielten uns getreu an diese Ratschläge und erlebten mit, wie viele von uns heirateten (ob Karrierefrau oder nicht).

Wir bildeten eine Art Untergrundbewegung, teilten das Wissen um eine Zauberformel, gaben sie weiter und taten, was Frauen seit Entstehung der Welt getan haben: wir verbündeten uns, um gemeinsam erfolgreicher zu sein. Diesmal jedoch waren die Einsätze höher und die Siege süßer als bei jedem Geschäftsabschluß. Wir reden von der Ehe, von einer richtigen, haltbaren Ehe, nicht von einer lieblosen Fusion, und diese Ehe ist das Ergebnis dieser einfachen Grundsätze, die uns die Kunst lehren, den Mann fürs Leben zu finden.

Über all die Jahre haben wir sie, zu Hause oder im Büro, an andere Frauen weitergegeben. Über all die Jahre haben Frauen bei uns angerufen, um sich über den einen oder anderen Punkt Gewißheit zu verschaffen: »Wie war das noch? Soll die Frau das Rendezvous beenden oder der Mann? Ich habe es vergessen.«

Dann, bei einem Abendessen in einem Chinarestaurant von Manhattan, zu dem wir uns mit ein paar alleinstehenden Freundinnen getroffen hatten, kam Cindy auf gewisse »Regeln« zu sprechen, von denen ihr eine Freundin in Kalifornien erzählt hatte. Kein Zweifel, es waren dieselben, mit deren Hilfe eine von uns in New York einen wundervollen Ehemann gefunden hatte. Sie hatten im Zickzack das Land durchkreuzt, waren von Frau zu Frau, von Dorf zu Stadt weitergetragen worden, um hier, bei Frühlingsrollen in Manhattan, zu uns zurückzugelangen!

Nur hatte die Sache einen Haken: Cindy hatte sie mißverstanden.

»In den *Regeln* heißt es doch, daß der Mann die Verabredung beenden soll, damit er denkt, daß er das Ruder in der Hand hat«, sagte Cindy.

»Nein, nein, nein! Falsch! Die *Regeln* besagen, *du* sollst das Rendezvous beenden, damit sein Verlangen nach dir noch größer wird«, erklärten wir ihr.

An diesem Abend beschlossen wir, den Regelkatalog niederzuschreiben, damit es zu keinen Mißverständnissen mehr kam.

Kapitel II

Was sind Die Regeln?

Wie oft haben Sie schon jemanden sagen hören: »Sie ist nett, hübsch und klug. Warum ist sie nicht verheiratet?« Waren damit vielleicht Sie selbst gemeint? Haben Sie sich je gefragt, wie manche Frauen, auch wenn sie weder sonderlich hübsch noch gescheit sind, es schaffen, die Männer scheinbar mühelos um den Finger zu wickeln?

Offengestanden fällt es den meisten Frauen in unserem Bekanntenkreis leichter, in eine andere Stadt zu ziehen, den Beruf zu wechseln oder bei einem Marathon mitzulaufen, als einen Mann zum Heiraten zu finden. Wenn Ihnen das bekannt vorkommt, dann sind Sie die richtige Leserin für diesen provokativen Ratgeber!

Was enthält er? Nichts weiter als eine Anleitung für Frauen, wie sie sich Männern gegenüber verhalten sollen, um das Herz ihres Traummannes zu erobern. Klingt zu schön, um wahr zu sein? Auch wir waren anfangs skeptisch. Lesen Sie weiter!

Ziel ist es, Ihren Traummann verrückt nach Ihnen zu machen, indem Sie für ihn unerreichbar sind. Mit anderen Worten: Wir spielen das Spiel »Ich bin schwer zu kriegen!« Er wird Sie dann nicht nur heiraten wollen, sondern verrückt nach Ihnen sein – für immer.

Wenn Sie sich an diesen Grundsatz halten, können Sie sicher sein, daß Ihr Mann Sie wie eine Königin behandeln wird – selbst wenn er böse auf Sie ist. Warum? Weil er so viel Zeit darauf verwandt hat, Sie zu erobern. Sie sind für ihn etwas so Kostbares, daß er Angst hat, Sie zu verlieren. Er denkt ständig an Sie. Er ist Ihr bester Freund, Ihr Fels in der Brandung in stürmischen Zeiten. Er ist gekränkt, wenn Sie ihn *nicht* an Ihren Problemen teilhaben lassen. Er ist immer für Sie da – ob Sie einen neuen Job annehmen oder ins Krankenhaus müssen. Er möchte sogar in Alltagsdinge miteinbezogen werden und zum Beispiel die neue Tagesdecke mit Ihnen zusammen aussuchen. Er möchte alles mit Ihnen *gemeinsam* machen.

Solange Sie die *Regeln* einhalten, brauchen Sie sich keine Sorgen zu machen, daß er anderen Frauen nachsteigt, weder Ihrer überaus attraktiven Nachbarin noch seiner vollbusigen Sekretärin. Er wird Sie nämlich für die Frau mit dem größten Sexappeal auf Erden halten. Sie brauchen keine Angst zu haben, daß er Sie verläßt, vernachlässigt oder links liegenläßt.

Eine Bekannte von uns, die sich an die *Regeln* gehalten hat, ist jetzt mit einem wunderbaren Mann verheiratet, und er käme nicht einmal auf die Idee, sie alleinzulassen, damit er sich mit seinen Kumpels treffen kann. Im Gegenteil, er wird sogar ein bißchen eifersüchtig, wenn sie auf eigene Faust etwas unternimmt. Außerdem sind die beiden richtig gute Freunde.

Männer sind anders als Frauen. Frauen, die Männer anrufen, mit ihnen ausgehen wollen, vorsorglich zwei Eintrittskarten für eine Veranstaltung kaufen oder schon beim ersten Treffen mit einem Mann ins Bett gehen wollen, machen den männlichen Jagdtrieb und

Ehrgeiz zunichte. Männer sind dazu geboren, sich an Herausforderungen zu messen. Nimmt man ihnen die Herausforderung, schwindet ihr Interesse. Dies ist, auf einen Nenner gebracht, das Grundprinzip der *Regeln*: Wir müssen für sie zur Herausforderung werden.

Bei der Lektüre dieses Buches mögen Ihnen die *Regeln* allzu berechnend vorkommen, und Sie fragen sich vielleicht: »*Wie* schwer zu kriegen soll ich denn sein? Darf ich ihm abends nie etwas kochen oder ihn ins Theater einladen? Und was ist, wenn ich Lust habe, mit ihm zu reden? Darf ich ihn dann nicht anrufen? Wann darf ich persönliche Dinge über mich preisgeben?«

Die Antwort heißt: Lesen Sie unsere *Regeln*. Befolgen Sie sie von A bis Z (nicht à la carte), und Sie werden es nicht bereuen. Kennen wir nicht alle Frauen, die ihren Ehemännern nicht recht trauen und immer eine gewisse Unsicherheit mit sich herumtragen? Manche von ihnen suchen sogar einen Therapeuten auf, um mit seiner Hilfe dahinterzukommen, warum ihre Männer ihnen gegenüber so unaufmerksam sind. Mit diesem Buch sparen Sie DM 150 Honorar für jede Sitzung beim Therapeuten.

Natürlich fällt es Ihnen bei Männern, an denen Sie nicht sonderlich interessiert sind, leicht, die *Regeln* anzuwenden. Solche Männer rufen Sie sowieso nicht an, Sie rufen sie auch nicht sofort zurück und schicken ihnen keine Liebesbriefe. Ihre Gleichgültigkeit führt nicht selten dazu, daß gerade diese Männer verrückt nach Ihnen werden und nicht lockerlassen, bis Sie einen von ihnen geheiratet haben. Das liegt daran, daß Sie (ohne sich dessen bewußt zu sein) die *Regeln* angewandt und die Männer Ihnen einen Heiratsantrag gemacht haben!

Aber dieses Buch will Sie nicht dazu anhalten, sich

mit einer minderwertigen Lösung zufriedenzugeben. Sie sollen die Ratschläge bei dem Mann anwenden, hinter dem Sie wirklich her sind. Das erfordert Mühe, Geduld und Selbstbeherrschung. Aber ist das die Sache etwa nicht wert? Warum sollten Sie einen Kompromiß eingehen und jemanden heiraten, der Sie zwar liebt, von dem Sie selbst aber nicht wirklich angetan sind? Wir kennen viele Frauen, die sich in diesem Dilemma befinden. Aber keine Sorge, dieses Buch wird dafür sorgen, daß Sie Ihren Traummann heiraten – und keinen anderen!

Ihre Aufgabe ist es nun, den Mann, für den Sie wirklich entflammt sind, so zu behandeln wie einen Mann, an dem Sie kein großes Interesse haben. Rufen Sie ihn nicht an, machen Sie sich rar. Beherzigen Sie das von Anfang an, vom ersten Tag, nein, von der Sekunde an, in der Sie ihm begegnen – oder sollten wir vielleicht lieber sagen, von der Sekunde an, in der er *Ihnen* begegnet? Je geschickter Sie die *Regeln* von Anfang an einsetzen, desto mehr wird er auf Sie fliegen.

Fragen Sie sich immer: »Wie würde ich mich verhalten, wenn ich nicht besonders an ihm interessiert wäre?« Und dann handeln Sie dementsprechend. Würden Sie jemanden, den Sie nicht wirklich mögen, immer wieder ermutigen? Würden Sie mit ihm stundenlang telefonieren? Natürlich nicht!

Machen Sie sich keine Sorgen, daß es ihn abschrecken könnte, wenn Sie sehr beschäftigt sind oder nur wenig Interesse für ihn zeigen. Die Männer, die Sie nicht mögen, rufen doch auch immer wieder an, obwohl Sie ihnen einen Korb nach dem anderen geben, oder nicht?

Vergessen Sie nicht: Die *Regeln* sollen Ihnen nicht zu irgendeinem Mann verhelfen, der Sie anbetet und Ihnen einen Antrag macht, sondern zu Ihrem Traummann, dem Mann fürs Leben.

Wir verstehen, warum manch eine moderne, karriereorientierte Frau über unsere Ratschläge die Nase gerümpft hat. Als studierte Betriebswirtinnen beispielsweise sind sie darauf geschult, die Dinge selbst in die Hand zu nehmen und dabei die Karriere nicht aus den Augen zu verlieren. Die Beziehung zu einem Mann ist jedoch etwas anderes als ein Job. In einer Beziehung muß der Mann die Sache in die Hand nehmen. Er muß den Antrag machen. Er ist – und das haben wir nicht etwa erfunden – biologisch gesehen der Angreifer.

Andere Frauen beklagen sich darüber, die *Regeln* würden es ihnen verwehren, sie selbst zu sein oder Spaß zu haben. »Warum soll ein Rendezvous in Arbeit ausarten?« fragen einige. Aber wenn sie dann am Samstag abend alleine herumsitzen, kommen sie doch wieder auf uns zu und sagen: »Okay, okay, sagt mir, was ich tun soll.«

In Ihrem eigenen Interesse ist es nicht immer das Beste, das zu tun, wozu Sie Lust haben. Bei einem Bewerbungsgespräch legen Sie ja auch nicht alle Karten auf den Tisch. Wenn Sie ernsthaft abnehmen wollen, essen Sie keinen Kuchen. Und genauso unklug ist es, sich selbst die Zügel schießen zu lassen, wenn Sie mit einem Mann ausgehen.

Auf lange Sicht bringt es Ihnen nichts, gegen die *Regeln* zu verstoßen. Zum Schluß stehen Sie womöglich allein da. Denken Sie an die Zukunft. Stellen Sie sich einen Ehemann vor, den Sie lieben, harmonischen Sex, Kinder, eine Partnerschaft und das Älterwerden mit einem Menschen, der überzeugt ist, mit Ihnen das große Los gezogen zu haben!

Denken Sie daran, an Samstagabenden nie mehr allein sein oder Ihre verheirateten Freunde anrufen zu müssen, damit sie Sie aufmuntern. Sehen Sie sich als Paar! Bedauerlicherweise muß das Vergnügen in den ersten Monaten Ihrer Beziehung ein wenig zurückstehen, wenn Sie den Ehesegen erlangen wollen. Aber hat es Sie jemals weitergebracht, das Herz auf der Zunge zu tragen?

Zu diesem Thema gibt es jede Menge Bücher und Theorien. Alle machen wunderbare Versprechungen, aber unsere *Regeln* führen zu tatsächlichen Ergebnissen. Sie selbst wissen immer, wie die Dinge stehen, wenn Sie sich an die *Regeln* halten. Wenn er Sie anruft, Sie umwirbt und mit Ihnen ausgehen will, dann läuft alles nach Plan. Wenn Sie sich aber Entschuldigungen für sein Verhalten ausdenken müssen – zum Beispiel hat er nach Ihrem ersten Treffen nicht angerufen, weil er noch immer an seiner Ex-Freundin hängt – und jedes Wort abklopfen, das er gesagt hat, bis Sie verzweifeln und ihn dann doch anrufen, dann stimmt etwas nicht. Vergessen Sie seine Probleme – ob er nun »Bindungsangst« hat oder »noch nicht bereit ist für eine neue Beziehung«. Denken Sie daran: Dieses Buch ist keine Therapieanleitung. Wenn er Sie anruft und mit Ihnen ausgehen will, dann haben Sie das unseren *Regeln* zu verdanken.

Kapitel III

Eine Frau, die sich an die Regeln hält

Wenn Sie Melanie je kennengelernt hätten, hätten Sie sie nicht als außergewöhnlich hübsch oder klug oder sonst irgendwie besonders empfunden, aber Ihnen wäre vielleicht aufgefallen, daß sie Männern gegenüber eine Art hatte, mit der sie jede Ballkönigin in den Schatten stellte. Melanie machte das Beste aus sich: Sie schminkte sich gekonnt, kleidete sich gut und machte sich rar. Im Gegensatz zu anderen, hübscheren jungen Frauen, die den Männern nachliefen oder jederzeit verfügbar waren, gab Melanie sich gleichgültig – bald zurückhaltend, bald verbindlich –, aber sie war immer *gutgelaunt und sehr beschäftigt*. Sie erwiderte die Anrufe ihrer Verehrer nicht, starrte die Männer nicht an (was todsicher dazu führt, daß sie das Interesse verlieren, siehe *Regel Nummer 3*) und beendete Telefongespräche immer als erste. »Ich habe noch tausend Sachen zu erledigen« war ihre liebste Schlußformel. Melanies Freund machte schließlich dem Mädchen einen Heiratsantrag, von dem er geglaubt hatte, er würde es nie kriegen: ihr!

Wer ist Melanie noch nicht begegnet? Haben wir nicht alle Frauen kennengelernt, die in unseren Augen wie Expertinnen mit Männern umgingen? Solche Frauen lassen sich von Männern offenbar nicht aus der

Ruhe oder aus dem Tritt bringen. Sie legen ein Selbstbewußtsein an den Tag, das nichts mit ihrem Aussehen oder ihrem Job zu tun hat. Diese Melanies fühlen sich einfach *wohl* in ihrer Haut, sie können Männer haben oder verschmähen, und das wiederum hat zur Folge, daß die Männer sie unbedingt haben wollen. Nennen Sie es angewandte Psychologie oder wie Sie wollen – fest steht, daß Frauen wie Melanie immer den Mann kriegen, auf den sie es abgesehen haben.

Wenn Sie einer Melanie begegnen, noch dazu einer vom unscheinbaren oder sogar unansehnlichen Typus, dann möchten Sie doch am liebsten zu ihr hingehen und sie fragen: »Wie machst du das nur, daß dir die Männer nachlaufen? Was ist dein Geheimnis? Was mache *ich* falsch?« Die ursprüngliche Melanie würde wahrscheinlich kurzentschlossen antworten: »Oh, da gibt es kein Geheimnis.« Die wiedergeborenen Melanies – Frauen, die ihre Lektion gelernt haben, nachdem sie sich bei ihrer Jagd auf Männer die Finger verbrannt hatten – würden vermutlich sagen: »Ja, da gibt es ein Geheimnis. Männer lieben die Herausforderung. Sprich sie nie zuerst an, behaupte ab und zu, du seist beschäftigt, und gib ihnen gelegentlich einen Korb – aber auf nette Art!«

Wo Sie auch hingehen, Sie werden überall auf Melanies stoßen. Beobachten Sie sie aufmerksam. Achten Sie darauf, wie sie aus ihrer Selbstbeherrschung und Eigenständigkeit eine Kunst gemacht haben. Frauen wie Melanie versuchen nicht gierig, den Blick eines Mannes einzufangen. Sie sagen nicht als erste hallo. Sie kümmern sich um ihre eigenen Angelegenheiten.

Es wäre sicherlich eine gute Übung, wenn Sie sich beim nächsten gesellschaftlichen Anlaß ein wenig im Hintergrund hielten und die Melanies und »Regelmißachterinnen« beobachteten. Vergleichen Sie, wie diese beiden Frauentypen mit Männern umgehen, und achten Sie auf das Ergebnis. Sie werden feststellen, daß die Melanies nicht für alle Fälle einen Kugelschreiber mit sich herumtragen, um den Männern ihre Telefonnummern aufschreiben zu können, und daß sie nicht sofort ihre Visitenkarte zücken. Achten Sie darauf, wie die Melanies im Raum herumschlendern, während die »Regelmißachterinnen« zu lange mit ängstlicher Miene am selben Fleck stehen oder sich zu lange mit einem Mann unterhalten. Sie machen es den Männern zu einfach, sich mit ihnen zu verabreden – und das ist, wie Sie in diesem Buch lesen werden, ein großer Fehler.

Nachdem wir jahrelang mitangesehen hatten, wie Frauen vom Typ Melanie uns die Traummänner vor der Nase wegschnappten, fragten wir Melanie eines Tages, wie ihr selbst ihr »guter Fang« gelungen sei. Sie hatte Mitleid mit uns und klärte uns auf. Sie sagte, wir seien zwar nett, redeten aber zuviel, seien übereifrig bei der Sache und begingen den Irrtum, für die Männer wie ein Kamerad sein zu wollen, statt wie ein flatterhafter Schmetterling oder, wie sie sich ausdrückte, »anders als alle anderen« (siehe *Regel Nummer 1*).

Wir brauchen wohl nicht extra zu erwähnen, daß wir gekränkt waren und die *Regeln* für ausgemachten Schwindel und Betrug hielten. Sie würden uns Frauen um fündundzwanzig Jahre zurückwerfen. Was würden die Feministinnen dazu sagen? Auf der anderen Seite hatte Melanie, was wir uns wünschten: den Mann ihrer Träume, der sie auf Händen trug. Es erschien uns also ratsam, noch mal über unsere verletzten Gefühle nachzudenken.

Melanie versicherte uns, daß unscheinbare Frauen,

die sich an die *Regeln* hielten, größere Chancen hätten, eine glückliche Ehe zu führen, als bildschöne Frauen, die sich nicht daran hielten. Als wir auf die Geschichte unseres eigenen Liebeslebens zurückblickten, stellten wir fest, daß die Männer, auf die wir es wirklich abgesehen hatten, es nicht unbedingt auch auf uns abgesehen hatten. Wir hatten uns natürlich verhalten, waren freundlich und hilfsbereit gewesen, und sie hatten uns prima gefunden – aber dabei war es auch geblieben. Bei längerem Nachdenken ging uns auf, daß dagegen die Männer, um die wir uns nicht sonderlich gekümmert, denen wir kaum Beachtung geschenkt, denen wir vielleicht sogar die kalte Schulter gezeigt hatten, uns pausenlos angerufen hatten und verrückt nach uns gewesen waren. Daraus zogen wir den Schluß: Wir mußten die Männer, die wir *wollten*, wie Männer behandeln, die wir *nicht* wollten.

Klang einfach, war es aber nicht. Aber was hatten wir schon zu verlieren? Wir wollten haben, was Melanie hatte. Also taten wir, was sie getan hatte – und es klappte!

Kapitel IV

Doch zuerst einmal geht es um – Sie!

Bevor Sie die *Regeln* anwenden, um das beste, schier unerreichbare Ergebnis zu erzielen – Ihr Traummann macht Ihnen einen Heiratsantrag –, müssen Sie selbst das Beste aus sich herausholen. Sie müssen nicht zu einem perfekten Menschen oder einer Schönheit werden, sondern eben nur das Beste aus sich machen...

Bringen Sie Ihr Äußeres auf Vordermann! Je besser Sie aussehen, desto besser fühlen Sie sich und desto begehrenswerter werden Sie für ihn. Möglicherweise werden auch andere Männer Sie attraktiver finden und mit Ihnen ausgehen wollen. Sie haben also nicht länger das Gefühl, der Mann, mit dem Sie derzeit befreundet sind, sei der einzige Mann auf Erden. Sie werden nicht mehr so unsicher und dafür selbstbewußter sein. Und wenn Sie gut aussehen und sich gut fühlen, ist die Wahrscheinlichkeit geringer, daß Sie gegen die *Regeln* verstoßen.

Wir sind zwar keine Ernährungsfachleute, aber wir wissen, daß Sie sich gut fühlen, wenn Sie das Richtige essen, also Proteine, Obst und Gemüse, und daß bei gymnastischen Übungen Endorphine freigesetzt werden, die Ihr Wohlbefinden ihrerseits steigern und Ihre Tatkraft stärken. Deshalb raten wir Ihnen als Ergänzung zu einer gesunden Ernährung dringend dazu, Ihre müden Knochen mal richtig durchzuschütteln. Werden Sie Mitglied in einem Fitneßstudio, kaufen Sie sich ein Gymnastikvideo, oder gehen Sie in einem nahegelegenen Park joggen (nebenbei ein idealer Ort, um Männer kennenzulernen, die ebenfalls joggen oder ihren Hund ausführen). Lockern Sie die Gymnastik auf, indem Sie Musik hören, während Sie Ihre Sit-ups machen.

Ernährungsweise, Gymnastik und unsere *Regeln* haben vieles gemeinsam. Bei allen stehen die langfristigen Ziele über kurzfristigen Erfolgen. Es wird Ihnen zwar lästig sein, wenn Sie keine Kekse essen oder einen bestimmten Mann nicht anrufen dürfen. Aber Sie wollen fit werden, und Sie wollen heiraten, und deshalb werden Sie tun, was zu tun ist. Freunden Sie sich mit einer Frau an, die sich in derselben mißlichen Lage befindet, gehen Sie zusammen joggen und tanzen und helfen Sie sich gegenseitig, diszipliniert zu bleiben. Sie müssen dieses harte Stück Arbeit nicht allein machen!

Suchen Sie ernsthaft einen Mann, müssen Sie Ihre Definition von Genuß ändern. Es ist schön, wenn ein Mann Sie anruft, Ihnen den Hof macht, Sie fragt, ob Sie ihn heiraten wollen. Nicht aber ein Becher Vanilleeis mit Karamelsauce oder ein heißer Flirt, bei dem Sie gegen die *Regeln* verstoßen.

Wenn Sie an sich selbst arbeiten, wird Ihnen das elfen, sich einen Mann zu angeln und ihn an Sie zu binden. Also bemühen Sie sich, Ihre schlechten Gewohnheiten wie zum Beispiel Unordentlichkeit abzulegen, wenn Sie mit einem Mann zusammenleben wollen. Männer mögen ordentliche, adrette Frauen. Sie sind die besseren Mütter für Ihre gemeinsamen Kinder und gehören nicht zu dem Schlag Frauen, die ihre Kleinen am Strand verlieren.

Nun ein paar Worte zur Garderobe. Sollten Sie in alten Klamotten herumlaufen, weil Sie die Ansicht vertreten, es kommt nicht auf das Äußere an, sondern auf das, was in einem Menschen steckt, dann überdenken Sie das lieber noch einmal. Männer mögen es, wenn Frauen modische, verführerische Kleider in leuchtenden Farben tragen. Warum ihnen diesen Gefallen nicht tun?

Wenn Sie kein Modebewußtsein haben, lesen Sie *Cosmopolitan, Vogue, Elle* oder *Marie Claire* und einschlägige Bücher; konsultieren Sie eine Freundin, deren Geschmack Sie schätzen; oder lassen Sie sich in einem guten Geschäft beraten. Wenn Sie in einer Umkleidekabine allein Kleider anprobieren, kann dies reichlich frustrierend sein – zum Beispiel, wenn Sie ein paar Pfunde zuviel haben –, und deshalb ist es immer gut, eine zweite Meinung zu hören. Warum also nicht einen Fachmann hinzuziehen? Eine einfühlsame Verkäuferin kann Ihnen dabei helfen, Kleider zu finden, die Ihnen gut stehen und Ihre Schwachstellen kaschieren – im Gegensatz zu Kleidern, die vielleicht gerade in Mode sind, Ihnen aber ganz und gar nicht schmeicheln.

Vergessen Sie beim Einkaufen nie, daß Sie einzigartig sind, anders als alle anderen, *eine Frau*. Finger weg von Unisex-Klamotten! Kaufen Sie weibliche Garderobe, die Sie nicht nur am Wochenende, sondern auch unter der Woche tragen. Denken Sie daran, daß Sie sich für die Männer anziehen, nicht für andere Frauen, und bemühen Sie sich deshalb stets um ein feminines Äußeres.

Obwohl es gut ist, mit der Zeit Schritt zu halten, sollten Sie nicht zu einer Modesklavin werden. Geben Sie nicht ein Monatsgehalt für Trompetenhosen und Plateauschuhe aus, nur weil sie in diesem Jahr *en vogue* sind. Es kann durchaus sein, daß sie in der nächsten Saison schon nicht mehr »in« sind, und außerdem – und das ist viel wichtiger – stehen sie Ihnen vielleicht überhaupt nicht! Wir kennen Frauen, die sich auf eine bestimmte Mode eingeschossen – ob es nun Herrenanzüge sind oder übergroße Häkelpullover – und sich einfach nur nach dem neuesten Trend ausstaffiert haben, ohne dabei ein bißchen sexy zu wirken. Kaufen Sie mit Köpfchen ein, und werfen Sie das Geld nicht zum Fenster hinaus! Legen Sie sich ein paar klassische Teile zu, und kombinieren Sie sie mit preiswerteren Sachen.

Bedenken Sie: Nur weil etwas in Mode ist, heißt es noch lange nicht, daß es Ihnen steht oder den Männern gefällt. Männer können dem »Schlabberlook« nicht unbedingt etwas abgewinnen und mögen es auch nicht, wenn Frauen lange Omakleider mit Kampfstiefeln tragen, auch wenn diese Aufmachung gerade noch so beliebt ist. Sie sehen Frauen gern in femininen Kleidern. Tragen Sie kurze Röcke (allerdings nicht zu kurze), sofern Sie die Beine dazu haben.

Reden Sie sich aber nicht ein, daß Sie Designerklamotten tragen müssen, um in der Männerwelt anzukommen. Männern ist es egal, welche Marke Sie tragen; für sie zählt nur, wie Sie in den Kleidern aussehen und was für eine Figur Sie darin machen. Besser also, Sie kaufen eine unbekannte Marke, in der Sie umwerfend aussehen und die Ihre breiten Hüften kaschiert, als Designerware, bei der das nicht der Fall ist.

Wenn Sie in einem Warenhaus einkaufen, schauen Sie in der Kosmetikabteilung vorbei und gönnen Sie sich eine Schminkberatung. Wir alle können mehr aus uns machen. Viele von uns ahnen gar nicht, welche Möglichkeiten in uns stecken, bis wir uns von einer Fachkraft schminken lassen, was im übrigen oft gratis angeboten wird, sofern man eine Kleinigkeit kauft. Achten Sie darauf, welche Farben Ihnen gut stehen und wie die Kosmetikerin sie aufträgt. Kaufen Sie sämtliche Artikel, zu denen sie Ihnen rät, sofern Sie sie sich leisten können, gehen Sie nach Hause und üben Sie sich im Schminken. Verlassen Sie nie ohne Make-up das Haus. Tragen Sie sogar beim Joggen Lippenstift!

Tun Sie alles nur erdenklich Mögliche, um sich von Ihrer schönsten Seite zu zeigen. Wenn Ihnen Ihre Nase nicht gefällt, lassen Sie sie operieren; färben Sie graues Haar; lassen Sie Ihr Haar wachsen. Männer mögen langes Haar lieber, weil sie damit herumspielen können und es den Frauen schmeichelt. Geben Sie nichts auf die Meinung Ihrer Friseuse und Ihrer Freunde! Auf die wollen Sie bestimmt keinen Eindruck machen! Wir wissen doch alle, daß Friseure ihren Kunden gern flotte Kurzhaarfrisuren aufschwatzen, weil sie keine Lust haben, sich mit langem Haar abzumühen. Es kommt nicht darauf an, ob sich kurzes Haar einfacher waschen und schneller trocknen läßt oder ob Ihr Haar sehr dünn ist. Der springende Punkt ist: Wir sind Frauen und wollen nicht wie Männer aussehen!

Es wird Ihnen leichter fallen, sich anders als alle anderen zu fühlen, wenn Sie rundum gepflegt sind. Maniküre, Pediküre, Gesichtsmasken und Massagen sollten für Sie zu einer festen Einrichtung werden. Und wenn Sie ausgehen, vergessen Sie nicht, ein betörendes Parfum aufzulegen – aber übertreiben Sie es nicht.

Jetzt müssen Sie nur noch Ihr Verhalten auf Ihr Äußeres abstimmen. Männer mögen Frauen, die sich auch als solche benehmen – selbst wenn sie ihre eigene Firma leiten. Lassen Sie ihn die Tür öffnen. Seien Sie feminin und nicht zynisch. Seien Sie kein vorlautes, hysterisches Mädchen, das sich übermütig auf die Schenkel klopft. Das können Sie im Kreis Ihrer Freundinnen tun. Aber wenn Sie mit einem Mann zusammen sind, an dem Ihnen etwas liegt, seien Sie ruhig und geheimnisvoll, benehmen Sie sich wie eine Dame, schlagen Sie die Beine übereinander und lächeln Sie. Reden Sie nicht so viel. Tragen Sie dünne schwarze Seidenstrumpfhosen und ziehen Sie den Rock ein Stückchen hoch, um Ihr Gegenüber zu verführen. Vielleicht empfinden Sie diese Ratschläge als beleidigend für Ihre Intelligenz oder als unzumutbar für Ihr lebhaftes Wesen. Sie mögen den Eindruck gewinnen, als dürften Sie sich nicht so geben, wie Sie wirklich sind, aber Männer lieben das!

Seien Sie also nicht launisch oder selbstmitleidig, und erzählen Sie keine endlosen, verschachtelten Geschichten über all die Menschen, von denen Sie verletzt oder enttäuscht worden sind. Drängen Sie Ihren Zukünftigen nicht in die Rolle Ihres Erlösers oder Therapeuten. Im Gegenteil, tun Sie so, als wären Sie schon glücklich auf die Welt gekommen. Geben Sie nicht alles von sich preis. Sagen Sie danke und bitte. Probieren Sie das damenhafte Verhalten an Kellnern, Hausmeistern und Taxifahrern aus. Dann fällt es Ihnen bei einem Rendezvous leichter, sich wie eine Dame zu benehmen.

Wenn Sie Männer nicht zufällig kennenlernen, gehen Sie überall hin, wo etwas los ist – zum Tanzen, auf Tennisturniere (auch wenn Sie selbst nicht Tennis spielen), in den Club Med. Mischen Sie sich unter Leute, zeigen Sie sich! Setzen Sie eine Bekanntschaftsanzeige in die Zeitung, antworten Sie auf derartige Annoncen, bitten

Sie Bekannte, Sie »an den Mann zu bringen«. Schrecken Sie nicht vor Veranstaltungen für Singles zurück, nach dem Motto: Männer, die dorthin gehen, sind sowieso nicht mein Typ. Vergessen Sie nicht, daß Sie kein Rudel von Männern nach Ihrem Geschmack finden müssen, sondern nur einen einzigen! Verlieren Sie das nie aus dem Blick. Es wird Sie auch an schlechten Tagen, wenn Sie davon überzeugt sind, daß Sie die wahre Liebe nie erleben werden, auf Trab bringen!

Und zu guter Letzt: Vertrauen Sie all diesen Maßnahmen. Es kann passieren, daß Sie nicht sofort einen Ehemann finden, nachdem Sie Ihre Figur auf Vordermann gebracht, ein paar schicke Klamotten gekauft und unsere Ratschläge an drei geeigneten Kandidaten ausprobiert haben. Vielleicht ist Ihre Zeit einfach noch nicht gekommen. Aus Erfahrung wissen wir jedoch: Wenn Sie sich unter allen Umständen an die *Regeln* halten und Geduld haben, werden Sie schließlich dem Mann Ihrer Träume begegnen und ihn heiraten.

Regel Nummer 1

Seien Sie anders als alle anderen

Anders als alle anderen zu sein ist eine Geisteshaltung. Sie müssen dazu weder reich noch schön, noch außergewöhnlich intelligent sein. Und Sie müssen auch nicht mit diesem Gefühl geboren sein. Man kann es erlernen, üben und verinnerlichen wie alle anderen Regeln in diesem Buch.

Dieses Gefühl ist wirklich reine Einstellungssache, und es ruft ein Selbstbewußtsein und eine Ausstrahlung hervor, die Sie von Kopf bis Fuß durchdringen. Es äußert sich in der Art, wie sie lächeln (Sie bringen Glanz in jeden Raum), wie Sie zwischen den Sätzen eine kleine Pause einlegen (Sie plappern nicht einfach nervös drauflos), zuhören (nämlich aufmerksam), blikken (Sie schauen sich zurückhaltend um, starren nie), atmen (langsam), dastehen (aufrecht) und gehen (flott und mit durchgedrücktem Kreuz).

Es spielt keine Rolle, daß Sie keine Ballkönigin sind, daß Sie nicht zu Ende studiert haben oder daß Sie über das aktuelle Geschehen nicht auf dem laufenden sind. Sie genügen sich trotzdem selbst. Sie haben mehr Selbstvertrauen als Frauen mit einem Universitätsdiplom oder viel Geld auf dem Konto. Sie biedern sich nicht an. Sie sind nie verzweifelt oder ängstlich. Sie treffen sich nicht mit Männern, die nichts von Ihnen wollen. Sie vertrauen auf die Vielfalt und Güte des Universums: Wenn er es nicht sein soll, kommt bestimmt ein besserer, sagen Sie sich. Sie klammern nicht. Sie laufen niemandem nach. Sie machen sich die Männer nicht durch Sex gefügig. Sie glauben an Liebe und Ehe. Sie sind nicht zynisch. Sie glauben nicht, die Welt geht unter, wenn eine Beziehung in die Brüche geht. Statt dessen gönnen Sie sich eine Maniküre und verabreden sich mit einem anderen Mann oder gehen auf eine Party für Singles. Sie sind Optimistin. Sie wischen sich die Tränen weg, damit Ihr Make-up nicht verläuft, und schauen sich nach einem anderen um. Natürlich ist Ihnen nicht wirklich danach. Sie *reden sich ein*, daß Ihnen danach ist, bis es tatsächlich so ist. *Sie tun so, als ob!*

Lassen Sie sich bei einem Rendezvous nie anmerken, daß Sie vor allem eins im Sinn haben: heiraten. Bleiben Sie gelassen. Er soll ruhig denken, daß Sie schon mehrere Heiratsanträge abgelehnt haben. Sie nippen an Ihrem Drink – schlürfen ist verpönt! – und überlassen es ihm, Ihnen Fragen zu stellen. Ihre Antworten sind knapp, leichthin, kokett. Ihre Gesten sind geschmeidig und weiblich. Fällt Ihnen das Haar ins Gesicht, werfen Sie den Kopf in den Nacken und kämmen es mit den Fingern in einer bedächtigen, sorgsamen Bewegung nach hinten.

All ihre Gesten – die Art, wie Sie sich entschuldigen, weil Sie auf die Toilette gehen, oder auf die Uhr blicken, um die Verabredung zu beenden – sind fließend und verführerisch, nicht eckig und befangen. Sie haben schon viele Verabredungen hinter sich, Sie sind ein Profi. Und das nur, weil Sie sich selber im Griff haben. Sie haben vor dem Rendezvous nicht deprimiert im

Bett gelegen oder Kekse in sich hineingestopft. Sie haben ein Schaumbad genommen, in diesem Buch gelesen und sich selbst mit positiven Parolen aufgebaut wie: »Ich bin schön. Ich bin mir selbst genug«. Sie haben sich gesagt, daß Sie bei der Verabredung nicht mehr zu tun brauchen, als einfach nur da zu sein. Entweder er verliebt sich in Sie, oder nicht. Es ist nicht Ihre Schuld, wenn er nicht wieder anruft. Sie sind schön, innen und außen. Ein anderer wird Sie lieben, wenn er es nicht tut. Das einzige, worauf es ankommt, ist, daß *Sie* das Rendezvous beenden (vergleiche *Regel Nummer 11*).

Wenn Sie auf eine Party für Singles gehen, bauen Sie sich vorher auf. Reden Sie sich ein, Sie seien ein Filmstar. Sie marschieren hocherhobenen Hauptes mitten in den Raum, als wären Sie gerade mit der Concorde aus Paris eingeflogen. Sie sind nur für eine Nacht in der Stadt, und wenn sich nicht ein gutaussehendes Mannsbild auf Sie stürzt und Sie sich schnappt, ist es sein Pech!

Sie besorgen sich etwas zu trinken, ein Perrier vielleicht, auch wenn Sie keinen Durst haben. Dann können Sie sich am Glas festhalten und müssen vor Nervosität nicht Fingernägel kauen oder Haare zwirbeln. Wenn Sie nervös sind, lassen Sie es sich nicht anmerken. Das ist das Geheimnis: Sie benehmen sich so, als würde alles großartig laufen, selbst wenn Sie kurz davor stehen, durchs Examen zu rasseln oder gefeuert zu werden. Sie treten entschlossen auf, als wüßten Sie genau, wohin Sie wollen, und drehen am besten eine Runde im Raum. Sie sind ständig in Bewegung. Sie stehen nicht in einer Ecke wie bestellt und nicht abgeholt. Die Männer sollen sie mitten in der Bewegung abfangen.

Wenn Sie finden, daß Sie nicht hübsch sind, daß andere junge Frauen besser angezogen, schlanker oder souveräner sind, behalten Sie es für sich. Sagen Sie sich immer wieder: »Der Mann, der mich kriegt, kann glücklich sein«, bis es so richtig in Sie einsickert und Sie daran glauben. Spricht Sie ein Mann an, lächeln Sie und antworten Sie freundlich, aber knapp auf seine Fragen. Sie geben sich zurückhaltend und ein bißchen geheimnisvoll. Sie lassen ihn nach mehr hungern, statt ihn zu langweilen. Nach ein paar Minuten sagen Sie: »Ich glaube, ich drehe noch eine Runde.«

Die meisten Frauen klammern sich den ganzen Abend an einen einzigen Mann und warten darauf, daß er sie zum Tanzen auffordert. Sie aber gehen anders vor: Wenn er sich mit Ihnen unterhalten oder Ihre Telefonnummer haben möchte, soll er im Gedränge so lange suchen, bis er Sie gefunden hat. Sie bieten ihm nicht Ihren Kugelschreiber oder Ihre Visitenkarte an. Sie machen es ihm nicht leicht. Am besten, Sie nehmen beides erst gar nicht mit, damit Sie nicht in Versuchung geraten, ihm auszuhelfen. Er soll die ganze Anstrengung auf sich nehmen. Während er seine Taschen abklopft und schließlich die Garderobenfrau um einen Stift bittet, stehen Sie ruhig daneben und sagen sich: »Start frei für die *Regeln*!«

So einfach ist das. Sie vertrauen darauf, daß Ihrem Prinzen eines Tages aufgeht, wie sehr Sie sich von den Frauen unterscheiden, mit denen er bisher zu tun hatte, und daß er um Ihre Hand anhält!

Regel Nummer 2

Sprechen Sie einen Mann nicht zuerst an (und fordern Sie ihn nicht zum Tanzen auf)

Niemals? Nicht einmal: »Gehen wir einen Kaffee trinken« oder: »Kommen Sie oft hierher?« Richtig, nicht einmal diese scheinbar harmlosen Eröffnungsfloskeln. Woher wollen Sie sonst wissen, ob er Sie zuerst entdeckt hat und von Ihnen so hingerissen ist, daß er Sie unbedingt haben muß, oder ob er einfach nur höflich ist?

Wir wissen, was Sie jetzt denken. Wir wissen, wie überzogen Ihnen das vorkommt, vielleicht sogar verbohrt, dumm und gemein. Aber schließlich liegt den *Regeln* der Kerngedanke zugrunde, daß wir Frauen selbst nie die Dinge in die Hand nehmen, sondern auf das Naturgesetz vertrauen, und das lautet nun mal: Männchen jagt Weibchen.

Sprechen Sie einen Mann zuerst an, greifen Sie in den natürlichen Ablauf ein und beschwören Dinge herauf, die von allein vielleicht nicht passiert wären, zum Beispiel ein Gespräch oder ein Rendezvous, das eigentlich nicht vorgesehen war, und früher oder später bekommen Sie die Quittung dafür. Am Ende wird er nämlich die Frau ansprechen, die er wirklich will, und Sie fallenlassen wie eine heiße Kartoffel.

Trotzdem erfinden wir für unser Verhalten Ausreden

wie: »Er ist schüchtern« oder: »Ich bin eben ein freundlicher Mensch«. Sind Männer wirklich schüchtern? Wollen wir der Sache doch gleich einmal auf den Grund gehen. Auch wenn Ihr Therapeut vielleicht das Gegenteil behauptet, sind die meisten Männer, wenn sie Sie nicht ansprechen, unserer Meinung nach nicht etwa schüchtern, sondern ganz einfach nicht *wirklich* interessiert. Damit kann man sich nur schwer abfinden, das wissen wir. Genauso schwer ist es, auf den Richtigen zu warten – auf den Mann, der Sie zuerst anspricht, der Sie anruft und am Anfang der Beziehung den größten Teil der Arbeit übernimmt, weil er Sie unbedingt haben will.

Das »aggressive« Verhalten vieler Frauen in der heutigen Zeit ist leicht zu erklären. Anders als vor vielen Jahren, als Frauen auf Tanzveranstaltungen oder dem Debütantinnenball Bekanntschaft mit Männern machten und abwarteten, bis einer von ihnen in der Menge auf sie aufmerksam wurde und sie ansprach, sind viele Frauen heutzutage Wirtschaftsprüferinnen, Ärztinnen, Rechtsanwältinnen, Zahnärztinnen oder befinden sich in Führungspositionen. Sie arbeiten mit Männern, für Männer, und Männer arbeiten für sie. Männer sind ihre Patienten, Klienten und Kunden. Wieso also sollte eine Frau einen Mann nicht als erste ansprechen?

Unsere Antwort lautet: Behandeln Sie Männer, an denen Sie interessiert sind, wie jeden Kunden, Patienten oder Mitarbeiter, auch wenn es Ihnen schwerfällt. Sind wir doch einmal ehrlich: Wenn eine Frau einem Mann begegnet, der ihr gefällt, leuchtet in ihrem Kopf ein Lämpchen auf, und dann bricht in ihr ein Damm, sie lacht und verbringt unbewußt mehr Zeit mit ihm als nötig. Vielleicht schlägt sie sogar vor, etwas bei einem Mittagessen zu besprechen, was man genausogut am

Telefon besprechen kann, weil sie hofft, bei ihm dadurch romantische Gefühle zu wecken. Das ist ein weitverbreiteter Trick. Selbst unter den klügsten Frauen gibt es welche, die dem Schicksal bei einem vermeintlichen Geschäftsessen ein wenig nachhelfen wollen. Sie halten sich für zu gebildet oder zu geschickt, um sich passiv zu verhalten, Spielchen zu spielen oder die *Regeln* anzuwenden. Sie glauben sich durch ihre Diplome oder Gehaltsschecks dazu berechtigt, in den Lauf der Dinge einzugreifen, statt nur darauf zu warten, daß das Telefon klingelt. Solche voreiligen Frauen, das versichern wir Ihnen, stehen am Ende immer mit einem gebrochenen Herzen da, nämlich dann, wenn sie eine Abfuhr erhalten. Wie sollte es auch anders sein? Männer wissen, was sie wollen. Niemand braucht *sie* zum Mittagessen einzuladen.

Kurzum, Sie müssen die *Regeln* auch dann befolgen, wenn Sie beruflich mit Männern zu tun haben. Warten Sie, bis er ein Mittagessen oder sonst etwas vorschlägt, was nichts mit dem Geschäft zu tun hat. Wie wir in *Regel Nummer 17* erläutern, muß der Mann die Führung übernehmen. Selbst wenn Sie genausoviel Geld verdienen wie der Mann, an dem Sie interessiert sind, muß er ein gemeinsames Mittagessen vorschlagen. Sollten Sie sich nicht damit abfinden wollen, daß Männer und Frauen in Liebesdingen verschieden sind, auch wenn sie sich beruflich vielleicht in nichts nachstehen, dann werden Sie sich wie ein Mann verhalten: Sie werden ihn zuerst ansprechen, nach seiner Telefonnummer fragen, ihn zum Abendessen nach Hause einladen, um etwas Geschäftliches zu besprechen – und ihn verschrecken. Als Frau derart vorzupreschen ist sehr riskant. Manchmal haben wir miterlebt, daß es gutging, aber in den meisten Fällen geht die Rechnung eben nicht auf, und *immer* macht die Frau gefühlsmäßig die Hölle durch. Frauen, die nicht akzeptieren, daß das Männchen das Weibchen jagt, setzen sich der Gefahr aus, zurückgewiesen oder mißachtet zu werden, falls nicht sofort, dann zu einem späteren Zeitpunkt. Wir hoffen, Ihnen bleibt die folgende Tortur erspart:

Vor Jahren, als sie gemeinsam Zahnmedizin studierten, bändelte unsere Freundin Pam mit Robert an, indem sie ihn fragte, ob er mit ihr Mittagessen gehen wolle. *Sie sprach ihn zuerst an.* Obwohl sie später ein Liebespaar wurden und sogar zusammenzogen, schien er nie wirklich in sie *verliebt* zu sein, und so wurde sie eine gewisse Unsicherheit, was ihre Beziehung anging, nie los. Wie auch? *Sie hat ihn zuerst angesprochen.* Kürzlich hat er wegen einer Lappalie mit ihr Schluß gemacht. In Wahrheit hat er sie nämlich nie geliebt. Hätte Pam die *Regeln* befolgt, hätte sie Robert nie angesprochen oder auf andere Weise die Initiative ergriffen. Und dann hätte sie wahrscheinlich jemanden kennengelernt, der sie wirklich wollte. Und sie hätte keine Zeit vergeudet.

Hier noch ein Beispiel für eine kluge Frau, die gegen die *Regeln* verstoßen hat: Claudia, eine selbstbewußte Börsenmaklerin von der Wall Street, erspähte ihren Zukünftigen auf der Tanzfläche einer beliebten Diskothek, stellte sich neben ihn und wich volle fünf Minuten lang nicht von seiner Seite. Als er keine Anstalten unternahm, den ersten Schritt zu machen, sagte sie sich, daß er wahrscheinlich schüchtern war oder zwei linke Füße hatte, und forderte ihn zum Tanzen auf. In ihrer Beziehung gab es seither nur Probleme. Sie beklagt sich oft darüber, daß er im Bett genauso »schüchtern« sei wie in jener Nacht auf der Tanzfläche.

Ein Wort zum Tanzen. Es ist in letzter Zeit bei Frauen sehr beliebt geworden, Männer zum Tanzen aufzufordern. Um bei Ihnen auch letzte Zweifel auszuräumen: Solch ein Verhalten verstößt voll und ganz gegen die *Regeln*. Wenn sich ein Mann nicht die Mühe macht, quer durch den Raum auf Sie zuzugehen und Sie zum Tanzen aufzufordern, ist er offensichtlich nicht interessiert, und Sie werden an seinen Gefühlen oder vielmehr seinem Mangel an Gefühlen nichts ändern, indem Sie ihn zum Tanzen auffordern. Er wird durch Ihr Angebot zwar geschmeichelt sein und aus Höflichkeit mit Ihnen tanzen, ja er will an diesem Abend vielleicht sogar mit Ihnen ins Bett gehen, aber verrückt nach Ihnen wird er nicht sein. Entweder Sie sind ihm nicht aufgefallen, oder Sie haben es ihm zu leicht gemacht. Er hat keine Gelegenheit gehabt, »Jagd« auf Sie zu machen, und das wird sich nachhaltig auf die Beziehung auswirken, sofern eine zustande kommt.

Wir wissen, was Sie sich jetzt fragen: Was soll ich denn den ganzen Abend tun, wenn mich niemand zum Tanzen auffordert? Leider können wir Ihnen nur dazu raten, notfalls fünfmal auf die Toilette zu gehen, Ihren Lippenstift nachzuziehen, Ihre Nase zu pudern, an der Bar noch ein Mineralwasser zu bestellen, sich ein paar hübsche Gedanken zu machen, im Raum Runden zu drehen, bis jemand auf Sie aufmerksam wird, vom Telefon im Foyer Ihre verheirateten Freundinnen anzurufen, damit sie Sie aufmuntern – kurz, alles mögliche zu tun, nur keinen Mann zum Tanzen aufzufordern. So ein Tanzabend ist für uns nicht unbedingt ein Vergnügen. Andere Frauen mögen ihren Spaß daran haben, weil sie einfach nur ausgehen, um sich zu amüsieren. Aber Sie sehnen sich nach Liebe und nach einer Ehe, und deshalb können Sie nicht immer das tun, wonach Ihnen gerade ist. Stellen Sie sich auch nicht, wie viele Frauen es tun, neben einen Mann, der Ihnen gefällt, in der Hoffnung, daß er Sie auffordert. Sie müssen *warten*, bis er auf Sie aufmerksam wird. Unter Umständen gehen Sie sogar nach Hause, ohne jemand Nettes kennengelernt und ohne ein einziges Mal getanzt zu haben. In diesem Fall müssen Sie sich damit trösten, daß Sie zumindest die *Regeln* geübt haben und bestimmt bald eine neue Gelegenheit zum Tanzen kommt. Verlassen Sie das Lokal mit dem befriedigenden Gefühl, daß Sie nicht gegen die *Regeln* verstoßen haben.

Wenn Ihnen das langweilig erscheint, vergessen Sie nicht, daß die Alternative noch schlimmer ist. Unsere gute Freundin Sally war so wütend, weil sie auf einer Party immer nur mit den »Flaschen« hatte tanzen müssen, daß sie schließlich beschloß, den *Regeln*, mit denen sie bestens vertraut war, zu trotzen und den bestaussehenden Mann des Abends zum Tanzen aufzufordern. Er fühlte sich nicht nur geschmeichelt, sondern sie tanzten stundenlang miteinander, und er ging an den drei darauffolgenden Abenden mit ihr aus. »Vielleicht gibt es doch Ausnahmen von den *Regeln*«, dachte sie triumphierend. Natürlich sollte sie eines Besseren belehrt werden. Es stellte sich nämlich heraus, daß ihr Traummann nur für ein paar Tage geschäftlich in der Stadt war und an der Westküste eine Freundin hatte. Kein Wunder, daß er am ersten Abend niemanden zum Tanzen aufgefordert hatte. Wahrscheinlich war er nur auf die Party gegangen, um sich zu amüsieren, aber nicht, um seine künftige Ehefrau zu suchen.

Die Moral von der Geschichte: Zerbrechen Sie sich nicht den Kopf darüber, warum ein Mann Sie nicht zum Tanzen auffordert – es gibt immer einen guten Grund.

Leider gehen mehr Frauen als Männer zum Tanzen, um den »Richtigen« zu finden. Früher oder später gewinnen Übereifer und Ungeduld die Oberhand, und sie sprechen von sich aus einen Mann an oder fordern ihn zum Tanzen auf. Sie sollten von einem Tanzabend also nicht allzuviel erwarten. Betrachten Sie ihn einfach als Vorwand, um hochhackige Schuhe anzuziehen, ein neues Rouge auszuprobieren und unter Menschen zu sein. Außerdem besteht die Chance, daß ein Vertreter des anderen Geschlechts *Sie* im Verlauf des Abends anspricht. Kommt es dazu und amüsieren Sie sich gerade nicht sonderlich, lassen Sie es sich nicht anmerken. Verkneifen Sie sich geistreiche oder zynische Bemerkungen wie: »Wäre ich doch nur zu Hause geblieben und hätte mir *Das Traumschiff* angesehen!« Männer sind an Frauen mit bissigem Humor nicht interessiert. Fragt Sie also jemand, ob Sie sich amüsieren, sagen Sie einfach ja und lächeln Sie.

Wenn Ihnen das alles zu mühsam vorkommt, gehen Sie lieber nicht tanzen. Bleiben Sie zu Hause, machen Sie Sit-ups, sehen Sie sich *Das Traumschiff* an und lesen Sie dieses Buch noch einmal.

Regel Nummer 3

Starren Sie die Männer nicht an, und reden Sie nicht zuviel

Starrt eine Frau einen Mann zuerst an, tötet sie damit unter Garantie sein Interesse ab. Warten Sie also, bis er *Sie* ansieht! Wenn er nicht als erster auf Sie aufmerksam wird, ist er vermutlich nicht interessiert. Gehen Sie weiter, ein anderer Mann wird schon ein Auge auf Sie werfen.

Wußten Sie, daß es Workshops für Frauen gibt, in denen ihnen beigebracht wird, wie sie mit attraktiven Männern Blickkontakt aufnehmen? Sparen Sie sich das Geld. Blickkontakt ist unnötig. Warum signalisieren Sie den Männern nicht einfach, daß Sie »auf Empfang« sind? Wir raten Ihnen, daß Sie in den Raum (oder das Universum, wenn Sie wollen) hineinlächeln und dabei entspannt und nahbar wirken. So erregt man die Aufmerksamkeit eines Mannes und nicht dadurch, daß man ihn anstarrt. Blicken Sie sich nicht verzweifelt nach Ihrem Traummann um. Damit bewirken Sie nur, daß alle wegschauen. Verzweiflung wirkt nicht eben anziehend.

Vermeiden Sie beim ersten Rendezvous, ihm romantisch in die Augen zu blicken. Sonst begreift er sofort, daß Sie in Gedanken bereits die Hochzeitsreise planen. Richten Sie den Blick statt dessen auf den Tisch oder auf Ihr Essen, oder lassen Sie ihn durchs Lokal schweifen.

Es macht sich besser, wenn Sie so tun, als wären Sie am Leben, an anderen Menschen, an Ihrer Umgebung, an den Bildern an der Wand interessiert und nicht an dem lebenden Beutestück Ihnen gegenüber. Er würde sich nur belagert und verunsichert fühlen, wenn Sie ihn allzu sehr anstarren. Beherrschen Sie sich. Er soll sich an dem Abend bemühen, *Ihre* Aufmerksamkeit zu erregen.

Eine der schwierigsten Aufgaben bei einem Rendezvous ist es, ein Gesprächsthema zu finden. Reden Sie über das Wetter oder über Politik? Sollen Sie die Intellektuelle oder das Mädchen spielen? Wenn Sie klug sind, bleiben Sie ruhig und hören sich an, was er zu sagen hat. Lassen Sie sich von ihm leiten. Will er über Diskotheken sprechen, erzählen Sie ihm, in welchen Sie schon gewesen sind und welche Ihnen gefallen. Sie sollen bei ihm jedoch nicht den Eindruck erwecken, Sie hätten nichts in der Birne. Keineswegs! Er soll sich in Ihrer Gegenwart nur wohl fühlen. Zeigen Sie ihm bei passender Gelegenheit, daß Sie über das aktuelle Geschehen auf dem laufenden sind und Interessen haben.

Die ersten Verabredungen sind nicht der richtige Zeitpunkt, um ihm von Ihren Problemen im Job zu erzählen. Überhaupt: Strapazieren Sie ihn nicht zu sehr. Lachen Sie aber auch nicht, wenn er ernst wird. Schwimmen Sie mit dem Strom.

Wir brauchen wohl nicht eigens zu erwähnen, daß es bei jedem Rendezvous Augenblicke geben kann, in denen beiden der Gesprächsstoff ausgeht. Reden Sie sich nicht ein, daß Sie das Schweigen füllen müssen. Sie sagen dann doch nur etwas, was albern und gezwungen klingt. Manchmal will ein Mann einfach Autofahren, ohne reden zu müssen. Lassen Sie ihn. Vielleicht denkt er gerade darüber nach, wie und wann er Ihnen einen

Antrag machen soll. Stören Sie ihn nicht in seiner Konzentration.

Bilden Sie sich nicht ein, daß Sie pausenlos unterhaltsam sein und ein interessantes Gesprächsthema parat haben müssen. Er würde Sie womöglich für überspannt halten. Leisten Sie ihm einfach nur Gesellschaft! Bedenken Sie: Ein Mann verliebt sich in Ihr Wesen und nicht in etwas, was Sie gesagt haben.

Wenn überhaupt, dann sollten die Männer ihren Grips anstrengen, um flotte Sprüche zu klopfen und Ihnen interessante Fragen zu stellen, und sie sollten sich Gedanken darüber machen, wie sie Sie bei Laune halten können. Übrigens empfinden die meisten Männer geschwätzige Frauen als Zumutung. Wir kennen einen Mann, der eine Frau, von der er sich körperlich angezogen fühlte, nicht mehr anrief, weil sie redete wie ein Wasserfall. Begehen Sie nicht diesen Fehler. Als Frau reden Sie vermutlich gerne, vor allem über Ihre Beziehung, aber Sie müssen Ihre Zunge im Zaum halten. Warten Sie, bis das Rendezvous vorbei ist; danach können Sie zehn Freundinnen anrufen und mit ihnen den Abend stundenlang analysieren.

Verhalten Sie sich beim Rendezvous ruhig und zurückhaltend. Er wird sich fragen, was Sie wohl über ihn denken: ob Sie ihn mögen, ob er einen guten Eindruck auf Sie macht. Er wird Sie interessant und geheimnisvoll finden, im Gegensatz zu den meisten Frauen, mit denen er bisher ausgegangen ist. Oder wollen Sie nicht, daß er das von Ihnen denkt?

Regel Nummer 4

Kommen Sie ihm nicht auf halber Strecke entgegen, und machen Sie bei der Rechnung nicht halbe-halbe

Männer lieben die Herausforderung – deshalb treiben sie Sport, führen Kriege und machen feindliche Übernahmen. Es ihnen leichtzumachen ist das Schlimmste, was Sie tun können. Wenn ein Mann sich mit Ihnen treffen will, sagen Sie nicht: »Ich bin sowieso in Ihrer Nähe«; schlagen Sie keine Restaurants vor, die auf halber Strecke zwischen ihm und Ihnen liegen, es sei denn, er bittet darum. Sagen Sie überhaupt nicht viel. Überlassen Sie das Denken und Reden ihm. Er soll die Gelben Seiten oder die Restaurantliste im Stadtmagazin durchforsten und Vorschläge bei Freunden einholen, um Ihnen dann einen für Sie bequem erreichbaren Ort anzubieten. Männer fühlen sich gut dabei, wenn sie sich ins Zeug legen müssen, um Sie zu sehen. Nehmen Sie ihnen das Vergnügen nicht.

Regel Nummer 4 besagt, daß Männer ihren Zeitplan mit Ihrem abstimmen, Sie umwerben und notfalls in den Zug oder ins Taxi steigen müssen, wenn sie Sie sehen wollen. Charles fuhr zum Beispiel bei der zweiten Verabredung sechzig Kilometer, um Darlene zu sehen, die das Wochenende bei ihrer Mutter verbrachte. Die meisten Mädchen hätten ihre Mütter sitzenlassen, um das Rendezvous ungestört zu genießen. Aber Darlene wußte, was zu tun war. Die große Entfernung bestärkte Charles nur in seinem Entschluß, sie zu sehen.

Freunde und Kollegen treffen sich auf halbem Weg. Männer (richtige Männer) holen Frauen, mit denen sie eine Verabredung haben, in ihrer Wohnung oder im Büro ab. Richten Sie es immer so ein, daß es für Sie bequem ist, egal, wo Sie wohnen.

Immer wieder stellen wir fest, daß Männer, die auf einem Treffpunkt auf halber Strecke oder (noch schlimmer) in ihrem eigenen »Revier« bestehen, sich als Rohlinge entpuppen – sie sind unaufmerksam, stur und sogar knausrig. Jane erinnert sich noch, daß sie mit dem Taxi von Greenwich Village nach Brooklyn Heights gefahren ist, um Steve (ein »blind date«) zum Brunch in dessen Lieblingslokal zu treffen, und daß er am Ende vorgeschlagen hat, die Rechnung zu teilen.

Jane, die eine wirklich nette Person ist, fand es nur gerecht, daß sie ihren Teil zahlte. Schließlich verdiente sie als Rechtsanwältin eine Menge Geld und hätte es für unfair gehalten, die gesamten Kosten auf Steve »abzuwälzen«. Das war sehr nett von Jane, aber glauben Sie uns, wenn sie darauf bestanden hätte, sich an einem Ort in ihrer Nähe zu treffen, vielleicht auch nur auf einen Drink (vor allem dann, wenn sie sich nicht wohl dabei fühlt, sein Geld auszugeben), hätte Steve sie wie eine Prinzessin und nicht wie eine Arbeitskollegin behandelt. Aber da Jane es ihm so einfach gemacht hat, hat er sie nicht zuvorkommend behandelt, bald das Interesse verloren und nicht mehr angerufen.

Nicht, daß Frauen nicht in der Lage wären, mit der U-Bahn zu fahren oder für sich selbst zu zahlen. Es ist einfach nur ritterlich und entspricht daher den *Regeln*, wenn die Herren die Damen zum Rendezvous abholen und die Rechnung übernehmen. Gleichberechtigung und kameradschaftliches Entgegenkommen sind prima für den Arbeitsplatz, aber nicht für das Spielfeld der Romantik. In der Liebe läuft alles wunderbar, solange der Mann die Frau umwirbt und sie die meiste Zeit einlädt. Er hat das Gefühl, das Geld, das er für Essen, Kino und Taxi ausgibt, sei der Preis dafür, mit Ihnen zusammensein zu können, und ist der Ansicht, daß sich jeder Pfennig lohnt. Sie sollten sich geehrt fühlen und glücklich schätzen, statt Gewissensbisse zu haben.

Sollten Sie sich trotzdem nicht ganz wohl in Ihrer Haut fühlen, wenn er für alles aufkommt, dann bieten Sie ihm an, das Trinkgeld zu übernehmen, oder, wenn die Nacht lang ist – angenommen, Sie gehen Essen, anschließend ins Theater, fahren dreimal Taxi, oder es fallen Parkgebühren an –, dann steuern Sie unterwegs auch mal eine Kleinigkeit bei. Aber zahlen Sie bei den ersten drei Verabredungen überhaupt nichts. Sie können sich später auf Ihre Art erkenntlich zeigen: Kochen Sie ihm bei sich abends mal etwas Schönes, oder schenken Sie ihm eine Krawatte. Ist er knapp bei Kasse oder Student und Sie haben Sorge, er könnte mit Ihnen sein Studiengeld verjubeln, machen Sie bei der Rechnung trotzdem nicht halbe-halbe. Suchen Sie sich ein preiswerteres Lokal aus, und begnügen Sie sich mit einem Hamburger. Bestellen Sie keinen Aperitif und nicht mehr als ein Getränk. Sie können auch eine Pizza essen oder zum Chinesen gehen. Schlagen Sie ihm vor, ins Kino, ins Museum oder zu einem billigen Open-Air-Konzert zu gehen, statt in die Oper.

Es ist ehrenwert, daß Sie sich Gedanken über seine Finanzen machen, aber vergessen Sie nicht, daß er großen Spaß daran hat, Sie auszuführen. Warum ihm die

Freude nehmen, sich wie ein Gentleman zu fühlen? Die beste Art, ihn dafür zu belohnen, besteht darin, sich erkenntlich zu zeigen. Sagen Sie danke und bitte. Mäkeln Sie weder am Lokal noch am Essen, noch am Service herum, selbst wenn alles noch so schrecklich ist. Seien Sie positiv. Sehen Sie in allem das Gute. Wir haben von einem Mann gehört, der sich bei der zweiten Verabredung noch heftiger in eine junge Frau verliebte, weil sie sich mit keinem einzigen Wort beklagte, als er sich nach dem Besuch eines Fußballspiels nicht mehr erinnern konnte, wo er geparkt hatte. Während sie sich auf der Suche nach seinem Wagen eine Stunde lang die Hacken abliefen, dachte er immer wieder: »Was für eine tolle Frau!«

Bei einem Rendezvous kann vieles schieflaufen, besonders dann, wenn ein Mann mit aller Macht Eindruck auf Sie machen will und am Ende einen Bock nach dem anderen schießt – er schließt die Schlüssel im Auto ein, vergißt die Theaterkarten und so weiter. Hacken Sie nicht so lange auf ihm herum, bis er ein schlechtes Gewissen hat, sondern halten Sie sich lieber die Mühe vor Augen, die er sich gibt, und die Ausgaben, in die er sich stürzt. Wenn Sie ihm wie ein guter Kamerad zur Seite stehen, kann das darüber entscheiden, ob Sie nur einer seiner vielen Flirts oder seine zukünftige Frau werden.

Regel Nummer 5

Rufen Sie ihn nicht an und auch nicht immer gleich zurück

Wenn Sie die *Regeln* so streng befolgen wie die Zehn Gebote, besteht kein Grund, ihn anzurufen. Er sollte Sie anrufen und solange nicht lockerlassen, bis er mit Ihnen eine Verabredung getroffen hat.

Männer anzurufen bedeutet, ihnen nachzustellen, und das verstößt ganz und gar gegen die *Regeln*. Die Männer wissen dann sofort, daß Sie sie mögen, und verlieren womöglich das Interesse! Außerdem könnten Sie sie bei etwas stören – vielleicht schauen sie sich gerade im Fernsehen ein Fußballspiel an, machen ihre Buchhaltung, haben Besuch oder schlafen sogar – und in einem Moment antreffen, wo sie nicht in der Stimmung sind, mit Ihnen zu telefonieren. Warum es darauf ankommen lassen?

Wenn Sie ihn anrufen, wird er garantiert als erster oder zumindest bald wieder auflegen, und Sie könnten seine kurzangebundene Art als Desinteresse auffassen. Sie könnten sogar glauben, eine andere Frau sei bei ihm! Dann sind Sie verständlicherweise für den Rest des Tages oder Abends oder bis zu dem Augenblick, wo Sie wieder von ihm hören, frustriert und nervös, und diese Nervosität wiederum treibt Sie womöglich dazu, ihn *noch mal* anzurufen und ihn Dinge zu fragen wie:

»Ist alles in Ordnung?« oder: »Liebst du mich noch? Vermißt du mich?« Und das wäre noch falscher!

Soll der Mann also nicht wissen, wie sehr Sie ihn mögen oder daß Sie sich allein und unsicher fühlen, rufen Sie ihn nicht an. Hinterläßt er auf Ihrem Anrufbeantworter eine Nachricht und bittet um Rückruf, versuchen Sie, ihn sich zu verkneifen. Rufen Sie ihn nur dann sofort zurück, wenn sich an Ihrer Verabredung oder einer geplanten Veranstaltung etwas ändert, aber nicht etwa, um mit ihm zu plaudern.

Wenn Sie nicht anrufen, wird er um so mehr Sehnsucht nach Ihnen haben, er wird Sie wiedersehen wollen und Sie von sich aus wieder anrufen. Dadurch beugen Sie der Gefahr vor, daß er in zu kurzer Zeit alles über Sie erfährt und sich langweilt. Wenn Sie ihn nur ab und zu anrufen, wird Ihr Anruf außerdem zu etwas Besonderem.

Machen Sie sich keine Sorgen, daß Sie unhöflich wirken könnten. Wenn er Sie liebt oder unbedingt Kontakt mit Ihnen aufnehmen will, wird er Sie nicht etwa für unhöflich halten, sondern nur glauben, daß Sie beschäftigt oder schwer zu kriegen sind – und Männer rufen immer wieder an.

Ist Ihnen schon mal aufgefallen, daß das Telefongespräch einen besseren Verlauf nimmt, wenn der Mann Sie anruft? Das liegt daran, daß er Sie haben will, daß er Sie in diesem Augenblick vermißt und zum Hörer gegriffen hat, weil er es kaum ewarten konnte, Ihre Stimme zu hören. Wenn ein Mann Sie anruft, ist er der »Angreifer«; er hat sich zurechtgelegt, was er sagen will, und hat den richtigen Zeitpunkt bestimmt. Er ist gesprächsbereit.

Die *Regeln* arbeiten für Sie, wenn er Sie anruft, weil

Sie in dem Augenblick vielleicht gerade nicht zu Hause sind und er darüber nachdenkt, wo Sie sein könnten, oder Sie noch einmal anrufen muß. Wenn ein Mann Sie anruft, sind Sie möglicherweise gerade beschäftigt und müssen das Gespräch freundlich aber bestimmt beenden. Versuchen Sie immer, es so einzurichten, daß die Männer Sie anrufen.

Aber wir sind alle keine Heiligen, und manchmal *müssen* wir die Männer zurückrufen. Wohlgemerkt: nicht anrufen, sondern nur zurückrufen! Müssen Sie einen Mann, aus welchem Grund auch immer, zurückrufen, versuchen Sie den Moment hinauszuzögern. Rufen Sie nicht auf der Stelle zurück. Falls Sie es doch tun, seien Sie kurzangebunden, aber liebenswürdig. Sprechen Sie ihm nicht auf Band, an welchem Abend um wieviel Uhr Sie zu Hause sind, und geben Sie ihm keine Hilfestellung, wann und wie er Sie am besten erreichen kann. Das würde ihm die Sache zu leicht machen, und Sie könnten als allzu begierig dastehen. Lassen Sie es ihn selbst herausfinden! Denken Sie daran, Sie sind sehr beschäftigt! Eine vielbeschäftigte Frau findet zu Hause immer jede Menge Anrufe von Männern auf Band vor, die mit ihr am Wochenende etwas unternehmen wollen.

Was aber, wenn er am Dienstag abend eine Nachricht auf Ihrem Anrufbeantworter hinterläßt und Sie sich unbedingt für Samstag abend mit ihm verabreden wollen? Rufen Sie ihn dann noch am Dienstag abend zurück? Die Antwort lautet nein, weil er sonst ahnt, daß Sie anrufen, um für Samstag abend etwas mit ihm auszumachen. Besser, *er* ruft *Sie* bis Mittwoch abend an (das ist der absolute Stichtag). Lieber verzichten Sie auf eine Verabredung am Samstag abend, als daß Sie sich angewöhnen, ihn anzurufen. Sie wollen nicht ein Rendezvous ergattern, sondern einen Ehemann! Machen Sie Nägel mit Köpfen!

Vergessen Sie nicht: Unsere *Regeln* sollen auch vermeiden helfen, daß man Sie verletzt oder sitzenläßt. Wir wollen nicht, daß Sie unnötige Qualen durchleiden. Das Leben ist schon schwer genug. Wir haben den Krebs oder betrunkene Autofahrer nicht unter Kontrolle, aber wir können es uns verkneifen, *seine* Nummer zu wählen. Wenn Sie ihn anrufen, und er Ihren Anruf nicht erwidert und nicht mit Ihnen ausgehen will, ist das für Sie ein Schlag ins Gesicht. Wenn Sie ihn anrufen, wird er Sie nicht für unnahbar halten und glauben, daß er sich nicht allzu sehr ins Zeug legen muß. Wenn Sie ihn anrufen, wird er keine Übung darin bekommen, sich nach einem Rendezvous gleich wieder mit Ihnen zu verabreden. Er muß lernen, daß er Sie nicht so einfach telefonisch erreichen oder Sie ein, zwei Wochen nicht sehen kann, wenn er nicht etwas Festes mit Ihnen ausmacht. Nicht, daß Sie *unmöglich* zu kriegen sind, aber Sie sind *schwer* zu kriegen. Vergessen Sie nicht, sich auf vielfältige Weise zu beschäftigen, andere Verabredungen zu treffen und weit im voraus zu planen. Machen Sie ihm aber keine Vorwürfe, daß er nicht früher angerufen hat, und sagen Sie nicht »Wenn du eher angerufen hättest...«, sondern sagen Sie einfach: »Ich würde wirklich gerne, aber ich kann nicht«. (Er kommt schon von alleine darauf, daß er in Zukunft früher anrufen muß.)

Wenn er in Sie verliebt ist, wird er Sie schon am Montag oder Dienstag anrufen, um etwas für Samstag abend auszumachen. Wenn er nicht in Sie verliebt ist, wird er Sie nicht so lange mit Anrufen bedrängen, bis er Sie breitgeschlagen hat.

Wundern Sie sich aber nicht, wenn sich ein Mann

nach der ersten Verabredung mit seinem nächsten Anruf ein oder zwei Wochen Zeit läßt. Vielleicht hat er viel um die Ohren oder trifft sich mit anderen Frauen. Vielleicht bringt er Sie nicht in seinem Terminkalender unter. Vergessen Sie nicht: Er hatte auch ein Privatleben, bevor er Sie kennengelernt hat! Machen Sie sich deswegen nicht verrückt. Beschäftigen Sie sich, damit Sie nicht vierundzwanzig Stunden am Tag an ihn denken. Lassen Sie ihm Freiraum, warten Sie, bis *er* anruft.

Hier ein gutes Beispiel dafür, wie man mit einer solchen Situation umgeht: Unsere Freundin Laura wartete nach ihrer ersten Verabredung mit David zweieinhalb Wochen auf seinen Anruf. David war frisch geschieden und brauchte Zeit, um zur Besinnung zu kommen, bevor er sich Hals über Kopf in eine neue Beziehung stürzte. Laura gab ihm diese Zeit – und Freiraum. Im Gegensatz zu den meisten Frauen rief sie nicht an, »um zu sehen, wie's so geht« oder unter einem anderen Vorwand wie zum Beispiel: »Hast du nicht gesagt, du bräuchtest den Namen von meinem Steuerberater?« Natürlich war Laura gekränkt, aber sie traf sich mit Freundinnen und ließ sich auf *blind dates* ein. Sie sah das Ganze von der praktischen Seite: Sie wußte, daß er sie irgendwann anrufen würde, wenn er sie mochte. Wenn nicht, war es sein Pech! Auf zum nächsten! Als David schließlich anrief, war sie nett und liebenswürdig. Sie stellte ihn nicht zur Rede, warum er nicht früher angerufen hatte. Laura und David waren zehn Monate lang befreundet und sind jetzt verheiratet.

Ein abschließender Gedanke zum Thema Telefonieren: Manchmal wollen wir einen Mann nicht anrufen, um mit ihm zu reden, sondern nur, um seine Stimme zu hören. Wir haben das Gefühl, wir müßten sterben, wenn wir seine aufregende Stimme nicht augenblicklich hören. Dafür haben wir Verständnis. In diesem Fall schlagen wir vor, daß Sie bei ihm anrufen, wenn er in der Arbeit und sein Anrufbeantworter eingeschaltet ist. Legen Sie vor dem Signalton auf. Es hilft wirklich!

Regel Nummer 6

Beenden Sie *die Telefongespräche*

Rufen Sie Männer von sich aus nicht an (siehe *Regel Nummer 5*) und nur selten zurück. Wenn ein Mann Sie anruft, telefonieren Sie nicht länger als zehn Minuten mit ihm. Kaufen Sie sich notfalls eine Eieruhr. Wenn die Uhr klingelt, müssen Sie aufhören. Dadurch wirken Sie beschäftigt und geben nicht zuviel über sich selbst oder Ihre Absichten preis (selbst wenn Sie keine haben). Indem Sie das Gespräch als erste beenden, bewirken Sie, daß die Männer mehr von ihnen wollen. Gute Schlußformeln sind: »Ich habe noch so viel zu erledigen«, »Nun, es war wirklich schön, mit dir zu reden«, »Ehrlich gesagt bin ich im Moment ziemlich beschäftigt« oder »Jetzt klingelt's bei mir, ich muß rennen!« Vergessen Sie aber nicht, dabei einen sehr freundlichen Ton anzuschlagen.

Frauen reden gern, und einer ihrer größten Fehler ist, daß sie mit einem Mann so reden, als wäre er eine Freundin, ein Therapeut oder die Nachbarin von nebenan. Denken Sie daran, daß der Mann – zumindest zu Beginn einer Beziehung – ihr Gegenspieler ist. Es steht in seiner Macht, Sie zu verletzen, indem er nie wieder anruft, Sie schlecht zu behandeln oder sich zwar zu melden, sich aber gleichgültig zu geben. *Sie* können ihm einen Korb geben, aber es ist nun mal der Mann, der auf

Sie zugeht, Sie ausführt und Ihnen schließlich einen Heiratsantrag macht. Er nimmt die Dinge in die Hand. Die beste Art, sich Kummer zu ersparen, ist, daß Sie sich nicht so schnell gefühlsmäßig engagieren.

Telefonieren Sie also nicht stundenlang, und erzählen Sie ihm nicht lang und breit von Ihren Gefühlen oder davon, was Sie tagsüber getan haben. Sie werden für ihn sonst zu schnell durchschaubar und laufen Gefahr, ihn zu ermüden oder zu langweilen. Er will schließlich nicht mit seiner verrückten jüngeren Schwester, seiner Quasselstrippe von einer Mutter oder seiner klatschsüchtigen Nachbarin ausgehen. Er will sich mit einer jungen Frau unterhalten, die freundlich, unkompliziert und flott ist. Wenn Sie den Hörer als erste auflegen, brauchen Sie sich nicht den Kopf darüber zu zerbrechen, ob Sie ihn zu lange aufgehalten, ihn gelangweilt oder zuviel von sich selbst preisgegeben haben. Da man, wenn man »verschossen« oder »verliebt« ist, nur schwer den Überblick behält, wieviel Zeit man am Telefon zubringt, schlagen wir nochmals vor, eine Eier- oder Stoppuhr zu verwenden. Wenn sie klingelt, sagen Sie charmant: »Ich muß jetzt wirklich los«. Eine Uhr ist, im Gegensatz zu Ihnen, objektiv.

Egal, ob Sie sich gerade großartig unterhalten und Sie ihm erzählen wollen, welche Erfahrungen im Alter zwischen fünf und sechs Ihr Leben geprägt haben – sobald die Uhr klingelt, ist Schluß mit der Unterhaltung. Vergessen Sie nicht, daß Sie geheimnisvoll wirken wollen. Wenn Sie zuerst auflegen, umgeben Sie sich in seinen Augen mit einer geheimnisvollen Aura. Er wird sich fragen, warum Sie so rasch auflegen mußten, wohin Sie wohl gehen und ob Sie vielleicht einen anderen Mann treffen. Es ist gut, wenn er über Sie nachdenkt.

Vielleicht denken Sie jetzt, Männer könnten Ihre abrupte Art, das Telefongespräch zu beenden, unhöflich finden und nie wieder anrufen. Keineswegs! Oft passiert sogar das genaue Gegenteil, und zwar aus dem einfachen Grund, daß Männer in der Liebe irrational handeln. Unsere Freundin Cindy zum Beispiel stellte ihre Eieruhr eines Abends auf vier Minuten. »Ich muß Schluß machen«, sagte sie, als die Uhr klingelte. Fünf Minuten später rief er wieder an und bestand darauf, daß sie sich künftig zwei- statt nur einmal die Woche sehen sollten. Der Vier-Minuten-Trick hat wie eine Zauberformel gewirkt und ihn ihr nähergebracht, statt ihn (wie man hätte meinen können) zu vergrätzen.

Wenn Sie von Natur aus ein freundlicher Mensch sind, finden Sie diese Methode wahrscheinlich grausam. Sie werden glauben, Sie lassen die Männer leiden, dabei tun Sie ihnen in Wirklichkeit einen Gefallen. Denn so wollen die Männer mehr Zeit mit Ihnen am Telefon und persönlich verbringen. Dank der *Regeln* erfahren sie, was Sehnsucht ist. Sagen Sie sich, daß Sie ihnen einen Gefallen tun, wenn Sie sich herzlos vorkommen.

Ein anderer Trick, einen Mann zur Verzweiflung zu bringen, besteht darin, am Sonntag nachmittag den Anrufbeantworter abzuschalten. Sie werden schon sehen, daß er wie ein Verrückter versucht, Sie zu erreichen. Als Cindy diese Taktik ausprobierte, rief ihr Freund am fraglichen Tag immer wieder an und ließ das Telefon schließlich so lange klingeln, bis der Anrufbeantworter von alleine ansprang. (Manche Geräte schalten sich nach dem vierzehnten Klingelzeichen automatisch an. Können Sie sich vorstellen, wie er das Telefon vierzehnmal klingeln läßt?!) Als er sie abends endlich ans Telefon bekam, fragte er besitzergreifend: »Wo hast du gesteckt? Ich wollte mit dir aufs Land fahren.« Es ist ein gutes Zeichen, wenn ein Mann sich aufregt; das bedeutet, daß ihm etwas an Ihnen liegt. Wenn Männer nicht wütend werden, sind sie gleichgültig, und wenn sie gleichgültig sind, sind sie mit einem Fuß schon wieder zur Tür heraus. Den Telefonhörer nach ein paar Minuten wieder aufzulegen ist nicht einfach, aber es geht.

Unsere Freundin Jody hatte das Gefühl, Jeff, mit dem sie seit drei Monaten befreundet war, zu »verlieren«, als er sich an einem Samstag abend ziemlich unverbindlich von ihr verabschiedete und sagte: »Ich ruf dich an und sag dir, welcher Abend *mir* nächste Woche paßt.« Jody spürte, wie sich der Spieß zwischen ihnen umdrehte, und wandte eine zwar etwas drastische, aber durchaus notwendige Maßnahme an: Sie ging an dem Abend, an dem er gewöhnlich anrief, nicht ans Telefon, sondern hörte einfach zu, wie es klingelte und klingelte. Als er sie am nächsten Tag in der Arbeit erreichte, war er weniger herablassend und ein bißchen nervös. Er erkundigte sich, welcher Abend *ihr* passen würde! Der Telefontrick hatte funktioniert – und Jeff leistete sich nie wieder so einen Fauxpas.

Hier noch ein Tip fürs Telefonieren: Wenn Sie freitags abends einmal zu Hause bleiben, weil Sie müde sind oder keine Verabredung haben, lassen Sie den Anrufbeantworter laufen oder bitten Sie Ihre Mutter oder Mitbewohnerin, den Anrufern zu sagen, Sie seien nicht zu Hause. Falls er nämlich am Freitag abend zufällig anruft, weil er auch nichts vorhat, wird er glauben, Sie seien nicht da. Das Schlimmste, was Sie tun können, ist, ihm den Eindruck zu geben, daß Sie nichts zu tun haben und nicht von anderen Männern umworben werden. Geben Sie ihm nicht das Gefühl, Sie seien ein Mauerblümchen, selbst wenn Sie eins sind. Reden Sie sich nicht ein, daß etwas Schlimmes daran ist, Spielchen zu spielen. Manchmal haben sie ihr Gutes. Männern gefällt die Vorstellung, eine Frau, wegen der sich alle die Beine ausreißen, erobert zu haben. Zeigen Sie ihm, daß Sie ein erfülltes Leben haben und ein unabhängiger Mensch sind.

Wenn er abends anruft und Sie ans Telefon gehen, glauben Sie bloß nicht, ihm darüber Rechenschaft ablegen zu müssen, was Sie tun. Sagen Sie nach ein paar Minuten einfach (aber nett), Sie seien beschäftigt und könnten nicht länger telefonieren. Sie müssen dabei nicht einmal lügen, denn manchmal sind Sie *tatsächlich* beschäftigt – zum Beispiel, wenn Sie Wäsche waschen, aber sagen Sie ihm nicht, daß Sie gerade Wäsche waschen. Bringen Sie ihn nie auf die Idee, selbst wenn es zutrifft, Sie könnten zu Hause herumsitzen, an ihn denken und die Gästeliste für die Hochzeit zusammenstellen. Männer lieben scheinbar unnahbare Frauen!

Sollten Sie diesen Rat altmodisch finden, denken Sie daran, daß Sie ein erfüllter Mensch sind, ausgeglichen, lebenstüchtig und glücklich, mit Erfolg im Beruf, mit Freunden und Hobbys, und daß Sie ebensogut mit ihm wie ohne ihn leben können. Sie sind keine leere Hülle, die nur darauf wartet, daß er sie mit Leben erfüllt und ihr Kraft gibt. Sie sind quicklebendig und voller Tatkraft, Sie gehen in Ihrer Arbeit auf und genießen Ihr eigenes Leben. Männer mögen Frauen, die ihren eigenen Kopf haben, keine hilflosen Kletten, die auf Erlösung warten. Die *Regeln* sind keine Gebrauchsanleitung zur Erlösung!

Der größte Fehler, den eine Frau machen kann, wenn sie einen Mann kennenlernt, den sie heiraten möchte, ist, daß sie ihn zum Mittelpunkt ihres Lebens macht. Womöglich setzt sie ihren Job aufs Spiel, weil sie am Schreibtisch den ganzen Tag nur von ihrem Prinzen träumt, statt in die Hände zu spucken und zu arbeiten. Sie denkt pausenlos an ihn und redet von nichts anderem. Sie langweilt ihre Freundinnen mit Einzelheiten über jede Verabredung zu Tode. Sie hält unentwegt Ausschau nach Krawatten für ihn oder schneidet Zeitungsartikel aus, die ihn interessieren könnten. So ein Verhalten ist nicht nur krankhaft, sondern auch der sicherste Weg, ihn zu verlieren.

Erstens erdrückt ihn so viel Zuwendung möglicherweise. Zweitens macht er Ihnen vielleicht keinen Antrag. Und drittens »erlöst« er Sie gefühlsmäßig und finanziell womöglich nicht in der Weise, wie Sie es sich vorgestellt haben. Selbst wenn er Sie heiratet, kann es sein, daß er auf einem Abend wöchentlich mit seinen Kumpels, auf seinen Hobbys oder dem Basketballspiel am Sonntag morgen besteht. Außerdem will er vielleicht, daß seine Frau arbeitet. Also gewöhnen Sie sich besser schon jetzt an die Vorstellung, daß Sie Ihr eigenes Leben führen *müssen* – mit einem Beruf, Interessen, Hobbys und Freunden, die die Lücken zwischen Ihren Verabredungen füllen und mit denen Sie sich auch noch nach der Hochzeit treffen. Das Schlimmste, was Sie tun können, wenn Sie mit einem Mann befreundet sind, ist, ihn als Ihren Unterhalter zu betrachten. Rufen Sie ihn nicht an, weil Sie sich langweilen oder Zuwendung brauchen. Seien Sie vergnügt und beschäftigen Sie sich selbst. Er sollte Sie immer auf dem Sprung antreffen.

Immer wieder hören wir von Frauen, deren Horizont schrumpft, kaum daß sie dem Mann ihres Lebens begegnet sind. Wenn *Sie* den Mann Ihres Lebens treffen, ist das genau der richtige Zeitpunkt, um Tennisspielen zu lernen, Ihren Diplombetriebswirt zu machen oder mit Ihren Freunden auf eine Campingreise zu gehen.

Regel Nummer 7

Nehmen Sie nach Mittwoch keine Einladungen mehr für Samstag abend an

Heutzutage ist es gang und gäbe, daß Männer sich mit Frauen für den Abend desselben Tages oder für den nächsten Tag verabreden. Und genauso gang und gäbe ist es, daß die Frauen diese zwanglosen Einladungen in letzter Minute annehmen aus Angst, sie könnten kein besseres Angebot mehr bekommen. Das aber ist keine Verabredung im Sinne unserer *Regeln*. Ein Mann, der Sie heiraten will, wartet nicht bis zur letzten Minute, um sich mit Ihnen zu verabreden. Im Gegenteil, er ist höflich, aufmerksam und umsichtig und hat seinerseits Angst, er könnte Sie eine ganze Woche lang nicht sehen, wenn er nicht rechtzeitig etwas mit Ihnen ausmacht. Und wenn er in Sie verliebt ist, wird ihm eine Woche wie eine Ewigkeit vorkommen!

Natürlich wissen nicht alle Männer, daß sie Sie nicht erst am Donnerstag oder Freitag abend anrufen sollten, um sich mit Ihnen für Samstag abend zu verabreden. Andere Frauen haben sie verdorben, indem sie ihre Einladungen in letzter Minute angenommen haben. Wie gesagt, sollte er sich im Idealfall am Ende Ihres letzten Rendezvous neu mit Ihnen verabreden oder Sie spätestens Montag oder Dienstag anrufen, um etwas für den kommenden Samstag abend auszumachen. Wenn sein erster Gedanke an jedem Morgen Ihnen gilt, und wenn er ständig an Sie denken muß, wird er nicht bis Donnerstag warten, um Sie anzurufen.

Es sagt mitunter einiges über die Gefühle aus, die ein Mann für Sie empfindet, wenn er Sie nicht schon Anfang der Woche anruft. Um ihn dazu zu bringen, Sie früher anzurufen, ist es am besten, ihm einen Korb zu geben, wenn er sich erst am Donnerstag meldet, um sich für Samstag abend mit Ihnen zu verabreden. Hoffentlich versteht er den Wink. Das ist kein Spiel, sondern es ist von grundlegender Bedeutung, daß die Männer Sie schon Anfang der Woche anrufen, denn als Frau, die sich an die *Regeln* hält, können Sie Ihr Leben nicht bis Donnerstag oder Freitag auf Eis legen. Schließlich haben Sie Freunde und jede Menge Pläne. Sie müssen rechtzeitig wissen, ob Sie am Samstag abend ein Rendezvous haben oder mit Ihren Freundinnen ins Kino gehen. Wenn die Männer Sie immer erst donnerstags anrufen, sind Sie nervlich bald ein Wrack. Entweder hören Sie wie eine Besessene andauernd Ihren Anrufbeantworter ab oder fragen, sofern Sie noch bei Ihren Eltern wohnen, pausenlos Ihre Mutter, ob er angerufen hat. Sie leben also in ständiger Erwartung. Das aber sollten Sie keinesfalls. Sie haben Programm.

Wenn er bis Mittwoch abend nicht angerufen hat, schmieden Sie fürs Wochenende andere Pläne und geben ihm freundlich einen Korb, wenn er am Donnerstag anruft und unbekümmert fragt: »Na, Schatz, was hast du Samstag abend vor?« Studieren Sie die folgende Antwort ein, und schlagen Sie dabei einen möglichst liebenswürdigen Tonfall an: »Oh, tut mir wirklich leid, aber ich habe schon was anderes ausgemacht.« Werden Sie nicht schwach und gehen Sie nicht mit ihm aus, auch wenn Sie das viel lieber tun würden, als mit Ihren Freundinnen loszuziehen oder mit einem Mann auszugehen, an dem Ihnen nicht sonderlich viel liegt. Und machen Sie ihm auch kein Gegenangebot wie zum Beispiel: »Aber am Montag habe ich Zeit.« Er soll das Rendezvous ohne Ihre Hilfe auf die Beine stellen. *Machen Sie ihm aber keine Vorwürfe, wenn er erst in der zweiten Wochenhälfte anruft.* Lehnen Sie sehr freundlich aber bestimmt ab. Erzählen Sie ihm auch nicht, was Sie statt dessen vorhaben, denn das geht ihn nichts an. Wichtig ist, daß er Ihre Botschaft kapiert, und die lautet: Wenn du am Samstag abend mit mir ausgehen willst, mußt du mich Montag, Dienstag, spätestens Mittwoch anrufen.

Jetzt mögen Sie denken: »Das ist mir zu streng. Viele Männer rufen an und machen einen Vorschlag, wenn ihnen gerade danach ist. Was ist an Spontaneität Schlimmes?« Das klingt zwar überzeugend, aber die Wirklichkeit sieht etwas unerfreulicher aus. Als Ted unsere Freundin Beth zum erstenmal an einem Donnerstag abend anrief, um sich für Samstag abend mit ihr zu verabreden, sagte sie sofort zu. Damit waren die Weichen gestellt, und danach rief er sie immer in letzter Minute an. Obwohl sie mehrere Monate befreundet waren, verschwendete er unter der Woche nur wenige Gedanken an sie, und sie wurde aus ihrer Beziehung nicht recht schlau, weil sie nie sicher sein konnte, ihn am nächsten Samstag abend wiederzusehen.

Denken Sie daran: So, wie sich ein Mann während der Zeit, in der er um Sie wirbt, verhält – besser gesagt, wie Sie ihm *gestatten*, daß er sich Ihnen gegenüber verhält –, so verhält er sich im allgemeinen auch in der Ehe. Trifft er seine Verabredungen mit Ihnen in letzter Minute, wird er auch in anderen Dingen erst in letzter Minute aktiv werden und es Ihnen gegenüber an Aufmerksamkeit fehlen lassen. Deshalb sind Verabredungen in letzter Minute schlicht und einfach unzumutbar. Männer, die Sie anrufen, weil sie gerade in Ihrer Nähe sind und Sie zehn Minuten später sehen wollen, mögen wer weiß wie aufregend sein, aber wenn Sie schon zehn Minuten später verfügbar sind, für *wie* schwer zu kriegen werden die Männer Sie dann halten? Wenn Sie nachgeben, werden die Männer Sie wie eine Frau behandeln, die sie schon nach zehn Minuten *haben* können.

Denken Sie aber daran, das Angebot auf liebenswerte Art auszuschlagen. Laden Sie sich nicht negativ auf (»Der Kerl denkt sich überhaupt nichts dabei, mich so kurz vorher anzurufen«), und keifen Sie auch nicht: »Nein, ich habe keine Zeit« und knallen Sie den Telefonhörer hin. Er denkt sich wirklich nichts dabei. Er denkt nicht daran, daß er Sie anders als alle anderen behandeln soll. Lassen Sie ihm Zeit. Folgen Sie unserem Rat, seien Sie nett zu ihm, sagen Sie: »Oje, ich wünschte, ich hätte Zeit!«. Dann seufzen Sie und legen auf. Er wird bald kapieren, daß Sie in Zukunft ein bißchen früher gefragt werden wollen. Noch einmal: Männer wollen Sie nicht kränken, wenn sie in letzter Minute anrufen. Seien Sie also nicht beleidigt, sondern bringen Sie ihnen bei, das nächste Mal früher anzurufen, ohne es aber ausdrücklich von ihnen zu *verlangen*.

Spontaneität äußert sich nicht in Vorschlägen wie: »Hallo, hast du Lust, heute abend ins Kino zu gehen?« Dieser Anruf ist eher auf Langeweile oder auf die Tatsache zurückzuführen, daß die Frau, mit der er eigentlich ausgehen wollte, keine Zeit hat. Er hat Sie nicht lange im voraus angerufen, hat nicht die ganze Woche von Ihnen geträumt und ist nicht aufgeregt geworden bei der Vorstellung, im Kino den Arm um Ihre Schultern zu legen. Für ihn ist eine Verabredung mit Ihnen nichts Kostbares, das genauso vorausgeplant werden muß wie eine Reservierung in einem exklusiven Restaurant. Spontaneität ist etwas Schönes, aber sie sollte sich *während* des Rendezvous äußern – etwa in einem überraschenden Abstecher zum Strand nach dem Abendessen.

Wir hören oft von »spontanen« Frauen, die mit Männern nach vierundzwanzigstündiger Vorankündigung ausgehen. Wir wünschen ihnen viel Glück. Wenn ein Mann weiß, daß er bei Ihnen fünf Minuten, nachdem seine letzte Freundin ihm den Laufpaß gegeben hat, landen kann, dann ruft er Sie an, wenn er einsam ist oder sich langweilt, aber nicht etwa, weil er verrückt nach Ihnen ist. In diesem Fall gilt: Finger weg! Das ist nichts auf Dauer. Freie Geister mögen gegen unsere Ratschläge Einwände haben, aber wenn man dauerhafte Ergebnisse erzielen will, sind wir fest davon überzeugt, daß man eine Partnerschaft wie einen Job angehen sollte, mit Verhaltensregeln und Vorschriften. Genauso, wie Sie von neun bis fünf Uhr arbeiten, egal, wie Sie sich fühlen, sind wir der Meinung, daß Sie den Männern auf subtile Weise beibringen müssen, lange im voraus Pläne, Verabredungen mit Ihnen zu treffen (weil Sie ja so unnahbar, beschäftigt und unternehmungslustig sind!). Lassen Sie den Männern in einer Art Geheimcode eine Botschaft zukommen, die sie sehr wohl verstehen. Machen Sie es ihnen aber zu einfach, ziehen sie garantiert ihren Nutzen daraus, und Sie können Ihre Traumhochzeit vergessen.

Wir sind uns darüber im klaren, daß die Tage zwischen zwei Verabredungen mit dem Mann, nach dem

Sie sich verzehren, lang und qualvoll sein können, aber denken Sie daran: Es ist schlimmer, jede seiner Einladungen unüberlegt anzunehmen und dadurch das Risiko einzugehen, daß Sie ihn schon bald langweilen. Wenn Sie Ihre Trümpfe richtig ausspielen, wird er zu dem Schluß gelangen, daß es nur eine Möglichkeit gibt, Sie immer dann zu sehen, wenn ihm danach ist, sogar in letzter Minute: Er muß Sie heiraten!

Regel Nummer 8

Füllen Sie die Zeit bis zur Verabredung aus

Die meisten Frauen gehen mit überhöhten Erwartungen zu einer Verabredung. Sie wollen, daß der Mann sie schön findet, wieder mit ihnen ausgeht, mit ihnen Kinder in die Welt setzt. Wir brauchen wohl nicht extra zu erwähnen, daß diese Frauen zumeist enttäuscht werden. Deshalb halten wir es für sehr hilfreich – um nicht zu sagen, entscheidend –, sich vor der Verabredung so gut wie möglich zu beschäftigen. Am besten ist, Sie haben bis zu dem Augenblick zu tun, wo es an der Tür klingelt, denn dann sind Sie leicht außer Atem und strotzen vor Energie, wenn Sie ihm schließlich gegenübertreten. Hier sind ein paar Anregungen, was Sie am Tag der Verabredung alles tun können:

1. Um etwas gegen Ihre Aufregung zu tun, gehen Sie ins Fitneßstudio, gönnen Sie sich eine Maniküre oder nehmen Sie ein ausgiebiges heißes Schaumbad.
2. Kaufen Sie sich eine neue Bluse oder eine Flasche Parfum. Gehen Sie zur Kosmetikerin. Verwöhnen Sie sich.
3. Machen Sie ein Nickerchen. Wenn Sie zu den Frauen zählen, die um zehn Uhr abends schläfrig werden, bauen Sie mit einem Mittagsschlaf vor.

4. Gehen Sie ins Kino (schauen Sie sich eine Komödie an, keinen Liebesfilm, damit Ihnen nicht die ganze Zeit romantische Dinge im Kopf herumspuken), lesen Sie Zeitung oder ein Buch, um auf andere Gedanken zu kommen und nicht darüber nachzugrübeln, wie Ihr Vorname zusammen mit seinem Nachnamen klingt. Wenn Sie sich den ganzen Tag beschäftigen, fühlen Sie sich abends in seiner Gegenwart nicht so leer und anlehnungsbedürftig.

Und hier, was Sie *nicht* tun sollen:

1. Reden Sie nicht den ganzen Tag mit Ihren Freundinnen über die Verabredung oder darüber, ob sein Sternzeichen mit Ihrem zusammenpaßt oder woher Sie wissen, daß er der Richtige ist, oder über Beziehungskisten im allgemeinen. Sie sollten am besten überhaupt nicht an die Verabredung denken.

2. Treffen Sie sich weder mit Ihrer Mutter noch mit Ihrer Großmutter oder mit sonst jemandem, der es kaum erwarten kann, bis Sie unter die Haube kommen und Kinder kriegen. Wenn Sie vorher mit diesen Menschen zusammen waren, merkt man Ihnen bei der Verabredung vielleicht an, daß Sie verzweifelt auf der Suche sind. Möglicherweise lassen Sie aus Unachtsamkeit dieses gewisse Wort mit H fallen (Heiraten) und verschrecken ihn.

3. Schreiben Sie Ihren Namen nicht mit seinem in allen möglichen Varianten wie zum Beispiel:
Susan Johnson
Susan Dobbs Johnson
Susan D. Johnson
Haben Sie nichts Besseres zu tun?

Regel Nummer 9

Wie man sich bei der ersten, zweiten und dritten Verabredung verhält

Wenn Sie auch nur ein bißchen wie wir sind, haben Sie bestimmt, bevor er Sie abgeholt hat, lange darüber nachgedacht, was Sie beide alles gemeinsam haben. Und Sie haben sich bereits Namen für Ihre gemeinsamen Kinder ausgedacht, noch bevor er hallo sagen konnte. Diese scheinbar harmlose Träumerei vor einer Verabredung ist gefährlich und wahrscheinlich das Schlimmste, was Sie tun können – abgesehen davon, daß Sie ihm beim Nachtisch Ihre Liebe gestehen. Solche Schwärmereien führen zu unerfüllten Sehnsüchten und unrealistischen Vorstellungen von Liebe und Leidenschaft, und diese wiederum machen Sie übermütig und lassen Sie nach dem ersten Rendezvous Dinge sagen wie: »Ich habe zwei Konzertkarten«. (Natürlich können Sie sich für seine Einladung erkenntlich zeigen, allerdings erst viel später – siehe *Regel Nummer 4*.)

Wenn Sie es irgendwie fertigbringen, denken Sie nicht an ihn, bis er da ist – bei den ersten drei Verabredungen ist das nicht nötig. Beschäftigen Sie sich bis zu der Minute, wo er Sie herausklingelt. Lassen Sie ihn bei der ersten Verabredung nicht hereinkommen, sondern treffen Sie sich mit ihm lieber vor dem Haus oder in einem Restaurant. Erzählen Sie ihm bei den ersten drei

Verabredungen nicht, was Sie tagsüber alles getan haben, als würden Sie sich seit Jahren kennen, weil Sie sich davon versprechen, daß Sie das einander näherbringt. Seien Sie nicht zu ernst oder zu streng, und spielen Sie nicht das Heimchen am Herd. Erwähnen Sie nicht das Wort mit *H*, nicht einmal, um zu erzählen, daß Ihr Bruder vor kurzem geheiratet hat.

Denken Sie daran, daß Sie anders als alle anderen sind, eine schöne Frau, äußerlich und innerlich. Reden Sie sich also nicht ein, Sie müßten an einem Workshop zum Thema Liebe teilnehmen oder in letzter Minute zum Therapeuten gehen, um in guter Form zu sein. Setzen Sie sich auf keinen Fall unter Druck.

Im Grunde brauchen Sie bei den drei ersten Verabredungen nichts weiter zu tun, als einfach nur dazusein, sich zu entspannen und so zu tun, als wären Sie ein strahlend schöner Filmstar. Lesen Sie *Regel Nummer 1* noch einmal: *Seien Sie anders als alle anderen*. Seien Sie charmant und unkompliziert. Lachen Sie über seine Witze, aber übertreiben Sie es nicht. Lächeln Sie viel und fühlen Sie sich nicht verpflichtet, das Gespräch anzukurbeln, wenn es ins Stocken gerät. Überlassen Sie ganz allgemein ihm die Arbeit – Sie abzuholen, das Restaurant auszusuchen, Ihnen die Tür zu öffnen, Ihren Stuhl zurechtzurücken. Seien Sie so ungezwungen, als hätten Sie Verabredungen am laufenden Band und als wäre dies alles für Sie nichts Ungewöhnliches (selbst wenn Sie seit Jahren kein Rendezvous mehr hatten). Wenn Sie schon an etwas denken müssen, dann denken Sie daran, sich in derselben Woche mit einem anderen Mann zu verabreden. Sie sollten immer versuchen, mehrgleisig zu fahren, damit Sie nicht von einem einzigen Mann abhängen.

Beenden Sie das Rendezvous (vergleiche *Regel Nummer 1*), vor allem, wenn er Ihnen gefällt. Werfen Sie nach zwei Stunden (falls Sie nur etwas trinken gegangen sind) oder drei bis vier Stunden (falls Sie essen gegangen sind) einen Blick auf die Uhr und sagen Sie mit einem Seufzen: »Ach du, das war wirklich toll, aber ich habe morgen einen anstrengenden Tag.« Sagen Sie ihm nicht, was Sie am nächsten Tag tun. Nach dem ersten Rendezvous können Sie sich einen flüchtigen Kuß auf die Wange oder die Lippen geben lassen (obwohl Sie vielleicht nach mehr hungern).

Bitten Sie ihn nach dem ersten Abend nicht in Ihre Wohnung. Schließlich ist er für Sie zu diesem Zeitpunkt noch immer ein Fremder. Mehr als die Eingangstür des Hauses, in dem Sie wohnen, sollte er nicht zu sehen kriegen. Das dient vor allem Ihrer Sicherheit. Indem Sie ihn nicht in Ihre Wohnung lassen und auch nicht mit zu ihm gehen, reduzieren Sie drastisch die Gefahr, daß Komplikationen entstehen. Dasselbe gilt für den Fall, daß Sie jemanden in einer Bar oder auf einer Party kennenlernen. Steigen Sie unter keinen Umständen zu ihm ins Auto (nicht, daß Sie in seinem Kofferraum landen!). Laden Sie ihn nicht in Ihre Wohnung ein, und gehen Sie an diesem Abend nicht mit zu ihm. Die Welt ist verrückt. Gehen Sie auf Nummer Sicher!

Verlassen Sie sich bei der zweiten Verabredung auf Ihr Urteilsvermögen. Fühlen Sie sich mit einem Mann wohl, kann er Sie beim nächsten Mal in Ihrer Wohnung abholen und Sie können ihn nach einem gemeinsam verbrachten Abend noch auf ein Glas hereinbitten. Haben Sie jedoch Zweifel, treffen Sie sich mit ihm vor der Haustür und verabschieden Sie sich auch dort von ihm. Spielen Sie nicht mit dem Feuer!

Uns ist bewußt, daß wir von Ihnen verlangen, gegen Ihre Gefühle zu handeln, aber Sie wollen doch heiraten, oder nicht? Einen »One-Night-Stand« kann jeder haben. Kurzum, die ersten drei Rendezvous sollten nach der Formel »Nah, aber unerreichbar« verlaufen. Ziehen Sie sich hübsch an, seien Sie nett, und dann tschüß und ab nach Hause. Nicht zuviel Gefühl, Engagement oder Herzklopfen. Wahrscheinlich fragen Sie sich, wie lange Sie das durchhalten sollen, stimmt's? Keine Sorge, es wird leichter!

Regel Nummer 10

Wie man sich bei der vierten Verabredung verhält, wenn sich die Beziehung allmählich festigt

Bei den ersten drei Verabredungen waren Sie einfach nur anwesend und charmant. Beim vierten Rendezvous dürfen Sie mehr von sich selbst preisgeben. Sie können über Ihre Gefühle sprechen, solange Sie nicht zu dick auftragen, die Therapeutin herauskehren oder in die Mutterrolle schlüpfen. Beweisen Sie Wärme, Charme und Herz. Zeigen Sie Mitgefühl, wenn sein Hund gestorben ist oder »seine« Fußballmannschaft verloren hat. Schauen Sie ihm in die Augen und seien Sie eine aufmerksame, gute Zuhörerin, damit er weiß, daß Sie ein Mensch sind, der sich um andere kümmert – und daß Sie ihm als Frau eine Stütze wären. Nehmen Sie noch immer nicht Worte wie *Heiraten, Hochzeit, Kinder* oder *Zukunft* in den Mund. Diese Themen muß er anschneiden. Er *muß* die Führung übernehmen. Reden Sie über Dinge, die mit Ihrer Beziehung nichts zu tun haben, etwa über Ihre liebste Sportart, Fernsehshow, einen tollen Kinofilm, den Roman, den Sie gerade zu Ende gelesen haben, einen guten Artikel in der Sonntagsausgabe Ihrer Tageszeitung oder eine schöne Ausstellung, die Sie vor kurzem gesehen haben. Ihnen fällt schon etwas ein!

Sagen Sie ihm *nicht*, was Ihr Astrologe, Trainer, Psychiater oder Yogalehrer über Ihre Beziehung mit ihm denkt.

Sagen Sie ihm *nicht*, was für ein seelisches Wrack Sie waren, bevor Sie Seminare und Gurus entdeckten.

Sagen Sie ihm *nicht*, daß er der erste Mann ist, der Ihnen Respekt entgegenbringt. Er könnte Sie für eine Schlampe oder ein Flittchen halten.

Fragen Sie ihn *nicht* über seine vorherigen Beziehungen aus. Das geht Sie nichts an.

Sagen Sie *nicht* mit todernster Miene »Wir müssen miteinander reden«, sonst kippt er Ihnen vom Barhokker.

Schütten Sie ihn *nicht* mit Ihren beruflichen Erfolgen zu. Bemühen Sie sich, *ihn* glänzen zu lassen.

Quälen Sie ihn *nicht* mit Ihren Neurosen!!

Vergessen Sie nicht: Sie müssen all diese Dinge ja nicht ewig für sich behalten. Nur in den ersten Monaten..., bis er sagt, daß er in Sie verliebt ist. Nach und nach geben Sie sich dann so, wie Sie wirklich sind. Männer erinnern sich ihr Leben lang an den Eindruck, den Sie in den ersten Monaten auf sie gemacht haben.

Wenn Sie das nur schwer durchhalten können, beenden Sie die Verabredung zeitig oder treffen Sie sich nicht so oft mit ihm. Wenn Sie alles zu früh herausposaunen, kann das Ihren Zielen zuwiderlaufen. Viele Frauen lernen in der Therapie, sich frühzeitig zu öffnen. Das mag für eine Therapie oder für den Umgang mit einer Freundin gelten, aber nicht für eine Verabredung. Die Regeln ermahnen uns dazu, uns langsam zu öffnen, damit wir die Männer nicht überfordern. Es ist ziemlich egoistisch und rücksichtslos, einen anderen

Menschen während eines dreistündigen Rendezvous mit sämtlichen Einzelheiten aus dem eigenen Leben zu überhäufen, finden Sie nicht?

Seien Sie allerdings wiederum nicht so uneigennützig, daß Sie jede seiner Fragen beantworten, obwohl Sie sie zu persönlich finden oder ihn das fragliche Thema zu diesem Zeitpunkt noch nichts angeht. Sagen Sie ihm nichts, was Sie bereuen könnten. Manche Männer horchen Frauen gerne aus, und Frauen geben manchmal mehr preis, als sie eigentlich wollen, weil sie hoffen, die Männer durch ihre Offenbarungen fester an sich zu binden – aber danach fühlen sie sich nicht nur nackt, sondern auch hereingelegt und betrogen. Besser also, Sie quittieren eine allzu persönliche Frage mit einem Lächeln und sagen: »Oh, darüber möchte ich jetzt lieber nicht reden.«

Natürlich kann es sein, daß persönliche Dinge zur Sprache kommen. Dann passen Sie auf, was Sie ihm antworten. Fragt er Sie, wie lange Sie noch vorhaben, in Ihrer Wohnung zu wohnen, antworten Sie, daß Sie gerade den Mietvertrag verlängern. Sagen Sie zum Beispiel nicht, daß Sie darauf hoffen, bald einen Mann kennenzulernen, damit Sie mit ihm in eine größere Wohnung ziehen können, sobald Ihr Mietvertrag ausläuft. Sollte dies tatsächlich Ihre Hoffnung und Ihr Wunsch sein, behalten Sie es für sich, sonst sucht Ihr Gegenüber auf der Stelle das Weite.

Geben Sie sich unabhängig, damit er nicht das Gefühl hat, Sie erwarten von ihm, daß er sich um Sie kümmert. Das gilt für die erste Verabredung genauso wie für die fünfzigste. Als Jill mit Bruce, mit dem sie seit sechs Monaten befreundet war, ein Bett für sich kaufen ging, entschied sie sich bewußt für ein Einzel- und kein Doppelbett. Das kostete sie gewaltige Überwindung, weil sie insgeheim hoffte, daß er der Richtige war, und weil sie wußte, daß sie keine Verwendung mehr für das Bett hätte, sobald sie erst einmal verlobt waren und heirateten. Aber die Bettcouch, auf der sie bisher geschlafen hatte, war kaputtgegangen, und statt Bruce beim Bettkauf zu Rate zu ziehen und ihn zu fragen, welches Modell und welche Größe ihm am besten gefielen – was soviel geheißen hätte wie: dies ist das Bett, das wir eines Tages teilen werden –, erstand sie ein Einzelbett, als hätte sie nicht die geringste Absicht, bald zu heiraten.

Es war wichtig, Bruce beim Bettkauf nicht mit einzubeziehen, denn schließlich waren sie damals noch nicht verheiratet und wußten auch nicht, ob sie je heiraten würden. Das Einzelbett kam natürlich nicht zum Sperrmüll: Es steht nun im Gästezimmer von Jills Schwiegereltern (Bruces Eltern).

Regel Nummer 11

Beenden immer Sie *das Rendezvous*

Wenn Sie bisher ohne die *Regeln* gelebt haben, wissen Sie wahrscheinlich nicht, daß die beiden ersten Verabredungen nicht länger als fünf Stunden dauern sollten. Eine gute Art, das Rendezvous zu beenden, besteht darin, beiläufig einen Blick auf die Uhr zu werfen und so etwas Ähnliches zu sagen wie: »Oje, jetzt muß ich wirklich gehen. Ich habe morgen einen anstrengenden Tag.« (Wohlgemerkt: Sie sagen ihm nicht, *was* Sie vorhaben. Es spielt keine Rolle und geht ihn nichts an.)

Eine Verabredung als erste zu beenden ist nicht ganz einfach, wenn Sie ihn wirklich mögen und heiraten wollen und Sie beide sich außerdem prächtig amüsieren. Aber es muß sein, denn schließlich soll er mehr von Ihnen wollen, nicht weniger. Wenn er mehr über Sie erfahren möchte, kann er Sie am nächsten Tag anrufen oder mit Ihnen, wenn er Sie nach Hause bringt, gleich eine neue Verabredung treffen. Unserer Erfahrung nach wollen einen die Männer anfangs oft, vielleicht sogar jeden Tag sehen, langweilen sich dann aber rasch. Deshalb: Befolgen Sie die Regeln, und seine Begeisterung wird anhalten.

Eine Verabredung nicht zuerst zu beenden ist schlimm genug. Aber noch schlimmer ist es, ein Rendezvous in die Länge zu ziehen, wenn es eigentlich längst vorbei sein sollte. Randy hatte das Gefühl, Bob bei ihrer zweiten Verabredung (Abendessen und Kino) zu verlieren, und deshalb schlug sie ihm vor, noch tanzen zu gehen. Bob wollte sie nicht kränken und willigte ein, rief danach aber nie wieder an. Natürlich hätte Randy den Abend gleich nach dem Kino beenden sollen, aber sie hatte gedacht, sie könnte Bob mit ihrer tollen Tanzerei in der Disco beeindrucken.

Andere Frauen versuchen die erste oder zweite Verabredung in die Länge zu ziehen, indem sie den Mann zum Beispiel auf einen Drink oder Kaffee in ihre Wohnung einladen, damit er sich in ihre Einrichtung oder ihren selbstgebrauten entcoffeinierten Kaffee verliebt. Nein! Wenn, dann sollte *der Mann* versuchen, den Abend in die Länge zu ziehen, nicht Sie. Er sollte vorschlagen, tanzen zu gehen, noch einen Drink zu nehmen oder ein Café zu besuchen, wo Sie beide noch ein Dessert essen und einen Cappuccino trinken können. Schlägt er das von sich aus nicht vor, soll es eben nicht sein. Statt sich den Kopf darüber zu zerbrechen, wie Sie den Abend interessanter gestalten oder verlängern könnten, sollten Sie lieber darauf achten, daß *Sie* ihn beenden.

Regel Nummer 12

Machen Sie mit ihm Schluß, wenn Sie von ihm zum Geburts- oder Valentinstag kein romantisches Geschenk bekommen

Was für ein Geschenk können Sie an Ihrem Geburtstag erwarten, wenn ein Mann in Sie verliebt ist? Im Idealfall ein Schmuckstück, aber auch jedes andere romantische Geschenk ist willkommen. Verstehen Sie uns nicht falsch, diese *Regel* soll keine Goldgräberstimmung auslösen. Es ist nur so: Wenn ein Mann Sie heiraten will, schenkt er Ihnen üblicherweise Schmuck und macht Ihnen keine sportlichen oder praktischen Geschenke wie etwa einen Toaster oder eine Kaffeemaschine. Es kommt nicht darauf an, wie teuer das Geschenk, sondern welcher *Art* es ist. Eine Schreibmaschine kann teurer sein als ein Paar preiswerter Ohrringe, und ein Computer, möchte man glauben, zeugt von Liebe, wo es doch so ein kostspieliger Gegenstand ist. Ein Geschenk wie dieses ist eine Kopfgeburt und kommt nicht von Herzen, und deshalb ist es keineswegs ein verläßliches Liebespfand. Daher gilt: Wenn Sie zu Ihrem Geburtstag oder einem anderen wichtigen Anlaß keinen Schmuck oder sonst ein romantisches Geschenk erhalten, können Sie sich den Mann aus dem Kopf schlagen, weil er Sie nicht liebt und alles dafür spricht, daß Sie das wichtigste Geschenk von allen nie bekommen werden: den Verlobungsring.

Susan weiß ein Lied davon zu singen: Sie bekam von Brian, mit dem sie seit drei Monaten befreundet war, zum Valentinstag einen Trainingsanzug von Sergio Tacchini geschenkt. Als wir ihr sagten, daß es mit ihrer Romanze vorbei sei, entgegnete sie: »Wieso? Der Anzug kostet doch mindestens zweihundert Dollar und kommt in meinem Sportclub bestimmt ziemlich gut an.« Aber wir wußten, daß Susan mit Pralinen oder Blumen besser bedient gewesen wäre. Warum? Weil Brians Geschenk zwar teuer, aber nicht romantisch war. Wenn Männer verliebt sind, schenken sie ein Unterpfand ihrer Liebe, selbst wenn sie knapp bei Kasse sind. Blumen, Schmuck, Gedichte und Wochenendausflüge aufs Land sind typische Geschenke von liebenden Männern. Trainingsanzüge, Bücher, Aktenmappen, Toaster und andere praktische Dinge zählen zu der Art von Geschenken, die Männer machen, wenn sie Sie nett finden, Sie gern haben (wie eine Schwester), Sie aber nicht heiraten wollen. (Wie nicht anders zu erwarten, ließ Brian Susan ein paar Monate später sitzen.)

Wie gesagt: Schenken hat nichts mit Geld zu tun. Wir kennen einen armen Studenten, der sich für seine Freundin zum Valentinstag nur eine Grußkarte für DM 2,50 leisten konnte. Aber dafür brachte er dann vier Stunden damit zu, ein schönes Liebesgedicht hineinzuschreiben. Wenn das kein Geschenk im Sinne der *Regeln* ist! Wie die meisten Frauen wissen, ist die Zeit, die Männer auf eine Sache verwenden, mit Geld nicht aufzuwiegen.

Noch eine Anmerkung zu Grußkarten: Vergewissern Sie sich, ob er mit den Worten »In Liebe« unterzeichnet hat. Männer schicken manchmal völlig unverbindliche Grußkarten. Wenn er nicht mit »In Liebe«

unterschreibt, bilden Sie sich nicht ein, daß er Sie liebt. Als Bobby mit Cheryl befreundet war, unterschrieb er seine Karten immer mit den Worten »Dein Bobby«. (Ich *weiß* einfach, daß er mich liebt, behauptete sie ihren Freundinnen gegenüber.) Irgendwann kam es zur »Aussprache«, und er gestand ihr, daß er sie nicht liebte. Also reden Sie sich nichts ein, sondern lesen Sie, was dasteht!

Während ein romantisches Geschenk zum Geburts-, Valentins- oder einem Jahrestag ein Muß ist, wird Sie ein Mann, der verrückt nach Ihnen ist, auch zwischendurch mit Geschenken überhäufen. Er denkt nämlich ständig an Sie, und deshalb kann es durchaus sein, daß er Ihnen mal ein Stofftier schenkt, das er auf einem Jahrmarkt entdeckt hat, oder irgendeinen Scherzartikel, der seiner Meinung nach perfekt zu Ihnen paßt. Als Patty zum Beispiel Interesse fürs Biking zeigte, kaufte ihr Freund Mike einen schicken Helm für sie. Würde er sie nicht lieben, hätte er ihr den Helm zum Geburtstag geschenkt, aber so schenkte er ihr zum Geburtstag eine Kette und Blumen und den Helm zu ihrem sechsmonatigen »Jubiläum«.

Überschlagen Sie sich nicht vor Dankbarkeit, wenn Sie ein Geschenk erhalten. Als Kevin Lori bei ihrer dritten Verabredung Rosen mitbrachte, war sie außer sich vor Freude. Sie hatte noch nicht oft Blumen von jemandem bekommen, den sie gern mochte, aber sie besann sich auf die *Regeln*, bedankte sich mit einem unverbindlichen Lächeln und stellte sie in eine Vase.

Ganz allgemein gilt: Wenn ein Mann Sie liebt, will er Ihnen etwas Gutes tun, Ihnen etwas geben. Ist zum Beispiel im Restaurant Ihr Glas leer, schenkt er Ihnen nach oder ruft augenblicklich den Kellner herbei. Können

Sie im Kino die Leinwand nicht gut sehen, bittet er fünf Leute aufzurücken, damit Sie einen besseren Platz bekommen. Sieht er Sie in Ihrer Handtasche nach einem Kugelschreiber kramen, borgt er Ihnen seinen und fordert Sie auf, ihn zu behalten. Ihm fällt einfach alles an Ihnen auf, nur nicht die schlechten Dinge. Selbst wenn Sie zehn Pfund Übergewicht haben, stört ihn das nicht und er findet Sie hübsch. Bringt aber Ihre Freundin (in die er nicht verliebt ist) dasselbe Gewicht auf die Waage, findet er *sie* dick. Ist ein Mann nicht in Sie verliebt, fällt ihm an Ihnen auch nichts auf, und wenn, dann nur das Schlechte. Dann sagt er zum Beispiel Dinge wie: »Wenn du abnimmst, fahre ich mit dir in Urlaub.« Sie haben das Gefühl, sich seine Liebe verdienen zu müssen. Das ist Liebe mit Auflagen, und an der sind wir nicht interessiert.

Wie gesagt, wir predigen Ihnen hier nicht, sich wie die Prinzessin auf der Erbse aufzuführen, die ständig mit Geschenken überhäuft werden will. Wir wollen Ihnen nur helfen herauszufinden, ob ein Mann Sie wirklich liebt, und wenn nicht, sich nach dem nächsten umzusehen. Heiraten Sie am Ende nämlich einen Mann, der Ihnen zum Geburtstag statt eines Armbands eine Aktenmappe schenkt, sind Sie womöglich zu einem Leben voll praktischer, liebloser Geschenke wie etwa einer Küchenmaschine verdammt und geben Tausende von Mark für eine Therapie aus, um dahinterzukommen, warum in Ihrer Ehe die Romantik fehlt.

Regel Nummer 13

Treffen Sie ihn nicht öfter als ein-, zweimal die Woche

Männer verlieben sich in der Regel schneller als Frauen. Sie *entlieben* sich aber auch schneller. Anfangs wollen sie Sie zwei- oder dreimal die Woche, vielleicht sogar täglich sehen. Wenn Sie darauf eingehen und immer verfügbar sind, werden die Männer irgendwann unruhig und reizbar und rufen nach einer Weile nicht mehr an. Sie werden mitunter launisch und sagen Dinge wie: »Ich weiß auch nicht, was los ist. Ich glaube, ich habe zur Zeit einfach zuviel um die Ohren.«

Um zu verhindern, daß ein Mann allzu schnell genug von Ihnen hat, treffen Sie sich in den ersten ein, zwei Monaten nicht öfter als ein-, zweimal die Woche. Lassen Sie ihn in dem Glauben, daß Sie noch andere Dinge vorhaben und er nicht der einzige Mann ist, für den Sie sich interessieren. Wenn wir eine Frau sagen hören, sie habe gerade den Mann ihres Lebens kennengelernt und sehe ihn jeden Tag, denken wir nur: »Oh, là, là, das kann nicht gutgehen.« Als Frau *muß* man eine Beziehung langsam angehen. Erwarten Sie das nicht von einem Mann.

Wir wissen, wie qualvoll das sein kann. Wenn Sie einen Mann kennenlernen, den Sie mögen und der Sie auch mag, ist es nur natürlich, daß Sie ihn möglichst oft sehen wollen. Sie wollen alles über ihn wissen – seine Lieblingsfarbe, seine letzten Freundschaften, was er zum Frühstück ißt, alles –, und das am besten über Nacht. Deshalb fällt es Ihnen schwer, nein zu sagen, wenn er Sie in einem Atemzug fragt, ob Sie am Samstag abend mit ihm ausgehen, ihn am Sonntag zum Brunch und am Montag zum Abendessen mit anschließendem Kino treffen möchten. Aber, meine Damen, bleiben Sie standhaft! Machen Sie es ihm nicht so einfach, Sie zu sehen. Männer mögen Sport und Spiel – Fußball, Tennis, Blackjack und Poker –, weil sie die Herausforderung lieben. Also seien Sie eine Herausforderung!

Diese Regel gilt ja nicht für immer. Nachdem Sie ihn im ersten Monat nur einmal die Woche gesehen haben, können Sie ihn im zweiten Monat ruhig zwei- bis dreimal, im dritten Monat sogar drei- bis viermal sehen. Aber nie öfter als vier- bis fünfmal die Woche, es sei denn, Sie verloben sich. Männer müssen darauf vorbereitet werden, daß sie Sie heiraten müssen, wenn sie Sie sieben Tage in der Woche sehen wollen. Bis er die erlösenden Worte spricht, müssen Sie sich darin üben, alle weiteren Verabredungen mit ihm auszuschlagen, selbst wenn Sie danach hungern, mehr Zeit mit ihm zu verbringen, und für sich längst entschieden haben: »Das ist der Richtige.«

Fragt er Sie zum Beispiel, nachdem er Sie am Ende Ihrer ersten oder zweiten Verabredung leidenschaftlich geküßt hat: »Was machst du morgen?«, antworten Sie mit honigsüßer Stimme: »Tut mir leid, morgen habe ich schon etwas vor.« Bleiben Sie auf dem Teppich, selbst wenn Ihnen der Duft seines Eau de Cologne zu Kopfe steigt. Und sagen Sie ihm natürlich nicht, was Sie vorhaben, und beziehen Sie ihn nicht in Ihre Pläne ein.

Ein Mann, der Sie liebt und Sie heiraten möchte, läßt sich von der Ein-bis-zwei-Verabredungen-die-Woche-Strategie, die Sie von Anfang an einführen, nicht abschrecken. Wir haben festgestellt, daß nur Männer, die mit Ihnen ausgehen, weil sie ihren Spaß haben wollen oder auf Sex aus sind, ärgerlich oder ungeduldig werden. Lassen Sie sich von diesen Männern nicht auf den Leim führen, wenn sie bei Ihnen den Eindruck zu erwecken versuchen, sie wollten Sie heiraten. Das passiert ständig, und wir nennen es »Standard-Verführungsprogramm«.

Bei der ersten Verabredung zeigt ein Mann dieses Schlages zum Beispiel auf ein Restaurant und sagt: »Hier hat mein Vater meiner Mutter einen Heiratsantrag gemacht«, damit Sie sich in dem Glauben wiegen, er werde sich Ihnen an diesem Ort ebenfalls eines Tages erklären. Oder er spricht von der Zukunft, indem er Andeutungen macht wie: »Im Sommer könnten wir nach Connecticut fahren, und dann gehe ich mit dir in das tolle Lokal, wo man Meeresfrüchte essen kann«. Sie sind natürlich im siebten Himmel und glauben, daß dieser Mann bereits Pläne für Ihr gemeinsames Leben schmiedet. Vielleicht stimmt es ja auch, und er ruft Sie wieder an und möchte mit Ihnen ausgehen. Aber vielleicht ist es auch nur ein Trick, um Sie bei der ersten oder zweiten Verabredung ins Bett zu kriegen.

Wenn Sie auf seine Sprüche hereinfallen und jeden Abend mit ihm ausgehen – weil Sie glauben, daß er es ernst mit Ihnen meint –, dann trifft er sich vielleicht ein paarmal mit Ihnen und geht mit Ihnen ins Bett. Aber danach ruft er Sie womöglich nie wieder an oder, schlimmer noch, er trifft sich weiterhin mit Ihnen, aber Sie müssen mit ansehen, wie sein Interesse immer mehr nachläßt. (Eine schmerzvolle Erfahrung. Es ist wirklich schrecklich, wenn man miterleben muß, wie sich jemand »entliebt«!) Wenn Sie ein bißchen auf die Bremse treten, damit er Sie kennenlernt und sich *richtig* in Sie verliebt, wird Ihnen das nicht passieren.

Regel Nummer 14

Gönnen Sie ihm bei der ersten Verabredung nicht mehr als einen flüchtigen Kuß

Es ist allgemein bekannt, daß Männer bei der ersten Verabredung so viel von einer Frau haben wollen, wie sie kriegen können. Deshalb ist es Ihre Aufgabe, die Bremse zu ziehen. Gönnen Sie ihnen beim ersten Rendezvous einen Kuß, aber nicht mehr. Wenn Sie es dabei bewenden lassen, kommen die Männer erst gar nicht auf den Gedanken, Sie nur als Lustobjekt zu betrachten. Soll sich eine richtige Beziehung entwickeln, muß er sich in Ihre Seele, Ihr ganzes Wesen und nicht nur in Ihren Körper verlieben. Je weniger das Körperliche in den Vordergrund tritt, desto besser. Auch ist es einfacher, wieder Schluß zu machen, wenn man die Suppe nicht gleich zum Kochen bringt.

Wir wissen, daß das nicht leicht ist, vor allem wenn Sie mit einem gutaussehenden Mann unterwegs sind, der mit Ihnen in seinem Sportwagen durch die Gegend rast und Sie an jeder roten Ampel küßt. Wenn er gut küssen kann, fragen Sie sich bestimmt, worin er noch alles gut ist. An diesem Punkt müssen Sie sich zusammenreißen und sich sagen: »Die *Regeln* erlauben bei der ersten Verabredung nur einen flüchtigen Kuß. Nein, du nimmst ihn nicht mit in die Wohnung. Nein, du läßt nicht zu, daß seine Hände überall hinwandern.«

Finden Sie ihn allzu aufregend, beenden Sie das Rendezvous, bevor Sie etwas tun, was Sie später bereuen. Will er mehr von Ihnen, lassen Sie ihn anrufen und Sie um eine zweite Verabredung bitten.

Manche Männer versuchen Ihnen vielleicht einzureden, daß Sie altmodisch oder prüde sind. Andere machen sich über Sie lustig oder werden sogar wütend. Verklickern Sie ihnen so freundlich wie möglich, daß sie Ihnen gestohlen bleiben können, wenn ihnen das nicht paßt! Einen Mann, der Sie unter Druck setzt, sollten Sie nicht mehr treffen. Sagen Sie sich immer, daß andere Frauen solche Männer verdorben haben, indem sie sofort mit ihnen ins Bett gegangen sind. Sie selbst aber lassen sich Zeit. Wenn ihm wirklich etwas an Ihnen liegt, wird er Ihre Grenzen respektieren. Ist er ein Gentleman, wird er das Tempo, mit dem sich das körperliche Verlangen zwischen Ihnen entwickelt, Ihnen überlassen. Vergessen Sie die Theorien über die »freie Liebe« der ausgelassenen sechziger Jahre. Außerdem hat es weder etwas mit Spontaneität noch mit »Coolness« zu tun, wenn Sie ungewollt schwanger werden oder sich eine Krankheit einhandeln.

Wenn Sie außerdem *Regel Nummer 9 (Wie man sich bei der ersten, zweiten und dritten Verabredung verhält)* befolgen, sollte eigentlich alles nach Plan laufen. Wie bereits vorher erwähnt, unterhalten Sie sich am besten über Politik, Immobilien und gute Kinofilme, aber nicht über Ehe, Kinder, Liebe, frühere Liebschaften und sexuelle Positionen. Das Gespräch sollte herzlich, aber nicht überhitzt verlaufen, damit Sie nach dem Dessert nicht im Bett landen. Wenn Sie ihn wirklich mögen, kann es übrigens eine Menge Spaß machen, ihn einfach nur zu küssen!

Regel Nummer 15

Überstürzen Sie es mit dem Sex nicht – und noch ein paar Regeln für Intimitäten

Wann ist der richtige Zeitpunkt für den Sex? Das hängt von Ihrem Alter und Ihren Gefühlen ab. Sind Sie erst achtzehn und noch Jungfrau, werden Sie warten wollen, bis Sie in einer festen Beziehung leben. Sind Sie neununddreißig, können ein, zwei Monate Wartezeit durchaus genügen. Sind Sie allerdings strikt gegen Sex vor der Ehe, sollten Sie warten, bis Sie verheiratet sind. Wenn er Sie liebt, wird er Ihre Entscheidung respektieren, egal, wie sie ausfällt.

Wundern Sie sich aber nicht, falls der Mann, mit dem Sie ausgehen, sehr wütend wird, wenn Sie ihm nach ihrem zweiten Rendezvous vor der Haustür lediglich einen Kuß geben, statt ihn noch auf einen Drink in Ihre Wohnung einzuladen. Er ist wahrscheinlich von anderen Frauen verdorben, die schon bei der ersten oder zweiten Verabredung mit ihm geschlafen haben, und hat nun das Gefühl, daß Sie ihm dieses Vergnügen verweigern. Aber keine Sorge: Wut zeugt von Interesse, und Sie werden staunen, denn er ruft Sie mit größter Wahrscheinlichkeit wieder an!

Was aber, wenn auch Sie großen Spaß am Sex haben und es Ihnen genauso schwerfällt, sich dieses Vergnügen zu verwehren, wie ihm? Dürfen Sie dann beim ersten oder zweiten Rendezvous mit ihm schlafen? Leider heißt die Antwort trotzdem nein. Sie werden sich ein wenig in Selbstbeherrschung üben, etwas für Ihre Persönlichkeitsentwicklung tun und darauf vertrauen müssen, daß Sie es nicht bereuen werden, wenn Sie ein paar Wochen oder Monate *ohne* durchhalten. Warum riskieren, daß er Sie am nächsten Tag im Umkleideraum seinen Freunden gegenüber als leichtes Mädchen bezeichnet (und Sie auch für eins hält)? Lassen Sie ihn lieber wütend sein und sich eine Strategie zurechtlegen, wie er Sie bei der nächsten Verabredung verführt, statt sich an ein anderes Mädchen heranzumachen. Wenn Sie ihn zappeln lassen, wird das sein Verlangen nur noch steigern und die Leidenschaft schüren, wenn Sie dann endlich zu dem von Ihnen bestimmten Zeitpunkt Sex mit ihm haben.

Wir wissen, was für eine Qual es sein kann, den Sex mit jemandem hinauszuschieben, von dem Sie sich angezogen fühlen, aber Sie müssen in diesem Punkt langfristig denken. Wenn Sie Ihre Trümpfe richtig ausspielen, können Sie nach der Hochzeit für den Rest Ihres Lebens jede Nacht mit ihm Sex haben!

Sie mögen nun einwenden, daß es Ihnen nichts ausmacht, schon bei der ersten oder zweiten Verabredung mit ihm ins Bett zu gehen, selbst auf die Gefahr hin, daß er Sie danach nie wieder anruft, denn schließlich sind Sie ein erwachsener Mensch und müssen dann eben in den sauren Apfel beißen. Aus Erfahrung wissen wir jedoch, daß sich die meisten Frauen, die das behaupten, selbst etwas vormachen. Tief in ihrem Inneren läßt es ihnen doch keine Ruhe, wenn ein Mann, mit dem sie geschlafen haben, nicht mehr anruft. Jede Frau möchte, daß der Mann, mit dem sie ins Bett gegangen ist, sie wieder anruft, vorausgesetzt natürlich, sie mag ihn – und wir hoffen für sie, daß sie den Mann, mit dem sie ins Bett geht, auch mag. Alle Frauen in unserem Bekanntenkreis, die behauptet hatten, es wäre in Ordnung, wenn ein Mann nach einer Liebesnacht nicht mehr anruft, fanden es *nicht in Ordnung*, als er sich dann tatsächlich nicht mehr meldete. Wenn Sie bereits bei der zweiten Verabredung mit ihm schlafen, wissen Sie noch gar nicht, ob er ein Gentleman oder ein Schuft ist. Sie sollten da jedoch kein Risiko eingehen. Sie sollten sich sicher sein, bevor Sie Sex haben.

Nehmen wir einmal an, Sie haben eine Weile durchgehalten und sind nun soweit. Welche Regeln sollten Sie im Bett beherzigen? Zeigen Sie auf keinen Fall Ihre Gefühle, egal, wie heiß der Sex ist. Die meisten Frauen verscherzen es sich nicht nur mit den Männern, weil sie zu früh mit ihnen schlafen, sondern weil sie im Bett zuviel reden. Sie versuchen, die körperliche Nähe beim Sex auszunützen, um eine gefühlsmäßige Nähe und Geborgenheit herzustellen und sich für die Zukunft abzusichern. Die Theorien von Masters und Johnson (die mittlerweile geschieden sind) sind zwar nicht von der Hand zu weisen, aber, bitte, warten Sie eine Weile, bevor Sie ihm lange Vorträge über Ihre Bedürfnisse beim Sex oder nach dem Sex halten. Benehmen Sie sich nicht wie ein Feldwebel auf dem Drillplatz, der von ihm dieses und jenes verlangt. Vertrauen Sie einfach darauf, daß Sie Spaß haben und Befriedigung erlangen werden, wenn Sie sich entspannen und ihn Ihren Körper wie ein unerforschtes Gelände erkunden lassen. Sie sollten im Bett nicht kompliziert und fordernd sein. Verzichten Sie auf Beiwerk wie rote Glühbirnen, Duftkerzen oder einschlägige Videos, um Ihr sexuelles Erlebnis abzurunden. Wenn Sie auf solche Dinge zurückgreifen müssen, um ihn in Stimmung zu bringen, stimmt etwas nicht. Ihn sollte allein schon die Vorstellung erregen, daß er mit Ihnen ins Bett geht.

Wenn Sie sich nach dem Sex im Bett aneinanderkuscheln, ist das nicht der richtige Zeitpunkt für Bemerkungen wie: »Soll ich dir im Schrank Platz für deine Kleider machen?« oder: »Ich leg dir eine Zahnbürste ins Badezimmer«. Reden Sie nicht vom Heiraten, von Kindern und von der Zukunft, weder im Bett noch anderswo. Denken Sie daran, daß das *Ihre* Bedürfnisse sind, die Sie gern erfüllt sehen möchten, aber die *Regeln* geben eine Anleitung, wie man eine Beziehung selbstlos gestaltet und lebt. Wenn Männer starke Gefühle empfinden, wollen sie einfach still neben der Frau liegen, die ihnen etwas bedeutet. Frauen sind neugieriger, sie wollen Dinge wissen wie: »Was wird jetzt aus uns, nachdem wir miteinander geschlafen haben?« oder: »Was hat das zu bedeuten, was wir gerade getan haben?« Während Ihnen solche Gedanken im Kopf herumschwirren und Ihr Verlangen, diesen Mann zu besitzen, von Minute zu Minute wächst, versuchen Sie sich zu entspannen und an nichts zu denken.

Klammern Sie sich nicht an ihn, wenn er noch in derselben Nacht oder am Morgen danach weg muß. Lassen Sie sich Ihre Enttäuschung darüber, daß Ihre Zeit zu zweit vorbei ist, nicht anmerken. Wenn Sie das beherzigen, wächst die Wahrscheinlichkeit, daß er derjenige ist, der sich nicht losreißen kann. Versuchen Sie nicht, ihn zum Bleiben zu bewegen, indem Sie ihm ein Frühstück im Bett mit Brötchen und Kaffee vorschlagen. Wenn Sie das tun, wird er vermutlich ins nächste Café rennen, um dort zu frühstücken. Fangen Sie statt dessen den Tag auf Ihre übliche Weise an – bürsten Sie Ihr Haar, putzen Sie sich die Zähne, machen Sie ein paar Sit-ups und Dehnübungen und kochen Sie Kaffee –, und es kann durchaus sein, daß er anfängt, Ihre Schultern zu massieren, Ihnen Sex am Morgen oder ein nettes Lokal zum Frühstücken vorschlägt.

Gehen Sie schon seit mehreren Wochen mit einem Mann aus, haben aber noch nicht die Absicht, mit ihm zu schlafen, sollten Sie ihm das fairerweise sagen. Führen Sie ihn nicht an der Nase herum. Was aber, wenn *Sie* mehr Lust auf Sex haben als er? Die Antwort lautet: Wenn Sie sich keine Blöße geben wollen, unternehmen Sie nicht den ersten Schritt. Leben Sie allerdings in einer festen Beziehung und wissen, daß er verrückt nach Ihnen ist, können Sie bei passender Gelegenheit ruhig auf spielerische Art den Anfang machen.

Und zu guter Letzt noch ein wichtiger Tip: Benützen Sie beim Sex immer ein Kondom. Lassen Sie sich nicht breitschlagen, wenn ein Mann sagt: »Nur dieses eine Mal.«

Regel Nummer 16

Sagen Sie ihm nicht, was er tun soll

Will Ihr Freund in das neue Fitneßcenter eintreten, das gerade »in« ist und in dem sich lauter langbeinige Modells trimmen, sagen Sie nicht zu ihm, er soll lieber joggen gehen oder zu Hause Gymnastik machen. Sagen Sie: »Das finde ich toll!« und reden Sie ihm nicht hinein. Zeigen Sie ihm Ihre Eifersucht oder Verunsicherung nicht. Wenn er Sie liebt, können die Mädchen im Fitneßstudio noch so hübsch sein.

Möchte er am Wochenende lieber mit seinen Freunden zelten gehen, als mit Ihnen zusammenzusein, lassen Sie ihn oder machen Sie Schluß, aber schreiben Sie ihm nicht vor, was er tun soll. Unsere Freundin Marcy war seit ein paar Monaten mit Joe befreundet, als er plötzlich anfing, Wochenendpläne mit seinen Freunden zu schmieden. Da der Therapeut Marcy dazu geraten hatte, immer offen über ihre Gefühle zu sprechen und nicht damit hinter dem Berg zu halten, sagte sie zu Joe, sie fühle sich vernachlässigt. Sofort machte er für das Wochenende Pläne mit ihr. Sie war außer sich vor Freude. Aber nach einem Monat trauter Zweisamkeit rief er plötzlich nicht mehr an. Sie hörte nie wieder von ihm.

Die Moral von der Geschichte: Spielen Sie nicht den

Programmdirektor. Joe hatte keine Lust, die Wochenenden mit Marcy zu verbringen, und es änderte nichts an seiner Einstellung, als sie ihn mehr oder weniger dazu zwang. Männer tun, was sie wollen. Wenn ein Mann ohne Sie nicht leben kann, ist für ihn die Sache klar. Wenn er ohne Sie leben kann, ist sie ebenfalls klar. Seien Sie nicht dumm. Lesen Sie im Kaffeesatz, und sehen Sie sich notfalls nach einem anderen Mann um!

Wenn er Sie nach Monaten noch immer nicht seinen Eltern oder Freunden vorgestellt hat, bedeutet das, daß er Sie nicht mit ihnen bekannt machen will. Vielleicht ist er in der Hinsicht einfach nur schüchtern. Drängen Sie ihn nicht und schlagen Sie kein Treffen vor, wenn er das Thema nicht von sich aus zur Sprache bringt. Drängen Sie sich seiner Familie nicht auf. Freunden Sie sich nicht mit seinem Mitbewohner an, und laden Sie seine Mutter nicht zum Mittagessen ein, damit sie ihm zuredet, Sie zu heiraten. Niemand kann ihn dazu zwingen. Entweder Sie finden sich mit der Situation ab und haben Geduld, oder Sie treffen sich mit anderen Männern, aber versuchen Sie nicht, die Dinge zu erzwingen.

Und schließlich: Versuchen Sie nicht, sein Leben in irgendeiner Art zu ändern. Gehen Sie nicht seinen Kleiderschrank durch, werfen Sie nicht seine Lieblingsjeans weg, auch wenn sie noch so alt und scheußlich sind, und schlagen Sie ihm nicht vor, mit Ihnen neue kaufen zu gehen. Versuchen Sie nicht, ihm Tennis schmackhaft zu machen, wenn er lieber Bier trinkt und sich Fußball anschaut. Melden Sie ihn nicht bei einem Umschulungskurs an, nur weil *Sie* mit seinem gegenwärtigen Job unzufrieden sind. Zwingen Sie ihm auch nicht Ihre Interessen auf. Wenn er Steaks liebt, predigen Sie ihm nicht die Vorzüge der vegetarischen Ernährung. Er ist nicht Ihr Eigentum. Stutzen Sie ihm nicht die Flügel. Am Ende fühlt er sich seiner Männlichkeit beraubt und hält Sie für ein herrschsüchtiges, zänkisches Weib. Er möchte mit einer Frau zusammensein, die sein Selbstwertgefühl hebt, nicht beschneidet. Also lassen Sie ihn in Ruhe. Wenn er Sie *fragt*, was er anziehen oder wie er sich beim Tennis anstellen soll, können Sie ihm helfen. Sonst aber halten Sie sich zurück.

Regel Nummer 17

Überlassen Sie ihm die Führung

Eine Beziehung ist wie ein Tanz. Der Mann muß die Führung übernehmen, sonst stolpern Sie über Ihre eigenen Füße. Er sollte als erster sagen: »Ich liebe dich«, »Ich vermisse dich«, »Ich habe meinen Eltern schon so viel von dir erzählt. Sie können es kaum erwarten, dich kennenzulernen.«

Er sollte wie ein offenes Buch, Sie wie ein Buch mit sieben Siegeln sein. Sagen Sie nicht zu ihm, daß er seit langer Zeit der erste ist, für den Sie so viel empfinden, oder daß Sie nie gedacht hätten, sich noch einmal so zu verlieben.

Überlassen Sie also ihm die Führung. Er gesteht Ihnen zuerst seine Liebe, ebenso wie er meistens die Kinofilme, Restaurants oder Konzerte aussucht, die Sie beide besuchen. Vielleicht fragt er Sie gelegentlich nach Ihren Vorlieben, und dann können Sie sie ihm nennen.

Sie sollten seine Eltern kennenlernen, bevor er Ihre kennenlernt, es sei denn, er holt Sie bei Ihren Eltern ab. Lassen Sie Ihren Vater oder Ihre Mutter die Tür öffnen, aber verhindern Sie, daß Ihre Eltern die ganze Zeit dabei sind. Schärfen Sie Ihrer Mutter ein, daß sie ihn nicht wie ihren zukünftigen Schwiegersohn anlächeln und mit keinem Wort die bevorstehende Hochzeit Ihrer

Schwester erwähnen soll. Sie wissen ja selbst, wie sehr sich Mütter in das Privatleben ihrer Töchter einmischen können. Seien Sie also ausgehfertig, wenn er kommt – stehen Sie nicht im Badezimmer herum und tragen noch mehr Wimperntusche auf –, damit Ihre Eltern nicht zu viel Zeit mit ihm allein verbringen und ihm womöglich Fragen stellen wie: »Wie läuft das Geschäft?« oder: »Wie sind denn nun Ihre Absichten?«

Dasselbe gilt für Ihre Freundinnen. Er sollte Sie seinen Freunden vorstellen, bevor Sie ihn mit Ihren bekannt machen. Sie sollten paarweise mit seinen verheirateten oder verlobten Freunden ausgehen, bevor Sie es mit Ihren tun.

Letzteres können Sie tun, sobald Sie das Gefühl haben, daß Ihre Beziehung gut läuft, aber erzählen Sie Ihren Freundinnen nicht zuviel über ihn, weil sie sich womöglich verplappern, wenn sie ihm dann begegnen. Sollten Sie sich nicht darauf verlassen können, daß sie den Mund halten und sich diskret verhalten, erzählen Sie ihnen nichts. Das letzte, was Sie brauchen können, ist eine wohlmeinende, aber nicht allzu intelligente Freundin, die sich Schoten leistet wie: »Oh, schön, Sie kennenzulernen. Sheila hat mir schon *so* viel von Ihnen erzählt.«

Keine Sorge: Sobald er Ihnen einen Antrag gemacht hat, wird er alle Ihre Freunde und auch Ihre Familie kennenlernen. Bis dahin überlassen Sie ihm die Führung!

Regel Nummer 18

*Erwarten Sie von einem Mann nicht,
daß er sich ändert,
und versuchen Sie nicht, ihn zu ändern*

Angenommen, Sie begegnen dem Mann Ihrer Träume – aber nur fast, denn da sind ein paar Dinge, die Sie stören. Was tun Sie? Nichts! Versuchen Sie nicht, ihn zu ändern, denn Männer ändern sich nie *wirklich*. Sie sollten sich mit seinen Schwächen abfinden oder sich einen anderen suchen. Natürlich spielt dabei eine große Rolle, *was* Sie an ihm stört.

Wenn er einen Sauberkeitsfimmel hat, chronisch zu spät kommt, chinesisches Essen (Ihr Lieblingsessen) oder Tanzen in der Disco (Ihre Lieblingsbeschäftigung) haßt oder sich von seiner Fußballkarten-Sammlung aus der Kindheit nicht trennen kann, Sie aber abgöttisch liebt, dann sollten Sie sich glücklich schätzen. Dies sind zwar ärgerliche, aber weitgehend harmlose Fehler, die wir unter der Kategorie A zusammenfassen.

Flirtet er aber auf Partys vor Ihren Augen mit anderen Frauen, neigt zur Gewalttätigkeit, hört nicht zu, wenn Sie ihm etwas Wichtiges erzählen, oder vergißt Ihren Geburtstag, dann fällt er in die Kategorie B, und Sie sollten noch mal ernsthaft über die Sache nachdenken.

Haben Sie es mit jemandem aus Kategorie A zu tun, nehmen Sie ihn, wie er ist, und kritteln Sie nicht an ihm herum. Es bringt sowieso nichts. Halten Sie sich für neun Uhr abends bereit, wenn er sagt, er kommt um acht.

Legt er jedoch ein Verhalten wie in Kategorie B an den Tag, etwa Untreue oder mangelnde Aufmerksamkeit, denken Sie ernsthaft darüber nach, ob Sie die Beziehung nicht lieber beenden sollten. Menschen ändern sich kaum, und Sie können nicht darauf zählen, daß er es tut. Halten Sie sich genau vor Augen, worauf Sie sich einlassen. Hat ein Mann Sie bereits vor der Ehe betrogen, wird er es vermutlich auch während der Ehe tun. Nachdem Sie ihn das erstemal dabei ertappt haben, zeigt er sich vielleicht eine Zeitlang von seiner besten Seite, aber machen Sie sich nichts vor: Alte Gewohnheiten legt man nur schwer ab.

Sie müssen für sich entscheiden, ob Sie mit ihm leben können. Ob er Sie auch in Zukunft betrügt oder nicht – machen Sie sich klar, daß Ihnen dieser Gedanke immer im Kopf herumspuken wird. Vielleicht fangen Sie sogar an, seine Hemdkragen nach Lippenstiftspuren abzusuchen und seine Taschen nach Papierfetzen mit Telefonnummern von anderen Frauen zu durchforsten oder ihn im Büro anzurufen, wenn er behauptet, er müsse länger als sonst arbeiten. Wollen Sie so leben? Wenn ja, dann treffen Sie Ihre Entscheidung und finden Sie sich damit ab. Der Schlüssel zu einer erfolgreichen Ehe liegt darin, daß man mit der Situation glücklich ist, wie sie ist, statt davon zu träumen, wie alles sein könnte, wenn er sich *doch bloß* ändern würde.

Ein Playboy, der sich in Sie verliebt, weil Sie die *Regeln* angewandt haben, wird sich natürlich von alleine bessern. Er wird von nun an monogam leben wollen, weil Sie im Gegensatz zu anderen Frauen, mit denen er befreundet war, immer sehr beschäftigt sind, ihn nicht anrufen, ihn in punkto Sex zappeln lassen und weder vom Heiraten noch von der Zukunft reden. Deshalb wird es sein Lebensziel werden, Sie zu erobern. An anderen Frauen hat er kaum Interesse, weil er für sie keine Zeit hat! Er verbringt fast seine gesamten wachen Stunden damit, sich zu überlegen, wie er Ihr Herz erobern könnte. Sie sind zur größten Herausforderung seines Lebens geworden. Halten Sie sich an die Regeln, dann können Sie auch den größten Playboy ganz für sich allein haben!

Die Entscheidung, ob Sie mit den schlechten Angewohnheiten eines Mannes oder mit seiner Vergangenheit (Exfrauen und Kinder) leben können oder nicht, ist nicht einfach. Außerdem lassen sich manche Charakterzüge nicht so ohne weiteres in Kategorie A oder B einteilen. Vielleicht zählt Ihr Mann zu denen, die ihre Fähigkeiten nicht ausschöpfen und nicht so viel verdienen, wie sie könnten. Ob Sie mit ihm leben können, hängt davon ab, wie wichtig Ihnen Geld, Karriere, Statussymbole und ein großes Haus sind.

In so einem Fall müssen Sie in sich gehen und andere um Entscheidungshilfe bitten. Es kann helfen, andere zu Rate zu ziehen, aber denken Sie daran, daß *Sie* mit dem Mann leben müssen. Überlegen Sie sich gründlich, ob Sie wirklich einen ehemaligen Schürzenjäger heiraten wollen. Können Sie wirklich mit der Gefahr leben, daß er Sie eines Tages doch wieder betrügt? Überlegen Sie sich, ob Sie mit Ihren Stiefkindern oder seiner treulosen Vergangenheit leben können. Lautet die Antwort ja – großartig. Verunsichert seine Vergangenheit oder sein gegenwärtiges Verhalten Sie aber allzusehr, sollten Sie besser die Finger von ihm lassen. Mit ihm eine Paartherapie zu machen in der Hoffnung, daß ihn das verändert, kann ewig dauern und bringt selten etwas, und manche Dinge lassen sich einfach nicht ändern.

Egal, wie Sie sich entscheiden – kritteln Sie nicht an ihm herum, denn das wird er Ihnen garantiert nachtragen. Denken Sie lieber lange und gründlich nach, aber verschwenden Sie nicht zuviel Zeit für die Entscheidung. Vergessen Sie nicht, daß es noch jede Menge andere Männer gibt!

Regel Nummer 19

Öffnen Sie sich ihm nicht zu schnell

Eine Beziehung ist keine Therapie. Es gibt viele Arten, eine Freundschaft zu zerstören. Immer nur Probleme zu wälzen und alles »auszudiskutieren« ist sicherlich eine davon. Von Therapeuten und Selbsthilfe-Büchern darauf getrimmt, neigen Frauen dazu, den Bogen bei der ersten Verabredung zu überspannen und alles auszupacken: frühere Beziehungen, Enttäuschungen und Ängste, Alkohol- oder Drogenprobleme – in der Absicht, ihre neue Eroberung an sich zu binden. Das ist nicht nur langweilig, sondern auch tödlich. Seien Sie intelligent, aber unbeschwert, interessant und zugleich geheimnisvoll. Deshalb raten wir Ihnen, sich nicht zu schnell zu öffnen (vergleichen Sie auch *Regel Nummer 9: Wie man sich bei der ersten, zweiten und dritten Verabredung verhält*). Das erste Rendezvous sollte kurz ausfallen, damit Sie nicht zuviel von sich erzählen. Denken Sie daran: Wer viel redet, hat viel zu verlieren.

Nach dem ersten Rendezvous sollte er nur wenig über Sie wissen, etwa Namen und Beruf, wie viele Geschwister Sie haben, wo Sie aufgewachsen sind, wo Sie studiert haben und welches Ihre Lieblingsrestaurants sind. Er sollte nichts über Ihre früheren Freundschaften wissen. Machen Sie ihm keine Vorwürfe, wenn er Sie eine halbe Stunde zu spät abholt, und erzählen Sie ihm auch nicht, daß Sie Angst gehabt hätten, er könnte nie kommen, daß Sie sich allein gelassen gefühlt hätten und daß die Angst vor dem Alleinsein eines der Hauptthemen in Ihrer Therapie darstellt. Sagen Sie nicht, daß sein Verhalten Sie an Ihren Exfreund erinnert, der auch nie pünktlich gewesen ist. Selbst wenn es stimmt, behalten Sie es für sich. Keine Sorge, wenn Sie sich die *Regeln* zu Herzen nehmen, werden Sie automatisch einen liebenden, aufmerksamen Ehemann anziehen, der ständig um Sie herum ist, so daß Sie überhaupt keine Zeit mehr haben, über Ihre Einsamkeit nachzudenken!

Wenn es Ihnen unter den Fingernägeln brennt, ihm ein Geheimnis anzuvertrauen, lautet der Kernsatz: »Gut Ding will Weile haben.« Es empfiehlt sich zu warten, bevor Sie ihm etwas anvertrauen, was Sie später beschämen oder verunsichern könnte. Warten Sie zumindest ein paar Monate. Noch besser: Warten Sie, bis er sagt: »Ich liebe dich«. Liebt er Sie nämlich nicht, geht es ihn sowieso nichts an!

Zu viele Frauen geben allzu früh intime Einzelheiten aus ihrem Leben preis. Das ist nicht nur unklug, sondern führt auch zu nichts. Kein Mann hat Lust, beim ersten Treffen als Ihr seelischer Mülleimer herzuhalten. Kein Mann will hören, wie unglücklich oder chaotisch Ihr Leben bisher verlaufen ist, es sei denn, er liebt Sie *wirklich*.

Sie gehen schließlich nicht mit ihm aus, um Mitleid zu erheischen, sondern um einen netten Abend zu verleben und ihn dazu zu bringen, daß er Sie wieder anruft. Denken Sie daran: Die drei ersten Verabredungen sollen so erfrischend und bezaubernd sein wie eine Sommerbrise. Die Männer sollen den Eindruck gewinnen, daß Sie geheimnisvoll sind. Dieser anfängliche Eindruck hält in der Regel lange vor. Sobald die Sache zwischen Ihnen ernster wird, können Sie ihm beiläufig von Ihrer schwierigen Kindheit und Ihren Ängsten erzählen. Aber selbst dann gilt: Erzählen Sie mit knappen, einfachen Worten. Dramatisieren Sie Ihre Vergangenheit nicht. Gehen Sie nicht zu sehr ins Detail. Werden Sie nicht mühsam.

Nehmen wir einmal an, *Sie* versuchen gerade, vom Alkohol wegzukommen. Er geht mit Ihnen bei Ihrer ersten Verabredung etwas trinken und bei der zweiten essen. Ihm fällt auf, daß Sie beide Male nur Mineralwasser bestellt haben. Nun will er eine Flasche Wein ordern und möchte wissen, ob Sie mittrinken. Sagen Sie nicht: »Nein, ich trinke *nie*. Noch vor zwei Jahren war ich völlig am Boden vor lauter Alkohol und Drogen, aber seit ich bei den Anonymen Alkoholikern bin, bin ich sauber.« Sagen Sie einfach nur mit einem Lächeln: »Nein, danke«. Nach ein paar Monaten, wenn er erst verrückt vor Liebe zu Ihnen ist und Sie das Gefühl haben, daß er wegen Ihrer früheren Trunksucht nicht den Stab über Sie brechen wird, können Sie etwas so Ähnliches zu ihm sagen wie: »Im Studium habe ich ziemlich viel getrunken. Da ging's mir wirklich schlecht. Jetzt mache ich eine Entziehungskur und trinke nicht mehr, und ich fühle mich besser.« Lächeln Sie und leiten Sie zu einem anderen, angenehmeren Gesprächsthema über. Wenn er Sie liebt, gibt er Ihnen keinen Grund, sich schlecht zu fühlen. Er versucht Sie nicht zu überreden, »ein Gläschen« zu trinken. Er trinkt vielleicht sogar selbst weniger, damit Sie sich besser fühlen. Vielleicht sagt er auch, daß er stolz auf Ihre Willenskraft und Disziplin ist.

Wenn Sie eine schlimme Krankheit hatten und sich wegen der deutlich sichtbaren Operationsnarben schämen, warten Sie, bis Sie intim mit ihm werden, und erwähnen Sie die Krankheit beiläufig, während Sie sich ausziehen. Wenn er Sie liebt, wird er Sie küssen und streicheln. Machen Sie die Krankheit nicht bei Ihrem ersten Rendezvous zu einem abendfüllenden, ernsten Thema. Vergessen Sie nicht: Strapazieren Sie ihn, vor allem am Anfang, nicht zu sehr, und legen Sie nicht alle Karten auf den Tisch. Je weniger Sie Ihre Lebensumstände dramatisieren, desto mehr Anteilnahme ernten Sie im allgemeinen. Wollen Sie Anteilnahme dagegen erzwingen, können Sie lange darauf warten.

Wenn Sie mit Geld nicht umgehen können, Ihr Konto immer in den Miesen ist und Ihr Anrufbeantworter voll mit Nachrichten von Leuten, die sauer sind, weil Sie ihnen noch etwas schulden, erzählen Sie ihm nicht, wie chaotisch es mit Ihren Finanzen aussieht und daß Sie das von Ihrem Vater haben, der einmal sogar Ihr Studiengeld verspielt hat. Sie mögen nun den Eindruck haben, wir wollten Sie dazu anhalten, Ihre Probleme herunterzuspielen, aber Tatsache ist doch, daß das Geld bei Ihnen locker sitzt und er bald dahinterkommen wird. Aber muß er wirklich von Ihren Gläubigern und Ihren gesperrten Kreditkarten erfahren? Nein, alles, was er wissen muß, ist, daß der Umgang mit Geld nicht eben Ihre Stärke ist.

Wir verlangen nicht, daß Sie Ihre Schwächen leugnen oder ihn anlügen sollen, sondern raten Ihnen nur, ihn nicht allzu früh mit den nackten Tatsachen zu belasten. Muß er wirklich wissen, daß Ihr letzter Freund mit Ihrer besten Freundin durchgebrannt ist? Können Sie, wenn er Sie danach fragt, nicht einfach sagen, daß Ihre letzte Beziehung »nicht gutgegangen ist«?

Er sollte immer in dem Gefühl leben, daß er sich in die Frau seiner Träume verliebt hat und nicht etwa in einen Menschen, der einen Knacks hat. Wenn Sie sich einbilden, daß Sie einen Knacks haben (auf die eine oder andere Art haben viele von uns einen), dann lesen Sie immer wieder *Regel Nummer 1*. Denken Sie daran, daß Sie anders als alle anderen sind! Nicht auf die Geheimnisse kommt es an, sondern auf den Zeitpunkt und die Art und Weise, wie Sie ihm davon erzählen.

Spätestens bis zur Verlobung sollte er *alles* Wichtige über Sie, Ihre Familie und Ihre Vergangenheit wissen. Bringen Sie ihm die entsprechenden Dinge auf ruhige, undramatische Weise bei und holen Sie nicht wie manche Frauen die Leichen erst aus dem Keller, wenn Sie verheiratet sind. Das ist nicht der richtige Zeitpunkt, um ihm zu gestehen, daß Sie früher schon einmal verheiratet waren oder nie fertig studiert haben. Das wäre einfach unfair.

Regel Nummer 20

Seien Sie aufrichtig, aber geheimnisvoll

Männer lieben das Geheimnisvolle! Vor fünfzig Jahren war es allerdings einfacher, für die Männer geheimnisvoll zu sein. Damals wohnte man als Frau noch zu Hause bei den Eltern, die Mütter gingen ans Telefon und ließen die Männer nie wissen, wer ihre Töchter noch anrief. Die Verehrer bekamen das Schlafzimmer ihrer Angebeteten nicht so schnell zu sehen. Heutzutage holen die Männer die Frauen in ihren Wohnungen ab, sehen ihre Unterwäsche im Bad, ihre Liebesromane im Wohnzimmer und hören mit, wer ihnen auf den Anrufbeantworter gesprochen hat. Zwar sind offene Verhältnisse für die Ehe eine gute Sache, doch sollte man während der Werbungszeit unbedingt eine gewisse geheimnisvolle Aura aufrechterhalten.

Wir alle sehnen uns nach einem Menschen, mit dem wir unser Leben, unsere Gedanken, unsere Gefühle teilen können, aber wie wir in *Regel Nummer 19* geraten haben, warten Sie besser, bis er Ihnen seine Liebe gesteht, bevor Sie auch Ihre innigsten Geheimnisse mit ihm teilen. Hören Sie nie Ihren Anrufbeantworter ab, während *er* in Ihrer Wohnung ist. Soll er doch rätseln, wer Sie außer ihm noch anruft! Sie ahnen vielleicht, daß die Nachrichten von einer Freundin stammen, die aus

Liebeskummer am liebsten Selbstmord begehen möchte, aber er weiß es nicht.

Wenn er bei Ihnen ist und eine Ihrer Freundinnen anruft, um sich zu erkundigen, wie es so läuft, sagen Sie nicht: »Scott ist hier. Ich kann jetzt nicht reden.« Daraus würde er nur schließen, daß Sie mit Ihren Freundinnen über ihn geredet haben und er Ihnen wichtig ist. Selbst wenn es stimmt, sollte »Scott« nicht wissen, daß er Gegenstand Ihrer Gedanken und Gespräche ist, sonst glaubt er nur, er bräuchte sich nicht allzusehr anzustrengen, um Sie zu kriegen. Sagen Sie also einfach: »Ich kann jetzt nicht reden. Ich rufe dich später an.« Sagen Sie ihm nicht, wer angerufen hat und warum.

Bevor er Ihre Wohnung betritt, lassen Sie dieses Buch in einer Schublade verschwinden und vergewissern Sie sich, daß keine anderen Selbsthilfe-Ratgeber herumliegen. Verteilen Sie gut sichtbar ein paar interessante oder beliebte Romane beziehungsweise Sachbücher. Verstecken Sie im Schrank, was er nicht sehen soll, etwa einen schmuddeligen Bademantel oder ein Fläschchen voll Glückspillen.

Geben Sie ihm ganz allgemein keine Auskünfte, die nicht unbedingt vonnöten sind. Haben Sie zum Beispiel an dem Abend, an dem er mit Ihnen ausgehen möchte, schon etwas vor, sagen Sie ihm nicht, was. Teilen Sie ihm lediglich mit, Sie hätten keine Zeit. Will er sich am Wochenende mit Ihnen treffen, sagen Sie nicht: »Am Wochenende besuche ich meinen Bruder. Seine Frau hat gerade ein Kind gekriegt«, sondern schlicht und einfach: »Tut mir leid, aber ich habe schon etwas vor.« Weniger ist mehr. Lassen Sie ihn rätseln, was für Pläne Sie haben. Seien Sie kein offenes Buch. Das ist besser für ihn und für Sie. So bleibt der Reiz länger bestehen. Sie wollen es ihm doch nicht so einfach machen, daß er irgendwann das Interesse an Ihnen verliert! Denken Sie immer daran, daß Sie ihm zur rechten Zeit alles über sich erzählen können.

Auf der anderen Seite lügen Frauen, die sich an die *Regeln* halten, aber auch nicht. Erzählen Sie einem Mann vom Typ Mel Gibson nicht, daß Sie für Ihr Leben gern wandern und in Globetrotter-Läden einkaufen, wenn Sie Natur, Insekten und Rucksäcke nicht ausstehen können. Und erzählen Sie Ihrem Freund vor allem nicht, daß Sie Kinder lieben und unbedingt welche haben wollen, weil er ganz vernarrt in sie ist, wenn Sie in Wirklichkeit für Kinder nichts übrig haben. Befolgen Sie unseren Rat. Lügen Sie nicht. Das ist ein ehernes Gesetz.

Regel Nummer 21

*Streichen Sie Ihre Vorzüge heraus –
und noch ein paar Tips für
Bekanntschaftsanzeigen*

Bekanntschaftsanzeigen werden immer beliebter, wenn es darum geht, Männer kennenzulernen. Viele Frauen schrecken jedoch davor zurück, weil sie finden, daß solche Anzeigen wie ein letzter verzweifelter Hilfeschrei wirken. Keine Sorge! Wir kennen jede Menge Frauen, die selbst Anzeigen aufgegeben oder auf welche geantwortet haben, und sie haben auf uns keineswegs verzweifelt gewirkt. Das liegt daran, daß sie sich dabei an die *Regeln* gehalten haben.

1. Wie schreibt man eine Bekanntschaftsanzeige?
Solche Anzeigen können ins Geld gehen, deshalb begrenzen Sie Ihre auf vier oder fünf Zeilen. Anzeigen, die kein Ende nehmen, sind Geldverschwendung und wirken tatsächlich wie ein verzweifelter Hilferuf. (Warum sonst sollte jemand tausend Mark für ein Inserat ausgeben?) Kein Wunder, daß sie vor Gefühlsduseleien nur so triefen und zu viele Einzelheiten enthalten, die niemanden interessieren. (Natürlich mögen Sie Spaziergänge am Strand. Wer tut das nicht?) Die meisten Menschen überfliegen lange Anzeigen oder übergehen sie sogar, und nur wenige antworten darauf. Denken Sie beim Formulieren Ihrer Anzeige an den Stil

von Werbesprüchen. Sie sollte knapp, pfiffig und kokett sein – ein Lesevergnügen. Geben Sie nur Größe, Haarfarbe, Konfession, Geschlecht und Beruf an. Spielen Sie nicht aufs Heiraten oder auf Kinder an. Machen Sie keine Angaben über Ihre Vergangenheit – zum Beispiel »geschieden« oder »wieder zu haben«. Schreiben Sie keine Dinge hinein wie: »Ich stehe nicht auf Schminke und Äußerlichkeiten« oder: »Ich bin trotz Übergewicht ein glücklicher Mensch«. Ein Mann wird sich an Ihren überzähligen Pfunden vielleicht nicht stoßen, sobald er Ihr hübsches Gesicht gesehen hat, aber womöglich antwortet er auf eine so offenherzige Anzeige erst gar nicht.

Viele Anzeigen schrecken ab, weil sie nach Mitleid heischen. Die Verfasser hoffen einen dadurch zu ködern, daß sie schreiben, was für gute Menschen sie sind und wie übel man ihnen mitgespielt hat. Zum Beispiel: »Exfrau von Alkoholiker sucht friedfertige verwandte Seele«. Das ist zwar ehrlich, klingt aber ein wenig deprimierend, finden Sie nicht? Hand aufs Herz: Würden Sie auf die Anzeige eines Mannes antworten, der schreibt: »Arbeitsloser Geschäftsführer sucht verständnisvolle Frau«? Es gilt also die Regel: Sie sollen nicht lügen, sich mit Ihrer Offenheit aber auch nicht selbst ein Bein stellen. Lassen Sie das eine oder andere einfach weg. Schreiben Sie zum Beispiel nicht, Sie seien schlank, wenn Sie in Wirklichkeit dick sind. Lassen Sie Ihr Gewicht lieber komplett unter den Tisch fallen und heben Sie statt dessen Ihre blauen Augen und Ihr langes blondes Haar hervor.

Seien Sie nicht schüchtern! Es ist vollkommen in Ordnung, daß Sie die Angel genau nach dem Typ Mann auswerfen, den Sie haben wollen. Wir kennen eine

Frau, die sich einen Mann mit Porsche in den Kopf gesetzt hatte. Nun mögen Sie denken, daß diese Frau ganz schön dreist ist oder die Männer ihre Anzeige bestimmt abschreckend fanden, weil ihnen diese Frau ja geldgierig vorkommen mußte. Tatsache aber ist, daß diese Frau Dutzende von Briefen mit Fotos von Männern erhielt, die vor ihrem Porsche posieren, und daß sie einen von ihnen geheiratet hat. Eine andere Frau wollte nur einen Mann, der Gedichte schreiben kann. Darauf schickten ihr die Männer scharenweise Gedichte. Männer lieben die Herausforderung, und sie haben Spaß daran, die Frauen zu beeindrucken, also gönnen Sie ihnen das Vergnügen. Verlangen Sie, was Sie wollen – aber erwähnen Sie auf keinen Fall, daß Sie heiraten möchten.

Bündeln Sie die Antworten zu drei Häufchen: ja, nein, vielleicht. Sortieren Sie Briefe ohne Fotos nicht gleich aus. Männer sind in diesen Dingen oft etwas faul. Wenn Ihnen die Zeilen und der Klang ihrer Stimme am Telefon gefallen, verabreden Sie sich mit ihnen auf einen Drink. Seien Sie aber auf der Hut, wenn ein Mann Ihnen in seinem Brief die eine oder andere wichtige Einzelheit vorenthält. Sie wollen bei Ihrem ersten Rendezvous doch kein blaues Wunder erleben!

2. Wie man auf eine Anzeige antwortet
Legen Sie sich schlichtes weißes Briefpapier zu, parfümieren Sie es nicht, versiegeln Sie es nicht mit einem Kußmund und geben Sie *nie* Ihre Adresse an – Sie wollen doch nicht, daß Ihnen vor Ihrer Wohnung ein Verrückter auflauert. (Mehr zum Thema Sicherheit am Ende dieses Kapitels.) Schreiben Sie ein paar flotte Zeilen mit den wesentlichen Fakten. Wenn es in seiner Anzeige hieß: »Heiratswilliger Doppelgänger von Tom

Cruise«, könnten Sie Ihren Brief mit »Lieber Tom« oder »Lieber T. C.« beginnen. Kommen Sie unter keinen Umständen aufs Heiraten zu sprechen, selbst wenn er es in Großbuchstaben geschrieben hat.

Denken Sie daran, daß Sie das nur aus Spaß tun und um nette Männer kennenzulernen. Bei Briefen, in denen von Heiraten, Kindern und Bindung die Rede ist, machen die meisten Männer auf dem Absatz kehrt, selbst wenn sie es selber wollen. Beginnen Sie mit ein paar unbeschwerten Worten, etwa »Ihre Anzeige ist mir ins Auge gesprungen«. (Das klingt so, als hätten Sie zufällig die Seite mit den Annoncen gelesen. Er muß ja nicht wissen, daß es für Sie schon zum Ritual geworden ist, sich am Montag abend über die Bekanntschaftsanzeigen herzumachen und nach einem Mann Ausschau zu halten oder daß Sie in dieser Woche bereits auf zwanzig andere Anzeigen geantwortet haben.)

Verstellen Sie sich nicht. Schicken Sie ihm kein anzügliches Foto oder eine Collage aus einer Modezeitschrift mit Ihrem Kopf über dem Körper von Cindy Crawford. So etwas tun vielleicht Schulmädchen, und außerdem spricht daraus nur Ihre Verzweiflung. Am besten antworten Sie ihm, indem Sie in fünf Minuten ein paar flotte Zeilen aufs Papier werfen, während Sie sich die 23-Uhr-Nachrichten ansehen. Weniger ist mehr. Vergessen Sie nicht, daß er womöglich eine Menge anderer Briefe lesen muß. Beenden Sie Ihren Brief mit Worten wie: »So, jetzt muß ich zum Aerobic-Kurs. Ich hoffe, bald von Ihnen zu hören.« Vermeiden Sie schwülstige Formeln!

Das Wichtigste ist natürlich das Foto. Die meisten Männer entscheiden nämlich anhand des Fotos und nicht Ihres Briefes, ob sie Sie anrufen. Entweder ihnen gefällt Ihr Aussehen oder nicht. Suchen Sie deshalb in Ruhe das richtige Bild aus. Es sollte zirka 9 mal 13 Zentimeter groß sein, nicht etwa Posterformat haben oder ein Schnellschuß aus einer Fotokabine sein, und am besten ist, Sie sind allein drauf und lächeln. Schicken Sie ihm kein Bild, auf dem Sie Ihre einjährige Nichte im Arm halten, einen Bikini tragen oder zusammen mit einer Freundin abgelichtet sind.

Wundern Sie sich nicht, wenn Sie nur ein, zwei Rückantworten erhalten, obwohl Sie selbst auf zwanzig Annoncen geschrieben haben. In der Regel erhalten Männer Hunderte von Briefen. Manche lassen sich mit dem Anrufen Wochen oder Monate Zeit. Wenn Sie schließlich doch einen Anruf erhalten, verabreden Sie sich am besten nur kurz auf einen Drink. Schließlich haben Sie keine Ahnung, wie er aussieht, und vielleicht hat er übertrieben, als er sich selbst als gutaussehend bezeichnete. Genausogut aber kann er Kevin Costner wie aus dem Gesicht geschnitten sein. Bei einem kurzen Treffen können Sie sich in Ruhe überlegen, ob er Ihnen gefällt, und allein darauf kommt es an.

Hier noch ein paar warnende Worte: Eine Verabredung auf der Grundlage einer Partnerschaftsanzeige birgt so manches Risiko, das ausgeschlossen ist, wenn Freunde Sie miteinander bekannt machen. Sie wissen nicht das Geringste über diesen Menschen – also seien Sie vorsichtig! Wenn er Sie anruft, um sich mit Ihnen zu verabreden, fühlen Sie sich nicht verpflichtet, mit ihm auszugehen, wenn er merkwürdig, unbeherrscht oder grob klingt. Mögen Sie ihn und den Klang seiner Stimme aber, verabreden Sie sich mit ihm in einem Restaurant in der Nähe Ihrer Wohnung. Geben Sie ihm *keinesfalls* Ihre Adresse, treffen Sie sich *nie* mit ihm in

Ihrer Wohnung, und gehen Sie nicht darauf ein, wenn er vorschlägt, Sie mit dem Auto abzuholen und zum Restaurant zu fahren. Wenn er wütend wird, weil Sie nicht wollen, daß er Sie zu Hause abholt, oder wenn er Ihnen vorwirft, unter Verfolgungswahn zu leiden, sagen Sie: »Vielleicht sollten wir es lieber seinlassen« und legen Sie auf. Ist jedoch alles in Ordnung, lassen Sie sich unter dem Vorwand, es könnte eventuell etwas dazwischenkommen oder Sie müßten den Termin vielleicht verlegen, seine Telefonnummer geben. Rufen Sie die Nummer zu einem späteren Zeitpunkt an und vergewissern Sie sich, ob es wirklich seine ist. Legen Sie auf, sobald er oder sein Anrufbeantworter sich melden. Geben Sie die Nummer vor der Verabredung Ihrer Mutter oder einer Freundin, damit sie etwas in der Hand haben, falls etwas passiert. Uns ist bewußt, daß diese Vorsichtsmaßnahmen alles andere als romantisch klingen, aber Frauen, die sich nach den *Regeln* richten, gehen nicht unnötig ein Risiko ein!

Regel Nummer 22

Ziehen Sie nicht zu einem Mann (und lassen Sie keine persönlichen Dinge in seiner Wohnung)

Zusammenziehen oder nicht zusammenziehen? Ist das die Frage, mit der Sie gerade ringen? Ihre Freundinnen (die die *Regeln* nicht kennen) werden vielleicht sagen: »Tu es«. Ihre Eltern (die konservativ sind) werden zweifellos sagen: »Nein«. Unsere Antwort lautet: Ziehen Sie erst dann mit ihm zusammen, wenn das Hochzeitsdatum feststeht. Mit anderen Worten: Der einzige Grund, mit jemandem zusammenzuziehen, ist, daß man bereits Hochzeitspläne schmiedet und nicht doppelte Miete bezahlen möchte.

Entgegen der weitverbreiteten Meinung ist das Zusammenleben für den Mann keine Probezeit, um sich über seine Gefühle für Sie klarzuwerden. Er liebt Sie entweder oder nicht, und daran ändert es auch nichts, wenn Sie ihm den Haushalt führen oder ihm wer weiß wie oft Frühstück machen. Am besten findet er heraus, was er für Sie empfindet, wenn er Sie eine Zeitlang nicht sieht. Sie sollten sich vielleicht lieber von ihm trennen, wenn er sich nicht festlegen will. Liebt er Sie aber wirklich, wird er Sie bitten zurückzukommen. Wenn nicht, haben Sie nichts verloren, sondern Zeit gespart und können sich nach einem anderen umsehen.

Frauen, die glauben, daß er sich schon entscheiden

wird, wenn sie sich erst einmal bei ihm breitgemacht haben, müssen oft die schmerzliche Erfahrung machen, daß dies nicht der Fall ist. Bis sie die Lektion allerdings gelernt haben, ist ihr Selbstbewußtsein angeknackst und sie selbst sind zwei, drei oder vier Jahre älter. Klingt Ihnen das vertraut? Nachdem Wendy anderthalb Jahre mit Mitch befreundet war, wünschte sie sich einen Ring. Mitch machte keine Anstalten, einen zu besorgen. Sie beschlossen, zusammenzuziehen und auszuprobieren, ob sie »miteinander klarkamen« (seine Idee und seine Ausdrucksweise). Es änderte sich nichts. War er geschäftlich unterwegs, rief er sie nicht an und dachte auch nicht sonderlich viel an sie. Neun Monate später war er immer noch nicht in sie verliebt und zog aus. Wendy schrieb den Bruch der Tatsache zu, daß sich seine Eltern unter üblen Umständen hatten scheiden lassen, was er immer noch in einer Therapie aufarbeitete. In Wahrheit hätte sie früher mit ihm Schluß machen sollen, nämlich als sie merkte, daß er sich nicht binden wollte.

Wenn Sie in dem Glauben leben, daß es Sie einander näherbringen wird, wenn Sie ohne jegliche Verpflichtung zusammenwohnen, sollten Sie wissen, daß viele Frauen uns erzählen, ihre Männer hätten ihnen einen Antrag gemacht, als sie selbst gerade von ihnen *ab*- und nicht etwa auf sie *zu*rücken wollten. Eine Frau buchte zusammen mit einer Freundin einen Urlaub im Club Med, als sie mit ihrem Freund schon ein Jahr zusammen war, eine andere war an den Wochenenden auf einmal immer beschäftigt und hatte nie Zeit, und eine dritte sprach davon, eine Stellung in einer anderen Stadt anzunehmen. Da plötzlich machten die Männer ihnen einen Antrag.

Sie sollten daran denken, daß Männer nicht gerade

dann um Ihre Hand anhalten, wenn Sie sich gemütlich auf der Couch zusammengerollt haben und sich einen geliehenen Videofilm ansehen, sondern wenn sie Angst haben, Sie zu verlieren. In *Love Story* – einem Film, den Sie sich gründlich ansehen sollten – macht Oliver Jenny (einer Frau im Sinne der *Regeln*, wie man sie sich perfekter nicht vorstellen kann) einen Heiratsantrag, nachdem sie zu ihm gesagt hat, sie wolle in Frankreich ein Stipendium annehmen und außerdem würden sie aufgrund ihrer unterschiedlichen Herkunft (reich/arm) nicht so recht zusammenpassen. Jenny war in diesem Augenblick alles andere als versöhnlich gestimmt oder verliebt – um ein Haar hätte sie mit ihrem Freund Schluß gemacht. (So weit müssen Sie nicht gehen!) Seien Sie aber *ein bißchen* distanziert und schwierig. Das Unerreichbare wirkt immer verlockender. Wenn Männer merken, daß sie etwas nicht kriegen können, wollen sie es manchmal erst recht haben.

Wenn Sie sich an die *Regeln* halten (vor allem an *Regel Nummer 13: Treffen Sie ihn nicht öfter als ein-, zweimal die Woche*), dann können Sie nicht mit ihm zusammenwohnen, weder willentlich noch, weil es sich so ergeben hat. Frauen, die uns erzählen, sie seien bei einem Mann mehr oder weniger zufällig eingezogen, weil sie mit ihm zum Beispiel ein langes Wochenende verbracht haben, haben bis zu diesem Zeitpunkt ganz offensichtlich schon gegen die eine oder andere Regel verstoßen. Wenn Sie viel bei ihm zu Hause sind, ergibt eines das andere: Erst kriegen Sie eine Schublade, dann ein Regal und am Schluß einen ganzen Schrank für sich allein. Bevor Sie oder er sich versehen, wird Ihre Post an seine Adresse geschickt und sprechen Ihre Freunde auf seinen Anrufbeantworter.

Wir müssen wohl nicht extra betonen, daß so etwas nicht passieren sollte. Wenn Sie die *Regeln* befolgen, brauchen Sie keinen Schrank mit Ihren Kleidern und Accessoires in seiner Wohnung. Lassen Sie auch nicht einfach Ihre Zahnbürste oder Ihren Bademantel bei ihm. *Er* sollte Sie bitten, ein paar persönliche Dinge in seiner Wohnung zu lassen, und Ihnen Platz auf der Ablage im Badezimmer machen. Diese »Invasion im kleinen« sollte nicht von Ihnen ausgehen. Sie kommen gut allein zurecht, Sie gehen nicht mit der Brechstange vor, Sie verabschieden sich abends (oder morgens) immer zuerst. (Im übrigen gilt: Je weniger er von Ihren nicht so berückenden Angewohnheiten mitbekommt – etwa die Art, wie Sie sich die Zähne mit Zahnseide reinigen oder geräuschvoll Ihren Kaffee schlürfen –, desto besser.)

Gibt es irgendeinen Grund, mit einem Mann zusammenzuwohnen, wenn noch kein Hochzeitstermin feststeht? Ja, und zwar, wenn *er* will, aber Sie nicht. Ist er nämlich verrückt nach Ihnen, aber Sie sind sich bei ihm noch nicht sicher, dann geht er ein Risiko ein, nicht Sie. Trotzdem raten wir zur Vorsicht. Wenn Sie mit ihm zusammenwohnen, haben Sie vielleicht keine Gelegenheit mehr, mit anderen Männern auszugehen und jemanden kennenzulernen, nach dem *Sie* verrückt sind. Ist es also wirklich so empfehlenswert?

Regel Nummer 23

*Lassen Sie sich nicht mit einem
verheirateten Mann ein*

Mit einem verheirateten (oder anderweitig vergebenen) Mann auszugehen ist nicht nur Zeitverschwendung, sondern auch unehrlich und dumm. Warum tun es trotzdem so viele Frauen? Manche finden es immer noch besser, als überhaupt nicht auszugehen, andere betrachten gerade das Verbotene und Riskante daran (etwa heimliche Schäferstündchen im Hotel) als spannend und aufregend, und wieder andere klammern sich an die Hoffnung, daß solche Männer ihretwegen eines Tages ihre Frauen verlassen.

All diese Frauen haben kein sehr ausgeprägtes Selbstwertgefühl, denn warum sonst sollten sie sich mit so wenig zufriedengeben? Wir sind zwar nicht eben große Fürsprecher einer Therapie, denken aber doch, daß sich die DM 200 pro Stunde lohnen würden, um herauszufinden, warum Sie sich so etwas antun.

Wenn Sie sich mit einem verheirateten Mann einlassen, warten Sie im Grunde Ihr Leben lang darauf, daß er sich von seiner Frau trennt. Immer wieder wird die Frist verschoben: von Thanksgiving auf Weihnachten, dann auf Ostern und schließlich auf Allerheiligen. Sie sitzen neben dem Telefon und warten auf die seltene Gelegenheit, daß seine Frau mit den Kindern zu ihren Eltern fährt und er ein, zwei Stunden mit Ihnen verbringen kann. Und Sie weinen, wenn Sie ihn am Valentinstag, an seinem Hochzeits- oder am Geburtstag seiner Frau nicht sehen können. Sie spielen immer die zweite Geige. Anfangs wirkt alles verheißungsvoll, und mit dem Sex klappt es prima. Aber am Ende heulen Sie sich bei einer Freundin aus und wünschen sich, seine Frau wäre tot.

Von uns haben Sie nicht viel Mitleid zu erwarten. Es ist ungut, sich mit verheirateten Männern einzulassen, und außerdem verstößt es voll und ganz gegen die *Regeln*. Wir nehmen uns nicht, was uns nicht gehört. Wir treffen uns nicht mit verheirateten Männern, weil wir dann unseren Ruf weg und andere Frauen Angst um ihre Freunde oder Ehemänner haben.

Haben Sie erst kürzlich einen verheirateten Mann kennengelernt, nach dem Sie verrückt sind, müssen Sie sich in Selbstbeherrschung üben. Sollte er all die Dinge verkörpern, die Sie sich bei einem Ehemann immer gewünscht haben, dann verkehren Sie auf freundschaftlicher Basis mit ihm und hoffen Sie, daß er sich irgendwann scheiden läßt. Bis dahin müssen Sie sich damit trösten, daß es irgendwo auf der Welt noch so einen Mann wie ihn für Sie gibt – aber ledig. Sie müssen sich beschäftigen, zu Singlepartys gehen, auf eine Bekanntschaftsanzeige antworten oder selbst eine in die Zeitung setzen, Ihre Freunde bitten, Sie mit jemandem bekannt zu machen. Werden Sie aktiv. Werden Sie Mitglied in einem Fitneßstudio, einer Kirchengemeinschaft oder Synagoge, oder helfen Sie als freiwillige Kraft in einem Krankenhaus aus. Sitzen Sie bloß nicht herum und träumen von ihm, sonst leben Sie Ihre Gedanken womöglich noch aus.

Sich mit einem verheirateten Mann einzulassen ist

einfach, weil man seiner Phantasie freien Lauf lassen kann, was seine Verfügbarkeit in der Zukunft betrifft. Auf die Gefahr hin, als Moralapostel dazustehen, möchten wir noch einmal betonen, daß Sie innerlich keinen Frieden finden, wenn Sie sich mit einem verheirateten Mann einlassen. Selbst wenn er seine Frau verläßt, heißt das noch lange nicht, daß er Sie heiratet.

Sie leben nach den *Regeln*! Sie lassen sich von einem Mann nicht an den Rand der Verzweiflung treiben. Entweder ein Mann ist frei und in Sie verliebt oder er ist besetzt und Sie lassen erst keine romantischen Gefühle für ihn aufkommen. Sie sitzen nicht in den Startlöchern und warten verzweifelt darauf, daß sich an seiner Situation etwas ändert. Sie gehören nicht zu denen, die abwarten und Tee trinken, während er mit seiner Frau und den Kindern einen Ausflug nach Disney World macht. Sie haben Ihr eigenes Leben.

Wir möchten dem Eindruck vorbeugen, wir könnten weltfremd sein: Natürlich wissen wir, daß es immer wieder zu außerehelichen Affären kommt und sich manch ein Mann sogar von seiner Frau scheiden läßt, um seine Geliebte zu heiraten. Wir kennen selbst eine Frau, die fünf Jahre darauf gewartet hat, daß der Mann sich von seiner Frau trennt. Jetzt sind die beiden sehr glücklich verheiratet. Bei ihr ist die Suche gut ausgegangen. Wollen Sie das Risiko eingehen?

Regel Nummer 24

Machen Sie ihn behutsam mit Ihrer familiären Situation vertraut – und noch ein paar Regeln für Frauen mit Kindern

Falls Sie geschieden oder alleinerziehende Mutter sind, sollten Sie sich von A bis Z an die *Regeln* halten. Achten Sie vor allem darauf, daß Sie sich bei Ihren Verabredungen nicht lang und breit darüber auslassen, wie sehr Sie in Ihrer ersten Ehe gelitten haben, und reden Sie nicht zuviel über Ihre Kinder.

Sollten Sie einen Mann beim Tanzen oder bei einem gesellschaftlichen Anlaß kennenlernen, besteht keinerlei Grund, ihm sofort von Ihren Kindern zu erzählen. Er soll sich Ihre Telefonnummer notieren, und wenn er dann anruft, können Sie das Thema beiläufig ins Gespräch einfließen lassen. Sagen Sie nicht mit Grabesstimme: »Ich muß Ihnen etwas anvertrauen.« Erinnern Sie sich daran, daß wir Ihnen geraten haben, ihm unaufgefordert höchstens ein paar allgemeine Dinge über sich zu erzählen. Sagen Sie zum Beispiel leichthin: »Oh, das ist mein Sohn. Er spielt gerade Klavier« oder etwas Ähnliches.

Fragt er Sie, ob Sie am Samstag abend mit ihm ausgehen möchten, antworten Sie nicht: »Neun Uhr ist prima, ich muß nur meinem Babysitter Bescheid sagen«. Ersparen Sie ihm Einzelheiten über die Mühsal der Kindererziehung oder darüber, daß Ihr Exmann eigentlich mit dem Babysitten dran war, aber so unzuverlässig ist. Er muß auch nicht wissen, daß Sie seit drei Monaten keine Alimente mehr bekommen haben und Tommy unbedingt neue Turnschuhe braucht. Sagen Sie schlicht: »Samstag um neun ist prima.« Zu diesem Zeitpunkt ist er an *Ihnen* interessiert, nicht an Ihrer Familie oder Ihren Problemen.

Fassen Sie diesen Rat bitte nicht falsch auf. Wir verlangen von Ihnen nicht, daß Sie sich Ihrer Vergangenheit oder Ihrer Kinder schämen. Warten Sie nur ein Weilchen, bevor Sie ihn damit konfrontieren. Bei den ersten Begegnungen wäre es ratsam, Ihren Bekannten vor der Haustür oder in einem Restaurant zu treffen, damit Sie ihn nicht Ihrem Kind vorstellen müssen, und zwar um Ihres Bekannten und um Ihres Kindes willen. Es sollte nicht jeden Tom, Dick oder Harry kennenlernen, mit dem Sie ausgehen, sondern nur die ernsthaften Kandidaten. Warten Sie, bis der Mann den Wunsch äußert, Ihre Kinder kennenzulernen. Es sollte ihm eine Ehre sein und keine Routineangelegenheit. So, wie Sie zu Beginn einer Beziehung mit anderen Dingen hinterm Berg halten, sollten Sie auch in diesem Punkt nichts überstürzen. Lassen Sie ihn für das Privileg, Ihre Liebsten kennenzulernen, ruhig ein bißchen arbeiten (schon wieder? Ja).

Verschanzen Sie sich aber nicht hinter Ihrer Mutterschaft, weil Sie sich nicht trauen, unter Leute zu gehen. Ein Kind zu haben bedeutet mitunter, viel Zeit mit Ehepaaren zu verbringen, und vielleicht fühlen Sie sich unter all den Pärchen, die Sie bei Elternabenden und Veranstaltungen für Ihre Kinder treffen, wie ein fünftes Rad am Wagen. Vergessen Sie nicht, daß es viele alleinerziehende Väter gibt, die wieder heiraten möchten.

Also ziehen Sie sich was Hübsches an, setzen Sie ein Lächeln auf und gehen Sie zu den Elternabenden. Seien Sie anderen Menschen gegenüber aufgeschlossen, auch wenn Sie mit Kind unterwegs sind. Man kann nie wissen...

Regel Nummer 25

Auch während der Verlobungszeit und in der Ehe sollten Sie sich an die Regeln halten

Im Idealfall wenden wir die *Regeln* ab dem Augenblick an, in dem wir einen Mann kennenlernen, bis zu dem Moment, in dem er uns seine Liebe eingesteht und uns einen Heiratsantrag macht.

Sollten die *Regeln* für Sie neu sein, dürfen Sie allerdings nicht dem Trugschluß aufsitzen, Sie könnten die Schritte vollkommen ungeschehen machen, durch die Sie Ihren Verlobten oder Ehemann seit Beginn Ihrer Beziehung an sich gebunden haben. Haben Sie zum Beispiel die Initiative ergriffen, ihn angerufen, ihn gefragt, ob er mit Ihnen ausgehen möchte, und so weiter, um der Sache ein bißchen nachzuhelfen, wird er auch in Zukunft nichts anderes von Ihnen erwarten. Er hat sich nicht den Kopf darüber zerbrechen müssen, wie er Sie dazu bringen kann, ihn zu heiraten, weil er wußte, daß Sie ihm sicher sind, denn Sie haben ihm das mit jedem Wort und jeder Geste zu verstehen gegeben, so daß er sich in gewisser Weise in dem Glauben wiegen konnte, Sie in der Tasche zu haben. Wahrscheinlich sind auch nach wie vor Sie diejenige, die die Dinge in die Hand nimmt, ihn zum Sex und / oder romantischen Abendessen verführt, ihn nach seinen Gefühlen für Sie befragt und sich wünscht, er würde weniger Zeit im Büro oder mit seinen Freunden und dafür mehr Zeit mit Ihnen verbringen. Vielleicht fragen Sie sich sogar von Zeit zu Zeit, ob er eine Affäre hat.

Wenn Sie nicht von Anfang an die *Regeln* angewandt haben, kann es durchaus sein, daß Ihr Mann Sie vernachlässigt, in rüdem Tonfall mit Ihnen umspringt oder Sie schlecht behandelt. Sie fragen sich vielleicht: »Ist dieses Verhalten die Folge schlechter Erziehung, oder gibt es da in seiner Vergangenheit ein dunkles Kapitel?« Kann sein. Wir aber sind der Ansicht, es liegt daran, daß Sie die *Regeln* nicht angewandt haben. Er hatte es nie nötig, Sie wie die Frau seiner Träume zu behandeln. Derselbe Mann, der sich einer Frau gegenüber, die ihm nachgelaufen ist, gleichgültig zeigt oder sie vernachlässigt, würde bei einer Frau, die sich an die *Regeln* hält, nicht im Traum auf die Idee kommen, dies zu tun.

Rüpelhaftes Verhalten kommt in einer solchen Beziehung nicht vor, denn wenn Sie schwer zu kriegen sind und er sich sämtliche Beine ausreißt, um Sie zu erobern, wird er Sie für die schönste, wundervollste Frau auf der Welt halten, selbst wenn Sie das nicht sind. Er wird Sie wie ein kostbares Juwel behandeln.

Kein Grund zum Verzweifeln. Fangen Sie jetzt mit den *Regeln* an und ziehen Sie sie durch, so gut es geht. Vielleicht wird er eine Veränderung in Ihrem Verhalten bemerken und sich wieder mehr um Sie bemühen. Hier sind fünf Ratschläge:

1. Rufen Sie ihn nicht so oft in der Arbeit an. Wenn Sie ihn anrufen, halten Sie das Gespräch kurz und sachlich (»Um wieviel Uhr fängt das Kino an?«). Rufen Sie nicht an und säuseln Sie: »Ich vermisse dich. Laß uns

heute abend miteinander schlafen.« Er sollte Sie anrufen, um seinen Gefühlen Ausdruck zu geben.

2. Machen Sie beim Sex nicht den ersten Schritt, selbst wenn Ihnen noch so sehr danach ist. Lassen Sie ihn im Schlafzimmer der Mann, der Angreifer sein. In der Natur ist es nun mal so, daß das Männchen das Weibchen jagt. Wenn Sie ihn ständig zum Sex drängen, wird er sich bald impotent vorkommen. Halten Sie sich bei ihrem ersten Rendezvous an die Regeln. Seien Sie zurückhaltend. Flirten Sie mit ihm, wenn er Sie zu küssen oder Sie in den Hals zu beißen versucht. Das wird ihn in einen Tiger verwandeln.

3. Kleiden Sie sich gut und eine Spur verführerisch. Kein Mann freut sich darüber, wenn er seine Frau zu Hause immer nur in Jogginghosen oder im Bademantel antrifft. Gewöhnen Sie sich an, enge Jeans, Miniröcke oder T-Shirts mit tiefem V-Ausschnitt in leuchtenden Farben zu tragen. Legen Sie etwas Make-up und Parfum auf. Waschen Sie sich häufig das Haar. Tun Sie so, als hätten Sie ein Rendezvous mit ihm.

4. Unternehmen Sie auf eigene Faust etwas. Seien Sie immer *auf dem Sprung*. Sitzen Sie nicht auf dem Sofa herum und warten Sie darauf, daß er endlich nach Hause kommt. Langweilen Sie ihn nicht mit Einzelheiten über Ihren Tag, irgendwelche Schmerzen oder Beschwerden. Nehmen Sie sich mit Ihren Freunden, Kindern oder Nachbarn möglichst viel vor. Gehen Sie ins Kino, oder machen Sie einen Einkaufsbummel. Beschäftigen Sie sich. Dann wird er verzweifelt versuchen, eine Minute Ihrer kostbaren Zeit zu ergattern. Er wird Sie in der Küche abfangen, um Ihnen einen Kuß abzuluchsen, wenn er das Gefühl hat, daß Sie nicht ständig für ihn da sind. Er wird sich aufregen, wenn Sie bei sei-

ner Heimkehr am Telefon sitzen, weil er Sie ganz für sich allein haben will. So sieht es aus, wenn Sie die *Regeln* befolgen. Er wird das Gefühl haben, nie genug von Ihnen zu kriegen. Er wird Sie von der Arbeit aus anrufen, um Ihnen ein Abendessen zu zweit oder einen Wochenendausflug vorzuschlagen. Und genau das wollen Sie. Männer lieben selbständige Frauen, weil sie sie in Ruhe lassen. Es reizt Sie, Frauen nachzustellen, die keine Zeit haben. Das verschafft ihnen einen Nervenkitzel ähnlich wie beim Elfmeterschießen.

5. Legen Sie sich ein Hobby zu. Die meisten Männer sitzen am Sonntag nachmittag am liebsten in einem bequemen Lehnstuhl, schauen sich Fußball an und trinken Bier. Manche nehmen Arbeit aus dem Büro mit nach Hause und verbringen den ganzen Nachmittag vor dem Computer. Frauen fühlen sich leicht vernachlässigt, wenn Ihre Freunde oder Ehemänner sie nicht in ihre Tätigkeit einbeziehen oder ihnen nicht genügend Aufmerksamkeit schenken. Drängen Sie ihn unter keinen Umständen dazu, seine Hobbys, Freunde oder die Arbeit aufzugeben, weil Sie selbst sich langweilen. Wenn Sie noch beschäftigter sind als er, werden Sie mehr Aufmerksamkeit von ihm erhalten. Organisieren Sie Spielnachmittage für Ihre Kinder, gehen Sie joggen oder machen Sie in einem Fitneßstudio bei einem Aerobic-Kurs mit. Dann haben Sie nicht nur etwas zu tun, sondern bringen außerdem Ihre Figur in Schuß, und er wird Sie um so attraktiver finden. Er wird sich vielleicht fragen, ob Sie in Ihrem Lycra-Anzug die Blicke anderer Männer auf sich ziehen. Das tut Ihrer Beziehung nur gut. Es wird in ihm den Wunsch auslösen, den Fernseher oder Computer auszuschalten und die Zeit mit Ihnen zu verbringen. Sie könnten auch für einen guten

Zweck tätig werden, Bücher lesen, eine neue Sportart anfangen. Hauptsache, Sie sind selbständig und gut beschäftigt. Auf die Weise hängen Sie nicht herum und beklagen sich nicht, daß er Ihnen nicht genügend Aufmerksamkeit schenkt!

Leider müssen Sie, wenn Sie die *Regeln* anwenden, manchmal so tun, als wären Sie allein (selbst wenn Sie verheiratet sind und Kinder haben). Seien Sie froh darüber, daß Sie es nicht *sind*!

Regel Nummer 26

Halten Sie sich an die Regeln, selbst wenn Ihre Freunde und Eltern sie für Unfug halten

Erinnern Sie sich noch an Ihre Reaktion, als Sie zum erstenmal dieses Buch gelesen haben? Bestimmt fanden Sie die Idee verrückt, verlogen oder überspannt: »Warum kann es in der Liebe nicht natürlicher zugehen? Warum kann ich einen Mann nicht fragen, ob er mit mir ausgehen will? Schließlich stehen wir an der Schwelle zum 21. Jahrhundert.« Als Sie dann aber merkten, daß Sie auf Ihre Art nicht zurechtkamen, haben Sie Ihre Vorbehalte rasch über Bord geworfen. Eine innere Stimme hat Ihnen gesagt, daß dieses Buch vielleicht Antwort auf Ihre Fragen bietet.

Seien Sie nicht überrascht, wenn die Menschen in Ihrer Umgebung Ihre neue Philosophie nicht unterstützen. Wundern Sie sich nicht, wenn sie Sie für übergeschnappt halten und jeden Schritt, den Sie tun oder nicht tun, in Frage stellen. Ruft der Mann, mit dem Sie befreundet sind, an und hinterläßt bei Ihrer Mutter eine Nachricht, wundern Sie sich nicht, wenn sie Sie wie eine Biene umschwirrt und Ihnen damit in den Ohren liegt, daß Sie ihn sofort zurückrufen sollen. Sagen Sie lieber nicht zu ihr: »Ich kann ihn nicht zurückrufen. Das verstößt doch gegen die *Regeln*«, sondern einfach nur: »Okay, Mom, später. Erst wasche ich mir die Haare.«

Ihre Mutter wird Sie vielleicht piesacken, aber am meisten werden Ihnen wohl Ihre Freundinnen zusetzen, weil sie das alles für Unsinn halten. Vielleicht sagen sie sogar Dinge wie: »Weißt du, heiraten löst auch nicht alle Probleme. Kein Mann hilft dir dabei, zu dir selbst zu finden. Vor dem ›wir‹ kommt das ›ich‹. Du brauchst diese *Regeln* nicht. Was du brauchst, ist eine ordentliche Analyse, um herauszufinden, warum du um jeden Preis heiraten willst!« Antworten Sie darauf nicht: »Wenn ich nicht bald heirate, bringe ich mich um« oder: »Die Tiere sind paarweise an Bord der Arche Noah gegangen«, sondern lächeln Sie nur und wechseln Sie das Thema.

Ihre Freundinnen finden unsere Tips vielleicht verlogen und halten Ihnen vor, daß Sie sich einem Mann so zeigen sollten, wie Sie wirklich sind, und daß es unhöflich ist, ihn nicht an- oder zurückzurufen. Streiten Sie sich nicht mit ihnen und rechtfertigen Sie sich nicht. Wenden Sie in aller Ruhe die *Regeln* an und lassen Sie das Ergebnis für sich selbst sprechen. Tatsache ist doch, daß Ihre Freundinnen und andere Menschen vielleicht gar nicht den brennenden Wunsch verspüren, zu heiraten und Kinder zu kriegen. Sie sind mit ihrem Beruf und ihren Hobbys vielleicht vollauf zufrieden. Dagegen können Sie sich ein Leben ohne Mann nicht vorstellen. Da geht es Ihnen wie uns.

Wir schlagen vor, Sie suchen sich gleichgesinnte Frauen, die heiraten wollen und sich gegenseitig unterstützen wie in einer Selbsthilfegruppe. Rufen Sie sie an, wenn Sie ihn anrufen wollen. Fragen Sie Ihre männlichen Freunde nicht, ob es ihnen gefällt, wenn ihnen eine Frau nachläuft. Doch Vorsicht: Oft antworten sie etwas, und meinen etwas ganz anderes. Wahrscheinlich werden sie Ihnen erzählen, daß sie sich geschmeichelt fühlen, wenn sie von Frauen angerufen und eingeladen werden. Was sie nicht sagen, ist, daß dies nicht die Frauen sind, die sie am Ende heiraten oder mit denen sie auch nur eine Freundschaft anfangen.

Falls Sie keine gleichgesinnten Frauen zu Ihrer Unterstützung finden, lesen Sie aufmerksam in diesem Buch, nehmen Sie es in Ihrer Handtasche mit, um einen Blick hineinwerfen zu können, wenn Sie im Supermarkt Schlange stehen müssen, und üben Sie, was Sie gelesen haben, so oft wie möglich. Glauben Sie uns: Wenn Sie sich an die *Regeln* halten, werden Sie mit Ihrer Beziehung zu Ihrem zukünftigen Ehemann so beschäftigt sein, daß Sie keinen Gedanken daran verschwenden, was die anderen tun oder über Ihr Tun denken.

Regel Nummer 27

*Beweisen Sie Köpfchen –
und noch ein paar Regeln für
Freundschaften während
der Schulzeit*

Erinnern Sie sich noch an Janis Ians Song »I learned the rules at seventeen, that love was meant for beauty queens«? Wenn man nicht gerade wie Brooke Shields aussieht, kann die Schulzeit ganz schön hart sein. Da gibt es Akne oder das Problem, daß man nicht zur Clique gehört, die gerade »in« ist, ganz zu schweigen davon, daß man womöglich in der Gruppe zum Abschlußball gehen muß, weil man keinen Freund hat. Unsere Regeln für die Schulzeit verhelfen Ihnen zwar nicht zwangsläufig zu einem Partner für den Abschlußball, aber sie zeigen Ihnen, wie Sie Ihre besten Seiten herauskehren können, um für das andere Geschlecht attraktiver zu werden.

1. Sollten Sie sehr unter Akne leiden, gehen Sie zu einem Hautarzt. Verzichten Sie auf fettes Essen – Pizza, Kartoffelchips, Pommes frites –, das Ihr Gesicht ölig glänzen läßt. Essen Sie statt dessen Obst und Gemüse, trinken Sie täglich sechs bis acht Glas Wasser. Es versteht sich wohl von selbst, daß Sie am Samstag abend nicht zu Hause auf Ihrem Bett herumliegen sollten. Amüsieren Sie sich, gehen Sie auf die Rolle! Glauben Sie endlich, daß Sie anders als alle anderen sind! (Siehe *Regel Nummer 1*)

2. Stecken Sie das Geld, das Sie mit Babysitten verdienen, in Maniküren und hübsche Kleider. Schminken Sie sich, aber nicht zu stark. Sie sollen hübsch, aber nicht aufgedonnert aussehen.

3. Wenn Sie sich in einen jungen Mann verguckt haben, in einen Freund Ihres älteren Bruders zum Beispiel, benehmen Sie sich ihm gegenüber nicht wie einer seiner Kumpel. Tragen Sie keine Baseballmützen, und sitzen Sie nicht mit seiner Clique herum und schauen sich ein Fußballspiel an. Sprechen Sie ihn nicht zuerst an. Geben Sie sich zurückhaltend und ein bißchen geheimnisvoll. Warten Sie, bis *er auf Sie* aufmerksam wird.

4. Mischen Sie sich unter Leute, und igeln Sie sich nicht zu Hause ein. Gehen Sie an den Strand, ins Kino, auf Partys, und hocken Sie nicht in Ihrem Zimmer herum, um über Ihre Schwächen nachzugrübeln oder Sylvia Plath zu zitieren. Wenn Sie auf Partys, zum Tanzen oder an den Strand gehen, halten Sie nicht gierig nach einem jungen Mann Ausschau, der Sie ansprechen oder zum Tanzen auffordern könnte. Kauen Sie nicht Kaugummi, und schnattern Sie nicht herum. Gehen Sie aufrecht, als würden Sie ein Buch auf dem Kopf balancieren, blicken Sie geradeaus und versuchen Sie, selbstzufrieden zu wirken, auch wenn Sie einsam sind oder sich zu Tode langweilen.

5. Warten Sie mit dem Sex, bis Sie eine feste Beziehung haben. Verwenden Sie Verhütungsmittel, am besten Kondome. Sie wollen doch nicht schwanger werden oder sich eine Krankheit einhandeln. Überstürztes und unverantwortliches Verhalten ist nicht im Sinne der *Regeln*. In den Neunzigern gilt es wieder als cool und in jedem Fall als sicherer, wenn Sie mit dem Sex warten, bis Sie reif genug sind.

6. Hände weg von Zigaretten, Drogen und Alkohol, selbst wenn ein ziemlich lässiger, gutaussehender junger Mann Sie dazu überreden will. Zigaretten sind ungesund, Drogen und Alkohol trüben den Verstand, machen süchtig und verleiten Sie unter Umständen dazu, etwas gegen Ihren Willen zu tun (etwa bei Ihrer ersten Verabredung mit ihm zu schlafen). Um die Regeln anzuwenden, müssen Sie immer einen Schritt voraus sein. Drogen und Alkohol machen Sie dumm und benommen – und das entspricht ganz und gar nicht den *Regeln*.

7. Die Zeit auf dem Gymnasium ist ideal, um mit neuen Sportarten wie Joggen, Aerobic, Schwimmen oder Tennis anzufangen. Das tut nicht nur Ihrer Figur, sondern auch Ihrem Privatleben gut. Wen lernt man nicht alles auf dem Trimm-Dich-Pfad oder dem Tennisplatz kennen? Außerdem ist es ein gesundes Hobby, und Sie haben im Sommer etwas zu tun. Wenn Sie das nötige Geld haben, können Sie sich überlegen, ob Sie nicht mal in ein Tennis Camp gehen, wo Sie athletische junge Männer in Ihrem Alter treffen. Arbeiten Sie im Sommer, dann nehmen Sie sich zumindest an Ihren freien Tagen vor, an den Strand zu fahren, sich eine (gesunde) Bräune zu holen, kurze Shorts und Bikini zu tragen oder zum Schwimmen, Tennis oder Rollerblading zu gehen.

8. Treten Sie selbstsicher auf, auch wenn Ihnen nicht danach zumute ist. Achten Sie darauf, was für Kleider, Schuhe, Taschen, Schmuck und Frisuren die beliebtesten Mädchen auf dem Gymnasium tragen. Legen Sie es nicht darauf an, anders als die anderen zu sein, und geizen Sie nicht mit Ihren Reizen. Sie würden sich nur kümmerlich fühlen, und das bringt Sie nicht weiter. Da-

mit Sie wissen, was gerade der letzte Schrei ist, abonnieren Sie Magazine wie *Marie Claire* oder *Elle*. Reden Sie sich erst gar nicht ein, daß das oberflächlich und unter Ihrer Würde ist. (Heben Sie sich Ihre Geisteskräfte lieber für die Abschlußprüfungen und den Aufnahmetest an der Uni auf.) Ihnen gefallen doch auch Jungs in Polo-Shirts und Cowboystiefeln, wenn das gerade Mode ist, oder nicht? Nun, genauso gefallen den Jungs flotte Mädchen, die Klamotten tragen, wie man sie gerade in MTV oder in *Marie Claire* sieht.

9. Falls der Junge, auf den Sie ein Auge geworfen haben, Sie nicht fragt, ob Sie mit ihm auf den Abschlußball gehen möchten, fragen Sie ihn auf keinen Fall. Besser, Sie gehen mit einem anderen oder in der Gruppe hin. Fangen Sie schon jetzt mit den *Regeln* an.

10. Wenn Sie das Glück haben, auf dem Gymnasium schon einen Freund zu haben, überlassen Sie es *ihm*, sich Gedanken über die Zukunft zu machen. Suchen Sie sich für Ihr Studium die geeignete Universität aus und nicht zwangsläufig die, auf die er geht. (Wer weiß? Womöglich schreiben Sie sich seinetwegen auf derselben Uni ein wie er, und er läßt Sie sitzen, weil er im Studentenheim ein hübscheres Mädchen erspäht hat.) Suchen Sie sich eine Uni nach Ihrem Geschmack aus, und wenn er Sie sehen will, soll er *Sie* besuchen kommen. Lassen Sie *ihn* anrufen und schreiben. Sofern Sie nicht verlobt sind, gehen Sie mit anderen Männern aus. Verbringen Sie nicht jedes Wochenende mit Ihrem Schulfreund wie manches Mädchen, dem die Trennung schwerfällt. Wenn es Ihnen vorbestimmt ist, Ihren Schulfreund zu heiraten, dann werden daran auch die Entfernung oder die anderen Männer, denen Sie auf der Uni begegnen, nichts ändern.

Regel Nummer 28

*Passen Sie auf sich auf –
und noch ein paar Regeln
für Freundschaften während des Studiums*

Wenn Sie demnächst auf die Uni gehen, möchten wir Ihnen gerne von vornherein vier Jahre Liebeskummer ersparen. Jetzt, wo die *Regeln* aus Ihrem täglichen Leben nicht mehr wegzudenken sind, geht es darum, die folgenden sieben Fehler um jeden Preis zu vermeiden:

1. Lernen Sie nicht seinen Studienplan auswendig, und folgen Sie ihm nicht wie ein Schatten über das Universitätsgelände, damit er irgendwann auf Sie aufmerksam wird. Das ist zwar eine gute sportliche Übung, bringt Sie aber ansonsten nicht weiter. Entweder er hat längst ein Auge auf Sie geworfen oder nicht.
2. Sitzen Sie nicht den ganzen Abend im Eßsaal herum in der Hoffnung, daß Sie irgendwann zwischen halb fünf und acht Uhr abends einen Blick auf ihn erhaschen. Alles, was dabei herauskommt, sind im Zweifelsfall ein paar Kilo mehr auf den Hüften. (Wollen Sie Ihr Studium etwa in der Cafeteria verbringen und auf Ihren Schwarm warten, bis Sie schwarz werden?)
3. Setzen Sie Ihre Freundin nicht darauf an, sich mit seinem besten Freund zu unterhalten und herauszufinden, wie er Sie findet oder ob er überhaupt weiß, wer Sie sind, und/oder freunden Sie sich nicht mit den Mit-

gliedern seiner Studentenverbindung oder mit seiner Zimmernachbarin an, und erweisen Sie auch keinem seiner Bekannten eine Gefälligkeit. (Damit vergeuden Sie nur Ihre Zeit. Niemand, nicht einmal sein bester Freund, kann ihn dazu zwingen, Sie zu mögen.)

4. Finden Sie nicht heraus, welche Schallplatten oder CDs er am liebsten mag, und spielen Sie die Musik nicht pausenlos. Tragen Sie auch kein T-Shirt mit dem Namen seiner Lieblingsrockband. (Manche Frauen reden sich seltsamerweise ein, daß sich Männer zu Frauen hingezogen fühlen, die sich wie Männer kleiden – sportlich oder sogar schlampig. Dabei kriegen doch die Mädchen in engen Jeans und schicken Blusen die besten Männer ab.) Die *Regel* lautet: Mit Ihrer Kleidung sollen Sie die Männer nicht nachahmen, sondern anziehen.

5. Tun Sie bloß nicht so, als wären Sie fußballbegeistert, nur weil er eine Lieblingsmannschaft hat. Dasselbe gilt für Rauchen und Trinken, falls er diese Angewohnheiten hat. Wir kennen viele Frauen, die bei ihren Verabredungen mit Männern, die rauchten und Alkohol tranken, selbst an einem Glas Mineralwasser nippten und jetzt mit diesen Männern verheiratet sind. Bleiben Sie sich selbst treu.

6. Bieten Sie ihm nicht an, ihm bei einer Arbeit über Shakespeare zu helfen, wenn Literatur nicht gerade zu seinen Stärken zählt, und tippen Sie auch nicht seine Manuskripte in der Hoffnung, daß er dafür mit Ihnen ausgeht. Entweder er will es auch so oder nicht.

7. Nehmen Sie Ihre eigene Sicherheit nicht auf die leichte Schulter! Vergewaltigungen an der Uni sind heute keine Seltenheit mehr. Seien Sie auf der Hut. Studieren Sie lieber im Gemeinschaftsraum oder der Bibliothek, statt mit ihm allein auf seinem Zimmer oder

in seinem Apartment außerhalb des Universitätsgeländes. Sagen Sie *immer* jemandem, wo Sie sind. Frauen, die sich an die *Regeln* halten, gehen kein Risiko ein. Fordern Sie das Schicksal nicht heraus!

Nun wissen Sie, was Sie *nicht* tun sollen. Aber was *sollen* Sie tun, um Ihren Schwarm auf sich aufmerksam zu machen?

1. Studieren Sie! Schließlich gehen Sie deshalb auf die Uni! Klug ist sexy!
2. Essen Sie maßvoll, selbst wenn Ihre Freundinnen in der Cafeteria Unmengen in sich hineinstopfen und sich um Mitternacht noch Pizza auf ihre Zimmer liefern lassen. Am besten nehmen Sie aus dem Eßsaal etwas Obst als kleinen Mitternachtsimbiß mit auf Ihr Zimmer. Sagen Sie sich während der Pizzaorgie, daß wenigstens Ihnen morgen noch Ihre Jeans passen werden.
3. Schminken Sie sich. Lesen Sie *Gala* und andere beliebte Modezeitschriften.
4. Gehen Sie neben Ihren Studien noch einer anderen Beschäftigung nach, am besten einer, die Sie interessiert und bei der Sie auf ungezwungene Art Männer kennenlernen.
5. Hocken Sie freitags und samstags abends nicht allein mit einem Buch von Jean-Paul Sartre in Ihrem Zimmer herum. Diese beiden Abende sind dazu da, um unter Leute zu gehen. Sartre können Sie am Montag lesen.
6. Stecken Sie sich ein höheres Ziel, und planen Sie Ihre berufliche Laufbahn. Schließlich gehen Sie nicht auf die Uni, um Ihr »Ehediplom« zu machen, obwohl Sie Ihren zukünftigen Mann natürlich auch auf der Uni

kennenlernen können. Trotzdem müssen Sie etwas für Ihren Kopf tun, um seinet- und Ihrer selbst willen. Seien Sie keine dumme Gans!

Regel Nummer 29

Der nächste, bitte! Oder: Wie man mit einer Enttäuschung fertig wird

Im Leben geht es nicht immer gerecht zu. Glücklicherweise aber bewahren die *Regeln* Sie davor, von einem Mann unnötig verletzt zu werden. Sofern wir selbständig und gut beschäftigt sind, statt nach einem Mann zu gieren und ihm nachzulaufen, geben wir uns nie eine Blöße.

Trotzdem können wir nicht erzwingen, daß uns ein bestimmter Mann mag, oder verhindern, daß er uns sitzenläßt und sich mit einer Frau trifft, die ihm besser gefällt. Auch sind wir wehrlos, wenn eine Exfreundin ihn zurückerobert. Wie aber verhalten wir uns, wenn wir sitzengelassen werden?

Unsere natürliche Reaktion mag darin bestehen, daß wir uns wie gelähmt fühlen, uns einigeln, uns wünschen, wir wären tot, uns das Haar nicht mehr waschen und uns nicht mehr schminken, daß wir weinen, viel schlafen, uns traurige Liebeslieder anhören und uns einreden, wir würden nie wieder einem so perfekten Mann wie ihm begegnen. Vielleicht finden wir Trost im Kühlschrank oder reden pausenlos mit unseren Freundinnen über ihn. Natürlich ist so ein Verhalten lächerlich. Geben Sie sich zwei Tage, und dann auf zu neuem Glück!

Unser Rezept für verschmähte Frauen lautet: Ziehen

Sie ein tolles Kleid an, tragen Sie schmeichelhaftes Make-up auf, gehen Sie zur nächstbesten Party oder zu einem Tanzabend für Singles und sagen Sie Ihren Freundinnen, Sie seien für *blind dates* zu haben. Hoffentlich haben Sie die *Regeln* bis zum Bruch mit Ihrem Freund fleißig befolgt, denn dann stehen in Ihrem Kalender bereits jede Menge anderer Verabredungen. Vergessen Sie nicht: Bis der Ring an Ihrem Finger steckt oder Sie vergeben sind – mit vergeben meinen wir, daß er ernsthaft die Absicht hat, Sie zu heiraten, und es nur eine Frage der Zeit ist, bis er die entscheidende Frage stellt, und nicht etwa, daß er nur so lange mit Ihnen zusammen ist, bis ihm eine bessere über den Weg läuft –, sollten Sie sich mit anderen Männern treffen. Nichts eignet sich besser, um einen schweren Schlag abzufedern, als die Verehrung und Aufmerksamkeit anderer Männer.

Egal, was Sie tun, verlieren Sie wegen dieses einen Mannes nicht den Kopf. Haben Sie Vertrauen und glauben Sie an die Vielfalt dieser Welt. Halten Sie sich vor Augen, daß er nicht der einzige Mann auf Erden ist, daß es noch viele andere und darunter bestimmt einen für Sie gibt. Sprechen Sie mit Freundinnen, die ebenfalls sitzengelassen worden sind und später den Mann ihres Lebens kennengelernt haben. Sie werden Ihnen erzählen, wie froh sie jetzt darüber sind, daß sich Soundso von ihnen getrennt hat, auch wenn sie sich dessen zum damaligen Zeitpunkt nicht bewußt waren. Trösten Sie sich mit aufmunternden Sprichwörtern, etwa »Für jede Tür, die sich schließt, tut sich eine andere auf« und anderen positiven Leitsätzen, die Ihnen einfallen.

Denken Sie daran: Frauen, die sich an die *Regeln* halten, trauern einem Mann nicht nach. Sie sagen »Sein

Pech!« oder »Der nächste, bitte!« Sie blasen nicht Trübsal. Sie zerreißen sich nicht innerlich und wünschen sich nicht, daß sie dieses oder jenes anders angepackt oder gewisse Dinge nicht gesagt hätten. Sie schreiben Männern keine Briefe, in denen sie ihnen anbieten, sich zu ändern oder alles wieder in Ordnung zu bringen. Sie rufen sie nicht an oder lassen ihnen durch Freunde Nachrichten zukommen. Sie akzeptieren, daß es vorbei ist, und finden sich damit ab. Sie vergeuden keine Zeit.

Regel Nummer 30

Erzählen Sie keinem Therapeuten von den Regeln

Sie sind daran gewöhnt, mit Ihrem Therapeuten über alles zu reden, und deshalb ist es nur natürlich, daß Sie ihm oder ihr auch von den *Regeln* erzählen wollen. Wir raten Ihnen jedoch stark davon ab, allzusehr ins Detail zu gehen, und zwar aus folgenden Gründen:

1. Manche Therapeuten halten die *Regeln* vielleicht für unehrlich und zu drastisch. Sie werden Sie dazu ermuntern, in Ihrer Beziehung zu Männern offen und verwundbar zu sein und die Dinge auszusprechen, statt Ihre Zuneigung oder Ihren Kummer für sich zu behalten. Darauf beruht nämlich jede Therapie. Dieser Rat mag sehr wertvoll sein, wenn es darum geht, Probleme mit der Familie oder mit Freunden zu lösen, aber im Anfangsstadium einer Beziehung ist er fehl am Platz. Zu Beginn einer romantischen Liebesgeschichte müssen Sie sich leider geheimnisvoll geben und nicht wie ein offenes Buch sein.

2. Manche Therapeuten ahnen nicht, wie sehr sich Frauen mitunter Männern aufdrängen, die von ihnen nichts wissen wollen, und/oder wie sie eine Beziehung mit aller Macht vom Zaun brechen wollen. Wenn die Therapeuten wüßten, wie wir uns auf dem Universi-

tätsgelände herumgedrückt haben, in der Hoffnung, dem Mann unserer Träume in die Arme zu laufen! Wenn sie wüßten, daß wir den Männern Liebesgedichte geschickt oder Interessen vorgetäuscht haben, um ihnen zu gefallen (das bringt natürlich nie etwas), und wenn sie wüßten, was wir alles auf uns genommen haben, um die Eltern des Auserwählten für uns zu erwärmen, damit sie ihre Söhne dazu bringen, uns einen Heiratsantrag zu machen. Wenn sie all dies wüßten – vielleicht haben wir ihnen nie die ganze Geschichte erzählt –, dann würden auch sie uns dazu anhalten, uns lieber auf uns selbst zu besinnen, statt dem Schicksal ein wenig nachzuhelfen. Eine Frau, die einen Mann liebt, obwohl er sie nicht liebt, kann für sich selbst und für ihn zur Gefahr werden.

3. An sich selbst zu arbeiten ist lobenswert – wir alle können uns in vielen Bereichen verbessern –, aber das allein verhilft Ihnen nicht zu der Beziehung, die Sie sich wünschen. Vielleicht fühlen Sie sich nach Jahren des In-Sich-Gehens »rund« oder »bereit«, fragen sich aber, warum Sie noch immer nicht den Mann Ihres Lebens ergattert haben. Wir raten Ihnen, unsere *Regeln* sechs Monate lang auszuprobieren, bevor Sie zu anderen »Mitteln« greifen.

Wenn es irgend etwas gibt, worin Ihr Therapeut Ihnen beim Umgang mit den *Regeln* helfen kann, dann ist es die Stärkung Ihrer Disziplin und Selbstbeherrschung, denn Sie werden beides brauchen!

Regel Nummer 31

Verstoßen Sie nicht gegen die Regeln

Wenn Sie gegen die *Regeln* verstoßen, wird er Sie dann trotzdem heiraten?

Diese Frage wird uns immer wieder von Frauen gestellt, die sich ein, zwei Monate daran halten und dann aufhören, obwohl er noch nicht »Ich liebe dich« gesagt, geschweige denn ihnen einen Antrag gemacht hat. Trotzdem fangen diese Frauen irgendwann an, ihn zu fragen, ob er mit ihnen ausgehen will, oder sprechen vom Heiraten, und einige putzen sogar seine Wohnung oder richten sie ein. Wir aber warten so lange, bis der Ring an unserem Finger steckt!

Nehmen wir den Fall unserer guten Freundin Candy. Als wir ihr von den *Regeln* erzählten, gab sie zu, daß sie den Männern bisher nachgelaufen ist und ihr keiner einen Heiratsantrag gemacht hat. Sie erklärte sich schließlich bereit, unsere Ratschläge im ersten Monat ihrer Bekanntschaft mit einem Mann namens Barry, der nicht so recht zog, genauestens zu befolgen. Daraufhin lief alles so gut, daß Barry mit Candy nach zwei Monaten für eine Woche nach Jamaika flog. Da verfiel Candy wieder in ihren alten Trott und schlug unsere Ratschläge in den Wind. Sie hielt es nicht für nötig, sie noch länger zu befolgen!

Im Urlaub verlangte Candy von ihm Sicherheiten für die Zukunft und verwöhnte ihn mehr als umgekehrt, indem sie Liebesgedichte auf sein Kopfkissen legte oder ihn zum Sex verführte. Bei ihrer Rückkehr nach New York schlug sie ihm vor, sich fortan auch unter der Woche und nicht nur an den Wochenenden zu sehen. Wollte er sich abends mit einem Kuß von ihr verabschieden, versuchte sie ihn zu überreden, mit ihr zu schlafen, einen Videofilm auszuleihen oder sonst etwas zu tun, um die Zweisamkeit in die Länge zu ziehen. Irgendwann sagte er zu ihr: »Ich mag dich, aber ich bin nicht in dich *verliebt*. Es ist wirklich seltsam, anfangs hattest du etwas an dir, was ich unbedingt ergründen mußte, aber dann hat sich alles geändert.« Kein Wunder, bei all den Liebesgedichten!

Immerhin brachte Candy die Kraft auf, Schluß zu machen, nachdem er ihr gestanden hatte, daß er sie nicht liebte und sie nicht zu heiraten gedachte. Männer lügen nicht! Wenn sie sagen, sie sind nicht verliebt, dann stimmt es. Dadurch geben sie einem diskret zu verstehen, daß man die Beziehung lieber beenden und sich nach einem anderen umsehen sollte, aber die meisten Frauen beachten den Wink nicht. In der Mehrheit lassen sich Frauen nicht beirren, verschwenden ihre kostbare Zeit und hoffen entgegen aller Wahrscheinlichkeit, daß der Mann doch noch seine Meinung ändert. Haben Sie das auch schon durchgemacht? Und haben Sie es nicht satt, immer nur zu leiden? Nachdem Candy und Barry sich schließlich getrennt hatten, hat sie nie wieder gegen die *Regeln* verstoßen. Zu unserer Freude können wir berichten, daß sie seit kurzem verheiratet ist, und das nur, weil sie sich konsequent an die *Regeln* gehalten hat, was allen Frauen Hoffnung geben sollte.

Frauen, die nach den *Regeln* leben, drängen sich nicht auf, wenn sie nicht gewünscht sind. Sie versuchen nicht, eine Liebesbeziehung, in der der Wurm ist, wieder zu kitten. Wenn er zu der Einsicht gelangt, daß er nicht mehr in Sie verliebt ist, dann hängen Sie nicht wie eine Klette an ihm und warten Sie nicht auf eine zweite Chance. Manchmal verhelfen gerade Entfernung und Zeit einem Mann zu der Erkenntnis, daß die Trennung von Ihnen der größte Fehler seines Lebens war, vergessen Sie das nicht. Er kann Sie jederzeit anrufen – er hat ja Ihre Telefonnummer! Sie aber sollten nach vorne blicken. Besser, Sie halten sich in Ihrer nächsten Beziehung strikt an die *Regeln*, als daß Sie sich mit der Lieblosigkeit Ihres jetzigen Freundes abfinden. Die Antwort auf die Frage »Wird er mich trotzdem heiraten, auch wenn ich gegen die *Regeln* verstoße?« lautet also bedauerlicherweise: »Vielleicht ja, aber eher nein.« Warum das Risiko eingehen?

Falls Sie den Männern Ihr Leben lang nachgelaufen sind, können Sie es bereits als Fortschritt betrachten, wenn Sie ihnen keine Liebesbriefe mehr schreiben und sie nur noch hin und wieder anrufen. Wir allerdings glauben nicht an halbe Sachen. Wenn Sie sich von A bis Z an die *Regeln* halten, brauchen Sie sich nicht den Kopf darüber zu zerbrechen, ob Sie eine zweite Chance erhalten oder nicht, denn er wird sich erst gar nicht entlieben. Verstoßen Sie aber gegen die *Regeln*, nehmen Sie den Männern das Vergnügen, Sie zu umwerben, und das werden sie Ihnen früher oder später übelnehmen. Dann behandeln sie Sie schlecht, und Sie grübeln darüber nach, ob etwas, was Sie gesagt oder nicht gesagt, getan oder nicht getan haben, die Probleme hervorgerufen hat.

Stellen Sie sich vorsorglich schon einmal darauf ein, daß Sie im allgemeinen die *Regeln* mißachten wollen, wenn Sie seit mehreren Monaten mit einem Mann befreundet sind, weil Sie dann nämlich das Gefühl haben, daß aus Ihrer Beziehung die Luft heraus ist oder sie nirgendwohin führt. Er ruft immer seltener an oder hat noch immer nicht von Heiraten gesprochen. Ihre Freundinnen planen bereits Ihre Hochzeit, und Sie haben noch nicht einmal seine Eltern kennengelernt. Sie machen sich Sorgen, wollen ihn wachrütteln, ihm auf die Sprünge helfen. Sie sind versucht, ihm plumpe Grußkarten oder einen Liebesbrief zu schicken, in dem Sie ihm schreiben, wie wichtig er Ihnen ist, um ihn fester an sich zu binden. Sie wollen ohne seine Erlaubnis seine alte Lederjacke ausmisten und ihm eine neue kaufen. Sie benehmen sich, als wären Sie seine Frau, und fühlen sich dazu berechtigt – schließlich sehen Sie ihn jedes Wochenende, und er hat Ihnen schon zweimal Blumen geschenkt. Vielleicht verfallen Sie sogar auf die Idee, die Beziehung zwischen ihm und seinem Vater, mit dem er schon seit längerem nicht mehr spricht, wieder einrenken zu wollen. Mit anderen Worten: Sie haben die Kontrolle über sich verloren!

Machen Sie ruhig so weiter, wenn Sie auch die letzte Chance zerstören wollen, daß er Ihnen einen Heiratsantrag macht! Sollte aus Ihrer Beziehung tatsächlich die Luft heraus sein, lautet unser Rat: Lesen Sie noch einmal nach, wie Sie sich bei den ersten Verabredungen verhalten sollen. *Halten Sie durch*, vertrauen Sie darauf, daß die Rechnung aufgeht, üben Sie sich in Geduld, triezen Sie ihn nicht und brechen Sie nichts vom Zaun. Sollten Sie nach ein paar Wochen noch genauso frustriert sein, tun Sie *sich selbst* etwas Gutes! Mieten Sie mit Ihrer Freundin ein Ferienhaus, statt darauf zu warten, daß er einen Vorschlag für den Urlaub macht, oder melden Sie sich bei dem neuen Trainer in Ihrem Sportclub zu Tennisstunden an. Jammern Sie Ihrem Freund nichts vor – er würde sich nur erdrückt fühlen und dies nicht als Beweis Ihrer Liebe deuten. Lassen Sie ihn in Ruhe, unternehmen Sie etwas, und machen Sie sich rar – entweder er vermißt Sie oder nicht. Je früher Sie herausfinden, ob er vielleicht auch ohne Sie leben kann, desto besser.

Es gibt viele Arten, die *Regeln* in der Anfangsphase einer Beziehung zu mißachten. Hier ein weiteres Beispiel:

Nachdem Nicole Ken einen Monat kannte, beschloß sie, sich bei Ihrem weiteren Verhalten ganz von ihrem *Gefühl* leiten zu lassen. Wenn Ken eines Tages ihr Ehemann und der Vater ihrer Kinder werden sollte, überlegte sie, warum sollte sie sich ihm dann nicht zeigen, wie sie wirklich war? (Ist Ihnen dieser Gedanke auch schon durch den Kopf gegangen?) Also plante sie für seinen Geburtstag eine große Überraschungsparty, nicht zuletzt mit dem Hintergedanken, daß sie bei der Gelegenheit seine Familie und seine Freunde kennenlernen würde.

Es verging kein Wochenende, an dem die Gefühle nicht die Oberhand über Nicole gewannen. Als sie einmal an einem Spielplatz vorbeikamen, schlug sie ihm vor, wippen und schaukeln zu gehen, in der Hoffnung, er könnte Gefallen an der Vorstellung finden, selbst einmal Kinder zu haben. Ken fand ihr Verhalten durchschaubar und albern. Von da an ging es mit ihrer Beziehung bergab. Nicole schlug eine Partnerschaftsberatung vor, aber er beschloß, mit ihr Schluß zu machen und sich lieber nach einer anderen umzusehen.

Sobald wir einem Mann nachlaufen, schrillt in seinem Kopf eine Alarmglocke: *Die Herausforderung ist vorbei*, und seine Gefühle kühlen sich ab. Urplötzlich schlägt in der Liebesbeziehung alles ins Gegenteil um: Was er an Ihnen früher bewundernswert fand, findet er nun lästig. Sie sind nicht länger seine Traumfrau. Es ist genauso, als ob Sie die Rechnung bezahlt oder ihm die Tür geöffnet hätten. Sie haben ihm die Arbeit abgenommen und ihm damit einen schlechten Dienst erwiesen.

Wenn Sie also der Ansicht sind, die Ermahnung, ihn nicht anzurufen, oder die eine oder andere Regel seien hartherzig und gemein, dann denken Sie daran, daß Sie ihm im Grunde nur dabei helfen, mehr von Ihnen zu wollen.

Die gute Nachricht lautet: Wenn ein Mann in Sie verliebt ist, hat er keine Angst, sich lächerlich zu machen, indem er Sie fünfmal am Tag anruft, um Ihnen lauter kleine, alberne Dinge zu sagen. (Jawohl, *er* darf Sie fünfmal am Tag anrufen, aber Sie dürfen nicht, sonst hält er Sie für verrückt!) Sie brauchen ihn nicht anzurufen, um sich zu vergewissern, ob Ihre Beziehung gut läuft, weil Sie sich dessen sicher sind. Und Sie brauchen auch nicht bis zwei Uhr morgens aufzubleiben und sich Erklärungen dafür zurechtzulegen, warum er seit zwei Wochen nicht angerufen hat, weil er – so Sie die *Regeln* befolgen – jede Woche, wenn nicht sogar jeden Tag anruft.

Frauen, die die Sache gelassen angehen, bekommen von den Männern das sichere, wohlige Gefühl vermittelt, geliebt zu werden. Sie werden bereits Anfang der Woche oder, besser noch, unmittelbar nach der letzten Verabredung gefragt, ob sie am kommenden Samstag abend mit ihnen ausgehen möchten.

Natürlich kennen wir alle Frauen, die gegen die *Regeln* verstoßen und trotzdem geheiratet haben. Da ist zum Beispiel eine, die im Liebesleben immer die Initiative ergreift. Ihr Mann behauptet zwar, daß er sie liebt, aber er zwickt sie in der Küche nie in den Po und würde sich lieber in seinem Lehnsessel allein die Elf-Uhr-Nachrichten ansehen, als mit seiner Frau im Bett zu kuscheln.

Wenn Sie also schon die *Regeln* mißachten, dann bringen Sie zumindest den Mut auf, die Beziehung zu beenden, falls er sagt, daß er nicht mehr in Sie verliebt ist und es zwischen Ihnen aus ist. Das spart Ihnen eine Menge Zeit. Grundsätzlich gilt: Wenn man das Gefühl hat, ein Mensch entgleitet einem, muß man ihn loslassen. Fragen Sie ihn nicht, warum er Sie nicht mehr liebt oder was Sie hätten besser machen können. Das ist wie betteln und ehrlich gesagt unter der Würde einer Frau. Seien Sie tapfer, wenn es vorbei ist, und denken Sie daran, daß Sie später in Tränen ausbrechen und sich bei Ihren Freundinnen ausweinen können.

Seien Sie nicht zu streng gegen sich selbst, wenn Sie das Gefühl haben, Sie hätten manches besser machen können. Hauptsache, Sie sind mit sich selbst im reinen und machen es beim nächsten Mal besser. Rufen Sie ihn nicht an, reden Sie nicht mit seinen Freunden über Ihre Beziehung, versuchen Sie nicht, sein Kumpel zu sein. Es ist vorbei? Der Nächste bitte! Dann war er wohl nicht der Richtige. Irgendwo wartet jemand auf Sie, der besser zu Ihnen paßt. Das beste, was Sie in der Zwischenzeit tun können (und zugleich die beste Rache), ist es, sich am laufenden Band mit anderen Männern zu treffen.

Regel Nummer 32

Halten Sie sich an die Regeln, dann haben Sie das Glück auf Ihrer Seite!

Was können Sie erwarten, wenn Sie die *Regeln* befolgen? Die Antwort lautet: Die bedingungslose Bewunderung Ihres Traummannes. Warum sonst sollten wir sie anwenden?

Wir sehen ein, daß vieles, was wir in diesem Buch von Ihnen verlangen, alles andere als einfach ist: Sie sollen ihn nicht anrufen, nicht zu schnell intim werden, nicht von Heiraten oder Kindern sprechen und das Rendezvous zuerst beenden. Das alles erfordert eine große Portion Selbstbeherrschung, Geduld und Willenskraft. Die Vorstellung, den Sex hinauszögern zu müssen, hat uns manchmal ganz krank gemacht. Und erst der innere Kampf, wenn wir den Mann unserer Träume anrufen wollten! Es gab viele Tage, an denen wir einfach seine Stimme hören mußten.

Was hat uns bei der Stange gehalten? Die ebenso unglaublichen wie unvorstellbaren »Belohnungen«, von denen wir in der Folge zwei Dutzend aufgelistet haben. Sollten Sie also gegenüber einer bestimmten Regel Vorbehalte haben (vielleicht wollen Sie das Telefongespräch nicht nach fünf oder zehn Minuten beenden, weil Sie Angst haben, er könnte Sie für unhöflich halten und nicht mehr anrufen), dann lesen Sie diese Liste, um sich Mut zu machen. Vergessen Sie nicht: Die Männer wollen mehr von Ihnen, wenn Sie die *Regeln* anwenden, und verlieren schneller das Interesse, wenn Sie es nicht tun!

1. Die größte Belohnung zuerst: Er will Sie heiraten! Viele Frauen kommen schon aufs Heiraten oder eine gemeinsame Zukunft zu sprechen, wenn sie einen Mann erst seit ein paar Wochen oder Monaten kennen. Sie wollen wissen, wo dran sie sind. In den meisten Fällen geht der Schuß nach hinten los, weil sich Männer nicht zu einem Heiratsantrag drängen lassen. Als Frau, die sich nach den *Regeln* richtet, sind Sie darauf geschult, nicht vom Heiraten oder von Kindern zu sprechen. Sie reden über Bücher, Beruf, Politik, Fußball und das Wetter. Dann wird er Ihnen von allein einen Antrag machen.
2. Sitzen Sie in einem Restaurant an einem Tisch, kommt er zu Ihnen herüber und setzt sich neben Sie. Ihnen gegenüber zu sitzen, ist ihm nämlich *zu weit weg*, wenn er richtig verliebt ist.
3. Er schickt Ihnen Rosen, nachdem Sie miteinander geschlafen haben.
4. Er schreibt Ihnen kleine Liebesbotschaften oder -gedichte und klebt sie auf die Kühlschranktür.
5. Er stört sich nicht an Ihren Marotten. Sie müssen sich also nie Sorgen machen, er könnte Sie verlassen, wenn Sie eine schlechte Angewohnheit nicht ablegen. Er mag sie zwar nicht, würde Sie deshalb aber nie verlassen.
6. Er ruft Sie an, um sich zu erkundigen, wie Ihr Arzttermin verlaufen ist.
7. Er schenkt Ihnen bei jeder sich bietenden

Gelegenheit eine Kleinigkeit, ein Schmuckstück oder Blumen.

8. Er wird wütend, wenn Sie ihm keine Aufmerksamkeit widmen. Er will, daß Sie ständig für ihn da und um ihn herum sind. Er vernachlässigt Sie nicht. Er geht immer in den Raum, in dem Sie sich gerade befinden. Sie werden nie zur »Fußball-Witwe«. Er will Sie zum Fußball mitnehmen (selbst wenn Sie für diesen Sport nichts übrig haben oder ihn nicht verstehen), um mehr Zeit mit Ihnen zu verbringen. Er möchte alles mit Ihnen zusammen machen!

9. Er ist nach einem Streit immer bereit zur Versöhnung.

10. Er interessiert sich für alle Aspekte Ihres Lebens. Sie langweilen ihn nie.

11. Wenn Sie ihn in der Arbeit anrufen, will er immer mit Ihnen reden, selbst wenn er beschäftigt ist. Er ruft Sie ohnehin oft aus der Arbeit an.

12. Er möchte nicht bis spät abends arbeiten, weil er möglichst viel von Ihnen haben will.

13. Er will auch dann noch mit Ihnen zusammensein, wenn Sie eine Erkältung haben oder krank werden.

14. Er will immer wissen, wo Sie telefonisch zu erreichen sind, damit er mit Ihnen in Verbindung bleiben kann.

15. Er paßt auf Sie auf.

16. Er sieht es nicht gerne, wenn Sie auf Junggesellinnen-Partys gehen.

17. Er *hört zu*, wenn Sie ihm etwas erzählen.

18. Wenn Sie leichtbekleidet in der Wohnung herumlaufen, pfeift er Ihnen nach, als wären Sie eine Badenixe am Strand.

19. Ihr Bild steht im Büro auf seinem Schreibtisch

und steckt in seiner Brieftasche. Er will Sie immer anschauen können.
20. Wenn er Sie liebt, liebt er auch Ihre Kinder.

Hoffentlich motivieren die obengenannten »Belohnungen« Sie, die *Regeln* zu befolgen. Ein weiterer Anreiz besteht in dem, was Sie sich *ersparen*:

1. Eine nervenaufreibende Scheidung. Statt dessen genießen Sie eine himmlische Ehe. Er wird sich um Sie kümmern, wenn Sie alt sind. Er liebt Sie wirklich von ganzem Herzen. Eine Ehe, die auf den *Regeln* gründet, ist für immer.
2. Partnerschaftsberatung. Er hat kein Interesse an einer gemeinsamen Therapie. Wenn Sie sich an die *Regeln* halten, gibt es zwischen Ihnen keine großen Meinungsverschiedenheiten. Er wünscht sich nicht, Sie wären so oder so oder einfach anders. Seine Liebe zu Ihnen ist bedingungslos. Natürlich kann es sein, daß er sich wünscht, Ihr Konto wäre nicht immer im Minus, Sie würden zehn Pfund abnehmen oder öfter das Haus putzen, aber es ärgert ihn nicht wirklich, und er regt sich darüber nicht auf, sondern es belustigt ihn eher. Im Grunde findet er fast alles an Ihnen bewundernswert. Er hält es nicht für nötig, mit einem Fachmann über seine Gefühle zu sprechen. Er ist damit beschäftigt, Ihren nächsten Urlaub zu planen oder Sie durchs Haus zu jagen, um einen flüchtigen Kuß zu erhaschen.
3. Unsicherheit. Sie bewegen sich nicht auf dünnem Eis. Sie zerbrechen sich nicht ständig den Kopf darüber, ob Sie ihn gekränkt oder etwas Falsches gesagt haben. Sie wissen, daß er Ihnen immer vergeben und Sie

nie verletzen wird und daß er sofort zu einer Versöhnung bereit ist.

4. Mißhandlung. Wenn Sie die *Regeln* befolgen, behandelt er Sie wie eine zerbrechliche, zarte Blume. Er nimmt Ihr Gesicht in seine Hände, massiert Ihnen den Rücken, wenn Sie einen anstrengenden Tag hinter sich haben, und streichelt Ihr Haar, als wäre es Seide. Sie müssen keine Angst davor haben, geschlagen zu werden.

5. Untreue. Wenn Sie die *Regeln* einhalten, findet er Sie schöner als andere Frauen (selbst wenn Sie es nicht sind). Er will nur mit Ihnen Sex haben; er kann nicht genug von Ihnen bekommen und trainiert Ihnen zuliebe sogar seinen Bizeps. Sie können ihn getrost in einem Raum voll toller Frauen allein lassen. Wenn er Sie liebt, dann liebt er Sie!

Regel Nummer 33

*Lieben Sie nur Männer,
die Sie auch lieben*

Eine der größten Belohnungen für die strikte Einhaltung der *Regeln* besteht darin, daß Sie sich angewöhnen, nur die Männer zu lieben, die auch Sie lieben. Sofern Sie die Ratschläge in diesem Buch befolgt haben, haben Sie gelernt, auf sich selbst aufzupassen. Sie ernähren sich gut und treiben Sport. Sie haben jede Menge Interessen, Hobbys und Verehrer, und Sie rufen die Männer nicht an oder laufen ihnen nach. Sie besitzen ein hohes Selbstwertgefühl, weil Sie nicht mit jedem ins Bett gehen und sich nicht mit verheirateten Männern einlassen. Sie lieben mit dem Kopf, nicht nur mit dem Herzen. Sie sind ehrlich; Sie haben Grenzen, Werte und moralische Grundsätze. Sie sind nicht wie die anderen, Sie sind anders. Der Mann, der Sie mal kriegt, kann von Glück sagen!

Ihre Eigenliebe verbietet es Ihnen, sich für Männer zu interessieren, die Ihnen keine Beachtung schenken, Sie betrügen oder Sie körperlich oder seelisch mißhandeln, und natürlich auch nicht für Männer, die ohne Sie leben können. Männer, die Ihnen früher auf die Nerven gingen, weil sie wie offene Bücher waren, zu oft anriefen, Ihnen schwülstige Karten schickten und ihren Freunden und Eltern von Ihnen erzählten, lange bevor Ihre

Freunde oder Eltern etwas von ihnen wußten, finden Sie nun anziehend und begehrenswert. Selbstverständlich wollen wir Sie nicht dazu überreden, einen Mann einfach deshalb zu lieben, weil er Sie liebt. Nein, Sie lieben, wen Sie lieben wollen. Aber wenn ein Mann, an dem Sie interessiert sind, verrückt nach Ihnen ist, sind Sie glücklich darüber. Er geht Ihnen nicht etwa auf die Nerven oder stößt Sie ab. Sie denken nicht »Himmel, der macht es mir zu einfach«. *Liebe soll einfach sein!*

Seit Sie die *Regeln* anwenden, haben Sie Ihre Einstellung geändert. Sie lieben es, geliebt zu werden. Sie vertreten die Meinung, daß jeder Mann, der Sie toll findet, ein toller Mann und nicht etwa ein mieser Typ sein muß. Sie verspüren nicht den Wunsch, einem Mann nachzulaufen, der Ihnen keine Beachtung schenkt, sich nicht um Sie bemüht oder Sie anruft, um mit Ihnen auszugehen. Liebe ist von Natur aus einfach und süß, nicht herzzerreißend und hart.

Vielleicht sagen Sie sich jetzt: »Das ist doch klar!« Sie wären allerdings überrascht, wie viele von uns Männern nachgelaufen sind, die nichts von uns wollten. Wir hielten es für unsere Lebensaufgabe, die Männer umzukrempeln und solche, die Blondinen bevorzugten, für uns zu interessieren (die wir beispielsweise brünett sind). Wir dachten, wir müßten daran *arbeiten*, daß die Männer uns lieben. Machten sie es uns mit der Liebe zu einfach, langweilten wir uns. Jetzt aber wünschen wir uns eine unkomplizierte Liebe. Wir gehen zum Tanzen oder auf eine Party und empfinden es nicht als Arbeit. Wir lassen uns sehen, und wer uns mag, mag uns, und wer nicht, der eben nicht. Wir nehmen die Dinge, wie sie kommen. Wir lehnen uns zurück und sind zuversichtlich. Wir kämpfen nicht.

Ihr Leben verläuft ohne Schmerz und Kummer. Sie verbringen keine einsamen Samstagabende mehr, warten nicht mehr darauf, daß das Telefon klingelt, grübeln nicht mehr über einen Mann nach, der Sie verlassen oder ein Auge auf Ihre beste Freundin geworfen hat, kriegen keine Eifersuchtsanfälle mehr, durchsuchen nicht mehr seine Schreibtischschubladen oder Manteltaschen nach verräterischen Spuren. Sie werden endlich auf Händen getragen und fühlen sich geborgen! Sie werden begeistert sein!

Regel Nummer 34

Machen Sie es ihm leicht, mit Ihnen zu leben

Laut den *Regeln* sollen Sie anfangs schwer zu kriegen sein. Doch wenn er Ihnen erst einmal sicher ist, sollen Sie ihm das Zusammenleben mit Ihnen leichtmachen.

In den ersten Monaten oder dem ersten Jahr einer Ehe kann vieles schieflaufen. Womöglich streiten Sie sich darüber, wo Sie wohnen wollen, womöglich haben Sie finanzielle oder familiäre Probleme. Sie dachten, Sie müßten nicht mehr so viel arbeiten, sondern könnten eine Teilzeitstellung annehmen und allmählich ans Kinderkriegen denken. Er aber sagt, Sie sollen einer Vollzeitbeschäftigung nachgehen, Kinder könnten Sie später immer noch haben. Er dachte, Sie würden ihn mit Hausmannskost verwöhnen wie seine Mutter seinen Vater, und wird jedesmal wütend, wenn Sie eine Dose Thunfisch öffnen.

Es gibt schlimmere Probleme – etwa Krankheit oder den Verlust des Arbeitsplatzes. Welche Regel gilt in diesem Fall?

Sie lautet: So sehr Sie sich anfangs Mühe gegeben haben, schwer zu kriegen zu sein, so sehr müssen Sie sich nun bemühen, Ihrem Mann das Zusammenleben mit Ihnen leichtzumachen! Seien Sie liebenswert, aufmerksam und geduldig; versuchen Sie, über seine Fehler hinwegzusehen und sein Selbstbewußtsein zu stärken. Sagen Sie ihm, wie gut *er* aussieht, versuchen Sie, die Dinge aus seiner Sicht zu sehen. Erwarten Sie nicht, daß er immer alles aus *Ihrer* Sicht sieht.

Natürlich möchte man jedesmal am liebsten an die Decke gehen, wenn im Reich der Liebe etwas nicht stimmt – wir alle haben unsere Vorstellungen von einer erfüllten Ehe. Trotzdem müssen Sie versuchen, selbstlos und gelassen zu sein, sonst werden Sie keine glückliche Prinzessin.

Angenommen, Sie haben ihm zum Abendessen sein Lieblingsgericht gekocht und er ruft in letzter Minute an, um zu sagen, daß er bis spät arbeiten wird und Sie ohne ihn essen sollen. Sie sind stinksauer und möchten am liebsten ins Telefon schreien: »Ich habe dir extra dein Lieblingsessen gekocht!« Atmen Sie statt dessen tief durch und sagen Sie etwas Nettes, zum Beispiel: »Du arbeitest in letzter Zeit ganz schön hart. Ich bin stolz auf dich.« Versprechen Sie ihm, bei der Heimkehr seinen Rücken zu massieren. Beschäftigen Sie sich selbst – lesen Sie ein Buch oder putzen Sie die Wohnung. Reiben Sie ihm nicht unter die Nase, wie enttäuscht Sie sind, und zetern Sie nicht herum. Vergessen Sie nicht, daß er für Sie beide so viele Überstunden macht!

Oder nehmen wir einmal an, Sie haben Geburtstag und wissen, daß er Ihnen ein ausgefallenes Geschenk machen möchte, haben sich aber ein Dutzend Rosen in den Kopf gesetzt. Sie hadern den ganzen Tag mit sich selbst und überlegen, ob Sie ihm einen Wink geben sollen. Außerdem ärgern Sie sich darüber, daß dies überhaupt ein Thema ist!

Was tun? Reden Sie mit einer Freundin darüber, kaufen Sie sich *selbst* Blumen und vergessen Sie die Angelegenheit. Gewöhnen Sie sich an, mit dem glücklich zu sein, was Sie kriegen, statt von ihm zu erwarten, daß er all Ihre romantischen Phantasien errät. Geben Sie ihm Zeit, Sie bekommen die Rosen schon noch. Das Leben ist lang.

Halten Sie sich immer vor Augen, daß er den ganzen Tag hart arbeitet – ob Sie es nun glauben oder nicht. Überfallen Sie ihn nicht mit Ihren Problemen, kaum daß er zur Tür hereinkommt. Denken Sie daran: Es sind die kleinen Aufmerksamkeiten, die eine Ehe groß machen.

Das ist nicht immer leicht. Manchmal haben Sie einfach keine Lust, sich die Beine zu rasieren, ihm etwas Warmes zu kochen oder liebenswert und nett mit ihm zu sein. Vielleicht ist Ihre Stimmung auf dem Nullpunkt. Wie halten Sie sich selbst bei Laune?

Wir sind davon überzeugt, daß jedes Mittel zum Streßabbau – Yoga, Meditation, Aerobic, Joggen, Radfahren, Tennis, ein Wochenende in einem Heilbad und ähnliches – Ihnen dabei hilft, Ihre Batterie wieder aufzuladen. Zugegeben, es ist weitaus anstrengender, eine Ehefrau im Sinne der *Regeln* zu sein als eine gewöhnliche Ehefrau, aber auf lange Sicht hat man viel mehr davon, finden Sie nicht?

Vielleicht lesen Sie auch esoterische Bücher, suchen einen Therapeuten auf oder treten einer Selbsthilfegruppe bei, wenn es Ihnen zu bunt wird oder Sie merken, daß Sie sich wegen jeder Kleinigkeit mit ihm in die Haare kriegen. Welchen Weg Sie auch einschlagen – verlieren Sie sich dabei selbst nie aus dem Blick. Gehen Sie nicht mit dem Vorsatz zu einem Therapeuten oder in einen Sportclub, Ihren Mann zu ändern, und drängen Sie ihn nicht, ebenfalls etwas für seine Gesundheit zu tun.

Ändern Sie sich *selbst* und Ihre Reaktionen auf das, was er tut oder nicht tut.

Vergessen Sie nicht, daß Sie mit einer dankbaren Grundeinstellung auf Dauer am besten fahren. Versuchen Sie sich an schlechten Tagen daran zu erinnern, warum Sie Ihren Mann geheiratet haben. Halten Sie mitten in einem Streit inne und rufen Sie sich all die mißglückten *blind dates* und die schier endlose Suche nach dem Mann fürs Leben in Erinnerung. Das sollte Sie davor bewahren, in einer Auseinandersetzung etwas Gemeines zu sagen wie: »Ich wünschte, ich wäre dir nie begegnet!« oder: »Ich hätte einen anderen heiraten sollen!« Kramen Sie nicht Vorfälle aus der Vergangenheit wieder aus, und werfen Sie ihm keine Boshaftigkeiten an den Kopf wie: »Weißt du noch, wie du bei der Hochzeit meiner Schwester zu spät gekommen bist?« Sagen Sie zu sich selbst: »Ich habe den Mann meines Lebens gefunden – was spielt alles andere für eine Rolle?«

Falls Sie sich eine glückliche Ehe wünschen, dürfen wir Ihnen dann noch ein paar weitere Regeln ans Herz legen?

1. Durchforsten Sie nicht seine Kleidung, Taschen und Schubladen auf der Suche nach Lippenstiftflecken, Telefonnummern von anderen Frauen, Hotelquittungen und ähnlichem. Vergessen Sie nicht: Wenn Sie sich in Ihrer Ehe an die *Regeln* halten, betrügt er Sie nicht. Beschäftigen Sie sich lieber mit anderen Dingen: Lesen Sie ein Buch oder machen Sie Gymnastik. Müssen Sie nicht einen Brief schreiben oder eine Schublade ausmisten?

2. Öffnen Sie nicht seine Post, es sei denn, sie ist ausdrücklich an Sie beide adressiert. Vielleicht denken Sie:

Was sein ist, ist auch mein – aber diese Entscheidung müssen Sie schon ihm überlassen. Wenn er Ihnen nicht bewußt etwas zeigt oder Sie in gewisse Dinge mit einbezieht, dann gehen sie Sie nichts an. Außerdem: Je weniger Sie Ihre Nase in seine Angelegenheiten stecken, desto mehr wird er Ihnen mitteilen wollen – zu gegebener Zeit.

3. Nehmen Sie sich vor, nicht allzuoft die Stimme zu heben oder zu weinen. Für manche von uns, die gefühlvoller als andere sind, ist das nicht immer einfach. Schaut er sich zum Beispiel den ganzen Nachmittag im Fernsehen Fußball an, statt Ihnen beim Hausputz zu helfen, schalten Sie die Glotze nicht einfach in einem Wutanfall aus, sondern bitten Sie ihn freundlich um seine Hilfe. Besteht er trotzdem darauf fernzusehen, lassen Sie ihn und sagen Sie sich: »Dann eben nicht.« Die Angelegenheit ist nicht so wichtig. Verlieren Sie nicht jedesmal, wenn Sie Ihren Kopf nicht durchsetzen können, die Beherrschung – das bringt Sie nicht weiter.

4. Halten Sie ihn nicht von etwas ab, was er unbedingt tun möchte, zum Beispiel ein Wochenende mit ein paar Freunden zum Skilaufen gehen. Er sollte sich immer frei fühlen. Er soll nicht glauben, daß Sie zu dem Typ Frau gehören, die ihm nicht ab und zu ein Vergnügen gönnen. Sollten Sie das Gefühl haben, ihn von etwas abhalten zu müssen, stimmt in Ihrer Beziehung etwas nicht. Versuchen Sie nicht, ihn zu kontrollieren. Denken Sie daran: Es kommt sowieso alles, wie es kommen muß! Mit uns lebt es sich leicht, wir lassen uns mit dem Strom treiben.

5. Zeigen Sie ihm Ihre Zufriedenheit mit ihm, sich selbst und der Welt. Seien Sie unbeschwert, dann kriegen Sie weniger Falten und Rückenschmerzen und ver-

spüren weniger Anspannung. Er wird sich stärker zu Ihnen hingezogen fühlen, wenn Sie das lebensfrohe Mädchen bleiben, das er von früher kennt – anders als alle anderen. Lesen Sie *Regel Nummer 1* noch einmal.

6. Sollte es Ihnen so vorkommen, als würde die Wirkung der *Regeln* allmählich nachlassen und Ihr früheres unleidliches Wesen wieder die Oberhand gewinnen – Sie sind übellaunig, nicht mehr so liebenswert, fühlen sich abhängig –, lesen Sie dieses Buch noch einmal von Anfang an. Das wird Ihnen helfen, anders als alle anderen zu sein, und Sie an den Vorteil dieses Verhaltens erinnern: Ihr Mann wird Sie wieder genauso unwiderstehlich finden wie früher!

7. Lassen Sie Raum für ein gesundes Liebes- oder Sexleben, und genießen Sie die Zeit miteinander. Wir können uns vorstellen, daß Ihnen nach einem harten Arbeitstag, dem Einkaufen, Aerobic und ähnlichem vielleicht nicht der Sinn nach wildem Sex oder einem Fußballspiel steht. Als Sie mit Ihrem Mann noch befreundet waren, haben Sie alles mitgemacht, weil Sie ihm gefallen und ihn dazu bringen wollten, Ihnen einen Antrag zu machen. Jetzt, wo er Ihnen sicher ist, glauben Sie, Sie müßten sich nicht mehr so viel Mühe geben.

Zwar müssen Sie die *Regeln* nicht mehr so rigoros anwenden wie in den ersten drei Monaten Ihrer Beziehung, aber hüten Sie sich davor, selbstsüchtig, unaufmerksam oder faul zu werden. Vergessen Sie nicht: Um eine gute Ehe zu führen, können Sie nie ganz auf die *Regeln* verzichten!

Last but not least

Zwölf Extratips

1. Wenn er Sie fragt, ob Sie mit ihm ausgehen möchten, zählen Sie insgeheim bis fünf, bevor Sie ja sagen. Das macht ihn nervös, und das ist gut so!
2. Rufen Sie ihn nicht an, selbst wenn Ihnen das Gewissensbisse bereitet. Liebt er Sie, ruft er Sie sowieso an. Bittet er Sie, ihn anzurufen, lassen Sie es bei einmal bewenden. Tun Sie nur das Allernötigste!
3. Will er Sie auf ein Eis, einen Drink und zu einem Fußballspiel einladen, obwohl Sie Lust auf ein schickes Abendessen haben, sagen Sie: »Gern!« Vergessen Sie nicht: Sie sind zwar schwer zu kriegen, aber das Zusammenleben mit Ihnen ist leicht! In ein teures Restaurant können Sie ein andermal gehen.
4. Lassen *Sie* beim Spazierengehen zuerst seine Hand los, aber nicht abrupt.
5. Die *Regeln* sind in Stein gemeißelt, doch wie Sie damit umgehen, hängt von Ihrem Wesen ab. Sind Sie ein besonders freundlicher, überschwenglicher Mensch, seien Sie besonders streng mit sich. Je konsequenter, desto besser, und das heißt: rufen Sie ihn nie an, und erwidern Sie seine Anrufe nur höchst selten.

Sind Sie aber von Natur aus eher nüchtern und zugeknöpft, seien Sie besonders liebenswert, wenn Sie die

Regeln anwenden. Rufen Sie ihn nach jedem fünften Anruf von sich aus an. Seien Sie herzlich. Solange Sie ihn nicht fragen, ob er mit Ihnen ausgehen will, Sie nicht bei ihm einziehen oder aufs Heiraten zu sprechen kommen, können Sie ihm ruhig zeigen, daß Sie ihn nach jeder Begegnung ein bißchen mehr mögen.

6. Hat er sich Ihnen gegenüber schofelig verhalten, ist sich Ihrer zu sicher oder wollen Sie ihn aufrütteln, damit er Ihnen schneller einen Heiratsantrag macht, verreisen Sie für eine Woche. Läuft alles gut, aber wollen Sie, daß er Sie vermißt, fahren Sie mit einer Freundin übers Wochenende weg. Erzählen Sie ihm eine Woche vorher in arglosem, zuckersüßem Tonfall, daß Sie mit einer Freundin nach Florida fahren wollen, um ein bißchen Farbe zu kriegen und sich zu erholen: »Nichts Aufregendes Schatz, nur ein bißchen ausspannen.«

7. Sind Sie sich seiner nicht sicher, ziehen Sie eine Freundin zu Rate, die sich mit den *Regeln* auskennt. Sie wird Ihnen sagen, ob er Sie heiraten will oder nicht.

8. Selbst ein Mann, der Sie liebt und heiraten will, läßt gelegentlich eine Bemerkung fallen, um Sie aufzuziehen oder nervös zu machen, etwa: »Dort fahre ich mit dir hin, falls wir nächstes Jahr noch zusammen sind... Du weißt ja, wie das mit Freundschaften so ist.« Machen Sie sich deshalb nicht verrückt und achten Sie nicht darauf. Die meisten Frauen würden einen Riesenaufstand veranstalten und buchstäblich durchdrehen. Frauen aber, die auf die *Regeln* bauen, lassen sich von solchen Frotzeleien nicht aus der Ruhe bringen.

9. Sagen Sie ihm nie, daß Sie *Angst* vor dem Alleinsein haben. Frauen, die Männern erzählen, wie sehr sie jemanden *brauchen*, fordern schlechtes Benehmen geradezu heraus, weil die Männer dann wissen, daß diese

Frauen alles in Kauf nehmen würden, nur um nicht allein zu sein.

10. Werden Sie nicht ungeduldig, wenn er sich mit dem Heiratsantrag länger Zeit läßt, als Ihnen lieb ist. Die meisten Frauen würden lieber *gestern* als heute gefragt werden. Setzen Sie ihn auf keinen Fall unter Druck. Sie haben nun schon so lange gewartet, daß Sie ruhig noch ein bißchen länger warten können. Wenn Sie sich an die *Regeln* halten, *wird* er Sie fragen!

11. Vernachlässigen Sie Ihr Äußeres nicht. Machen Sie weiterhin Gymnastik. Ein Mann verläßt seine Frau nicht, wenn Sie nach der Hochzeit oder dem ersten Kind zwanzig Pfund zulegt, aber wenn Sie wollen, daß Ihr Verlobter oder Ehemann weiterhin verschossen in Sie ist, halten Sie sich fit.

12. Lesen Sie Zeitung und Bücher, damit Sie mit Ihrem Lebenspartner noch andere Gesprächsthemen haben als nur Ihre Arbeit oder schmutzige Windeln. Männer wünschen sich Frauen, die sie nicht nur körperlich und gefühlsmäßig, sondern auch geistig befriedigen.

Die Regeln auf einen Blick

Regel Nummer 1   Seien Sie anders als alle anderen
Regel Nummer 2   Sprechen Sie einen Mann nicht zuerst an (und fordern Sie ihn nicht zum Tanzen auf)
Regel Nummer 3   Starren Sie die Männer nicht an, und reden Sie nicht zuviel
Regel Nummer 4   Kommen Sie ihm nicht auf halber Strecke entgegen, und machen Sie bei der Rechnung nicht halbe-halbe
Regel Nummer 5   Rufen Sie ihn nicht an und auch nicht immer gleich zurück
Regel Nummer 6   Beenden *Sie* die Telefongespräche
Regel Nummer 7   Nehmen Sie nach Mittwoch keine Einladungen mehr für Samstag abend an
Regel Nummer 8   Füllen Sie die Zeit bis zur Verabredung aus
Regel Nummer 9   Wie man sich bei der ersten, zweiten und dritten Verabredung verhält
Regel Nummer 10   Wie man sich bei der vierten Verabredung verhält, wenn die Beziehung sich allmählich festigt

Regel Nummer 11	Beenden immer *Sie* das Rendezvous
Regel Nummer 12	Machen Sie mit ihm Schluß, wenn Sie von ihm zum Geburts- oder Valentinstag kein romantisches Geschenk bekommen
Regel Nummer 13	Treffen Sie ihn nicht öfter als ein-, zweimal die Woche
Regel Nummer 14	Gönnen Sie ihm bei der ersten Verabredung nicht mehr als einen flüchtigen Kuß
Regel Nummer 15	Überstürzen Sie es mit dem Sex nicht – und noch ein paar Regeln für Intimitäten
Regel Nummer 16	Sagen Sie ihm nicht, was er tun soll
Regel Nummer 17	Überlassen Sie ihm die Führung
Regel Nummer 18	Erwarten Sie von einem Mann nicht, daß er sich ändert, und versuchen Sie nicht, ihn zu ändern
Regel Nummer 19	Öffnen Sie sich ihm nicht zu schnell
Regel Nummer 20	Seien Sie aufrichtig, aber geheimnisvoll
Regel Nummer 21	Streichen Sie Ihre Vorzüge heraus – und noch ein paar Regeln für Bekanntschaftsanzeigen
Regel Nummer 22	Ziehen Sie nicht zu einem Mann (und lassen Sie keine persönlichen Dinge in seiner Wohnung)
Regel Nummer 23	Lassen Sie sich nicht mit einem verheirateten Mann ein
Regel Nummer 24	Machen Sie ihn behutsam mit Ihrer familiären Situation vertraut – und

	noch ein paar Regeln für Frauen mit Kindern
Regel Nummer 25	Auch während der Verlobungszeit und in der Ehe sollten Sie sich an die Regeln halten
Regel Nummer 26	Halten Sie sich an die Regeln, selbst wenn Ihre Freunde und Eltern sie für Unfug halten
Regel Nummer 27	Beweisen Sie Köpfchen – und noch ein paar Regeln für Freundschaften während der Schulzeit
Regel Nummer 28	Passen Sie auf sich auf – und noch ein paar Regeln für Freundschaften während des Studiums
Regel Nummer 29	Der nächste, bitte! Oder: Wie man mit einer Enttäuschung fertig wird
Regel Nummer 30	Erzählen Sie keinem Therapeuten von den Regeln
Regel Nummer 31	Verstoßen Sie nicht gegen die Regeln
Regel Nummer 32	Halten Sie sich an die Regeln, dann haben Sie das Glück auf Ihrer Seite!
Regel Nummer 33	Lieben Sie nur Männer, die Sie auch lieben
Regel Nummer 34	Machen Sie es ihm leicht, mit Ihnen zu leben

Ellen Fein, Sherrie Schneider

Die *neue* Kunst,
den Mann fürs Leben zu finden

Titel der amerikanischen Originalausgabe:
The Rules II. More Rules to Live and Love By,
Warner Books, New York

Inhalt

Vorwort   Das Phänomen der *Regeln*   185

Kapitel 1   Warum die *Regeln* funktionieren   189
Kapitel 2   Wie Sie einen Freund zum Liebhaber machen   198
Kapitel 3   Die zweite Chance – wie Sie Ihren Ex wiederbekommen   205
Kapitel 4   Vergeuden Sie keine Zeit mit Phantasiepartnerschaften   214
Kapitel 5   Stehen Sie nicht an seinem Schreibtisch herum und andere *Regeln* für die Romanze im Büro   221
Kapitel 6   Beziehungen auf Distanz
1. Teil: Wie sie anfangen sollten   230
Kapitel 7   Beziehungen auf Distanz
2. Teil: Wie sie auf Dauer Bestand haben   237
Kapitel 8   Sie können Ihren Therapeuten bitten, Sie im Umgang mit den *Regeln* zu unterstützen   245
Kapitel 9   Wenn er nicht anruft, ist er eben doch nicht so interessiert an mir. Basta!   252
Kapitel 10   25 Gründe für eine Frau, einen Mann anzurufen, es aber besser sein zu lassen!   254
Kapitel 11   Drücken Sie sich nicht, auch wenn Ihnen sehr danach zumute ist   256

Kapitel 12	Halten Sie sich an die *Regeln*, auch wenn die Dinge sich nur langsam entwickeln 260
Kapitel 13	Erzählen Sie den Medien nichts von Ihrem Liebesleben – und andere *Regeln* für Prominente 263
Kapitel 14	Lassen Sie sich nicht zum Groupie machen und andere *Regeln*, wenn Sie mit einem prominenten oder beruflich sehr erfolgreichen Mann ausgehen 272
Kapitel 15	Beobachten Sie sein Verhalten an den Feiertagen 277
Kapitel 16	Übertreiben Sie es nicht und andere *Regeln*, wenn Sie einem Mann etwas schenken 282
Kapitel 17	Vorsicht! Umtausch ausgeschlossen! Wie Sie die Spreu vom Weizen trennen 286
Kapitel 18	Wie Sie zum Abschluß kommen (ihn vor den Traualtar bekommen) 293
Kapitel 19	Lassen Sie sich nicht zur Trostfrau machen und andere *Regeln*, wenn Sie mit einem getrennt lebenden Mann ausgehen 303
Kapitel 20	Noch ein paar *Regeln* für die verheiratete Frau 310
Kapitel 21	*Regeln* fürs (eheliche) Schlafzimmer 321
Kapitel 22	Noch einmal von vorne anfangen – *Regeln* für die Frau in den reiferen Jahren 324
Kapitel 23	*Regeln* für gleichgeschlechtliche Beziehungen 332
Kapitel 24	*Regeln* für Kontaktanzeigen und Partnerschaftsvermittlungen 336

Kapitel 25	*Regeln* für das On-Line-Dating 341
Kapitel 26	Die *Regeln*-Selbsthilfegruppe 346
Kapitel 27	*Regeln* für Freundinnen, Vorgesetzte, Kolleginnen und Kinder 352
Kapitel 28	Keine Sorge, auch Männer können etwas mit den *Regeln* anfangen 359
Kapitel 29	*Regeln* speziell für den Mann 362
Kapitel 30	Gesünder leben mit den *Regeln* 365
Kapitel 31	Antworten auf häufig gestellte Fragen zu den *Regeln* 372
Kapitel 32	Zum Schluß noch ein kleines Extra – 20 ganz besondere Tips 384
Kapitel 33	Berichte von Frauen, die mit den *Regeln* erfolgreich ihr Leben verändern konnten 391

Danksagung 409

Vorwort

Das Phänomen der Regeln

Als wir uns vor vier Jahren daranmachten, unser Buch »Die Kunst, den Mann fürs Leben zu finden« – »The Rules« – zu schreiben, wußten wir bereits, daß wir etwas sehr Wichtiges mitzuteilen hatten. Wir glaubten an die *Regeln*. Nur zu oft hatten wir miterleben dürfen, daß diese *Regeln* funktionierten, sowohl im Leben unserer engsten Freundinnen als auch in dem stetig wachsenden Kreis unser Leserinnen und bei unseren Kolleginnen und Familienmitgliedern.

Als unsere Telefone nicht mehr zu läuten aufhörten, weil alle von uns Tips haben wollten oder bereits die ersten Erfolgsmeldungen eingingen, wurde uns klar, daß wir die *Regeln* in Buchform herausbringen mußten, damit *alle* Frauen daran teilhaben konnten.

Und siehe da, die *Regeln* mauserten sich nicht bloß zum Bestseller, sondern wurden zu einem Phänomen, das das Verhalten von Frauen im Umgang mit ihrem Wunschpartner nicht nur in Amerika, sondern auch woanders auf der Welt umkrempelte.

Ja, die *Regeln* wurden so bekannt und beliebt, daß sie beinahe Kultstatus annahmen. Sie wurden zum Thema zahlreicher Talkshows und riefen sogar einige Parodisten auf den Plan, die mit Büchern wie »Die Regeln brechen« (»Starren Sie einen Mann stets unverwandt an und reden Sie unablässig auf ihn ein«) oder »Regeln für Katzen« (»Weigere dich ab Mittwoch nachmittag, zum Tierarzt gefahren zu werden«) hervortraten.

Mit einem Male waren die *Regeln* in aller Munde! Ein Finanzblatt brachte einen Artikel mit Investmentregeln (»Nicht am Freitag kaufen, wenn Ihr Makler Sie nach Wochenmitte angerufen hat«), und in einem politischen Kommentar hieß es, ein bestimmter Präsidentschaftskandidat hätte die Wahl bestimmt gewonnen, wenn er nur versucht hätte, sich einmal »ganz anders zu geben als all die anderen«.

Woher die ganze Aufregung? Warum das große Interesse an den *Regeln*, wenn es doch schon jede Menge anderer Lebenshilfebücher auf dem Markt gab? Wieso haben sich die *Regeln* zu einem solchen Phänomen entwickelt?

Die Antwort ist einfach: weil die *Regeln* funktionieren! Anders als die übrigen Lebenshilfebücher, die einen therapeutischen oder theoretischen Ansatz wählen, um überzeugend zu wirken und wohlgemeinte, inhaltslose und irreführende Ratschläge wie *Seien Sie ganz Sie selbst, spielen Sie kein Spiel mit ihm* oder *Sprechen Sie mit dem Mann über Ihre Gefühle* verbreiten, sagen die *Regeln*, wie es sich im wirklichen Leben mit der Partnersuche verhält und wie eine Frau den *Richtigen* findet!

Mit den *Regeln* braucht eine Frau beim Treffen mit einem möglichen Wunschpartner dieses weder zu analysieren noch Angst davor zu haben, denn in Wirklichkeit verhält es sich doch so einfach: Wenn er Sie anruft, mag er Sie. Tut er's nicht – *der Nächste bitte!* Was bringt es, ganz sich selbst zu sein, wenn das dazu führt, daß eine Frau einen Mann dreimal am Tag anruft oder die Gespräche auf drei Stunden Länge ausdehnt? Dafür braucht es doch keinen Lebenshilferatgeber!

Viele wollen von uns wissen, wie wir es geschafft haben, einen Bestseller zu landen. Um ehrlich zu sein – das haben wir gar nicht versucht. Wir haben die *Regeln* geschrieben, um Frauen zu helfen, mit mehr Selbstbewußtsein auf den Wunschpartner zuzugehen und mit ihm den Hafen der Ehe anzusteuern, mehr nicht!

Während uns der Erfolg des Buches natürlich außerordentlich freut, ist die Tatsache, daß Frauen aller Altersstufen und mit den unterschiedlichsten gesellschaftlichen Hintergründen die *Regeln* benutzen, um ihren Traumpartner zu finden, uns der schönste Lohn für unsere Mühe. Manche Frauen haben drei Jahrzehnte lang versucht, den richtigen Partner zu finden und sind dabei über immer dieselben Fehler gestolpert – getrennte Rechnungen im Restaurant, Sex am ersten Abend, übereiltes Zusammenziehen –, so daß es für sie eine Offenbarung war, festzustellen, daß ein Buch wie unseres existierte.

»Ich wünschte, ich hätte schon vor zehn Jahren von dem Buch gewußt«, ist der häufigste Kommentar, den wir hören.

»Jeder Frau sollten schon bei der Geburt die *Regeln* in die Wiege gelegt werden«, schrieb uns eine andere begeisterte Leserin.

Das Buch fand großen Anklang nicht nur bei zwanzig-, dreißig-, und vierzigjährigen Frauen, sondern auch bei gestandenen Müttern und Großmüttern. »Auf mich wollte sie nicht hören, vielleicht klappt's ja mit eurem Buch«, schrieb eine Mutter, und eine andere ließ uns wissen, daß sie die *Regeln* ihrer Tochter und deren Freundinnen zu lesen gab.

Während viele Leserinnen sich bei uns ganz allgemein für die in den *Regeln* erteilten Ratschläge bedanken, melden sich bei uns ebenso viele, die detailliertere Antworten auf Fragen erhoffen, die sich bei der Partnersuche ergeben – wenn der Wunschmann weit entfernt lebt etwa, wie es gelingt, einen Verflossenen wieder für sich zu gewinnen, wie es sich bei einer angestrebten Partnerschaft mit einem Mann des öffentlichen Lebens verhält, welche *Regeln* gelten, wenn eine Frau einen Bürokollegen für sich einnehmen möchte, wie sich eine platonische Freundschaft in Liebe verwandeln läßt, was im Umgang mit Partnervermittlungen und bei der Partnersuche im Internet zu beachten ist, was wir Selbsthilfegruppen raten können und so weiter und so fort.

Wir haben »Die neue Kunst, den Mann fürs Leben zu finden« geschrieben, um all diese Fragen zu beantworten und um eventuelle Mißverständnisse nach der Lektüre des ersten Bandes aus dem Wege zu räumen.

Ans Ende dieses Buches haben wir einige Berichte von Frauen gestellt, die Sie, liebe Leserin, hoffentlich dazu anspornen werden, sich ebenfalls den *Regeln* anzuvertrauen. Und wir hoffen auch, Ihnen in Zukunft mit noch vielen weiteren *Regeln* zur Seite stehen zu können – vielleicht sogar mit solchen, die *Sie selber* aufgestellt haben!

Wir freuen uns auf Ihre Kommentare, Fragen, Erfolgsberichte und Hochzeitseinladungen!

Ellen Fein und Sherrie Schneider

Kapitel 1

Warum die Regeln funktionieren

Ja, wieso funktionieren sie denn? Weil die *Regeln* auf den Grundprinzipien des menschlichen Wesens beruhen! Jede Frau wünscht sich, schon in der Frühphase einer sich anbahnenden Beziehung offener und ehrlicher mit dem Mann umgehen zu können, diejenige zu sein, der es obliegt, einen ersten gemeinsamen Abend vorzuschlagen. Aber das sind reine Wunschvorstellungen. Es ist unrealistisch, zu glauben, Männer und Frauen sollten einander genau gleich behandeln. Wenn es um Liebe geht, gelten andere *Regeln*. Der Mann muß sich zu der Frau hingezogen fühlen und dann um sie werben. Anders geht's einfach nicht.

Aber das bedeutet noch lange nicht, daß uns dieser Umstand auch *gefallen* muß. *Wir selber* wollten gar nicht wahrhaben, daß all unsere *Regeln* Gültigkeit besaßen. Wem gefällt es schon, wenn die Gefühle des Mannes sich einfach nicht entwickeln wollen? Wem gefällt es, wenn die Zuneigung eines Mannes abkühlt, wenn wir ihm zu forsch, zu liebesbedürftig, zu durchschaubar vorkommen?

Jeder wünscht sich, gewisse Dinge wären nicht so, wie sie nun eben mal sind. Wer findet schon Gefallen an Krieg, Verbrechen oder bitterer Eiseskälte? Wer mag gerne streng Diät halten und seine täglichen Fitneßübungen absolvieren? Wäre es nicht toll, wenn wir alles essen könnten, wonach uns der Sinn steht und sooft wir es wollen und trotzdem schlank, fit und mit perfekten

Oberschenkeln ausgestattet blieben? Frauen, die sich an die *Regeln* halten, sind Realistinnen. Sie akzeptieren, daß Männer und Frauen verschieden sind und sich dementsprechend unterschiedlich benehmen. Diesen Frauen mögen die *Regeln* manchmal lästig vorkommen, aber sie halten sich trotzdem an sie, weil die Resultate überzeugen. Bei all ihrer Beliebtheit hat es zu den *Regeln* auch kontroverse Stellungnahmen gegeben – vor allem in den Medien und von seiten der Autoren anderer Lebenshilferatgeber zu diesem Thema, weniger allerdings von seiten derjenigen Frauen, die sich einfach nur Rat und Hilfe in Partnerschaftsfragen erhoffen. Ihnen geht es nämlich einzig und allein darum, den Mann fürs Leben zu finden!

Die *Regeln* wurden als altmodisch und antifeministisch kritisiert und dafür, daß sie Frauen dazu verleiten, sich den Männern unterzuordnen (damit sie um jeden Preis »unter die Haube kommen«). Wir möchten diese Einwände hier Punkt für Punkt unter die Lupe nehmen, um nachzuweisen, wie unbegründet sie sind.

Altmodisch? Eher doch wohl nicht. Zwar mögen sich die *Regeln* nach etwas anhören, was Ihre Mutter Ihnen auf den Lebensweg mitgegeben haben könnte, doch haben sich die Zeiten inzwischen grundlegend geändert. Gerade die Frauen der ausgehenden neunziger Jahre unseres Jahrhunderts brauchen die *Regeln* – nicht, weil etwas moralisch Verwerfliches, Anrüchiges daran wäre, wenn eine Frau sich in der Männerwelt umschaut – unsere Mütter mögen da noch etwas anderer Ansicht gewesen sein –, sondern weil die *Regeln* uns *gerade* zeigen, warum es verkehrt ist und zu nichts führt, den Männern nur aus *einem* bestimmten Grunde nachzulaufen!

Vor fünfzig Jahren war es keineswegs üblich, daß sich Frauen telefonisch mit Männern verabredeten oder vor der Ehe mit ihnen zusammenzogen. So etwas galt als gesellschaftlich unakzeptabel. Vor fünfzig Jahren wäre es auch keiner Frau eingefallen, vom Tisch aufzustehen und das Rendezvous für beendet zu erklären. Dafür sorgten schon die Väter, die von ihren Töchtern verlangten, zu einer bestimmten Stunde wieder daheim zu sein.

Frauen mußten sich oft erst verheiraten, um das elterliche Haus verlassen zu können. Frauen waren finanziell abhängig von Männern, und sobald der Bund der Ehe geschlossen war, wurden aus ihnen Mütter und Vollzeithausfrauen, und eine berufliche Tätigkeit konnten sie sich in den meisten Fällen aus dem Kopf schlagen.

Vergleichen wir diese Umstände mit den heutigen Zeiten. Viele Frauen sind finanziell unabhängig, können sich eine eigene Wohnung, ein eigenes Auto, ihre eigene Urlaubsreise und die vielen Annehmlichkeiten des Alltags leisten. Auch für den Unterhalt ihres Kindes benötigen sie nicht mehr unbedingt einen Mann an ihrer Seite, ebensowenig dafür, sich endlich vom Elternhaus zu lösen und ihr eigenes Leben zu gestalten. Aber in Wahrheit *wollen* die meisten Frauen ihr Leben nicht ohne einen Mann an ihrer Seite zubringen, sei es als Freund, Liebhaber, Ehemann oder Vater. Sie kommen gut ohne Männer zurecht, aber gegen eine erfüllte Partnerschaft, vielleicht sogar mit Kindern, hätten sie auch nichts einzuwenden.

Das Problem besteht darin, *wie* sie zu einer glücklichen Ehe oder zu einer erfüllten Partnerschaft kommen. Die sexuelle Revolution der sechziger Jahre hat, wie wir heute wissen, voller leerer Versprechungen gesteckt – freier Sex und Kommunenleben haben uns nicht gelehrt, wie man verantwortungsvoll mit seinem Leben umgeht.

Wohin soll sich die Frau von heute um Rat in partnerschaftlichen Angelegenheiten wenden? Möglicherweise hat sie Vorbehalte, sich ihrer Mutter anzuvertrauen. Manche Mütter versuchen, einen übertrieben fortschrittlichen Standpunkt einzunehmen. Andere wünschen sich, ihre Tochter möge sich recht bald verheiraten, damit ein Enkelkind produziert wird – von beiden ist kein guter Rat zu erwarten. Am Ende werden beide Mütter ihren Töchtern raten, sich dem erstbesten Mann an den Hals zu werfen.

Da wären dann ihre Freundinnen, geprägt von den herrschenden gesellschaftlichen Normvorstellungen und voller gutgemeinter Ratschläge wie: »Ruf ihn doch an, wenn du ihn nett findest! Was gibt's dabei schon groß zu verlieren. Wenn's dann nichts mit euch wird – es gibt auch noch andere.« Dazu hätten wir folgendes anzumerken:

1. Wenn *Sie* sich nicht bei *ihm* melden, wächst in ihm vielleicht der dringende Wunsch heran, Sie wiederzusehen, und *er* meldet sich bei *Ihnen*!

2. Ein Mann, der auf Ihre Avancen eingeht (ohne sich selber um Sie zu bemühen), führt Sie vielleicht am Abend aus oder heiratet Sie sogar, wenn Sie es sich wünschen, aber letzten Endes wird es ihm irgendwann in dieser Ehe langweilig werden und er verhält sich immer gleichgültiger Ihnen gegenüber.

Frauen vertrauen den *Regeln*, weil sie darin genau die Ratschläge finden, auf die sie sich verlassen können, keine wiedergekäuten Allgemeinheiten, sondern wahre Hilfe!

Antifeministisch? Nein, unserer Ansicht nach besteht kein Widerspruch zwischen den *Regeln* und der feministischen Bewegung. Eine Frau, die sich an die *Regeln* hält, kann sehr wohl Feministin sein. *Auch wir sind Feministinnen*. Wir sind dankbar für die Fortschritte, die die Frauenbewegung seit dem vergangenen Jahrhundert gemacht hat und wissen sie sehr wohl zu schätzen. Wie hätte ohne sie wohl aus uns ein selbständiges Autorinnenteam werden sollen? Jede Frau hat ihre eigene Definition von Feminismus, aber was für uns am meisten zählt, ist, daß die gleiche Arbeit auch mit dem gleichen Lohn vergütet wird, daß Frauen eigenständige schriftstellerische Arbeit leisten, in den Weltraum fliegen, Ärztinnen, Anwältinnen, Aufsichtsratsvorsitzende und was immer, wonach ihnen der Sinn steht, werden können und bei Beförderungen und bei Gehaltserhöhungen ihren männlichen Kollegen nicht nachstehen müssen!

Feminismus hat auch damit zu tun, daß Frauen an die Wichtigkeit ihrer Rolle im Leben glauben. Feminismus hat zu tun mit Erfüllung bei der beruflichen Tätigkeit, in der Freizeit und im Freundeskreis, mit dem Wissen, daß die Frauen um uns herum genauso wichtig sind wie die Männer, und damit, daß wir uns auch untereinander mit dem gleichen Respekt und der gleichen Rücksichtnahme begegnen. Denn nur so können wir ein lebendes Beispiel dafür liefern, was der Feminismus uns gebracht hat!

Doch bei allem Respekt – der Feminismus hat weder die Männer noch die romantische Veranlagung unserer Natur verändern können. Ob es uns gefällt oder nicht, es gibt biologische Unterschiede zwischen Männern und Frauen, die sich in ihrem Verhalten niederschlagen. Der Mann ist von Natur aus der Aggressive. Er liebt die Herausforderung, sei es auf der Börse, beim Fußball oder bei anderen Sportarten, während die Frau nach Sicherheit und Geborgenheit strebt. So und nicht anders ist es seit Anbeginn der zivilisierten Menschheit gewesen! Männer, die auf die *Regeln* eingehen, sind nicht dumm oder verklemmt, sondern zeigen vielmehr ein gesundes Partnerschaftsempfinden. Was könnte es Dümmeres geben, als einer Frau nachzujagen, die deutlich zeigt, daß sie nichts von einem wissen will, die gleich am Montagmorgen mit einem klaren »Nein« antwortet, wenn er sie fragt, ob sie am Samstag schon etwas vorhabe? Aber darum geht es hier gar nicht. Wir sprechen von Frauen, die sich gerne ein paar Tage im voraus mit einem Mann verabreden und dann auch versuchen, sich und ihrem Begleiter einen angenehmen Abend zu gestalten, Frauen, die nicht so versessen auf eine Verabredung sind, daß sie gleich alles stehen und liegen lassen, wenn *er* kommt, um sie wie ein Kleidungsstück von der Stange zu nehmen. Es geht um Männer, die eine Frau auch wirklich *zu respektieren wissen*, gerne mit ihr zusammen sein wollen und sie vielleicht auch gerne heiraten würden.

Warum Männer stets die Herausforderung suchen, spielt hier keine Rolle. Es geht darum, sich diesen Umstand zunutze zu machen, um zu einer erfüllten Beziehung zu gelangen – mit anderen Worten, den *Regeln* zu folgen.

Die meisten Frauen von heute sind dankbar für die beruflichen Möglichkeiten und die damit einhergehende finanzielle Unabhängigkeit, die ihnen die Gleichstellung der Frau gebracht hat, aber sie sind sich auch darüber einig, daß es verkehrt wäre, zu versuchen, eine Beziehung zu einem Mann mit der gleichen Aggressivität voranzutreiben wie die berufliche Karriere. Raten wir den Frauen, sich dem Mann unterzuordnen? Manche Kritiker lieben es, sich auf die oberflächlichsten Aspekte der *Regeln* einzuschießen – diejenigen, die am ehesten dazu angetan sind, Kritik hervorzurufen – aber unser Buch handelt im Kern von Selbstwertgefühl, von Grenzen, die gesetzt werden müssen. Ja, auf eine gewisse Weise läßt es sich nicht immer umgehen, sich dem

Mann unterzuordnen, wenn eine Frau sich auf das Spiel der Partnersuche einläßt. Denn dieses Spiel heißt *Liebe dich selbst*! Und es geht dabei darum, sich nicht jedes Verhalten von einem Mann gefallen zu lassen, darum, seinem eigenen Herzen treu zu bleiben. Doch manche Menschen müssen dieses Buch ein paarmal lesen, ehe sie begreifen, daß es darin um mehr geht als um Lippenstiftfarben und ausgebliebene Rückrufe am Telefon.

Wir haben kein Benimmbuch geschrieben – es handelt nicht davon, welcher Wein und welche Gabel zu welchem Essen paßt. Diese Kleinigkeiten sind zwar nicht ohne Bedeutung, aber um sie geht es bei den *Regeln* nicht in erster Linie. Bei den *Regeln* geht es darum, Frauen – und damit gleichzeitig auch Männern – Herzschmerz zu ersparen. Es gibt genug katastrophale Beziehungen, deren Zustandekommen von den Frauen entweder zu forciert betrieben worden ist oder bei denen die Frauen nicht gemerkt haben, wann der Punkt gekommen war, einen Schlußstrich zu ziehen. Eine gescheiterte Beziehung ist deprimierend, erschüttert unser Selbstvertrauen und ist eine ganz und gar unangenehme Erfahrung. Doch indem Sie sich an die *Regeln* halten, vermeiden Sie solche Schiffbrüche – und die Herzensqualen, die die unweigerlich folgen.

Wir mußten bei der Niederschrift der *Regeln* eine gewisse Strenge walten lassen, etwa so wie bei einem Diätbuch, weil uns bewußt war, daß unsere Leserinnen diese *Regeln* nur zu gerne ein wenig beugen würden, so, wie man sich einredet, daß die Diät *gerade heute abend* ausnahmsweise mal nicht unbedingt eingehalten werden muß. Sind die *Regeln* aber streng genug, ist es nicht gar so schlimm, wenn die Frau einmal die eine oder andere bricht – sie hat immer noch ihren Nutzen davon, wenn sie sich nur an den Rest hält. Selbst Therapeuten, denen die Regel, nach der eine Frau sich auch mal ein wenig *geheimnisvoll* geben sollte, bestimmt nicht ganz geheuer sein dürfte, empfehlen das Buch ihren Patientinnen (siehe Kapitel 8). Sie stimmen mit uns darin überein, daß die Offenheit und unbedingte Ehrlichkeit, die so bestimmend für den Erfolg einer Therapie sein kann, in der frühen Phase einer Beziehung fehl am Platze sein dürfte.

Sind die *Regeln* zu sehr darauf fixiert, eine Frau in die Ehe zu führen? Nein, bloß realistisch. Viele Frauen möchten gerne heiraten, und wieso auch nicht? Es ist ein wundervolles Gefühl, einen liebevollen Mann zu haben, der das Leben mit uns teilt. Wir versuchen den Frauen nicht einzureden, daß sie ohne einen Mann nichts wert sind. Es ist nur so, daß viele Frauen das Gefühl haben, ihnen entginge etwas, wenn sie nicht einen netten Mann fürs Leben finden. Diese Tatsache ist unbestritten. Das genau ist es, was viele Frauen empfinden. Natürlich kann eine Frau auch ohne Mann glücklich werden, genauso, wie man ein glückliches Leben führen kann, ohne jemals eine Ferienreise zu unternehmen. Aber wer will das schon?

Es geht uns nicht darum, um jeden Preis das Glück der Ehe in den Himmel zu heben. Im Gegenteil: In Kapitel 17, »Umtausch ausgeschlossen«, erklären wir, wie eine Frau Fehler bei der Partnerwahl vermeidet. Dies ist ein Heiratsratgeber für Frauen, die mitdenken wollen. Ja, die *Regeln* repräsentieren die veränderte Einstellung zur Partnersuche, einen neuen Zugang zu dem Thema, der längst fällig gewesen ist. Es widerspricht dem natürlichen Bedürfnis der Frau, sich einen Mann ergattern zu wollen, bei der ersten Gelegenheit mit ihm ins Bett zu gehen oder ihn zu beknien, sie zu heiraten. Selbst wenn es zu der Ehe kommen sollte, steht der Frau doch nur Kummer bevor. Der Mann wird sich in die Falle gelockt fühlen und das der Frau durch seelische oder gar körperliche Grausamkeit heimzahlen wollen.

Wenden Sie aber die *Regeln* bei einem Mann an, der sich für Sie zu interessieren scheint, so wird sich dieses anfängliche Interesse bald in Liebe und in Wertschätzung verwandeln. Er nimmt es nicht als Selbstverständlichkeit hin, daß Sie in sein Leben getreten sind. Jeder Anruf und jede Verabredung mit Ihnen ist eine kleine Kostbarkeit. Er wird sich nie in die Falle gelockt und zur Ehe gedrängt fühlen, weil *er* es war, der Sie immer angerufen, Ihre Nähe gesucht, Sie gefragt hat, ob Sie seine Frau werden wollen.

Ehen, die auf der Basis der *Regeln* geschlossen wurden, sind glückliche Ehen. Männer, die sich nach den *Regeln* für eine Frau haben einnehmen lassen, werden zu wundervollen Lebenspartnern. Sie sind aufmerksame, liebevolle Ehemänner und später engagierte Väter. Es macht ihnen nichts aus, Windeln zu wechseln, ihren Kindern bei den Hausaufgaben zu helfen und für die Familie die ganze Ferienreise zu planen. Die *Regeln* funktionieren. Wirklich. Deswegen halten sich auch so viele Frauen, die glücklich verheiratet sein – oder zumindest in einer glücklichen Partnerbeziehung leben möchten – an diese *Regeln* und erleben jeden Tag, was sie an ihnen haben!

Kapitel 2

Wie Sie einen Freund zum Liebhaber machen

Sie sind nun seit Ewigkeiten miteinander befreundet. Aus welchem Grund auch immer, Sie sind jetzt zu der Entscheidung gekommen, daß er der Richtige für Sie ist. Können Sie Ihren Freund zu Ihrem Liebhaber machen?

Nur unter der Voraussetzung, daß *er* Sie auch wirklich schon immer gerne gemocht hat, aber entweder Sie selbst oder die näheren Umstände Ihrer Freundschaft bisher einer Weiterentwicklung dieser Freundschaft zu einer Liebesbeziehung im Wege gestanden haben. Es könnte ja zum Beispiel sein, daß *Sie* bis vor kurzem nicht mehr von dieser Beziehung erwartet haben oder Sie beide regelmäßig mit anderen Partnern ausgegangen sind. Vielleicht konnten Sie ihn sich auch wegen eines gewissen Altersunterschieds (ist er nicht doch schon zu alt für Sie – oder Sie für ihn?) nicht als Liebhaber vorstellen, oder weil Ihre Persönlichkeiten zu verschieden sind (er ist mehr der künstlerisch-lässige Typ, Sie arbeiten hart an Ihrer Karriere in einem Großunternehmen), oder auch wegen eines möglichen sozialen Gefälles zwischen Ihnen beiden.

Aber woher wollen Sie wissen, daß er schon längst mehr als nur Freundschaft für Sie empfunden hat, wo Sie beide doch immer nur Freunde gewesen sind? Es gibt gewisse Dinge, die ein Freund sagt oder tut, wenn er sich sehr zu Ihnen hingezogen fühlt.

Hier ein paar Beispiele:

Er kommt immer häufiger *ganz zufällig* an Ihrem Haus oder Ihrer Arbeitsstelle vorbei. Er besucht Sie, um sich seine Lieblingssendung anzusehen, weil Ihr Fernseher ein größeres Bild hat. Sind Sie Kollegen, findet er dauernd einen Grund, sich in der Nähe Ihres Schreibtisches aufzuhalten. Falls Sie beide noch studieren, besucht er die gleichen Vorlesungen wie Sie, obwohl sie für sein Studium vielleicht nur von nebensächlicher Bedeutung sind, und hält Ihnen in der Mensa jeden Mittag einen Platz frei.

Das Entscheidende ist, daß ein Mann, der sich zu Ihnen hingezogen fühlt, immer einen Grund oder einen Vorwand findet, Ihnen nahe zu sein. Wir übertreiben gewiß nicht, wenn wir behaupten, daß der Mann, der Ihre Nähe sucht, Sie auch attraktiv findet! Sie brauchen gar nicht in die Ferne zu streben, um ihn zu finden. Er ist immer da. Sie werden ihn gar nicht mehr los! Wenn ein Freund mehr als nur Ihre Freundschaft sucht, spricht er in Ihrer Gegenwart nie über andere Frauen, auch wenn er vielleicht mit einer anderen zusammen ist. Er scheint auch gar keinen Blick für andere Frauen zu haben, selbst wenn Sie ihm eine Freundin vorstellen, die nun wirklich atemberaubend gut aussieht. Und falls er sich wirklich für andere Frauen interessiert, wird er das jedem auf die Nase binden, nur nicht Ihnen. Sind Sie zugegen, bringt er kein Wort davon über die Lippen.

Doch während er sehr zurückhaltend mit Äußerungen über sein Liebesleben ist, möchte er alles über Ihres erfahren und stellt Ihnen viele Fragen. Er möchte wissen, welcher Typ Mann Ihnen gefällt und was Sie am Samstagabend so zu unternehmen pflegen. Er tut so, als wäre er bloß neugierig, erkundigt sich *ganz beiläufig*, aber in Wirklichkeit sammelt er nur Informationen über Sie, um eines Tages den großen Schritt zu wagen! Von jedem anderen, der mit Ihnen ausgeht, meint er, er wäre nicht gut genug für Sie, äußert sich vielleicht sogar herablassend über denjenigen.

Wenn ein Freund sich für Sie interessiert, versucht er, Ihnen zu helfen, wo er kann. Er bietet an, Ihnen Tennis beizubringen oder den Umgang mit dem Computer. Er ist sofort bereit, Ihnen beim Umzug behilflich zu sein und hat ein offenes Ohr für Ihre Sorgen, ohne Ihnen je mit seinen eigenen zu kommen. Von Ihnen wird er nie irgendwelche Hilfe erbitten, außer, wenn sich dadurch ein Vorwand ergibt, Ihnen nahe zu sein.

Sieht er in Ihnen mehr als nur eine gute Freundin, neckt er Sie gerne, versucht, mit Ihnen zu flirten, Sie zum Lachen zu bringen. Ihre kleinen Fehler und Unzulänglichkeiten findet er niedlich. Er sagt nicht alles, was er denkt. In Ihrer Nähe versucht er, ganz cool und lässig zu wirken, aber in Wirklichkeit ist er reichlich nervös.

Hat ein Freund kein weitergehendes Interesse an Ihnen, verhält er sich ganz anders. Er ist alles andere als hektisch, benimmt sich ganz rational und nüchtern. Alles, was er sagt und tut, können Sie getrost für bare Münze nehmen.

Wenn er Sie um Rat fragt, wie er sich einer anderen Frau gegenüber verhalten soll, sucht er diesen Rat *wirklich*! Er möchte bloß wissen, wie eine Frau die Sache sieht. Er ist nicht heimlich in Sie verliebt oder bringt das Thema aufs Tapet, um Ihnen näherzukommen. Er spricht offen über seine Vorlieben bei Frauen, erwähnt Ihnen gegenüber sogar, wie nett er eine andere Frau findet, denn er hat dabei nicht die Sorge, er könne Ihre Gefühle verletzen. Schließlich sind Sie seine gute Freundin. Sie sind für ihn wie eine Schwester – es gibt kein sexuelles Spannungsfeld zwischen Ihnen beiden.

Mag ein Mann Sie nur als gute Freundin, zeigt er kein Interesse an Ihrem Liebesleben. Er ist damit zufrieden, Sie als Freundin zu haben. Gibt es in Ihrem Leben gerade keinen Mann, mit dem Sie regelmäßig ausgehen, fragt er Sie, ob er Sie mit jemandem bekannt machen soll, legt es aber nicht darauf an, selber mit Ihnen den Abend zu verbringen. Weil er nicht verliebt ist, bemüht er sich nicht um eine Vertiefung Ihrer Beziehung.

Haben Sie ein Problem mit dem Mann, mit dem Sie gerade ausgehen, wird er versuchen, Ihnen zu helfen, »die Sache in den Griff zu bekommen«, und Ihnen keinesfalls raten, mit dem anderen Schluß zu machen! Er wird nicht wütend, wenn er Sie mit anderen Männern sieht, weil er ja nichts anderes von Ihnen will als Kameradschaft. Er möchte, daß Sie glücklich sind. Ist er ein wenig eifersüchtig auf Ihren richtigen Freund, ist das die gleiche Art Eifersucht, wie Ihre beste Freundin sie empfinden könnte. Die Beziehung zwischen Ihnen und einem anderen Mann erinnert ihn daran, was er *nicht* hat, und außerdem stiehlt sie Zeit, die sonst für Unternehmungen mit ihm zur Verfügung stünde. Ihr Freund möchte *Zeit* in Sie investieren, aber nicht *Gefühle*. Was allerdings nicht bedeutet, daß er nicht vielleicht doch mehr für Sie empfindet. Nur, das würden Sie dann merken – wenn Sie ernsthaft darüber nachgedacht oder dieses Kapitel gelesen hätten.

Will ein Mann einfach nur Ihr Freund sein, hilft er Ihnen genauso, wie Sie ihm helfen. Er füllt mit Ihnen das Formular Ihrer Steuererklärung aus, Sie bringen ihm das Kochen bei. Eine Hand wäscht die andere. Es ist eine Beziehung zu beiderseitigem Nutzen.

Ein Mann kann sogar Ihr bester Freund sein – jemand, der immer und jederzeit zur Stelle ist, wenn Sie ihn brauchen, bei dem Sie sich nicht schämen müssen, wenn Sie ihn mal um Geld anpumpen, der Sie im Krankenhaus besuchen kommt oder Sie im Trauerfall zum Friedhof begleitet. Aber er blickt Ihnen auf der Straße nicht nach, wenn Sie sich verabschiedet haben, versucht nicht, Sie anzustarren, wenn Sie nicht hinsehen und malt sich auch nicht heimlich aus, wie es wäre, mit Ihnen ins Bett zu gehen. Doch solche Gesten und Gedanken sind von größter Wichtigkeit, wenn sich zwischen einem Mann und einer Frau eine Liebesbeziehung anbahnen soll!

Wenn er nicht mehr als Freundschaft für Sie empfindet, ist es zwecklos, zu versuchen, ihn auch zu Ihrem Liebhaber zu machen. Bemühen Sie sich gar nicht erst, ihn aus der Reserve zu locken, indem Sie ihm Ihr Herz ausschütten. Das würde nur Ihre Freundschaft belasten. Es wird ihm peinlich sein, und er wird Ihnen sein Mitgefühl ausdrücken, aber es wird zwischen Ihnen nicht funken. Es ist nicht ausgeschlossen, daß er Sie nach einem solchen Abend fragt, ob Sie über Nacht bei ihm bleiben wollen. Aber das würde weder für ihn noch für Sie viel bedeuten, und wahrscheinlich würden Sie beide es hinterher bereuen.

Noch schlimmer: Sie beide könnten sich genötigt fühlen, noch mehr solcher »Gelegenheiten« zustande kommen zu lassen, und schon stecken Sie in einer erzwungenen Liebesbeziehung, die eigentlich nur eine gute Freundschaft ist und in der keiner auf Dauer glücklich wird. Entscheidet er sich schließlich für eine andere Frau, erleidet Ihr Selbstwertgefühl einen heftigen Dämpfer. Lassen Sie es nicht soweit kommen.

Halten Sie sich an die *Regeln* – versuchen Sie nicht, eine Liebe zu erzwingen, die er nicht für Sie empfindet. Die *Regeln* helfen Ihnen, damit sich nicht plötzlich Ihr ganzes Leben um diesen unerreichbaren Mann dreht. Rufen Sie ihn nicht an. Wenn er anruft, begrenzen Sie das Gespräch auf zehn Minuten. Spielen Sie nicht die Therapeutin, wenn er über Probleme mit seiner Freundin spricht. Was noch wichtiger ist, suchen Sie auch den Kontakt zu anderen Männern. Besser, Sie zwingen sich, unter Menschen zu gehen, um dort vielleicht Ihren zukünftigen Ehemann kennenzulernen, als daß Sie sich diesem Freund aufdrängen.

Aber wenn Sie der Meinung sind, er könnte sich doch für Sie interessieren, sollten Sie beiläufig erwähnen, Sie hätten Streit mit Ihrem Freund, Sie beide hätten sich entzweit oder daß Sie im Augenblick mit gar keinem zusammen seien. Achten Sie dann auf seine Reaktion. Wenn er sich die Situation zunutze machen will, beginnt er, Ihnen Fragen zu stellen, und dann wenden Sie die *Regeln* an.

Benehmen Sie sich nicht wie die gute, alte Freundin, sondern bleiben Sie unverbindlich und locker, feminin, ein wenig geheimnisvoll. Öffnen Sie sich ihm nicht vorschnell. Überschütten Sie ihn nicht mit Anrufen, zugesteckten Zettelchen und Verabredungen. Glauben Sie nicht, Sie könnten jetzt alles sagen oder tun, was Ihnen in den Sinn kommt, ihn anrufen, wann immer es Ihnen einfällt, oder versuchen, mehr und mehr von seiner Zeit für sich in Beschlag zu nehmen. Vergessen Sie nicht, daß zwischen Ihnen beiden bisher nur eine platonische Freundschaft bestanden hat. Konzentrieren Sie sich darauf, daß sich Ihre Beziehung nach den *Regeln* entwickelt. Denken Sie daran, daß sich nun eine etwas andere Dynamik aufbaut. Wenn Ihr Freund nicht in derselben Stadt lebt wie Sie und es bisher üblich war, daß er nach seinen Besuchen auf Ihrer Couch übernachtet, fangen Sie jetzt damit an, ihm zeitig klarzumachen, daß Ihnen morgen ein anstrengender Tag bevorstehe und Sie heute früh ins Bett möchten.

Jetzt, da Sie Ihre Zuneigung zu ihm entdeckt haben, könnten Sie versucht sein, maßlos zu übertreiben – ihn dauernd anzurufen, mit ihm über ihren Sinneswandel zu sprechen, ihn als Ihren Seelenverwandten zu bezeichnen, von der Zukunft oder gar von Heirat zu schwärmen – und ihn damit zu verjagen. Männer mögen es nicht besonders, mit Beweisen der Zuneigung überhäuft zu werden, auch wenn diese von einer Frau kommen, die sie *gern mögen*. Vergessen Sie nicht – einer der Gründe, aus denen er Sie so gern mag, ist, daß Sie ihm nicht dauernd nachgestellt haben, ihm *Luft zum Atmen* gelassen haben. Sie waren eine Herausforderung – nicht, weil Sie versucht haben, sich an die *Regeln* zu halten –, sondern, weil Sie wirklich kein weitergehendes Interesse an ihm hatten. So konnte sich Ihre Freundschaft ganz entspannt entwickeln.

Deshalb dürfen Sie, wenn Sie nun anfangen, unter ganz anderen Voraussetzungen mit ihm zusammen zu sein, sich durch die Tatsache, daß Sie beide immer so gut miteinander klargekommen sind, nicht davon abbringen lassen, bestimmte *Regeln* zu befolgen. Versuchen Sie nicht, sich andauernd noch in letzter Minute mit ihm zu verabreden, und beschränken Sie die Häufigkeit Ihrer Treffen auf ein vernünftiges Maß. Fangen Sie auch nicht damit an, ihm Pullover zu stricken oder große Pläne für die gemeinsame Zukunft zu schmieden. Gut, Sie sind jetzt zu dem Entschluß gekommen, er wäre Ihr Mann fürs Leben. Aber ehe er nicht auch für sich entschieden hat, *Sie* wären die Richtige, und beginnt, ernsthaft um Sie zu werben, halten Sie sich strikt an die *Regeln* – oder Sie ersticken eine gesunde Beziehung gleich im Keim!

Kapitel 3

Die zweite Chance – wie Sie Ihren Ex wiederbekommen

Wenn Sie unser erstes Buch gelesen haben und dann dachten: »Hätte ich die *Regeln* doch nur schon bei meinem früheren Freund angewendet«, oder: »Deswegen wollte er sich nicht binden«, dann finden Sie in diesem Kapitel wertvolle Tips.

Sie mögen ihn seit Monaten oder gar Jahren nicht mehr gesehen haben, sind aber jetzt zu der Überzeugung gekommen, er könnte doch der Richtige gewesen sein. Aber Sie haben es damals nicht besser gewußt und alles verdorben und würden sich jetzt am liebsten selber dafür ohrfeigen! Wenn Sie doch nur damals schon von den *Regeln* gewußt hätten!

Sie wollen ihn wiederhaben, wenigstens der Beziehung zwischen Ihnen beiden eine zweite Chance geben. Diesmal wollen Sie sich an die *Regeln* halten und schauen, was dabei herauskommt. Aber gibt es überhaupt eine Hoffnung, fragen Sie sich. Sie wüßten gerne, was Sie jetzt tun sollten, falls Sie überhaupt etwas tun können ...

Bevor Sie etwas unternehmen, holen Sie tief Luft und bewahren Sie einen klaren Kopf. Führen Sie sich vor Augen, daß Sie nicht die einzige Frau sind, der es jetzt so geht – Sie bedauern die Fehler der Vergangenheit, wünschen sich, Sie hätten sich damals anders verhalten, betrauern den Verflossenen und reden sich ein, ein besserer Mann als er würde Ihnen nie wieder über den Weg laufen. Wir haben körbeweise Briefe von Frauen bekommen, die so anfangen: »Ich wünschte, ich hätte dieses Buch schon vor zehn Jahren gekannt, als ich mit ... ausging.« Diese Frauen haben entweder nicht gewußt, daß sie sich bei Männern auf eine ganz bestimmte Weise verhalten müssen, oder sie haben es instinktiv geahnt, aber nicht die Kraft besessen, ohne Unterstützung durch klare Richtlinien diese Verhaltensregeln zu beachten. Aber nun kennen Sie ja die *Regeln* und haben nur noch einen Gedanken: Kann ich ihn zurückgewinnen? Das kommt darauf an.

Wenn *Sie* es damals gewesen sind, die die Beziehung angefangen hat – ihn zuerst angesprochen, ihn gefragt haben, ob er mit Ihnen ausgehen möchte – und er es gewesen ist, der die Beziehung wieder abgebrochen hat, dann ist es mit ihm nicht bloß vorbei, *dann hat diese Beziehung auch nie sein sollen.*

Rufen Sie ihn bloß nicht an oder schreiben ihm oder nehmen sonstwie Kontakt zu ihm auf, um ihm zu sagen, Sie hätten sich geändert und bäten ihn um eine zweite Chance. Er hat Sie damals schon nicht gewollt. Vergessen Sie ihn!

Wenn aber er seinerzeit die Beziehung initiiert hat und Sie gegen die *Regeln* verstoßen haben – zu besitzergreifend gewesen sind, sich jeden Abend mit ihm getroffen haben, bei ihm eingezogen sind, beispielsweise, und er Schluß gemacht hat, weil er glaubte, Sie würden ihn ersticken – dann besteht noch Hoffnung. Es gibt nur eine Möglichkeit, das mit Sicherheit festzustellen. Wir nennen das den »alles entscheidenden Anruf«.

Dieser Anruf sollte zu einer Zeit erfolgen, wenn er mit Sicherheit nicht zu Hause ist, damit Sie seinen Anrufbeantworter drankommen. Es ist ganz wichtig, daß Sie diese Regel befolgen. Erwischen Sie ihn zu Hause, könnte ihn das in eine peinliche Situation bringen – vielleicht möchte er gar nicht mit Ihnen sprechen, ist mit jemand anderem zusammen oder gar verheiratet. Wenn Sie eine Nachricht auf seinem Anrufbeantworter hinterlassen, geben Sie ihm die Möglichkeit, Sie zurückzurufen, wenn und falls er das möchte. Das ist die beste Art und Weise, einen Kontakt zu suchen. Ihm bleibt dann Zeit, über Ihren Anruf nachzudenken, zu erwägen, ob er zurückrufen sollte. Diese Zeit müssen Sie ihm schon geben. Natürlich dürfen Sie nichts auf das Band sprechen, wenn sich eine weibliche Stimme meldet oder der Text lautet: »Wir sind nicht zu Hause.« Dann vergessen Sie ihn besser.

Aber einmal angenommen, er wäre noch frei, schlagen wir folgende Nachricht vor: »Hallo, hier ist ... Ich wollte mich nur mal melden, hören, wie es dir so geht. Ruf doch mal an, meine Nummer ist ...« Einfacher geht's nicht!

Falls Sie daraufhin nichts von ihm hören, ist es endgültig aus. Rufen Sie nicht noch einmal an, um sich zu vergewissern, ob er Ihre Nachricht auch bekommen hat. Er wird sie bekommen haben. Sein Anrufbeantworter wird schon nicht defekt sein. Schreiben Sie ihm nicht und versuchen Sie auch nicht, ihn auf der Arbeit zu erwischen oder gar in seinem Stammlokal oder Fitneßclub. Das wird er als Aufdringlichkeit empfinden. Wie gesagt, es ist vorbei, vergessen Sie ihn. Sie müssen lernen, seine Gefühle zu akzeptieren und sich nicht in Erinnerungen ergehen oder sich ausmalen, was alles hätte sein können ... Gehen Sie auch nicht mit sich selbst ins Gericht. Falls *Sie* es waren, die mit ihm Schluß gemacht hat, werden Sie Ihre Gründe dafür gehabt haben. Sagen Sie sich, daß es noch andere Männer auf der Welt gibt.

Falls er aber nun doch zurückruft, bedeutet das nicht unbedingt, daß er die alte Beziehung zu Ihnen wieder aufnehmen will. Er hat Ihren Anruf vielleicht nur aus purer Höflichkeit beantwortet, ohne sich viel dabei zu denken. Also versuchen Sie wieder, einen klaren Kopf zu bewahren und zeigen Sie ihm nicht zu deutlich, wie sehr Sie sich freuen, von ihm zu hören. Seien Sie herzlich, aber unverbindlich. »Ach, hallo. Na, wie geht's dir denn so?« Sagen Sie nicht: »Ich habe so sehr gehofft, daß du zurückrufst.«

Wenn er wissen will, warum Sie ihn angerufen haben, sagen Sie: »Ach, ich habe mich nur gefragt, was du wohl so machst, und da habe ich spontan zum Hörer gegriffen.« Geben Sie dem Gespräch eine leichte Note. Sprechen Sie über berufliche Dinge, den letzten Urlaub oder ähnliches. Fragen Sie ihn nicht, ob er je an Sie denkt oder Sie ihm fehlen, und auch nicht, ob er jetzt mit jemand anderem zusammen ist. Nach zehn Minuten sagen Sie: »Na, jetzt muß ich aber los. War nett, sich mit dir zu unterhalten.« Dehnen Sie das Gespräch nicht auf eine halbe oder eine ganze Stunde aus und hoffen die ganze Zeit, daß er ein Treffen vorschlägt. Wenn er das nicht schon während der ersten zehn Minuten getan hat, ist er nicht daran interessiert. Und möchte er es vielleicht doch, braucht aber mehr als zehn Minuten Bedenkzeit, kann er Sie schließlich jederzeit noch einmal anrufen!

Falls er eine Verabredung vorschlägt, sagen Sie zu, wenn es sich um einen späteren Zeitpunkt handelt. Es muß ja nicht gleich der darauffolgende Samstag sein, und außerdem sollten zwischen Telefonat und Treffen mindestens drei Tage verstreichen. Sie wollen ihm doch den Eindruck vermitteln, daß Ihr Leben nicht stehengeblieben ist, seit Sie beide sich getrennt haben und daß Ihr Terminkalender gut gefüllt ist.

Die erste Verabredung mit einem früheren Verehrer ähnelt sehr dem ersten Zusammentreffen mit einem Mann, den Sie gerade erst kennengelernt haben, beinahe wie eine ganz frische Beziehung, also lassen Sie sich von ihm abholen und ausführen.

Geben Sie sich große Mühe mit Ihrem Aussehen, vom Make-up bis zur Kleidung. Ziehen Sie sich nicht so salopp an, als wäre dies Ihre zweihundertste Verabredung mit einem Mann, auch wenn es sich in Wirklichkeit vielleicht so verhält. Geben Sie sich unverkrampft, ungezwungen, heiter. Es braucht wohl nicht erwähnt zu werden, daß eine tiefschürfende Erörterung Ihrer früheren Beziehung fehl am Platze wäre, außer, er möchte darüber sprechen. Halten Sie sich nicht zu lange bei dem Thema auf, wenn er anfängt, von der Vergangenheit zu reden. Lenken Sie das Gespräch auf Ihrer beider berufliches Fortkommen während der Zeit der Trennung, fragen Sie ihn zum Beispiel, ob er immer noch jeden Morgen fünf Kilometer joggt. Geben Sie dem Gespräch den Anschein, Sie beide wollten einander gegenseitig auf den jüngsten Stand der Dinge bringen und nicht, daß Sie sich darüber austauschen müssen, was Sie beide seit der Trennung durchgemacht haben. Und erwähnen Sie nicht, wie wenig Sie seitdem unter Leute gekommen sind. Bleiben Sie aufrichtig, aber undurchschaubar.

Seien Sie nicht furchtbar ernst. Erzählen Sie ihm nicht, Sie würden mittlerweile all die Fehler einsehen, die Sie früher gemacht haben, hätten sich von Grund auf geändert und wünschten sich jetzt, er würde Ihnen noch einmal eine Chance geben. Das wäre zuviel des Guten. Außerdem ist es leicht, jemandem weismachen zu wollen, Sie wären ein anderer Mensch geworden. Es kommt darauf an, daß Sie ihm *tatsächlich* als veränderter Mensch gegenübertreten!

Erzählen Sie ihm nicht, Sie hätten unser Buch gelesen und wüßten jetzt, was Sie alles falsch gemacht hätten – daß Sie zu anlehnungsbedürftig gewesen seien, daß Sie nicht hätten wütend werden dürfen, wenn er mal mit seinen Freunden ausgehen wollte und daß sich das in Zukunft alles ändern würde. Seien Sie ganz unbeschwert. Versuchen Sie, das Mädchen zu sein, in das er sich einmal verliebt hat.

Beenden *Sie* das Rendezvous. Gehen Sie danach nicht mit in seine Wohnung oder laden ihn in die Ihre ein. Denken Sie nicht einmal daran, an diesem ersten gemeinsamen Abend seit langer Zeit Sex mit ihm zu haben. *Denken Sie daran: Es ist, als hätten Sie beide sich gerade erst kennengelernt. Vor allem müssen Sie jetzt sehr konsequent im Umgang mit diesem Mann sein. Er hat Sie einmal verlassen, und er könnte es wieder tun.*

Wenn sich eine Beziehung nach den *Regeln* entwickeln soll, muß *er* von nun an derjenige sein, der *Sie* anruft und Sie fragt, ob Sie Samstagabend mit ihm ausgehen wollen. Sie wieder getroffen zu haben, hat in ihm entweder den Wunsch geweckt, Sie häufiger zu sehen und die Beziehung zu Ihnen zu erneuern – oder nicht. Das erfahren Sie spätestens in dem Moment, wenn er Sie anruft, um sich mit Ihnen zu verabreden. Sie sollten ihn nicht fragen, ob Sie ihm gefehlt haben und ob er möchte, daß Sie beide wieder ein Paar werden. Wenn Sie sich wünschen, daß er sich wieder für Sie interessiert, ist es besser, wenn er nicht so genau weiß, welche Gefühle Sie für ihn hegen. »Da hat sie mich plötzlich eines Tages angerufen«, soll er denken, »vielleicht möchte sie wieder mit mir zusammensein, aber sicher bin ich mir da nicht. Kann sein, daß sie sich gelangweilt hat oder auf ein altes Foto von uns gestoßen ist.« Bleiben Sie geheimnisvoll – sobald ihm schwant, Sie hätten ihn zu Ihrem Auserkorenen bestimmt, könnte er kalte Füße bekommen.

Wenn er dann anruft, müssen Sie sich genau nach den *Regeln* richten, vor allem, was die erste, zweite und dritte Verabredung betrifft, aber auch die vierte, wenn sich die Beziehung allmählich festigt. Behandeln Sie ihn wie eine neue Männerbekanntschaft – sprechen Sie nicht über die Vergangenheit und werden Sie nicht zu vertraulich, etwa, indem Sie sich bei seiner Familie melden –, auch wenn Sie in der Zeit Ihres Zusammenseins zwanzigmal seinen Eltern oder seiner Schwester begegnet sind. Vergessen Sie nicht, daß Sie beide sich getrennt haben. Er muß ganz von vorne damit anfangen, Sie zu seinen Eltern einzuladen und Sie wieder mit seinen Freunden bekannt zu machen.

Wenn Sie mit ihm zum Essen aus waren und er Sie nicht wieder anruft, kann es sein, daß ein zu schwacher Funke übergesprungen ist. Er hat vielleicht mit dem Gedanken gespielt, sich dann aber nicht überwinden können, einfach zum Hörer zu greifen. So sind die Männer manchmal. Möglicherweise ist er auch mit einer anderen liiert und hat Ihnen nichts davon gesagt, weil er sich nur um der alten Zeiten willen mit Ihnen treffen wollte.

Wir wissen von verschiedenen Frauen, die aus den unterschiedlichsten Gründen wieder mit ihrer alten Flamme Kontakt aufgenommen haben – sei es, um einen Fehler aus der Vergangenheit gutzumachen, ein berufliches Problem zu besprechen oder auch um noch einmal von vorne anzufangen. In all diesen Fällen haben sich die entsprechenden Männer auf einen Drink mit ihnen getroffen, erklärten hinterher, wie nett es gewesen sei und wie schön es wäre, wenn man gute Freunde bleiben könnte – um danach nie wieder etwas von sich hören zu lassen.

Geht es Ihnen genauso, können wir nur raten, zu akzeptieren, daß es zwischen Ihnen beiden aus ist und sich anderen Dingen zuzuwenden. Und wenn dieser Mann nun Ihr geschiedener Gatte ist und Sie ihn wiederhaben wollen? Dann kommt es erneut auf die Umstände an. Wenn *er* die Scheidung gewollt hat, können Sie ihn anrufen, um ein »letztes klärendes Gespräch« mit ihm zu führen und anschließend so verfahren, wie wir es in diesem Kapitel bereits dargelegt haben. Aber fangen Sie nicht gleich an, wieder Platz für seine Sachen in Ihrem Kleiderschrank zu schaffen. Wenn ein Mann die Scheidung will, ist er in den meisten Fällen unrettbar verloren! Aus und vorbei.

Falls *Sie* aber die Scheidung vorangetrieben haben und Ihnen das jetzt leid tut, weil er Ihnen fehlt, besteht noch Hoffnung, vor allem, wenn Sie noch Kontakt zu Ihrem Ex-Mann haben und er einer Versöhnung offen gegenübersteht. Das merken Sie daran, daß er nicht zum eiligen Aufbruch drängt, wenn er am Wochenende kommt, um etwas mit den Kindern zu unternehmen, falls Sie welche haben, oder ständig Gründe findet, mit Ihnen zu telefonieren, will, daß Sie Freunde bleiben, und weiterhin an Ihrem Leben teilnehmen möchte.

Aber jetzt fragen Sie sich, wie Sie es anstellen sollen, ihm zu sagen, daß Sie ihn zurückhaben möchten, ohne sich dabei lächerlich zu machen oder eine Zurückweisung zu riskieren?

Da schlagen wir vor, daß Sie die folgende Frage unauffällig in ein freundschaftliches Gespräch mit ihm einfließen lassen, sei es am Telefon oder anläßlich eines Besuches: »Hast du eigentlich auch schon mal darüber nachgedacht, ob es nicht ein Fehler war, sich scheiden zu lassen.« *Nichts weiter.* Kein Wort mehr. Werden Sie nicht sentimental oder weinerlich und schütten Sie nicht vor ihm Ihr Herz aus. Sie haben das Stichwort in den Raum gestellt, und nun ist es an ihm, Ihnen ein Zeichen zu geben: Wünscht auch er die Versöhnung? Und wenn, dann jetzt gleich oder zu einem späteren Zeitpunkt, wenn er Gelegenheit gehabt hat, zu einer

Entscheidung zu kommen? Auf jeden Fall dürfen Sie ihn nicht drängen. Überlassen Sie es ihm, das Tempo zu bestimmen. Er könnte vorschlagen, sich zum Essen oder zu einem Drink zu treffen, um über alles zu reden, aber solche Vorschläge müssen von *ihm* kommen. Sie haben Ihren Teil beigetragen. *Jetzt ist er an der Reihe.*

Sie kennen jetzt unsere Empfehlungen, wie Sie Ihren Verflossenen zurückbekommen. Aber seien Sie nicht zu enttäuscht, wenn Ihr früherer Freund oder Ex-Mann nichts mehr von Ihnen wissen will. Denken Sie immer daran, daß es einen Grund dafür gegeben haben muß, daß die Beziehung schon früher nicht funktioniert hat, also romantisieren Sie sie nicht unnötig. Und trösten Sie sich mit der Erkenntnis, daß sich die *Regeln* bei einem neuen Bekannten meistens leichter anwenden lassen als bei einem »Ehemaligen«.

Manchmal klappt es, eine alte Liebe wieder für sich zu gewinnen, aber sehr häufig ist unser bester Rat an eine Frau, die glaubt, immer noch in ihren Verflossenen verliebt zu sein, ihn sausen zu lassen und sich nach einem Neuen umzusehen!

Kapitel 4

Vergeuden Sie keine Zeit mit Phantasiepartnerschaften

Wenn Sie ein enges Verhältnis zu Ihrem Arzt, Anwalt oder Steuerberater haben, fragen Sie sich vielleicht manchmal, ob er romantische Gefühle für Sie hege, und damit geht es nicht nur Ihnen so, aber Sie schätzen die Situation möglicherweise verkehrt ein. Wie erhalten Sie Gewißheit? Ganz einfach. Hat er Sie je gefragt, ob Sie mit ihm ausgehen möchten, und sei es nur auf einen Kaffee, einen Drink oder ein Mittagessen? Ist die Antwort nein, existieren solche Gefühle nicht!

Das hört sich ganz naheliegend an, aber es wird Sie überraschen, zu hören, wie viele Frauen an die Existenz solcher Gefühle glauben, bloß weil ein Mann ihnen aus Gründen der beruflichen Etikette mit höflicher Aufmerksamkeit begegnet. Wir haben dieses Kapitel geschrieben, damit Sie sich solche irrigen Vorstellungen aus dem Kopf schlagen. Wenn besagter Mann Sie nie bittet, auch auf privater Ebene mit ihm Umgang zu pflegen, besteht zwischen Ihnen keine Beziehung, die über die beruflich bedingte hinausgeht – und Frauen, die nach den *Regeln* leben, vergeuden keine Zeit mit nichtexistierenden Partnerschaften!

Tatsache ist, daß ein Mann, der sich für eine Frau interessiert – sei es, sie ist seine Patientin, seine Klientin, seine Vorgesetzte oder seine Angestellte – Mittel und Wege findet, sie zu einer privaten Verabredung mit ihm zu bewegen. Er kann ihr vorschlagen, ihn in seinen Fitneßclub zu begleiten, mit ihm eine Veranstaltung zu besuchen oder am Wochenende zusammen Tennis zu spielen. Er wird nicht unbedingt ein Treffen am Samstagabend zur Sprache bringen, denn das könnte allzu offensichtlich und direkt wirken, am Ende noch eine peinliche Situation heraufbeschwören. Nein, er wird einen Vorwand suchen, sie auch außerhalb seiner beruflichen vier Wände zu sehen. Das ist dann etwas anderes als das lässig ausgesprochene Angebot eines Arztes oder Anwalts, ihn jederzeit anrufen zu können, was manche Frauen gelegentlich mißdeuten.

Nehmen wir einmal drei typische Phantasiepartnerschaften unter die Lupe und untersuchen die Antworten, die die *Regeln* Ihnen geben und mit deren Hilfe Sie alle Zweifel bezüglich einer ähnlichen Situation in Ihrem eigenen Leben aus dem Wege räumen können.

Phantasiepartnerschaft Nr. 1: Sie sind seit zwei Jahren bei einem Internisten in Behandlung, der Ihnen sagt, Sie könnten ihn jederzeit über seinen Beeper erreichen, wenn Sie einen Asthmaanfall befürchteten. Außerdem legt er Ihnen immer beide Hände auf die Schultern, wenn er Sie zur Tür begleitet. Sie sind sich ganz sicher, daß er Sie um ein Rendezvous bitten würde, wenn Sie nicht seine Patientin wären. Und natürlich wünschen auch Sie sich ein privates Zusammensein mit ihm im Rahmen einer Verabredung.

Dazu sagen die *Regeln*: Ist ein Arzt freundlich, Ihnen zugetan, aufmerksam und zuvorkommend, tut er nur seinen Job. Einer Asthma-Patientin zu sagen, er sei in Notfällen jederzeit für sie erreichbar, ist keine Aufforderung zu einem intimen Plausch. Asthma ist ein Leiden, an dem der Patient sterben kann, und es ist die Aufgabe eines Arztes, dafür zu sorgen, daß seinen Patienten dieses Schicksal erspart bleibt. Indem Ihr Doktor Ihnen zeigt, daß Ihr Wohlergehen ihm am Herzen liegt, beweist er nur gute Manieren und ein professionelles Auftreten. Wäre er darüber hinaus an Ihnen interessiert und wüßte nur nicht, wie er dieses Anliegen vorbringen soll, würde er Sie an einen Kollegen überweisen und Sie dann um ein Rendezvous bitten. Gewiß ist es für einen Arzt, Anwalt oder Vorgesetzten nicht so einfach, sich um eine Frau zu bemühen, wenn diese Frau seine Patientin, Klientin oder Angestellte ist. In jeder Firma blüht leicht der Tratsch. Viele Männer in leitenden Positionen ziehen es daher vor, die Beziehung zunächst im verborgenen zu halten, und lassen sich schließlich in eine andere Abteilung versetzen oder wechseln sogar die Firma, um der Heimlichtuerei ein Ende zu bereiten.

Phantasiepartnerschaft Nr. 2: Ihr Steuerberater ruft Sie am Wochenende an, um Ihnen zu sagen, daß er die Unterlagen für Ihre Einkommensteuererklärung spätestens bis zum 15. April benötige. Sie denken gleich, es wäre was im Busch, weil er Sie zu Hause angerufen hat anstatt in der Firma.

Die *Regeln* sagen: Steuerberater arbeiten auch an den Wochenenden, vor allem, wenn es auf den jährlichen Termin für die Abgabe der Einkommensteuererklärungen zugeht. Dabei verwischt die Grenze zwischen einem beruflich bedingten und privat gemeinten Anruf leicht. Interpretieren Sie nichts in den Anruf hinein, außer, er fragt Sie, ob er sich mit Ihnen zum Frühstück treffen könne.

Phantasiepartnerschaft Nr. 3: Sie glauben, der Kellner in dem Restaurant, das Sie zweimal die Woche aufsuchen, wäre in Sie verliebt, weil er immer genau weiß, welchen Wein Sie bevorzugen und daß Sie Ihren Kaffee mit wenig Milch und viel Zucker mögen. Sie haben das

Gefühl, er würde Sie mit mehr Aufmerksamkeit bedienen als die anderen Gäste und versuchte ständig, mit Ihnen ins Gespräch zu kommen. Sie möchten ihm mitteilen, daß Sie im Moment keine feste Beziehung haben und gerne mit ihm ausgingen, falls er Sie fragen würde. Bloß, er fragt nicht. Was tun?

Die *Regeln* sagen: Kellner sind im Dienstleistungsgewerbe. Es ist durchaus üblich, daß sie die Vorlieben ihrer Stammgäste im Kopf behalten. Er arbeitet auf sein Trinkgeld hin, also hat er größtes Interesse daran, höflich und zuvorkommend zu sein und das eine oder andere Wort mit seinen Gästen zu wechseln. Wäre da noch mehr, würde er Sie fragen, ob Sie nach Feierabend nicht noch etwas mit ihm trinken möchten. Es lohnt sich, auf diesen Punkt noch einmal besonders hinzuweisen: Ist ein Mann ernsthaft an einer Frau interessiert, findet er Mittel und Wege zu einer Verabredung mit ihr. Keine Angst, wir versuchen nicht, Ihnen einzureden, Ihr Arzt, Vermögensberater oder Stammkellner wäre aus reiner Berechnung höflich zu Ihnen. Es geht nur darum, daß der Mann den ersten Schritt machen muß, weil sonst die Beziehung, die sich daraus entwickeln könnte, nicht nach den *Regeln* verliefe.

Bedenken Sie auch, daß gerade Männer in gehobenen oder freiberuflichen Positionen gerne mit Frauen flirten. Es kann ganz schön langweilig sein, sich den ganzen lieben langen Tag nur mit Labortests, Verträgen und Steuererklärungen zu beschäftigen, also schätzen sie ein wenig *Small talk*, machen gerne anerkennende Bemerkungen und übersehen nicht Ihre neue Frisur. Und wenn die Frau dann darauf reagiert, tut es ihrem Ego gut. Aber solche Flirts sind ziemlich harmlos. Ernst wird es erst, wenn das Thema Rendezvous aufs Tapet kommt. Wir sagen nicht, daß Sie sich nicht in

Tagträume von Ihrem gutaussehenden Arzt ergehen dürfen. Nach den *Regeln* darf jede Frau von Phantasiepartnerschaften träumen. Sie darf nur nicht versuchen, sie auszuleben.

Die Gefahr besteht darin, eine Partnerschaft zu sehen, wo gar keine ist, und sich damit vor wahren Beziehungen zu verschließen. Frauen, die ganz und gar in einer solchen eingebildeten Beziehung aufgehen, versagen häufig, wenn es darum geht, eine richtige aufzubauen! Fragen Sie doch mal sich selber: Unternehmen Sie alles, um Männer kennenzulernen, oder leben Sie nur auf den Tag hin, an dem ihr eingebildeter Traumpartner Sie fragt, ob Sie sich nicht auch einmal privat mit ihm treffen wollen? Wie viele Möglichkeiten, Ihrem echten Lebenspartner zu begegnen, lassen Sie ungenutzt verstreichen? Frauen, die sich an die *Regeln* halten, *wissen*, ob zwischen ihnen und einem Mann eine Beziehung besteht oder nicht. Entweder – oder.

Wenn Sie also geglaubt haben, Ihr Arzt oder Vermögensberater wäre an Ihnen interessiert, nach der Lektüre dieses Kapitels aber feststellen, daß er Sie zwar gerne mag, aber auf eine ganz und gar unromantische Weise, versuchen Sie, der Wahrheit ins Auge zu sehen, anstatt dagegen anzukämpfen. Ihr erster Gedanke könnte sein, ein klärendes Gespräch zu suchen, offen und ehrlich auf den Mann zuzugehen, ihn zu fragen, ob er Gefühle für Sie empfinde, die er aufgrund ihres beruflich bedingten Verhältnisses aber nicht auszusprechen wage. Sie könnten auf die Idee verfallen, ihm eine Notiz zukommen lassen oder gar einen Brief zu schreiben, in dem Sie Ihre Gefühle erklären.

Tun Sie das nicht. Erstens sagen die *Regeln*, daß der Mann auf die Frau zugehen muß. Der Wunsch nach einem solchen Gespräch müßte von ihm ausgehen. Zweitens würde sowieso nichts dabei herauskommen.

Wenn Sie sich ihm offenbaren und er sagt, Sie hätten wohl bloß seine höfliche Art mißverstanden, daß er sich jedem anderen Patienten oder Klienten nicht anders gegenüber zu verhalten pflege, haben Sie sich höchstens blamiert und mußten darüber hinaus auch noch eine Zurückweisung einstecken – ganz zu schweigen davon, wie Sie sich vorkommen werden, wenn Sie das nächste Mal bei ihm in der Praxis sind.

Zieht er Sie aber andererseits ins Vertrauen und sagt Ihnen, daß er Sie attraktiv finde, eine Beziehung zwischen Ihnen beiden aber nicht forciert habe, weil er entweder an einen anderen Partner gebunden sei oder Sie ihm als Patientin oder Klientin wichtiger seien als als Liebhaberin, stehen Sie auch nicht viel besser da. Ihnen bleibt die befriedigende Erkenntnis, daß er Sie hübsch findet, aber was soll's? Für den nächsten Samstag abend haben Sie damit immer noch keine Verabredung. Und es bleibt ein Pyrrhussieg, denn wenn er wirklich *verrückt* nach Ihnen wäre – und welche selbstbewußte Frau würde sich mit weniger zufriedengeben? –, hätte er längst den entscheidenden Schritt getan, weil Sie ihm nämlich doch nicht *nur* als Patientin oder Klientin wichtig sind. Wenn Sie ihm also nicht sagen können, wie Sie für ihn empfinden, was können Sie dann tun?

Halten Sie sich an die *Regeln*. Versuchen Sie, so attraktiv wie möglich zu wirken, sooft Sie einen Termin mit ihm haben, beenden *Sie* alle Telefongespräche, zeigen Sie keinerlei persönliches Interesse an ihm, schikken Sie ihm keine Urlaubsgrüße (falls Sie irrtümlicherweise glaubten, das könnte Sie in einem anderen Licht erscheinen lassen), und laden Sie ihn auch nicht auf Ihre Silvesterparty ein, um damit den Weg von einer beruflichen zu einer Liebesbeziehung zu ebnen. Bringen Sie ihm keine selbstgebackenen Kekse mit und keine neue Krawatte zu Weihnachten. Geschenke bringen Männer nicht dazu, eine Frau näher kennenlernen zu wollen. Versuchen Sie, mit ihm umzugehen, als wäre er zu alt für Sie oder äußerlich unattraktiv. Wenn Sie sich an die *Regeln* halten, erreichen Sie nicht, daß er mit Ihnen ausgeht – das hätte er sowieso nicht gewollt –, aber Sie sparen sich Zeit und Mühe beim Plätzchenbacken und Briefchenschreiben. Und Ihrem Selbstbewußtsein wird das auch guttun.

Das beste wäre natürlich, Sie suchten den Kontakt mit anderen Männern, *Männern, die gerne mit Ihnen ausgehen möchten*. Der vortrefflichste Ersatz für eine Phantasiepartnerschaft ist eine, die nach den *Regeln* verläuft! Also, auf geht's!

Kapitel 5

Stehen Sie nicht an seinem Schreibtisch herum und andere Regeln für die Romanze im Büro

Fast nirgendwo ist es so schwierig, die *Regeln* genau zu befolgen, wie am Arbeitsplatz. Bei einer Romanze im Büro überlappen sich Berufsalltag und Liebesleben. Deshalb ist es besonders wichtig, sich in einem solchen Fall genau an die *Regeln* zu halten, damit weder der Arbeitsplatz noch die Beziehung in Gefahr geraten.

Natürlich besteht der erste Schritt darin, festzustellen, ob Sie tatsächlich in eine Büroromanze verstrickt sind. Viele Männer flirten einfach nur gerne mit ihren Kolleginnen. Sie denken sich nichts dabei, und es bedeutet ihnen auch weiter gar nichts. Ebensowenig sollten solche Flirts *Ihnen* etwas bedeuten! (Siehe auch Kapitel 4.) Wenn Sie sich in einen Mann in Ihrer Firma verguckt haben – sei es ein Mitarbeiter, ein anderer Kollege oder Ihr Chef – und dieser Mann Sie nie um eine Verabredung gebeten hat, versuchen Sie nicht, seine Aufmerksamkeit zu erregen. Manche Lebenshilfebücher raten, möglichst oft den Kopierer neben seinem Schreibtisch zu benutzen oder ein gemeinsames Mittagessen vorzuschlagen, bei dem über berufliche Dinge gesprochen werden soll. Die *Regeln* aber sagen: Machen Sie Ihre Arbeit und geben Sie Ihr Bestes, was Ihr Aussehen betrifft. Suchen Sie nicht nach Vorwänden, um mit ihm ins Gespräch zu kommen oder dauernd an seinem Schreibtisch vorbeizugehen. (Das haben Sie gar nicht nötig. Entweder fallen Sie ihm auch so auf – oder eben nicht!)

Reden Sie sich nicht ein, er hätte Sie schon längst zu einem Drink eingeladen, wenn Sie beide nicht in derselben Firma arbeiten würden. Solange es im Betrieb kein ungeschriebenes Gesetz dagegen gibt, finden Vorgesetzte nichts dabei, ihre Angestellten oder ihre Sekretärin zum Essen auszuführen, wenn ihnen danach ist. Andererseits dürfen Sie aber auch nicht darauf bauen, daß Ihre gemeinsame Betriebszugehörigkeit alleine schon den Funken zum Überspringen bringt. Klammern Sie sich nicht in der Hoffnung an Ihren Arbeitsplatz, eines Tages würde Ihr Kollege Sie schon noch bemerken und sich mit Ihnen verabreden wollen. Wir wissen von Frauen, die aus diesem Grund jahrelang ihr berufliches Fortkommen auf Eis gelegt haben. Frauen, die sich an die *Regeln* halten, vergeuden keine Zeit mit Phantasiepartnerschaften. Nun aber mal angenommen, es besteht schon eine Beziehung zwischen Ihnen und einem Kollegen oder gar Ihrem Vorgesetzten. Wie sollen Sie sich verhalten? Wir haben vierzehn *Regeln* für die Romanze im Büro aufgestellt. Halten Sie sich buchstabengetreu daran, denn Sie werden dem betreffenden Mann vermutlich in Zukunft jeden Tag begegnen. Es gibt nichts Schlimmeres, als mit einem Mann zusammenarbeiten zu müssen, dem Sie am liebsten aus dem Wege gehen möchten (oder auch umgekehrt), weil Sie gewisse *Regeln* verletzt haben – oder weiter mit ihm zusammenarbeiten zu müssen, nachdem er Sie sitzengelassen hat! Von den folgenden *Regeln* profitiert nicht nur Ihre Beziehung, sondern auch Ihre Firma und damit Ihr berufliches Weiterkommen. Sie werden eine bessere Mitarbeiterin sein, wenn Sie nicht den ganzen Tag lang seine Nähe suchen müssen!

1. Gehen Sie nicht jeden Tag mit der festen Zielsetzung zur Arbeit, ihn sehen zu können oder mit ihm zusammen sein zu wollen, sonst lassen Sie sich zu sehr

von Ihren Gefühlen leiten. Gehen Sie mit der Motivation zur Arbeit, Ihren Job korrekt und zum Nutzen des Betriebes zu verrichten – oder zumindest nicht die *Regeln* zu verletzen. Versuchen Sie, sich beschäftigt zu halten, anstatt Tagträumereien nachzuhängen oder, noch schlimmer, über Möglichkeiten zu grübeln, wie Sie ihm nahe sein können. (Wenn Sie der dringende Wunsch überkommt, in seinem Büro vorbeizuschauen, vertiefen Sie sich in eine neue Aufgabe oder schauen Sie im Büro einer Kollegin vorbei, um der »hallo« zu sagen.) Bleibt er an Ihrem Schreibtisch stehen, seien Sie freundlich, aber beenden Sie das Gespräch nach fünf oder zehn Minuten, sofern es nichts mit Ihrer Arbeit zu tun hat. Greifen Sie sich einen Stapel Unterlagen und sagen Sie: »Nun muß ich aber sehen, daß ich hiermit weiterkomme!«

2. Arbeiten Sie gewissenhaft, aber nicht so unermüdlich, daß Sie dabei Ihr Aussehen vernachlässigen. Hokken Sie abends nicht so lange im Büro, daß für die Wäsche oder für die Maniküre keine Zeit mehr bleibt. Es gibt attraktive, beruflich erfolgreiche Frauen, bei denen aber die Kaffeeflecken auf den Pullovern und die abgeschabten Stellen an den Schuhen nicht zu übersehen sind. Lassen Sie sich nicht so gehen. Dafür haben Sie ja schließlich die *Regeln*! Achten Sie darauf, immer modisch korrekt gekleidet zu sein – Sie wollen doch so attraktiv wie möglich wirken! Rennen Sie nicht mit Laufmaschen herum – legen Sie sich ein Paar Strumpfhosen zum Wechseln in den Schreibtisch, falls Ihnen ein Mißgeschick passiert. Polieren Sie Ihre Schuhe blank. Tragen Sie Make-up und benutzen Sie Parfüm, aber nicht zu auffällig. (Es ist Ihr Arbeitsplatz, nicht die Disco.) Denken Sie immer daran: Sie sind anders als alle anderen, und deshalb achten Sie auf Ihr Aussehen. Befolgen Sie diese Regel um Ihrer selbst willen, aber auch für Ihre Kollegen.

3. Lassen Sie sich nicht darauf ein, sich von Ihrem befreundeten Kollegen »von der Stange« nehmen zu lassen. Bleibt er an Ihrem Schreibtisch stehen und fragt Sie ganz lässig, ob Sie mit ihm zu Mittag essen oder nach der Arbeit einen Drink mit ihm nehmen wollen, sagen Sie, gerne, aber heute gehe das nicht. Selbst wenn Sie Zeit genug hätten, vermeiden Sie so kurzfristige Verabredungen. Er sollte Sie rechtzeitig fragen, ob Sie beide sich am Wochenende sehen können. Wenn Sie aus einer Laune heraus mit ihm ausgehen, wird die Beziehung zu unverbindlich. Er würde dann nicht mehr die ganz besondere Frau in Ihnen sehen, deren Verabredungen mit ihr er schon ein paar Tage im voraus planen sollte. Sobald Sie es zulassen, daß die Beziehung auf einer lockeren Ebene unter Kollegen landet, kann es Jahre dauern, bis etwas Ernsthaftes daraus wird. Wir erinnern uns an eine sehr gutaussehende Frau, die sich immer in letzter Minute auf eine Verabredung mit ihrem Kollegen einließ. An mehreren Tagen in der Woche tauchte er um 18 Uhr an ihrem Schreibtisch auf und schlug vor, irgendwo noch etwas zusammen zu trinken, und sie ging jedesmal darauf ein. Er wollte sich auch nie auf ein Treffen am Freitag oder Samstag abend festlegen, weil er nicht wisse, was er da vorhabe. Die Frau hat das akzeptiert, weil sie es nicht besser wußte. Das ging sechs Jahre lang so, und irgendwann haben sie dann geheiratet. Die Ehe steckt in der Krise. Er hat sich nie die Mühe gemacht, ernsthaft um sie zu werben, und sie fühlt sich – nun, eben wie »von der Stange« genommen.

Also: Bloß weil Sie in derselben Firma arbeiten, heißt das noch lange nicht, daß er sich mit Ihnen treffen kann, sooft ihm der Sinn danach steht. Machen Sie es ihm nicht so leicht. Er muß Sie schon rechtzeitig fragen, ob Sie sich mit ihm verabreden wollen – tut er's nicht, haben Sie eben keine Zeit für ihn! Arbeiten Sie sehr eng mit ihm zusammen, verschwinden Sie ab und zu in der Mittagspause ganz plötzlich. Sagen Sie ihm nicht, wo Sie hingehen. Schließlich arbeiten Sie zusammen und verbringen auch einen Teil Ihrer Freizeit miteinander – das kann manchmal ein bißchen viel werden, also müssen Sie doppelt darauf achten, sich eine etwas geheimnisvolle Aura zu bewahren!

4. Seien Sie diskret. Sprechen Sie nicht mit anderen Kolleginnen oder Kollegen über Ihre Beziehung. Fragt Sie jemand, was Sie am Wochenende gemacht hätten, sagen Sie nicht: »David und ich sind zusammen spazierengegangen.« Sagen Sie, *Sie* hätten einen Spaziergang gemacht. Beantworten Sie nie Fragen mit »wir«. Es tut Ihrer Stellung in der Firma nicht gut, wenn man über Sie tratscht. Und auch der Beziehung nicht, denn kein Mann geht gerne mit einer Quasseltante aus. Männer behüten ihr Privatleben. Alles, was Ihre Kollegen über Ihre Beziehung wissen, sollten sie von *ihm* erfahren haben! Aber seien Sie auch ihm gegenüber nicht zu freigiebig mit Informationen. Sagen Sie ihm zum Beispiel nicht, wohin Ihre Geschäftsreise geht oder mit wem Sie ein berufliches Meeting haben, wenn er Sie nicht gezielt danach fragt.

5. Wenn Sie mit dem Mann, zu dem Sie eine Beziehung unterhalten, über berufliche Angelegenheiten sprechen müssen – schließlich könnte er ja Ihr Vorgesetzter sein – dann tun Sie das, aber stets auf einer geschäftlichen Ebene, indem Sie ihn prompt zurückrufen, wenn es wirklich um Belange der Firma geht. Überprüfen Sie Ihre Gründe, sich bei ihm zu melden. Ist es wirklich unaufschiebbar, oder suchen Sie nur nach einem Vorwand, Kontakt mit ihm aufzunehmen? Klopfen Sie zum Beispiel nicht an seine Bürotür, um ihm nur zu sagen, Sie hätten Konzertkarten bekommen oder um ihm von einem Seminar zu erzählen, das Sie besucht

haben. Geht es wirklich um geschäftliche Dinge, halten Sie das Gespräch kurz und beenden *Sie* es. Wenn es sich einrichten läßt, hinterlassen Sie Ihre Mitteilung bei seiner Sekretärin oder in seiner Ablage. Alle schriftlichen Mitteilungen oder Erinnerungen sollten kurz und bündig abgefaßt sein. Schmuggeln Sie ihm keine Liebesbriefe oder verspielte Zettelchen auf den Schreibtisch. Wenn er mit Ihnen sprechen möchte, kann er jederzeit in *Ihr* Büro kommen oder Ihnen eine Nachricht hinterlegen.

6. Sofern Sie Zugang zum Internet haben, sind Sie für ihn praktisch ständig verfügbar. Also reagieren Sie nur auf E-Mail-Nachrichten, wenn diese beruflicher Natur sind. Bei allen Nachrichten, die nichts damit zu tun haben, ist eine Reaktion auf vier Nachrichten seinerseits eine gute Daumenregel. Bedenken Sie auch, wer alles Ihre E-Mails lesen kann – der Chef der Firma zum Beispiel, also gilt auch hier: kurz und bündig und unverbindlich. Liebesdinge sparen Sie sich für Samstag abend auf.

7. Scharwenzeln Sie nicht um sein Büro herum. Sie sollten sich nicht einmal in dessen Nähe aufhalten. Fragen Sie nicht seine Sekretärin nach den Anrufen, die er bekommt oder danach, mit wem und wo er zu Mittag ißt. Das geht Sie gar nichts an. Außerdem könnte sie ihm davon erzählen, und er hätte dann das Gefühl, daß Sie ihm nachspionieren.

8. Machen Sie aus Ihrem Büro keine Kultstätte Ihrer Beziehung. Stellen Sie kein gerahmtes Foto von ihm auf den Schreibtisch und auch nicht den Teddybären, den er Ihnen zum Geburtstag geschenkt hat. Das wirkt unprofessionell. Wo wir gerade bei Ihrem Büro sind: Halten Sie es sauber und ordentlich. Das gefällt Männern an Frauen. Packen Sie Ihren Schreibtisch nicht stapelweise mit Papieren voll und legen Sie keine halbgegessenen Sandwiches in die Schubladen. Wer mag schon eine ar-

beitssüchtige Schlampe? Müllen Sie auch nicht Ihren Schreibtisch mit persönlichen Erinnerungsstücken voll, und hängen Sie die Wände nicht damit zu. Es ist Ihr Arbeitsplatz und nicht Ihr Mädchenzimmer.

9. Küssen Sie sich nicht im Büro und halten Sie auch nicht Händchen mit ihm. Üben Sie ein bißchen Selbstdisziplin. Wenn er Sie küssen will, soll er sich zu einem Rendezvous mit Ihnen verabreden. Lassen Sie sich auch nicht darauf ein, während der Mittagspause in ein Hotelzimmer mit ihm zu verschwinden. Das ist dann keine richtige Verabredung, und er wird Sie nur benutzen. (Außerdem kommen Sie mit zerknautschten Kleidern aus der Pause zurück.) Mit so etwas können Sie sich ganz schnell einen Ruf einhandeln, auf den Sie bestimmt nicht stolz sein werden. Wenn es ihm ernst mit Ihnen ist, kann er am Wochenende zärtliche Stunden mit Ihnen verbringen!

10. Schlafen Sie nicht mit Ihrem Chef oder Ihrem Kollegen, wenn nicht ganz klar feststeht, daß Sie eine feste Beziehung zu ihm haben. Auch nicht, wenn Sie Sex von ihm wollen, und das Ihrer Karriere förderlich sein könnte. So etwas kann ins Auge gehen. Vergessen Sie auch nicht, daß die *Regeln* nicht ihre Gültigkeit verlieren, wenn Sie mal außerhalb der Stadt sind. Befinden Sie sich auf einer gemeinsamen Geschäftsreise, und es wäre leicht, Sex miteinander zu haben, weil Sie beide im selben Hotel wohnen, verzichten Sie lieber darauf, solange nicht die Fronten ganz klar abgesteckt sind. So groß die Versuchung auch sein mag – weit entfernt von den Kollegen und keiner wird je etwas davon erfahren – irgendwann müssen Sie doch wieder zurück in den Alltag, und dann werden Sie bereuen, sich ihm hingegeben zu haben, wenn es ihm mit der Beziehung doch nicht so ernst war, und er Sie sogar schneidet, wenn Sie sich in der Firma über den Weg laufen.

11. Gehen Sie nach Hause, wenn Sie Feierabend haben. Hängen Sie nicht in der Firma herum, und gehen Sie auch nicht mit den Kollegen noch schnell was trinken. Sie wollen eine respektable Frau sein, die ein Mann gerne heiraten möchte, und nicht das Partygirl des ganzen Betriebes. Und natürlich dürfen Sie sich nicht bei der Weihnachtsfeier oder bei einem anderen Betriebsfest betrinken. Ohne klaren Kopf wird's schwer, sich an die *Regeln* zu halten!

12. Wenn Sie für ein- und dieselbe Firma arbeiten, aber in verschiedenen Filialen an unterschiedlichen Orten eingesetzt sind, sollte er Sie dreimal besucht haben, ehe Sie den Besuch erwidern. Haben Sie geschäftlich in der Stadt zu tun, in der er arbeitet, sprechen Sie ihn nicht darauf an, daß Sie beide sich dann sehen könnten. Der Vorschlag muß von ihm kommen. Wird es ernst zwischen Ihnen beiden, lassen Sie sich erst versetzen, wenn klipp und klar feststeht, daß es eine Beziehung auf Dauer sein soll.

13. Ketten Sie sich nicht an die Firma, bloß weil *er* dort beschäftigt ist. Sind Sie mit Ihrer Stellung unzufrieden, oder bieten sich Ihnen andere Perspektiven, handeln Sie danach. Keine Frau darf um eines Mannes willen ihren beruflichen Ehrgeiz drangeben. Wenn es Ihrer Karriere nützt, die Firma zu wechseln, dann los! Indem Sie tun, was gut und richtig für Sie ist, beweisen Sie ihm auch Ihre Unabhängigkeit. Sie könnten ihm fehlen, und er würde vielleicht versuchen, Ihre Beziehung zu intensivieren, weil er Sie nun nicht mehr jeden Tag sehen kann.

14. Schlagen Sie nicht vor, jeden Tag zusammen in die Firma und wieder zurück nach Hause zu fahren, selbst wenn Sie in seiner Nähe wohnen. Auch dieser Vorschlag muß von ihm kommen, damit Sie ab und zu sagen können, heute würde es damit leider nichts werden und er

Sie nicht für selbstverständlich nimmt. Bleiben Sie ein bißchen geheimnisvoll.

Verheiratete Frauen haben uns geschrieben, um uns zu fragen, wie sie es halten sollen, wenn sie und ihr Mann in derselben Firma arbeiten. Wir können dann nur hoffen, daß das schon Fall war, als die beiden sich kennengelernt haben, oder daß die Anregung dazu von dem Mann gekommen ist. Eine Frau sollte nie darauf drängen, in der gleichen Firma wie ihr Mann zu arbeiten, damit sie beide mehr Zeit miteinander verbingen können oder sie ihm auf die Finger schauen kann. Das widerspricht den *Regeln*, und außerdem schätzen Männer solche Arbeitsverhältnisse gar nicht. Sie sollten nur mit Ihrem Mann zusammenarbeiten, wenn es wirklich triftige Gründe dafür gibt und/oder es seine Idee gewesen ist. Ungeachtet der Gründe für diese Zusammenarbeit sind also folgende fünf *Regeln* zu beachten:

1. Schlagen Sie nicht vor, ein gemeinsames Büro zu teilen oder Ihre beiden Schreibtische nebeneinanderzustellen. Solche Zeichen der Zusammengehörigkeit müssen von ihm kommen.

2. Seien Sie nicht diejenige, die anregt, zusammen zur Arbeit zu fahren.

3. Essen Sie nicht jeden Mittag zusammen. Auch Sie beide müssen ein paar Minuten am Tag Ihre eigenen Wege gehen.

4. Spionieren Sie ihm nicht nach, erkundigen Sie sich bei seiner Sekretärin nicht, wer ihn angerufen hat, und regen Sie sich nicht auf, wenn er mit anderen Frauen spricht.

5. Tragen Sie keine Privatangelegenheiten in die Firma und versuchen Sie auch, ihn davon abzuhalten. Sie sind eine Frau im Berufsleben und haben Ihren Job zu machen!

Kapitel 6

Beziehungen auf Distanz
1. Teil: Wie sie anfangen sollten

In einer Beziehung, bei der zwischen beiden Partnern eine größere räumliche Distanz besteht, ergeben sich oft Probleme, die vermieden werden, wenn Sie mit einem Mann befreundet sind, der nicht so weit von Ihnen entfernt wohnt. Doch bevor wir auf die besonderen *Regeln* für solche Beziehungen zu sprechen kommen, sollten wir zunächst einmal auf die Fehler eingehen, die Frauen häufig machen, wenn sie einen Mann kennenlernen, der in einer anderen Stadt wohnt – Fehler, die vielfach verhindern, daß eine solche Beziehung auf Distanz überhaupt zustande kommt. Wie wir schon erörtert haben, hängt es von der ersten Begegnung ab – wer wen zuerst angesprochen hat, wie lange das Gespräch dauerte, wer es beendet hat –, ob sich eine Beziehung nach Maßgabe der *Regeln* entwickelt.

Betrachten wir einmal einige typische Situationen:

Bei der Hochzeit einer gemeinsamen Bekannten begegnen Sie einem Mann. Sagen wir, Sie leben in München und er in Berlin. Er fragt Sie, ob Sie Lust hätten zu tanzen. Bis jetzt verläuft alles nach den *Regeln*! Sie finden ihn sehr sympathisch. Sie tanzen den einen Tanz mit ihm und dann den nächsten und dann noch den danach. Sie fühlen sich sehr zu ihm hingezogen, möchten gar nicht mehr von seiner Seite weichen.

Ihnen ist bewußt, daß Sie sich eigentlich jetzt verabschieden müßten, sich nach früheren Bekannten umsehen sollten, die Sie vielleicht jahrelang nicht gesehen haben, aber Sie tun es nicht. Sie sagen sich, ich und er, wir leben doch Ewigkeiten voneinander entfernt, wer weiß, ob wir uns jemals wiedersehen, also, was ist schon dabei, wenn ich die restlichen fünf Stunden des Tages mit ihm zusammenbleibe?

Er fragt Sie, ob Sie sich zum Nachtisch nicht zu ihm setzen wollen. Sie willigen ein. Dann fragt er Sie, ob Sie nicht einen Spaziergang um den Block mit ihm machen möchten. Gesagt, getan. Am Ende des Abends fragt er Sie nach Ihrer Telefonnummer, gibt Ihnen einen Kuß zum Abschied, und äußert, er werde Sie in den nächsten Tagen anrufen, vielleicht sogar mal nach München kommen.

Jetzt sind Sie verliebt. Sie fahren zurück nach Hause und erzählen Ihren Freundinnen und Ihrer Mutter von diesem Mann, stellen sich vor, wie es wäre, immer mit ihm zusammen zu sein.

Aber weil Sie die *Regeln* verletzt haben, indem Sie so lange an seiner Seite geblieben sind, wird er Sie entweder niemals anrufen oder erst nach ein bis zwei Wochen, und dann auch nur, um mal hallo zu sagen und nicht, weil er vielleicht vorhat, Sie wiederzusehen. Es könnte auch sein, daß er anruft und Sie einlädt, ihn in Berlin zu besuchen, oder daß er davon spricht, er sei demnächst sowieso geschäftlich in München und könnte bei der Gelegenheit doch mal bei Ihnen vorbeischauen. Natürlich sind Sie enttäuscht, fühlen sich gekränkt. Wieso ist er nicht ganz versessen darauf, Sie wiederzusehen? Warum setzt er sich nicht in den Zug und kommt *sofort*?

Denken Sie einmal an den Abend zurück und denken Sie dabei an die *Regeln*. Fällt Ihnen nicht auf, wie leicht Sie es ihm gemacht haben? Sie sind geschlagene fünf Stunden mit ihm zusammen gewesen. Er hat gemerkt, daß Sie ihn gerne mögen, und damit waren Sie keine Herausforderung mehr für ihn.

Wir wollen nicht behaupten, er hätte Sie um jeden Preis angerufen und eine längerfristige Beziehung mit Ihnen angestrebt, wenn Sie ihm an diesem Abend schon bald den Rücken gekehrt oder ein paarmal dankend abgelehnt hätten, mit ihm zu tanzen. Er könnte in Berlin eine feste Freundin haben und hat sich auf der Hochzeit nur mal ein bißchen vergnügen wollen – nicht mehr, nicht weniger.

Doch indem Sie sich nicht an die *Regeln* hielten, haben Sie Ihre eigenen Chancen verschlechtert, Sie haben sich Hoffnungen gemacht, haben sich emotional mit ihm eingelassen und sind am Ende verletzt worden. Falls er sich für Sie interessierte und Sie ein wenig unnahbarer gewesen wären, hätte er vielleicht auf der Rückfahrt an Sie gedacht, Sie hätten ihm in Berlin gefehlt, und früher oder später würde er Pläne gemacht haben, Sie in München zu besuchen, selbst wenn er geschäftlich dort nichts zu tun hätte.

Wenn Sie also in Zukunft jemanden auf einer Hochzeitsfeier oder einer Party kennenlernen, den Sie vielleicht niemals mehr wiedersehen, verbringen Sie nicht den ganzen Abend an seiner Seite. Unterhalten Sie sich eine Viertelstunde oder etwas länger mit ihm, lassen Sie sich ein paarmal zum Tanz auffordern, und entschuldigen Sie sich dann damit, daß Sie auf die Toilette müßten oder noch jemandem guten Tag sagen oder sich ein bißchen unter den anderen Gästen umschauen möchten. Dann sollte er den Abend über darauf erpicht sein, Sie wieder an seine Seite zu bekommen, noch einmal mit Ihnen zu tanzen.

Verbringen Sie vier oder fünf Stunden mit einem Mann, den Sie gerade erst kennengelernt haben, findet er nichts Geheimnisvolles mehr an Ihnen, selbst wenn er es war, der Sie zuerst angesprochen hat. Fährt er dann wieder nach Hause, wird die Begegnung mit Ihnen keine besondere Bedeutung mehr für ihn haben, und er wird nicht davon träumen, Sie wiederzusehen, weil Sie zu verfügbar für ihn gewesen sind.

Dasselbe gilt, wenn Sie einen Mann auf einer Geschäftsreise kennenlernen, sagen wir einmal, bei einer Konferenz. Sie fallen ihm auf, er fängt ein Gespräch mit Ihnen an und fragt Sie, ob Sie nicht mit ihm zu Abend essen wollen, denn er würde am nächsten Morgen schon wieder abreisen. Sie sagen zu, weil Sie ihn nett finden und hoffen, damit vielleicht den Stein ins Rollen zu bringen. Sie sagen sich, daß sich Ihre Wege wahrscheinlich nie wieder kreuzen – er kommt aus Flensburg und Sie aus Nürnberg – und Sie für den Abend ohnehin noch nichts geplant hatten, außer, in Ihrem Hotelzimmer fernzusehen und sich etwas vom Pizzadienst zu bestellen.

Die den *Regeln* gemäße Antwort lautet: »Vielen Dank, aber ich habe schon etwas anderes vor.« Warum? Wenn Sie in letzter Minute noch eine Verabredung mit ihm eingehen, verpufft wieder etwas von der Herausforderung, die Sie für ihn darstellen, selbst wenn ein gemeinsames Abendessen noch so naheliegend gewesen wäre. Wenn ihm wirklich etwas an Ihnen gelegen ist, lassen Sie sich von ihm anrufen und Vorkehrungen treffen, Sie wiederzusehen. Wenn er Sie jederzeit von der Stange nehmen kann, braucht er nicht in ständiger Erwartung Ihres Wiedersehens zu leben und sich nicht sonderlich um Sie zu bemühen, und dann verfliegt rasch jedes Interesse, das er an Ihnen gehabt haben mochte.

Halten Sie uns nicht für unnötig streng in diesem Punkt. Die Erfahrung lehrt, daß derselbe Fehler immer und immer wieder gemacht wird. Eine Frau trifft bei einer geschäftlichen Verabredung oder auf einer Party einen Mann, der ihr sagt, er sei nur ein paar Tage in der Stadt und möchte sie noch am gleichen Abend zum

Essen ausführen. Er ist äußerst charmant, und sie glaubt, etwas Besonderes für ihn zu sein. Sie redet sich ein, sie würde etwas versäumen, wenn sie ihm den Wunsch abschlüge. Schließlich ist er doch erst einen Monat später wieder in der Stadt!

Er könnte ein Filmproduzent oder ein Werbefachmann mit Büros in Hamburg und München sein. Sie sagt zu – vielleicht ist es nur zum Abendessen, vielleicht kommt auch eine Liebesnacht mit ihm dabei heraus – und hofft, es könnte eine heiße Liebe erwachen, die die Entfernung von der Nordseeküste bis nach Bayern mühelos überbrückt. In Wirklichkeit wird es sich eher nicht so entwickeln. Entweder er lügt und ist noch eine ganze Woche lang in der Stadt und versucht auf diese Weise, sofort zu bekommen, was er haben will. Oder er ist verheiratet, und das ist seine Art der Anmache, wenn er von zu Hause fort ist. Es gibt Männer, die haben in jeder Stadt ein Mädchen, und Sie wollen doch keines davon werden? Ist er aber ehrlich, ungebunden und schätzt Sie wirklich sehr, müssen Sie eine Verabredung mit ihm in letzter Minute dennoch ablehnen. Sie fürchten, er könnte Sie sogleich vergessen, wenn Sie »nein« sagen. Aber Frauen, die die *Regeln* beherzigen, wissen, daß sich ein Mann um so mehr an sie erinnern wird, wenn sie ihm seinen Wunsch nicht sofort erfüllen.

Wenn Sie also das nächste Mal von einem Mann zu einem Abendessen noch am selben Tag eingeladen werden, weil er schon sehr bald wieder abreisen muß, sagen Sie: »Vielen Dank, aber ich habe schon etwas anderes ausgemacht.« Wenn er das nächste Mal in der Stadt ist, soll er Sie im voraus anrufen oder überhaupt nur um Ihretwillen kommen.

So eine Verabredung in letzter Minute strikt abzulehnen, ist die einzige Art und Weise, um festzustellen, ob ein Mann sich ehrlich für Sie interessiert – und nicht nur ein paar Stunden ausfüllen will. Wenn er mehrere Tage oder bis zu seinem nächsten Besuch in der Stadt warten muß, um Sie wiederzusehen, erfährt er, was Sehnen ist. Sind seine Gefühle für Sie nur lauwarmer Natur, wird er sich nicht die Mühe machen, sich schon rechtzeitig mit Ihnen zu verabreden, und Sie vergeuden keine Zeit mit einem Mann, der Sie schon bald wieder fallenlassen würde. Wir kennen viele Frauen, die sich große Hoffnungen gemacht und dann nie wieder etwas von ihrem Weltreisenden gehört haben.

Hier noch ein anderes Beispiel für eine Beziehung auf Distanz. Sie treffen Ihren vermeintlichen Traummann am ersten Tag einer einwöchigen Urlaubsreise. Sie stammen beide aus unterschiedlichen Regionen und begegnen sich in einer Ferienanlage am Mittelmeer. Er spricht Sie zuerst an, möchte am Abend mit Ihnen ausgehen und dann die ganze Woche lang Tag und Nacht mit Ihnen zusammen sein. Warum nicht, denken Sie. Er gefällt mir. Das wird die stürmische Urlaubsromanze, von der Sie immer gelesen und geträumt haben.

In dieser Situation müssen Sie sich *zwingen*, nicht die gesamte Woche mit dem Mann zu verbringen. Gehen Sie ein- oder zweimal mit ihm zum Abendessen und zum Tanzen aus, aber geben Sie ihm ansonsten einen Korb, damit er Sie geheimnisvoll und unnahbar findet und genötigt ist, sich um Sie zu bemühen, wenn die Ferienwoche vorbei ist. Läßt er danach nichts mehr von sich hören, haben Sie wenigstens nicht sieben Tage und Nächte mit einem Mann vergeudet, der es dann doch nicht so ernst gemeint hat.

Wir wissen von Männern, die solche Kurzreisen buchen, sich dann die ganze Woche lang an die Fersen einer Frau heften, mit ihr ins Bett gehen und danach keinen Gedanken mehr an sie verschwenden – und von einem Anruf kann erst recht keine Rede sein. Die Frau glaubt, die wahre Liebe gefunden zu haben, während es dem Mann nur um eine Woche Sex, Sand und Sonne gegangen ist. Wenn Sie mehr sein wollen als bloß das Mädchen, mit dem er im Club Med ins Bett gegangen ist, vermeiden Sie es, sich öfter als ein- oder zweimal in der Woche mit ihm zu treffen und schlafen Sie nicht mit ihm, wenn Sie sich den Kummer ersparen wollen, nie wieder ein Wort von ihm zu hören. Der klassische Fall von: »Ich liebe dich ja so sehr, Schatz, aber morgen geht's leider wieder nach Hause.«

Indem Sie sich an die *Regeln* halten, vertun Sie nicht eine ganze Woche mit jemandem, der Sie nur ausnutzen würde und gar keine ernsten Absichten hat, und sind offen für Begegnungen mit anderen Männern. Mag er Sie wirklich, meldet er sich wieder bei Ihnen und wird Sie besuchen kommen.

Kapitel 7

Beziehungen auf Distanz
2. Teil: Wie sie auf Dauer Bestand haben

Gehen wir einmal davon aus, es bestünde zwischen Ihnen und einem Mann bereits eine Beziehung auf Distanz, oder Sie strebten eine solche an. Welche *Regeln* sind zu beachten?

Sie rufen nicht ihn an, sondern er Sie. Er darf das auch gerne öfters tun, nur achten Sie darauf, sich nicht in stundenlange Telefonate verstricken zu lassen. Es muß auch noch etwas zu erzählen bleiben, wenn er Sie besuchen kommt! Beenden Sie das Gespräch nach fünfzehn oder zwanzig Minuten – Sie brauchen sich nicht an die Zehnminutenfrist (siehe Regel Nummer 6 im ersten Buch) zu halten, da es sich schließlich um ein Ferngespräch handelt –, ob er nun das Thema eines Besuches bei Ihnen anschneidet oder nicht. Möchte er Sie am Wochenende sehen, darf er nicht später als am Mittwoch anrufen. Hat er sich erst bei Ihnen gemeldet, wird es vermutlich so sein, daß er zuerst einen Besuch seinerseits bei Ihnen vorschlägt, was ja auch den *Regeln* entspricht. Sagt er aber: »Warum kommst du nicht mal nach Berlin? Ich zeige dir den Ku'damm?«, oder er verlangt von Ihnen, daß Sie sich irgendwo auf halber Strecke treffen, sagen Sie: »Das hört sich wirklich interessant an, aber ich bin im Augenblick total im Streß und komme ganz bestimmt nicht so schnell weg.« Lassen Sie sich gar nicht erst auf irgendwelche Erklärungen ein, was Ihnen denn im Moment gerade so einen Streß bereite und warum Sie jetzt nicht wegkönnten. Sagen

Sie einfach freundlich ab, und er wird merken, daß *er* es ist, der *Sie* besuchen muß.

Wenn er sich nicht auf die Reise machen will, liegt ihm auch nicht so viel an Ihnen. Denken Sie daran, daß Männer stundenlange Fahrten auf sich nehmen, um ein Fußballspiel zu sehen oder eine Ausstellung zu besuchen, die Sie interessiert, also ist es durchaus nicht zuviel verlangt, auch mal ein paar Stunden zu opfern, um zu Ihnen zu kommen. Besser, Sie sehen ihn nie wieder, als ihn zu besuchen oder ihm auf halber Stufe entgegenzukommen. Beides läuft auf das gleiche hinaus – und in der frühen Phase einer Beziehung verstößt das gegen die *Regeln*. Warten Sie, bis er dreimal bei Ihnen gewesen ist, ehe Sie sich auf die Reise zu ihm machen oder ihn auf halber Strecke treffen, und lassen Sie das auch danach nicht zur Gewohnheit werden.

Natürlich reden sich manche Frauen ein, einem Mann ohne einen vorhergegangenen Besuch seinerseits in eine andere Stadt nachzureisen, sei doch ein triftiger Grund, mal aus dem Alltagstrott rauszukommen – seit Jahren haben sie sich keinen Ausflug mehr gegönnt! Wozu haben sie denn ihr eigenes Auto oder die von der Firma gestellte Bahncard? Ja, es ist natürlich schön, mal für wenig Geld mit der Bahn durchs halbe Land zu fahren, aber es entspricht nicht den *Regeln*!

Andere sagen sich, so eine Reise wäre doch eine feine Gelegenheit, eine Freundin oder Verwandte zu besuchen. Bitte bemühen Sie sich nicht, Vorwände dafür zu finden, in die Stadt zu fahren, in der er lebt. Haben Sie einen wirklich guten Grund, in die bewußte Stadt zu reisen – etwa, weil Sie beruflich dort hinmüssen oder Ihre Schwester ihr erstes Kind bekommen hat –, erzählen Sie ihm nichts davon, bis er Sie gezielt fragt, ob Sie nicht zufällig mal was in seiner Gegend zu tun hätten. Und wenn er Sie fragt und Sie ihn in Ihre Pläne einweihen, versetzen Sie ihn nicht gleich in den Glauben, Sie würden auf jeden Fall auch ihn besuchen kommen. Er muß Sie schon bei Ihrem Hotel oder beim Haus Ihrer Schwester abholen, wenn er Sie sehen möchte.

Reisen Sie zu ihm, bevor er sich dreimal auf den Weg zu Ihnen gemacht hat, verlieren Sie Ihren Reiz für ihn, er hält Sie nicht für unnahbar und macht sich keine Mühe mehr, Ihnen näherzukommen. Selbst wenn er sich anfangs zu Ihnen hingezogen gefühlt hat, wird er von nun an erwarten, daß Sie jedesmal angerannt kommen, wenn er ruft. Er wird kurz vor dem Wochenende mit Ihnen telefonieren, vorgeben, er wäre zu beschäftigt, um zu verreisen und Sie bitten, doch noch dieses eine Mal die Mühe auf sich zu nehmen. Er könnte sogar behaupten, so viel zu tun zu haben, daß er Sie nicht einmal vom Bahnhof abholen kann, und bald werden die Wogen des Stresses so über seinem Kopf zusammenschlagen, daß er sich überhaupt nicht mehr mit Ihnen treffen kann, obwohl Sie es ihm schon von sich aus anbieten, sich wieder auf die Reise zu machen. Sobald Sie anfangen, die *Regeln* zu brechen, löst sich auch eine vielversprechende Beziehung rasch in Wohlgefallen auf.

Wir haben von Frauen gehört, denen ihre millionenschweren Bekannten sogar ein Flugticket schenken, damit sie sie besuchen kommen. Diese Frauen fühlen sich natürlich sehr geschmeichelt und glauben, sie hätten das große Los gezogen. Unser Rat war auch in diesem Fall jedesmal, höflich abzulehnen. Selbst wenn er die Millionen nur so scheffelt und Sie mit Ihrem Sekretärinnengehalt gerade eben auskommen, sagen Sie: »Vielen Dank, aber dieses Wochenende kann ich wirklich nicht weg.« Denn es geht nämlich darum, daß *er* Sie besuchen kommt, daß *er* sich der Mühe unterzieht, seinen Koffer zu packen, seinen Terminplan auf Sie einzustellen, notfalls auch auf das Pokalspiel seiner Lieblingsmannschaft verzichtet. Seine Sekretärin telefonieren zu lassen, um seine Termine zu vereinbaren, ist leicht. Er braucht sich nicht anzustrengen und hat am Wochenende Gesellschaft und vielleicht sogar ein bißchen Sex nebenbei. *Sie* aber müssen jemanden besorgen, der auf Ihren Hund aufpaßt, sitzen stundenlang im Zug, müssen Ihren gewohnten Lebensrhythmus unterbrechen. Frauen, die sich nach den *Regeln* richten, vollführen keinen Kopfstand, nur um sich ein teures Essen oder ein lustiges Wochenende zu ergattern. Sie warten auf die wahre Liebe!

Also lassen Sie sich nicht von einem Flugticket, einer Flasche Dom Pérignon oder einem Chauffeur, der Sie am Flughafen abholt, einwickeln. Sie könnten die erste Frau sein, von der er einen Korb bekommt. Keine Sorge. Liebt er Sie wirklich, wird *er* es sein, der bald angerannt kommen wird! Nun mal angenommen, er kommt wirklich. Auf welche *Regeln* müssen Sie achten?

Bei seinen ersten drei Besuchen sollte er nicht über Nacht bleiben. Möchte er es trotzdem, sagen Sie: »Nicht so gern. Wir kennen uns noch nicht lange genug.« Es muß auch ihm überlassen sein, sich eine Übernachtungsgelegenheit zu suchen – in einem Hotel, einer Pension oder bei Bekannten. Das ist nicht Ihr Problem. Denken Sie immer daran, daß die ersten drei Besuche nicht mehr sind als drei abendliche Verabredungen ... Und nach drei Abenden gehen wir noch nicht mit einem Mann ins Bett oder lassen ihn in unserer Wohnung schlafen. Am dritten Abend könnten Sie ihn zum Schluß noch auf einen Kaffee zu sich nach oben bitten, aber er muß gegangen sein, ehe der Morgen graut. Daß er extra angereist gekommen ist, um Sie zu sehen, ändert daran nichts! Ein weiterer Grund, einen Mann in der Frühphase der Beziehung nicht bei sich übernachten zu lassen: Er mag ja nur zu bereit sein, sich ins Flugzeug zu setzen, um Sie zu besuchen, aber möglicherweise nicht aus dem Grund, den Sie sich vorstellen. Vor solchen Herren sollten Sie sich in acht nehmen! Sie wollen sich ein flottes Wochenende machen und sich eine andere Stadt ansehen, aber *Sie* sind dabei nicht die Hauptattraktion, sondern nur eine angenehme Nebensache. Indem Sie ihn bitten, im Hotel zu übernachten, vermeiden Sie solche unverbindlichen Bekanntschaften mit Männern, die eben mal anrufen, wenn sie gerade in der Stadt sind. Sie sind weder ein Hotel noch eine Touristenattraktion. Selbstverständlich bleibt es Ihnen überlassen, einen Mann jederzeit mit zu sich in die Wohnung zu nehmen, um zu sehen, was dabei herauskommt. Träumen Sie aber von Liebe und Erfüllung, müssen Sie sich an die *Regeln* halten!

Bei seinen ersten drei Besuchen sollten Sie ihm weniger von Ihrer Zeit zur Verfügung stellen, als er sich wünscht. Schlägt er zum Beispiel vor, am Freitagabend anzureisen und am Sonntagabend wieder abzufahren, sagen Sie, es wäre Ihnen lieber, wenn er erst am Samstag vormittag käme und beenden das gemeinsame Wochenende schon Sonntagnachmittag.

Sagen Sie nicht alles ab, was ansonsten Ihr Wochenende ausfüllt, nur um jede Minute mit ihm verbringen zu können. Gehen Sie normalerweise am Samstagnachmittag in den Fitneßclub, lassen Sie es auch diesmal nicht ausfallen. Er soll sich inzwischen selber beschäftigen und warten, bis Sie wieder da sind.

Lassen Sie nicht alles stehen und liegen, nur weil *er* in der Stadt ist. Sie haben ja die *Regeln*, und Sie hatten Ihr eigenes Leben, bevor er da war und haben es noch! Auch für ihn ist es gar nicht schlecht, wenn Sie am Wochenende noch eine andere Verabredung außer ihm haben. Er soll mit dem Gefühl abreisen, nicht genug von Ihnen bekommen zu haben anstatt zuviel.

Spielen Sie nicht die Fremdenführerin, wenn er Sie besuchen kommt. Es muß an ihm sein, sich nach Restaurants, Museen, sonstigen Sehenswürdigkeiten und besonderen Veranstaltungen an diesem Wochenende umzuschauen, die er mit Ihnen besuchen kann. Sollte er sich allerdings in Ihrer Stadt nicht auskennen, dürfen Sie Vorschläge machen, aber mit Bedacht! Wenn er Sie fragt, in welches Restaurant Sie mit ihm gehen möchten, wählen Sie nicht das romantische Lokal mit Kerzenschein und Kuschelecken, sondern eines, das Sie auch mit einer Freundin oder einer Kollegin aus dem Betrieb aufsuchen würden. Versuchen Sie nicht zu angestrengt, sich Aktivitäten einfallen zu lassen, damit er sich gut unterhalten fühlt und sich nicht langweilt. Überlassen Sie es ihm, sich den Veranstaltungskalender aus der Zeitung zu schnappen und etwas auszusuchen, oder machen Sie nach seiner Ankunft gemeinsam Pläne. Vergessen Sie nicht, daß er denken soll, Sie seien zu beschäftigt gewesen, um den Ablauf des Wochenendes im voraus zu planen – selbst wenn Sie die ganze Woche über an nichts anderes gedacht haben.

Frauen neigen dazu, zu sehr über den Mann und das Wochenende mit ihm nachzudenken und jeden Einfall sofort in die Tat umsetzen zu wollen. Sie reservieren einen Tisch beim Mexikaner, weil Sie sich plötzlich daran erinnern, daß er ja scharf gewürzte Speisen bevorzugt. Sie besorgen Eintrittskarten für die Sportwagenausstellung, weil er ja Autofan ist. Vielleicht bleiben Ihre Bemühungen nicht unbemerkt – aber der Schuß könnte nach hinten losgehen. Er weiß, daß Sie ihm eine Freude machen wollten, weil Sie ihn mögen, daß Sie sich alles gemerkt haben, was er Ihnen je über sich erzählt hat, daß Sie sich die ganze Woche lang auf seinen Besuch gefreut haben und das Wochenende mit ihm perfekt durchplanen wollten. Aber er wird sich auch erstickt fühlen, und Sie wundern sich dann, wieso er sich nicht wieder meldet.

Ist er dreimal bei Ihnen zu Besuch gewesen, können Sie auch ihn besuchen und in seiner Wohnung übernachten, wenn er Sie dazu einlädt. Und wer kommt für die Reisekosten auf? Das hängt von den Umständen ab. Bietet er an, etwas dazu beizusteuern, lehnen Sie es nicht ab. Tut er das nicht, fragen Sie ihn auch nicht danach, aber lassen Sie ihn alles bezahlen, solange Sie bei ihm zu Besuch sind. Keine Angst – indem Sie sich an die *Regeln* halten, ihn also nur in unregelmäßigen Abständen besuchen, halten Sie Ihre Ausgaben für die Reise ganz von selbst gering. Fahren Sie andererseits aber auch nicht zu oft zu ihm, nur weil er anbietet, Ihnen das Geld für die Fahrkarte zu erstatten. In den *Regeln* geht es darum, ihn für Sie einzunehmen und nicht darum, Geld zu sparen.

Haben Sie in der Stadt, in der er wohnt, Freunde oder Verwandte, wäre es eine gute Idee, sie anzurufen und ein kurzes Treffen mit ihnen zu vereinbaren, damit Sie nicht das ganze Wochenende mit ihm zusammen sind und er Ihrer nicht überdrüssig wird. Bestimmen Sie, wann Sie wieder abfahren.

Wenn Sie eine Beziehung auf Distanz eingehen, berechtigt Sie das nicht automatisch, dem Mann Briefe und Grußkarten zu schicken. Sie sind schließlich keine Brieffreunde. Handelt es sich um eine auf Dauer angelegte Beziehung, können Sie ihm zum Geburtstag oder aus dem Urlaub eine Karte schicken, vorausgesetzt, er tut dasselbe. Diese Karten sollten herzlich, aber nicht kitschig sein. Bitte keine Liebesgedichte.

Entwickelt sich die Beziehung vielversprechend – er ruft Sie jede Woche an, um sich für das Wochenende mit Ihnen zu verabreden, er kommt öfter zu Ihnen als Sie zu ihm, er legt Wert darauf, der einzige Mann in Ihrem

Leben zu sein, dann befinden Sie sich in einer Beziehung auf Distanz nach der Vorgabe der *Regeln*. Ist dies nicht der Fall, halten Sie sich auch für andere Bekanntschaften offen.

Wird es ernst, könnte er auf die Zukunft zu sprechen kommen und Sie fragen, ob Sie je daran gedacht hätten, den Wohnort zu wechseln. »Darüber habe ich überhaupt noch nicht nachgedacht«, sollte Ihre Antwort lauten. Bleiben Sie unverbindlich, bis er Sie ernsthaft fragt, ob Sie ihn heiraten wollen, oder Verlobungsringe besorgt. Es gibt keinen Grund, sich nach einem Nachmieter, einer neuen Wohnung oder einer neuen Stelle umzusehen, solange nicht ein ehrlich gemeintes Angebot von seiner Seite vorliegt.

Ja, an einen Umzug sollten Sie überhaupt erst denken, sobald ein ungefährer Termin für die Hochzeit feststeht. Frauen, die die *Regeln* beherzigen, ziehen nicht vor der Ehe mit einem Mann zusammen und machen auch vor der Hochzeitsreise keine Kurztrips mit ihm. Bis ein Termin ins Auge gefaßt ist, versuchen Sie, ihn nur an den Wochenenden zu sehen.

Haben Sie bereits eine solche Beziehung auf Distanz aufgebaut, bis jetzt aber noch nichts von den *Regeln* gewußt, halten Sie sich von jetzt ab sehr streng daran. Rufen Sie ihn nicht an, warten Sie, bis er von sich hören läßt. Beenden Sie das Gespräch nach einer Viertelstunde oder zwanzig Minuten. Wenn er es bisher gewohnt war, daß Sie ihn immer besuchen, sorgen Sie dafür, daß es von nun an umgekehrt ist. Schützt er vor, zuviel zu tun zu haben, behaupten Sie dasselbe von sich. Dann werden Sie ihm fehlen, er wird sich fragen, was mit Ihnen los ist, und Wege und Mittel suchen, in Ihrer Nähe zu sein – falls er wirklich an Ihnen interessiert ist – und Sie schließlich heiraten!

Kapitel 8

Sie können Ihren Therapeuten bitten, Sie im Umgang mit den Regeln zu unterstützen

In unserem ersten Buch haben wir Ihnen davon abgeraten, Ihrem Therapeuten (natürlich auch, wenn es sich um eine Therapeutin handelt) allzusehr im Detail von den *Regeln* zu erzählen. Wir waren der Meinung, die meisten Therapeuten würden ihre Patientinnen ermuntern, nicht die Unnahbare zu spielen oder gegen ihre Gefühle zu handeln. Unsere Sorge war, ein Therapiegespräch über die *Regeln* könnte zuviel Konfliktstoff erzeugen. Andererseits vertrauen Sie einem Buch, das Ihnen sagt, Sie sollten Ihren Freund nicht von sich aus anrufen und ihm im Anfangsstadium der Beziehung nicht zu viel von Ihren Gefühlen offenbaren, und Sie vertrauen einem Therapeuten, der Ihnen sagt, Sie könnten Ihren Freund jederzeit anrufen und müßten ihm offen und ehrlich von Ihren Gefühlen berichten. Wir ahnten schon, daß es da ein wenig Verwirrung geben dürfte.

Denn die Frauen, denen wir ursprünglich mit den *Regeln* unter die Arme gegriffen haben (lange bevor ein Buch daraus entstand), sagten uns, daß unsere Ratschläge das genaue Gegenteil dessen wären, was Ihre Therapeuten ihnen für den Umgang mit Männern rieten. Erzählten sie ihren Therapeuten von dem Konzept der *Regeln*, warnten diese sie davor, sich weiter daran zu halten. Als jedoch diese Frauen merkten, daß es die *Regeln* gewesen waren, mit deren Hilfe sie erfolgreich eine Männerbekanntschaft aufgebaut und den Ehemann fürs Leben gefunden haben, brachen sie entweder die Therapie ab oder zogen aus den *Regeln* nur Nutzen für den Ehealltag und aus der Therapie für alle anderen Dinge des Lebens.

Also werden Sie verstehen, warum wir Ihnen davon abgeraten haben, Ihrem Therapeuten von den *Regeln* zu erzählen. Wir wollten nicht versuchen, Ihren Therapeuten von der Partnersuche seiner Patientin auszuschließen, wir wollten aber auch nicht, daß sich die Frauen hin- und hergerissen fühlen. (Selbst wenn Sie fest an die *Regeln* glauben, ist es schon nicht leicht, sich strikt daran zu halten!)

Wir waren angenehm überrascht, als wir erfuhren, daß eine Reihe von Therapeuten durchaus Verständnis für unsere Standpunkte hatten. Seit der Veröffentlichung unseres ersten Buches haben wir Dutzende von Briefen von Therapeuten und psychologischen Beratern erhalten, in denen uns versichert wurde, unser Buch gäbe den Frauen erstklassige Ratschläge für die Partnersuche in die Hand und würde deren Selbstwertgefühl unterstützen. Sie selber hätten die *Regeln* ihren Patientinnen empfohlen. Manche gaben sogar zu, persönlich in einer Partnerschaftskrise gesteckt zu haben, bis sie von den *Regeln* erfuhren! Andere bieten sogar auf den *Regeln* basierende Gruppentherapien an, um Frauen zu helfen, die *Regeln* praktisch umzusetzen und mögliche Widerstände abzubauen.

Zum Beispiel schrieb uns eine Therapeutin, manche ihrer Patientinnen hätten das Gefühl, es wäre unhöflich, den Anruf eines Mannes nicht zu erwidern, also schlug sie ihnen vor, tagsüber, wenn die Männer arbeiten, bei ihnen zu Hause anzurufen und eine kurze Nachricht auf dem Anrufbeantworter zu hinterlassen. Es ist ein erfreuliches Gefühl, zu wissen, daß Therapeuten versuchen, die *Regeln* in ihre Arbeit mit einzubeziehen.

Viele Therapeuten sind sich mit uns darüber einig, daß es sehr auf solche Kleinigkeiten ankommt. Sie geben zu, daß Wärme und Gesprächsbereitschaft für konkrete Hilfe bei der Partnersuche oft nicht ausreichen und daß durch die *Regeln* eine bestehende Lücke gefüllt worden sei. Sie haben erkannt, daß das Buch nicht bloß ein Lebenshilferatgeber mit lauter Vorschriften ist, sondern einen Weg aufzeigt, zu einem erfüllten Leben und zu einem von Selbstvertrauen bestimmten Umgang mit dem anderen Geschlecht zu gelangen.

Wie uns eine Therapeutin aus dem mittleren Westen der USA schrieb, waren viele Frauen »ratlos, bevor die *Regeln* in Buchform erschienen. Sie haben zuviel auf einmal gegeben, und das zu früh. Sie haben sich zu stark engagiert und sind dann nur bitter enttäuscht worden. Mit den *Regeln* ist es kein Ratespiel mehr, wie eine Frau mit einer neuen Männerbekanntschaft umgehen sollte. Vor den *Regeln* waren Frauen sich unsicher, wieviel sie einem Mann von sich anvertrauen durften und haben die Beziehung statt dessen in fünfstündigen Telefongesprächen totgeredet. Die *Regeln* geben Frauen ein neues Selbstwertgefühl und ermuntern sie, mehr Verantwortung für sich selber zu übernehmen.«

Besagte Psychologin stellte fest, daß die *Regeln* sich als besonders nützlich erweisen, wenn es darum geht, den Frauen in der Anfangsphase einer Beziehung zu helfen, »das Verlangen, der aggressivere Part zu sein, das erste Wort zu sagen, unter Kontrolle zu halten«. Sie rät den Frauen, »die Sache auf sich zukommen zu lassen«.

Eine Therapeutin aus New York preist die *Regeln* für unseren Ratschlag, sich dem Mann nicht zu schnell zu öffnen: »Sie haben recht. Männer behaupten immer, sie wollten eine Frau, die ihnen all ihre Wünsche offenbart, die aufrichtig ist, keine Geheimnisse hat. Sie mögen solche Frauen, befreunden sich gerne mit ihnen, aber sie verlieben sich in Frauen, die nach den *Regeln* leben, und heiraten sie schließlich auch. Die Männer sagen zwar immer noch, sie fühlten sich durch die *Regeln* manipuliert, aber gleichzeitig sind sie fasziniert von den Frauen, die die *Regeln* zu handhaben wissen ...«

Ein Therapeut schrieb uns, er halte die *Regeln* für »das definitive Buch, um den Frauen zu beweisen, daß sie in einer Beziehung keine Machtposition aufzugeben brauchen. Gerade der Umgang mit den Randerscheinungen einer sich anbahnenden Beziehung, der Frauen viel Kopfzerbrechen bereitet, wird treffend beschrieben.«

Ein anderer Therapeut lobt die *Regeln*, weil sie »Verhaltensmuster vorgeben, wie eine Frau mit den tiefen Gefühlen, die am Anfang einer romantischen Liebesbeziehung aufgewühlt werden können, umgehen sollte« und stellt weiter fest, Frauen entwickelten »bisweilen ein so starkes Verlangen nach einer Beziehung«, daß sie sich emotional und sexuell zu sehr engagieren und »sich der Erfahrung berauben, begehrt und liebevoll umsorgt zu werden«. Therapeuten sind sich darüber einig, daß es einer Frau ein wunderbares Gefühl gibt, von einem Mann umworben zu werden.

Eine Therapeutin verteidigt die klassische Psychotherapie, indem sie darauf hinweist, daß das, was in therapeutischen Sitzungen stattfinde – der Grad der Offenheit und Aufrichtigkeit, zu dem der Patient ermutert werde –, nie dazu gedacht gewesen sei, bei der Partnersuche angewendet zu werden. Das sei nie die Zielsetzung einer Therapie gewesen. Therapeuten seien wohl eher davon ausgegangen, ihre Patienten *wüßten*, daß sie bei einem Rendezvous nicht gleich alles über sich erzählen sollten. Den Therapeuten sei aber verborgen geblieben, daß ihre Patientinnen schon der zweiten oder dritten Verabredung mit einem neuen Bekannten mit intensiven Gefühlen und Erwartungen entgegensahen. Vor den *Regeln* konnten diese Frauen nicht wissen, wie unangemessen das war, und zwar aus dem einfachen Grunde, weil ihnen das nie jemand gesagt hatte.

Um diesen Punkt zu verdeutlichen, stellen Sie sich bitte vor, Sie kämen mit Gewichtsproblemen in eine Therapie. In der Sitzung sprechen Sie über die Gefühle, Frustrationen und Situationen, bei denen Sie das Verlangen überkommt, übermäßig zu essen. So weit, so gut. Wichtig ist nur, daß Sie nicht gleich der nächsten Zuckerbäckerei zustreben, sowie Sie die Praxis verlassen haben. Genauso verhält es sich mit den *Regeln*. Sprechen Sie mit Ihrem Therapeuten ruhig darüber, daß Sie einen Mann, mit dem Sie erst zweimal ausgegangen sind, am liebsten gleich heiraten würden, nur sagen Sie es *dem Mann* nicht.

Natürlich gibt es auch Therapeuten, die von den *Regeln* ganz und gar nichts wissen wollen. Wir haben kein Interesse daran, jemanden von seiner vorgefaßten Meinung abzubringen. Wir raten den Frauen nur, den für sie richtigen Ansatz zu suchen, festzustellen, womit sie Erfolg haben und womit nicht. Die *Regeln* haben uns und zahllose andere Frauen nicht im Stich gelassen.

Angenommen, Sie glauben an die *Regeln* und Ihr Therapeut *hat nichts dagegen*, dann sollte es auch zu keinem Konflikt zwischen der Therapie und den *Regeln* kommen, solange Sie sich an die *Regeln* halten, sowie die Therapiestunde zu Ende ist. Benutzen Sie die Therapie, um über Ihre Gefühle und Ihre zurückliegenden Beziehungen zu sprechen, darüber, daß Sie zu leicht verletzbar sind und so weiter, aber benutzen Sie die *Regeln*, um Ihr Verhalten im Umgang mit Männern zu ändern. Haben Sie in der Sitzung eine Stunde lang Ihre Beziehung zu einem Mann, den Sie gerade erst kennengelernt haben, diskutiert und im Anschluß daran das starke Bedürfnis, mit ihm zu telefonieren, *rufen Sie ihn nicht an* und erzählen Sie ihm bei Ihrem nächsten Zusammensein auch nicht, wie die Sitzung gelaufen ist. Nehmen Sie Ihre Gefühle bewußt wahr, aber halten Sie sich an die *Regeln*.

Und wenn Sie der Meinung sind, Ihr Therapeut könne Ihnen dabei helfen, bitten Sie ihn oder sie unbedingt, die *Regeln* in Ihre gemeinsame Arbeit mit einzubeziehen.

Aber geben Sie acht, wenn Ihr Therapeut Ihnen sagt, Sie sollten im Widerspruch zu den *Regeln* handeln, zum Beispiel, wenn er oder sie möchte, daß Sie einen Mann anrufen, der eine Weile lang nichts mehr von sich hat hören lassen. Sei es, um herauszufinden, was passiert ist, um Ihrer Verstimmung Ausdruck zu geben, um die Beziehung zu retten. Tun Sie das nicht. Die *Regeln* sagen: Kein Anruf Ihrerseits. Trösten Sie sich vielmehr mit dem Gedanken, ihn noch rechtzeitig losgeworden zu sein. Wenn er ohne Begründung aufgehört hat, sich zu melden, dann wollen Sie auch gar nichts mehr von ihm wissen! Ihre Wut können Sie sich in der Therapie von der Seele reden oder auf Ihrem Hometrainer austoben, aber fragen Sie nie einen Mann, warum er Sie nicht mehr anruft und erzählen ihm dann noch, wie wütend Sie sind, um ihn zu überzeugen, daß Ihre Beziehung noch eine Zukunft hat. Wenn er sich – aus welchen Gründen auch immer – nicht mehr für Sie interessiert, gibt es keinen Grund, *auf ihn* böse zu sein. Sie haben ein Anrecht auf Ihren Zorn, aber ihn jetzt anzurufen, wäre ein Akt der Verzweiflung, nach dem Sie sich nur um so mieser fühlen würden. Außerdem wollen Sie doch niemanden *zwingen*, mit Ihnen zusammen zu sein!

Abschließend bliebe noch zu sagen, daß es nur *eine* Möglichkeit gibt, zu erfahren, wie Ihr Therapeut über die *Regeln* denkt: Sie müssen fragen. Bitten Sie Ihren

Therapeuten, Ihnen bei der Einhaltung der *Regeln* zu unterstützen. Wenn er oder sie das ablehnt, Sie aber weiterhin in Behandlung bleiben wollen, weil Sie sich fachlichen Rat in anderen Fragen erhoffen, brauchen Sie die *Regeln* vermutlich überhaupt nicht erst zu diskutieren. Haben Sie den Wunsch, mit jemandem über die *Regeln* zu sprechen, setzen Sie sich mit einer Frau, die dieses Konzept erfolgreich für sich angewandt hat, und/oder mit einer entsprechenden Selbsthilfegruppe in Verbindung. Von dort können Sie Hilfe und Unterstützung erwarten und stehen nicht alleine mit Ihrem Wunsch da, sich nach den *Regeln* verhalten zu wollen.

Kapitel 9

Wenn er nicht anruft, ist er eben doch nicht so interessiert an mir. Basta!

Wir wissen, daß es oft nicht leicht ist, das zu akzeptieren. Wir kennen sie alle – jede nur denkbare, scheinbar logische Erklärung, die vorgeschoben wird, um sich nicht der unangenehmen Wahrheit stellen zu müssen: Bei Ihrem letzten Treffen hatte er gesagt, er werde wieder anrufen, und hat es nicht getan. Nun sind Sie davon überzeugt, daß es daran gelegen hat, daß Sie nicht oft genug gelächelt oder zu wenig gesagt haben – oder zu viel. Sie haben sich nicht bei ihm für die Einladung zum Abendessen bedankt. Sie haben das teuerste Gericht von der Karte bestellt, und nun denkt er, daß Sie nur hinter seinem Geld her sind.

Oder er hat nicht angerufen, weil er wirklich zuviel zu tun hat, oder es ist wegen seines kranken Vaters oder weil seine geschiedene Frau ihm Probleme macht. Die Geschäfte gehen auch schlecht. Vielleicht war ihm deshalb nicht danach, mit Ihnen zu telefonieren?

Er hat ein schlechtes Gewissen, weil er glaubt, Sie hätten sich beim letzten Mal nicht gut genug amüsiert, und läßt deshalb nichts von sich hören. Er ruft nicht an, weil er Ihre Telefonnummer verlegt hat.

Jede Frau kann sich hundert Gründe dafür einreden, warum ein Mann sie nicht wieder angerufen hat. Aber unterm Strich bleibt nur eine Erklärung: Wenn er nicht anruft, ist er eben doch nicht so interessiert.

Wir wollen ja nicht behaupten, daß er Sie nicht mehr mag und daß das letzte Zusammensein mit ihm nicht schön war oder daß er nicht manchmal doch an Sie denkt, aber wenn er es nicht einmal schafft, Ihre Nummer zu wählen, was ist dann an ihm dran?

Wenn Sie ihn schon anrufen müssen, um ihm zu sagen, daß Sie auch noch existieren, stimmt etwas nicht. Wenn Sie dann nicht locker lassen und er Sie eines Tages doch heiratet, werden Sie ihn jedes Jahr an Ihren Geburtstag oder Ihren Hochzeitstag erinnern müssen oder ihn dauernd im Büro anrufen, um überhaupt mal mit ihm zu sprechen. Abendlichen Sex oder eine gemeinsame Ferienreise müssen Sie initiieren.

Er mag zwar immer davon reden, mal zusammen wegzufahren, aber die Organisation der Reise bleibt dann wieder an Ihnen hängen, weil er zu beschäftigt ist, sich darum zu kümmern. Das ist doch keine Beziehung, auf die sich eine Frau einlassen möchte, die es gewohnt ist, nach den *Regeln* zu leben!

Also verschwenden Sie keine Zeit damit, zu analysieren, was ihn davon abhalten könnte, Sie anzurufen, und was Sie verkehrt gemacht haben könnten. Wenn er sich partout nicht meldet, soll er doch bleiben, wo er ist!

Kapitel 10

25 Gründe für eine Frau, einen Mann anzurufen, es aber besser sein zu lassen!

1. Er läßt nichts von sich hören.
2. Er könnte Ihre Telefonnummer verlegt haben.
3. Sie glauben, er könnte glauben, Sie wollten nichts von ihm wissen.
4. Sie haben zwei Karten fürs Theater bekommen.
5. Sie brauchen jemanden, der Sie zu einer Hochzeitsfeier begleitet.
6. Ihre Mutter erkundigt sich dauernd nach ihm.
7. Ihre Freundin ermuntert Sie, ihn anzurufen.
8. Ihr Bruder sagt, er würde sich geschmeichelt fühlen, wenn eine Frau ihn anriefe.
9. Sie liegen nachts lange wach, weil er nicht anruft.
10. Sie wollen wenigstens wissen, *warum* er nicht anruft.
11. Sie wollen von ihm sein Chili-Rezept haben.
12. Sie haben Ihren Schirm in seiner Wohnung vergessen.
13. Sie können ohne ihn nicht mehr leben!
14. Sie wollen ihn fragen, was ihm an Ihnen nicht gefällt. »Ist es wegen meiner Haare? War es nicht schön mit mir im Bett? Was war es denn sonst?« Und dann wollen Sie alles besser machen als bisher.
15. Sie möchten wissen, wie es ihm geht.
16. Sie wollen ihm zum Geburtstag gratulieren oder ein frohes Neues Jahr wünschen.
17. Sie haben sich eine Geheimnummer zuteilen lassen und möchten sie ihm mitteilen.

18. In Ihrer Verzweiflung haben Sie sich entschlossen, Nonne zu werden, möchten aber wenigstens noch seine Meinung dazu einholen.
19. Sie wollen wissen, ob seine neue Freundin schlanker, hübscher, intelligenter, beruflich erfolgreicher oder besser im Bett ist als Sie.
20. Sie wollen bloß mal anrufen, um hallo zu sagen.
21. Sie sind selten zu Hause und schwer zu erreichen.
22. Ihr Anrufbeantworter ist kaputt.
23. Sie fliegen einige Tage nach Paris (seine Lieblingsstadt) und wollen ein paar Besichtigungstips von ihm.
24. Ein letztes Mal wollen Sie ihn noch fragen: »Ist es wirklich aus zwischen uns?«
25. Zum Abschied hat er gesagt: »Ruf doch mal an.«

Kapitel 11

Drücken Sie sich nicht, auch wenn Ihnen sehr danach zumute ist

Manche Frauen haben Glück. Mit zweiundzwanzig heiraten sie ihren Schwarm von der Oberschule oder von der Uni und brauchen sich nie wieder Gedanken um den Mann fürs Leben zu machen. Aber wenn das auf Sie nicht zutrifft und der einzige Mann in Ihrem Leben der Besitzer der Reinigung unten im Haus ist? In der Vergangenheit hatten Sie ein paar Beziehungen mit Männern, aber die haben alle zu nichts geführt, weil Sie die *Regeln* noch nicht kannten.

Es gibt viele Frauen, denen es so geht wie Ihnen. Sie kommen schlicht und ergreifend nie mit Männern in Kontakt. Jahre mögen verstreichen, ohne daß sie einen einzigen Samstagabend eine Verabredung hatten. Die Silvesternacht verbringen sie im Kreis von Freundinnen oder vor dem Fernseher. Falls das auf Sie zutrifft, sollten Sie sich klarmachen, daß Ihr Traummann Ihnen nicht von selbst in den Schoß fallen wird, und Sie daher unverzüglich etwas unternehmen müssen, um Männer kennenzulernen, *selbst wenn Ihnen gar nicht danach ist.*

Logischerweise können Sie mit den *Regeln* nicht viel anfangen, wenn es gar keine Männer in Ihrem Leben gibt.

Kein Grund zu verzweifeln – konzentrieren Sie sich auf etwas – irgend etwas –, womit Sie Ihre Chancen erhöhen, Männer kennenzulernen, damit Sie die *Regeln* anwenden können und eines Tages glücklich verheiratet sein werden. Ein guter Vorschlag wäre, jede Woche einmal unter Menschen zugehen, *egal, ob Sie mögen oder nicht*! Hier ein paar Tips:

Gehen Sie dieses Wochenende auf eine Singleparty, beteiligen Sie sich an der Gemeindearbeit Ihrer Kirche, stellen Sie einen Teil Ihrer Freizeit in den Dienst einer karitativen Organisation, gönnen Sie sich eine Reise in eine Ferienanlage am Mittelmeer, geben Sie eine Kontaktanzeige auf, lassen Sie sich bei einer Partnerschaftsvermittlung eintragen, machen Sie mit Kollegen eine Skireise, werden Sie Mitglied in einem Tennisclub, joggen Sie im Park – irgend etwas! Sie müssen gar nicht gut tanzen, Ski fahren oder Tennis spielen können oder sich die Lunge aus dem Leib laufen. Sie müssen diese Aktivitäten nur sorgfältig planen, regelmäßig erscheinen, Ihr Bestes geben und lächeln.

Vielleicht denken Sie jetzt: »Aber ich habe doch niemanden, mit dem oder der ich da hingehen kann.« Dann müssen Sie eben *alleine* gehen! Natürlich wäre es viel besser, eine Freundin zu kennen, die Ihre Interessen teilt, aber wenn Sie keine solche Freundin haben, ist das keine Entschuldigung dafür, in der Stube hocken zu bleiben. Viele Frauen aus unserem Bekanntenkreis mußten sich buchstäblich zwingen, alleine auf eine Party oder zu einer anderen Veranstaltung zu gehen, obwohl sie gar keine Lust dazu hatten, und an einem solchen Abend haben sie dann ihren späteren Ehemann kennengelernt. Wenn Sie immer auf jemanden warten, der oder die Sie begleitet, auf eine bequeme Mitfahrgelegenheit oder auf besseres Wetter, kommen Sie niemals los. Wie ernst ist es Ihnen mit Ihren Absichten, einen Mann kennenzulernen, wenn Sie sich zu nichts aufraffen können? Bisweilen ist es sogar besser, alleine irgendwo hinzugehen, weil Sie dann zeitlich nicht an einen anderen gebunden sind und es den Männern auch leichterfällt, Sie anzusprechen.

Außerdem müssen Sie als erwachsener Mensch akzeptieren, daß Sie nicht ständig eine Freundin an Ihrer Seite brauchen, wenn Sie etwas unternehmen wollen. So viele Aufgaben im Leben müssen ganz alleine bewältigt werden – denken Sie doch nur an ein Vorstellungsgespräch oder einen Zahnarztbesuch. Manchmal müssen Sie eine solche Unternehmung auch als Arbeit betrachten – sie muß getan werden, ob Ihnen nun danach ist oder nicht.

Es wird nicht leicht sein, sich selbst zu motivieren, vom Sofa aufzustehen, sich hübsch anzuziehen, sich zu schminken, aber es muß sein. Kann auch sein, daß Sie sich auf der Party nicht sonderlich amüsieren, aber wenigstens haben Sie ein paar Stunden lang die *Regeln* praktiziert, bevor Sie wieder nach Hause gehen.

Sagen Sie nicht: »Heute bin ich gerade überhaupt nicht in Stimmung zu diesem oder jenem.« Gehen Sie trotzdem!

Wir wissen, daß es manchmal etwas unangenehm ist, ohne Begleitung einer Veranstaltung beizuwohnen, aber schließlich kostet es immer ein wenig Überwindung, sich an die *Regeln* zu halten. Sie machen sich vielleicht auch Sorgen, nicht von den Männern angesprochen zu werden, zu den Sie sich hingezogen fühlen, und frustriert wieder nach Hause fahren, weil Sie auf die bevorzugten Männer nicht von selber zugehen durften –, schließlich wollen Sie ja die *Regeln* beherzigen. Sie haben hinterher vielleicht das Gefühl, es wäre nützlicher gewesen, sich mit einem guten Buch ins Bett zu legen, aber auf die Weise lernen Sie nie einen Mann kennen, also auf geht's!

Selbst wenn Sie nicht gleich dem Richtigen begegnen, ist es gut für Sie, unter Leute zu kommen – sei es in einem Restaurant, das gerade »in« ist, in einem Museum, bei einer Lesung oder auf einer Party. Sie haben die Chance, neue Menschen kennenzulernen, Ihren Horizont zu erweitern, sich unbefangener zu geben, wenn viele Leute um Sie herum sind, und vor allem, die *Regeln* zu praktizieren.

Erzählen Sie einer Freundin, was Sie sich für diese Woche vorgenommen haben, und tun Sie das dann auch!

Kapitel 12

Halten Sie sich an die Regeln, auch wenn die Dinge sich nur langsam entwickeln

Ein wichtiges Credo der *Regeln* ist, lieber mit gar keinem auszugehen, als den Falschen zu heiraten. Der Samstagabend ist besser beim Babysitten Ihrer Nichten und Neffen oder mit einem guten Buch auf dem Sofa verbracht als mit einem Mann, der Sie nicht liebt.

Nehmen wir einmal an, Sie haben sich jetzt ein halbes oder sogar ein ganzes Jahr lang an die *Regeln* gehalten und kein Ergebnis vorzuweisen. Keinen Verlobungsring, keinen festen Freund und viele Samstagabende allein zu Haus. Sie gehen auf Parties, in Museen, zu anderen Veranstaltungen, Sie sehen gut aus, und Sie jagen nicht den Männern nach. Männer, die Ihnen gefallen, kommen nicht auf Sie zu, und die, mit denen Sie nichts zu tun haben wollen, rücken Ihnen nicht von der Pelle. Ihre Freundinnen, die sich nicht an die *Regeln* halten, scheinen sich dagegen vor Verabredungen gar nicht retten zu können. Nun gut, ihre Beziehungen zu Männern sind nicht konfliktfrei – manchmal sogar richtig unerquicklich – und halten auch nicht lange, aber wenigstens haben Ihre Freundinnen etwas um die Ohren, während Sie einsam bleiben. Selbst Ihre Mutter rät Ihnen, mehr aus sich herauszugehen! Was machen Sie falsch?

Eigentlich gar nichts. Sie sind einfach noch nicht dem Richtigen begegnet. Tatsache ist, daß ein solcher Mann, ein Mann, den Sie heiraten möchten, der auch Sie heiraten möchte und zärtlich um Sie wirbt, Ihnen nur wenige Male im Leben begegnen dürfte. Also wundern Sie sich nicht, wenn Sie von der Party nach Hause kommen und es nichts zu berichten gibt, außer, daß Sie sich an die *Regeln* gehalten haben. Keine anregenden Gespräche, kein Mann hat Sie nach Ihrer Telefonnummer gefragt.

Viele Frauen, die wir kennen, haben ein Jahr oder länger diese leidige Erfahrung machen müssen, sind heute aber glücklich verheiratet und froh, daß sie nicht schwach geworden sind und mit den *Regeln* gebrochen haben.

Seien Sie nicht überrascht, wenn auch Sie in solchen Zeiten, in denen sich aber auch gar nichts zu bewegen scheint, bisweilen versucht sind, die *Regeln* sausen zu lassen. Sie könnten zum Beispiel den Wunsch verspüren, mit dem erstbesten Schönling, der Ihnen über den Weg läuft, eine Unterhaltung anzufangen oder einen verflossenen Liebhaber, der nicht gut zu Ihnen gewesen ist, anzurufen, um zu versuchen, eine längst begrabene Beziehung wieder zum Leben zu erwecken, einfach nur aus Langeweile und dem Gefühl der Einsamkeit heraus. Wir verstehen, wie Ihnen zumute ist, aber Sie dürfen diesem Gefühl nicht nachgeben! Ihnen steht nur neuer Herzschmerz und vertane Zeit bevor.

Führen Sie sich vor Augen, daß solche ereignislosen Perioden keineswegs verlorene Zeit darstellen, sondern Sie vielmehr mit Hilfe der *Regeln* alle ungeeigneten Heiratskandidaten aussieben, ein unverzichtbarer Bestandteil Ihrer Suche nach dem einen, dem Richtigen.

Merken Sie, daß Sie einen Abschnitt Ihres Lebens erreicht haben, in dem es mit den Männern nicht so recht klappen will, nutzen Sie die freigewordene Zeit, um sich beruflich fortzubilden, sich auf Ihren Studienabschluß vorzubereiten, Ihre Wohnung zu renovieren oder sich ein Hobby zuzulegen. Wie wäre es mit Tennis? In einer *Regeln*-Selbsthilfegruppe erfahren Sie Zuspruch und Aufmunterung. Tun Sie, was Sie wollen – nur fangen Sie keine Beziehung mit einem Mann an, der nicht für Sie geeignet ist. Sie können's nie wissen – möglicherweise begegnen Sie Ihrem zukünftigen Ehemann auf dem Tennisplatz oder im Volkshochschulkurs.

Frauen, die in Zeiten des Leerlaufs in Liebesdingen die *Regeln* brechen, landen oft in unglücklichen Beziehungen und, was noch schlimmer ist, lassen sich durch solche Beziehungen von der Suche nach dem Richtigen ablenken und sind fünf Monate oder gar fünf Jahre später immer noch Singles und entsprechend älter. Frauen, die an die *Regeln* glauben, verlieren keine Zeit!

Kapitel 13

*Erzählen Sie den Medien nichts von
Ihrem Liebesleben – und andere Regeln
für Prominente*

Sie sind eine Schönheit, erfolgreich und wohlhabend, prominent oder Inhaberin Ihrer eigenen Firma und glauben, Sie hätten es nicht nötig, sich an die *Regeln* zu halten, weil Sie denken, mit Ihrem Aussehen, Ihrem Vermögen, Ihrer Macht und der Ausstrahlung Ihrer Persönlichkeit würde Ihr Traummann Ihnen nur so zufliegen und Sie könnten ihn leicht auf Dauer an sich binden?

Aber wenn Reichtum, Schönheit, Berühmtheit und Einfluß ausreichen, um sich den Richtigen zu angeln, wieso sind dann so viele Models, Schauspielerinnen und erfolgreiche Geschäftsfrauen unverheiratet, geschieden oder stecken in unbefriedigenden Partnerschaften? Die Antwort hat nichts mit Geld und Ruhm zu tun. Diese Frauen halten sich nicht an die *Regeln*. Sie begeben sich entweder unverhohlen auf Männerjagd oder machen sich Männern, die Interesse an ihnen zeigen, zu leicht verfügbar.

Schauspielerinnen, Models und Frauen der Gesellschaft sind häufig die schlimmsten *Regel*brecherinnen, weil sie es gewohnt sind, daß die Männer ihnen zu Füßen liegen. Also glauben sie, sie könnten sich auch Männer an Land ziehen, die nie Interesse an ihnen gezeigt haben. Überflüssig, zu betonen, daß sie sich damit im Irrtum befinden. Die Partnerschaften, die auf diese Weise zustande kommen, haben selten eine Zukunft, und manche enden in unschönen Scheidungen, die von der Klatschpresse breitgetreten werden. Natürlich würde es unserer Argumentation mehr Nachdruck verschaffen, wenn wir Namen nennen könnten, doch das würde den betroffenen Frauen Peinlichkeiten bereiten und sie verletzen, deswegen wollen wir uns gerne zurückhalten. Vielmehr kommt es darauf an, was wir aus ihren Fehlern lernen können!

Worin bestehen die typischen Regelverstöße prominenter Schauspielerinnen, Models und wohlhabender Geschäftsfrauen? Sie erblicken auf einer Party, in einem Restaurant oder im Rahmen ihrer geschäftlichen Kontakte einen Mann und beschließen, daß sie ihn gerne näher kennenlernen möchten. Also rufen sie diesen Mann an, um sich mit ihm fürs Theater, zu einer Tennisveranstaltung oder einem Geschäftsessen zu verabreden oder lassen das durch ihre Sekretärin oder ihren PR-Manager arrangieren.

Der Mann fühlt sich natürlich geschmeichelt und mag die Einladung nicht ausschlagen. Handelt es sich um eine Schauspielerin, war er möglicherweise schon lange von ihrem Talent angetan, und bei einer Geschäftsfrau könnte er Ehrfurcht vor ihrem beruflichen Erfolg empfinden. Er macht ihr monate- oder jahrelang den Hof und heiratet sie am Ende vielleicht sogar. Doch in seinem Herzen weiß er, daß diese Beziehung nicht ganz das ist, was er sich immer vorgestellt hat. Sie ist nicht die Frau, die er von sich aus gewählt hätte, und so wird ihm immer etwas an ihr fehlen. Sie wird stets mehr an ihm interessiert sein als er an ihr.

Mit der Zeit wird er ihrer überdrüssig oder hat sogar hinter ihrem Rücken andere Affären. Irgendwann wird er sie dann verlassen und sich einer Frau zuwenden, die *ihm* aufgefallen ist, um die *er* sich bemühen mußte, auch wenn diese Frau längst nicht so attraktiv, vermögend und gesellschaftlich angesehen ist. Alle Welt fragt sich dann vielleicht, wieso dieses Traumpaar auseinander geht, aber das ist gar nicht so verwunderlich. Hätte die Frau sich an die *Regeln* gehalten ...

Männer haben ganz bestimmte Vorstellungen. Eine Frau kann noch so schön, begabt und reich sein – sie kann sich keinen Mann damit *erkaufen*!

Gerade Schauspielerinnen, Models, einflußreiche und berühmte Frauen sind alles andere als von den *Regeln* ausgenommen. Sie müssen sie um so sorgfältiger befolgen, weil ihr Privatleben im Rampenlicht der Öffentlichkeit steht. Gehen sie auf Männerfang, schmälert das ihr Ansehen, die ganze Welt wird davon erfahren, und es führt nur zu Peinlichkeiten.

Betreibt zum Beispiel eine höhere Angestellte aktiv das Zustandekommen einer Beziehung zu einem Kollegen und erzählt ihrer Sekretärin oder anderen Angestellten davon, weiß es bald die ganze Firma. Infolge der unerwünschten Publizität könnte sich der betreffende Kollege von der Frau abwenden, weil er sich von ihr durch ihre Indiskretion hintergangen fühlt.

Wenn Sie als Frau des öffentlichen Lebens gegen die *Regeln* verstoßen, bringen Sie sich nur unnötig ins Gerede und machen sich gar noch zum gefundenen Fressen, wenn ein Mann Ihnen schaden will. Enttäuschte Liebhaber könnten die Liebesbriefe, die Sie ihnen geschrieben haben, veröffentlichen oder intime Plaudereien durchsickern lassen, um Ihnen damit eins auszuwischen.

Halten Sie sich aber an die *Regeln*, gibt es nichts Negatives von Ihnen zu berichten, denn Sie haben diesen Männern ja nichts in die Hand gegeben. Also Finger weg von intimen Liebesbriefen! Außerdem sieben Sie ja, wie gesagt, mit Hilfe der *Regeln* ganz von selbst diejenigen Männer aus, die sich nur wegen Ihres Geldes oder Ihrer gesellschaftlichen Stellung um Sie bemühen.

Wenn Sie nichts dabei finden, einen Mann auf Ihre Skihütte einzuladen, weil Sie eine besitzen und er nicht, oder einen Mann auf eine Reise mitzunehmen, weil Sie vermögender sind als er, denken Sie immer daran, daß der Mann Ihre Großzügigkeit vielleicht nur ausnutzen möchte.

Es könnte sein, daß er nie wieder etwas von sich hören läßt, nachdem Sie soviel Geld in ihn investiert haben. Nehmen Sie also lieber eine Freundin mit oder fahren Sie alleine. Halten Sie sich aber an die *Regeln*, spürt der Mann bald, daß er nur *Sie* bekommt, wenn er mit Ihnen ausgeht, und keine Extravergünstigungen. Ist er an mehr als nur an Ihnen allein interessiert, verschwindet er rasch von der Bildfläche.

Nutzen Sie nicht Ihre Verbindungen, um einem Mann, mit dem Sie eine Beziehung unterhalten, bei seinem beruflichen Fortkommen zu helfen. Ist er Anwalt, lassen Sie Ihre Firma nicht durch ihn vertreten. Stellen Sie sich die Unannehmlichkeit vor, wenn Sie sich trennen und er Ihr rechtlicher Berater bleibt! Verfügen Sie über ein Vermögen, sprechen Sie nie über Geld und Macht oder erwähnen Sie nicht, Ihr Vater sei Millionär. Verschaffen Sie einem Mann keine niederen Beweggründe, mit Ihnen zusammensein zu wollen. Männer sollten nie der Gewohnheit verfallen, etwas von Ihnen zu *erwarten*.

Eine vermögende Frau aus unserem Bekanntenkreis hatte Probleme damit, den richtigen Mann zu finden und ließ eine Bekanntschaftsanzeige drucken, in der sie erwähnte, ihr gehöre eine Softwarefirma, sie besitze einen Sportwagen und eine Skihütte. Damit hoffte sie, interessante Männer auf sich aufmerksam zu machen – so ungefähr etwa, wie manche Frauen glauben, sie könnten einen Mann an sich binden, indem sie sich ihm sexuell hemmungslos hingeben. Dementsprechend meldeten sich auf die Annonce auch nur Männer, die auf der Suche nach einem Job waren oder sich kostenlose Wochenendausflüge auf die Skihütte versprachen. Wir rieten unserer Bekannten, eine neue Anzeige aufzugeben, in der sie ihr verführerisches Lächeln, ihr langes Haar und ihre großartige Rückhand hervorhob und nichts von ihrem Vermögen und ihrer Firma zu erwähnen, bis ein Mann aufrichtiges Interesse an ihr zeige. Auf die Frage, was sie denn beruflich so mache, sollte sie antworten: »Ich bin in der Softwarebranche«, oder: »Ich bekleide eine leitende Position in einer Computerfirma.« Wir rieten ihr auch dringend, keinen Mann freizuhalten oder zum Skifahren mitzunehmen. Sie befolgte unseren Rat und ist heute mit einem Mann verheiratet, der sich in ihr Lächeln und ihre lebhafte Art verliebt hatte – lange bevor er erfuhr, wie wohlhabend sie ist!

Es klappt nicht, Männer mit Geschäftsbeziehungen und Geld herumkriegen zu wollen. Ein Mann muß einen Funken verspüren. Er muß Ihr Aussehen mögen und gerne mit Ihnen zusammensein, unabhängig davon, was Sie verdienen oder besitzen. In einer Beziehung nach den *Regeln* verliebt sich der Mann in den Kern Ihrer Persönlichkeit, nicht in Ihre geschickte Firmenführung.

Sehr vermögende Frauen, die einen weniger betuchten Mann heiraten wollen, sollten unbedingt daran denken, vor der Ehe notariell eine Gütertrennung zu vereinbaren. Ziert sich der Mann, sollten Sie es sich besser noch einmal mit ihm überlegen. Er könnte nur hinter Ihrem Geld her sein. Willigt er ein, erwartet er nichts anderes von Ihnen als Ihre Nähe.

Es ist natürlich nichts dagegen zu einzuwenden, wenn eine berühmte Schauspielerin ihren Agenten, ihren Leibwächter oder ihren Gärtner heiratet, jemanden, der in ihren Diensten steht und weniger Geld als sie verdient, solange derjenige sich entsprechend um sie bemüht hat. Wenn Sie wollen, daß ein Mann Sie auch noch nach vielen Jahren liebt und begehrt, dürfen Sie ihn nie mit teuren Geschenken in die Ehe locken. Das Versprechen, ihm ein weit besseres Leben zu bieten, als er es aus eigener Kraft je würde erreichen können, bewahrt keine Frau davor, später schlecht behandelt oder ausgenutzt zu werden.

Manche prominente Frauen reden sich ein, ihr Reichtum oder der Glamour, der sie umgibt, würde gewisse Männer abschrecken, die sich deshalb nicht um ein Rendezvous mit ihnen bemühten, so daß die Frauen glauben, *sie* müßten den ersten Schritt machen.

Aber wenn das so ist – wenn ein Mann Angst hat vor Ihrer Schönheit, Ihrem Reichtum oder Ihrem Erfolg –, was wollen Sie dann von ihm? Wenn er nicht die Courage aufbringt, einmal quer durch den Raum zu gehen, um Sie anzusprechen oder um Ihre Telefonnummer zu bitten, wird er auch nicht den Mut haben, eine partnerschaftliche Beziehung mit Ihnen einzugehen. Frauen, die sich an die *Regeln* halten, geben sich nicht mit Männern ab, die Angst vor ihnen haben!

Ignorieren Sie die *Regeln* und machen den ersten Schritt in Richtung auf eine Beziehung mit so einem Mann, mag er sich geschmeichelt fühlen und mit Ihnen ausgehen, aber seine anfängliche Scheu vor Ihnen wird früher oder später wieder zum Vorschein kommen, er wird launisch, zieht sich zurück, anstatt das Glück mit Ihnen zu genießen. Er könnte gereizt reagieren, wenn man Sie auf der Straße erkennt, oder anfangen, Ihnen Ihr Geld zu neiden. Hat er Probleme, mit Ihrer Berühmtheit umzugehen, fällt das irgendwann auf Sie zurück, und er wird Sie am Ende sogar verlassen, um sich einer weniger berühmten oder auffälligen Frau zuzuwenden.

Sie könnten natürlich versuchen, sein Verhalten zu ändern und sozusagen Ihr Innerstes nach Außen zu kehren, um in Ihrer Beziehung alles wieder ins Lot zu bringen. Aber überlegen Sie doch einmal: Wären Sie bereit, nicht mehr Sie selbst zu sein, nur um diesen Mann zufriedenzustellen? Haben Sie Lust, mit ihm in die Eheberatung zu gehen, um dort Ihre Popularität zu diskutieren? Ist das nicht der Fall, halten Sie sich an Männer, die sich nicht durch Sie bedroht fühlen, die Sie so mögen, wie Sie sind und sich nicht von Ihrem Reichtum oder Ihrer Berühmtheit um den Finger wickeln lassen.

Es ist eine Tatsache, daß manche Männer – auch äußerst attraktive – sich bisweilen eher zu durchschnittlich aussehenden Frauen hingezogen fühlen. Ein Model oder eine Filmschönheit sollte auch nur mit Männern ausgehen, die ein Model oder eine Filmschönheit wollen.

Prominente Frauen sollten sich im Umgang mit den Medien ebenso an die *Regeln* halten wie im Umgang mit Männern. Werden Sie beispielsweise von einem Journalisten gefragt, ob Sie je daran gedacht hätten, sich zu verheiraten (oder wieso eine so begehrenswerte Frau wie Sie nicht schon längst verheiratet sei), antworten Sie nicht mit Phrasen wie: »Eigentlich müßte ich längst verheiratet sein. Das ist das einzige, was ich in meinem Leben noch nicht erreicht habe« oder: »Ich würde alles, was ich erreicht habe, für eine glückliche Partnerschaft hergeben«, oder: »Ich beneide meine Schwester. Sie ist weder reich noch berühmt, hat aber einen Ehemann und drei Kinder. Ich habe seit Jahren keinen vernünftigen Mann mehr getroffen.« Geben Sie sich nicht deprimiert oder zynisch. Warum Ihre innersten Gefühle preisgeben? Ein Interview ist keine Therapiestunde. Öffnen Sie sich nicht zu sehr!

Geben Sie sich statt dessen zuversichtlich und ungetrübt, damit alle denken, ein jeder Mann müßte froh und glücklich sein, Sie zu haben. Erwecken Sie den Eindruck, daß Ihr Liebesleben Ihnen kein Kopfzerbrechen bereitet. Antworten Sie, wie Sie einem ganz normalen Mann antworten würden, der Sie fragt, warum Sie nicht verheiratet sind. Zählen Sie bis fünf und sagen Sie: »Darüber habe ich eigentlich noch nie nachgedacht«, oder: »Mir geht's doch prächtig so, wie ich jetzt lebe!«

Befinden Sie sich in einer festen Beziehung, und ein Reporter fragt Sie, wie es darum steht, sagen Sie einfach nur »bestens« und wechseln dann das Thema. Ihr Gefühlsleben geht wirklich niemanden etwas an, also reagieren Sie geheimnisvoll und antworten ganz allgemein, als wären Sie zu beschäftigt, um darüber nachzudenken. Es ist gut für die *Regeln*, wenn Sie nicht zu viel ausplaudern.

Begehen Sie nicht den Fehler mancher Fernsehgäste, indem Sie in glühendsten Farben Ihre Beziehung schildern, ihn als Ihren Traummann preisen, den idealen Partner, sich darüber verbreiten, wie unzertrennlich Sie beide seien und wie erfüllt Ihr Liebesleben sich gestalte. Eine Liebeserklärung vor Millionen Zuschauern bringt Ihnen Ihren Freund nicht näher, schreckt keine Konkurrentinnen ab und erweckt in ihm nicht den Wunsch, Sie auf der Stelle zu heiraten. Wenn Sie zu offen über Ihre Beziehung reden, wird ihm das höchstens peinlich sein, und es könnte *ihn* abschrecken. Wird andererseits *er* interviewt, lassen Sie ihn ruhig über *Sie* sprechen. Lassen Sie die *Regeln* im stillen für sich wirken.

Werden Sie beide in der Öffentlichkeit fotografiert, kriechen Sie ihm nicht auf den Schoß. Lassen Sie sich *von ihm* in den Arm nehmen, nahe zu sich heranziehen, bei der Hand nehmen, was auch immer, solange nur deutlich wird, daß die Berührung von *ihm* ausgeht. Sonst heißt es hinterher: Sieh mal, wie sie sich ihm an den Hals schmeißt! Und das könnte ihm unangenehm sein, ihn abschrecken. Und wollen Sie nicht lieber eine lebenslange, dauerhafte Beziehung als nur ein weiteres hübsches Bild von sich?

Kapitel 14

Lassen Sie sich nicht zum Groupie machen und andere Regeln, wenn Sie mit einem prominenten oder beruflich sehr erfolgreichen Mann ausgehen

Sie begegnen nicht jeden Tag einem prominenten oder beruflich sehr einflußreichen Mann, aber es kann durchaus vorkommen – auf einer Party, im Flugzeug, in der Cafeteria der Firma oder in einem Wartezimmer. Und wenn Sie dann die *Regeln* nicht kennen und anwenden können, ist es möglich, daß Sie eine nicht wiederkehrende Gelegenheit verpassen.

Da wäre die Geschichte der Frau, die bei einer Wohltätigkeitsveranstaltung einen bekannten Schauspieler traf. Er kam schnurstracks auf sie zu und sagte: »Sie sind zauberhaft. Wann können wir mal zusammen ausgehen?«

Da hätten wir den perfekten Anfang einer Beziehung im Sinne der *Regeln* – er war ganz offensichtlich sehr von ihr angetan und hat den ersten Schritt unternommen. Aber die Frau wußte nichts von den *Regeln*, und da war's schon aus ihr herausgesprudelt: »Gleich heute abend.«

Das war natürlich die verkehrte Antwort. Bittet so ein berühmter Schauspieler Sie um ein Rendezvous, lächeln Sie bloß und sagen Sie: »Mal sehen, ich kann's nicht so spontan einrichten ...« Als ob Sie andauernd von berühmten Schauspielern angesprochen würden. Selbst wenn er zehnmal mehr um die Ohren hat als Sie, tun Sie, als ob Sie nicht so recht wüßten, wann Sie Zeit für ihn hätten. Er muß Ihnen einen ganz bestimmten Termin vorschlagen, und dieser Termin darf nicht noch am selben Abend oder am nächsten oder übernächsten liegen, sondern erst einige Tage später.

Besagter Schauspieler lud dann also unsere Freundin zum Abendessen ein, wobei sie sich darüber ausließ, wie sehr sie ihn bewundere und ihn sogar um sein Autogramm auf der Speisekarte bat. Die beiden unterhielten sich stundenlang (selbst nachdem das Restaurant schon geschlossen hatte), und er brauchte sie kaum zu drängen, mit ihm auf sein Hotelzimmer zu gehen. Sie hatte zwar keinen Sex mit ihm, blieb aber bis zum nächsten Morgen. Er versprach ihr, sie anzurufen, sowie er in ein paar Wochen wieder in der Stadt sei, aber sie hat nie wieder etwas von ihm gehört. Als sie von den *Regeln* erfuhr, war es schon zu spät.

Es folgen nun ein paar *Regeln* für Verabredungen mit berühmten Schauspielern, Sportlern, Autoren, Filmproduzenten, Vorstandsvorsitzenden und anderen prominenten Männern. Angenommen, der Mann hat Sie zuerst angesprochen – lesen Sie, was Sie tun sollen oder nicht tun dürfen:

1. Holen Sie tief Luft. Bleiben Sie ganz ruhig.

2. Behandeln Sie ihn wie jeden anderen Mann – den Kollegen in der Firma, den Angestellten in der Bank, und nicht wie den Filmstar oder Konzernchef, der er ist.

3. Starren Sie ihn nicht an.

4. Seien Sie nicht zappelig und strahlen Sie auch nicht über beide Ohren, als hätten Sie gerade in der Lotterie gewonnen.

5. Benehmen Sie sich nicht wie ein durchgedrehter Fan. Mit anderen Worten, sagen Sie nichts wie: »O mein Gott, ich kann's immer noch nicht glauben – ich kenne jeden Ihrer Filme!« (Auch wenn Sie seine sämtlichen Filme zweimal gesehen haben.) Verhalten Sie sich, als wären Sie die letzten drei Jahre außer Landes gewesen und wüßten nicht so recht, wer er ist, auch wenn sein

Konterfei Ihnen von der jüngsten Ausgabe aller Programmzeitschriften entgegenstrahlt!

6. Bitten Sie ihn nicht um ein Autogramm.

7. Machen Sie ihm keine Komplimente wie: »In Wirklichkeit sehen Sie viel besser aus als im Fernsehen.«

8. Fragen Sie ihn nicht nach seinem nächsten Film und zeigen Sie kein Interesse an seiner Karriere, sonst hören Sie sich wie jede andere Frau an, die er je getroffen hat.

9. Sind Sie selbst eine aufstrebende Schauspielerin, bitten Sie ihn nicht, ihm etwas vorspielen zu dürfen, oder um eine Rolle in seinem nächsten Film. Suchen Sie Arbeit, fragen Sie nicht den Aufsichtsratsvorsitzenden nach einer Stellung. Bitten Sie den Mann auch nicht um seine Karte, damit Sie ihm höchstpersönlich Ihre Bewerbung oder ein selbst verfaßtes Drehbuch zuschicken können.

10. Bitten Sie ihn um überhaupt keine Gefälligkeit, wie etwa eine Spende für eine wohltätige Organisation, die Sie unterstützen, Freikarten für seine nächste Premiere oder ein Exemplar des Buches, das er geschrieben hat.

11. Zeigen Sie sich interessiert, aber nicht wie in den Bann geschlagen. Prominente werden auch so schon oft genug umschwärmt, also verschonen Sie ihn damit. Nach einem fünf- oder zehnminütigen Gespräch über ein Thema seiner Wahl schauen Sie auf die Uhr und sagen: »Ach, wie die Zeit wieder davonläuft! Nun muß ich aber los. War nett, Sie kennengelernt zu haben«, und stehen dann auf und gehen. Verbringen Sie nicht den ganzen Abend damit, sich mit diesem Mann zu unterhalten. Verabreden Sie auch nicht, später noch zusammen irgendwo hinzugehen, selbst wenn er am nächsten Morgen abreist. (Er kann Sie jederzeit anrufen – Telefone gibt es überall!)

12. Zeigen Sie sich nicht beeindruckt von seinem teuren Anzug, seinem schnittigen Wagen oder seinem ganzen Gefolge.

13. Lernen Sie einen Künstler kennen, der Ihnen quasi als Verabredung eine Karte für seine Show anbietet, lehnen Sie höflich ab. Bei seiner Show dabeizusein, ist kein Rendezvous. Wenn er Sie am Abend nach der Aufführung sehen möchte, muß er mit Ihnen verabreden, Sie persönlich am Ausgang abzuholen.

14. Wenn Sie mit einem Sportidol bekannt sind, joggen Sie nicht in seinen Farben quer durchs Land und reisen zu allen Veranstaltungen, an denen er teilnimmt, bis Ihre Beziehung feste Formen annimmt. Er muß Sie immer noch um ein Rendezvous bitten, wenn er mit Ihnen zusammen sein möchte.

15. Sollten Sie regelmäßig mit einem prominenten Mann ausgehen, treffen Sie ihn nicht nur nach seinen Terminvorschlägen, weil *er* ja so einen vollen Kalender hat. Er muß sich immer noch rechtzeitig mit Ihnen verabreden, aber nicht nur, wann und wo es ihm gerade paßt. Sonst nimmt er Sie für selbstverständlich. Prominente sind es gewohnt, daß man sich nach ihnen richtet – aber *Sie* richten sich nach den *Regeln*!

16. Es ist natürlich verlockend, Freunde und Familie sausen und Ihr ganzes Leben nur noch um Ihren prominenten Freund kreisen zu lassen. Wollen Sie sich aber nach den *Regeln* richten, müssen Sie auch weiterhin Ihr eigenes Leben führen und dürfen ihn nur zwei- bis dreimal die Woche treffen.

17. Ist er besonders gutaussehend oder sehr beliebt, müssen Sie damit rechnen, daß auch andere Frauen ihm schreiben, ihn anrufen, sich ihm in der Öffentlichkeit um den Hals werfen. Werden Sie nicht wütend oder zeigen Sie keine Eifersucht oder Unsicherheit, wenn das geschieht. Seien Sie in der Öffentlichkeit nicht zu be-

sitzergreifend. Hat er sich um Ihre Bekanntschaft bemüht, und halten Sie sich an die *Regeln*, prallen solche Avancen an ihm ab. Er wird immer nur Sie wollen!

18. Seien Sie diskret. Gehen Sie nicht damit hausieren, daß Sie so einen berühmten Freund haben – etwa, um anderen Frauen und der ganzen Welt zu zeigen, daß er Ihnen gehört. Das funktioniert sowieso nicht. Und sprechen Sie nicht mit Journalisten, wenn Sie Anrufe bekommen. Das wäre nur selbstgefällige Eitelkeit, die ihn verletzen, ihm peinlich sein oder ihn zu dem Entschluß führen könnte, sich nicht mehr mit Ihnen sehen zu lassen.

19. Versuchen Sie nicht, sich mit seiner Sekretärin, seiner PR-Beraterin oder seinem Chauffeur anzufreunden, um ihm nachspionieren zu können oder damit diese ab und zu ein gutes Wort für Sie einlegen.

20. Zeigen Sie sich nicht übertrieben interessiert an seiner Berühmtheit, seinem Reichtum oder dem Rampenlicht, in dem er steht. Frauen, die sich an die *Regeln* halten, sind keine Groupies!

Vergessen Sie nicht: Auch ein noch so beliebter Prominenter *muß nicht* gleich der Mann fürs Leben sein, und dieser Mann fürs Leben muß nicht unbedingt ein Star sein. Wenn Sie wirklich möchten, daß es mit Ihnen beiden klappt, lassen Sie die Dinge sich langsam entwickeln und werden Sie sich darüber klar, ob Sie ihn lieben oder das, was er darstellt.

Kapitel 15

Beobachten Sie sein Verhalten an den Feiertagen

Sein Verhalten an Feiertagen ist ein gutes Barometer für die Gefühle, die er Ihnen entgegenbringt!

Wenn ein Mann Sie liebt, denkt er häufig an Sie und nimmt sich für die Feiertage, einschließlich Ihres Geburtstages, *rechtzeitig* etwas mit Ihnen vor. Er wird diese Tage in seinem Kalender anstreichen und versuchen, in einem romantischen Restaurant den besten Tisch zu bekommen – und das könnte bedeuten, daß er ein paar Wochen im voraus anrufen muß!

Zu Ihrem Geburtstag oder auch zum Valentinstag muß er sich beizeiten um Blumen kümmern. Handelt es sich um Ihren Geburtstag, könnte er Ihnen ein Schmuckstück kaufen, auf jeden Fall aber eine sorgfältig ausgewählte Glückwunschkarte. Er wird vorschlagen, Sie über Weihnachten mit zu seiner Familie zu nehmen und auch dafür Sorge tragen, daß Sie beide zusammen den Silvesterabend verbringen. Er wird sich etwas Schönes ausdenken, was er um Mitternacht zu Ihnen sagen kann, denn er ist mit seinen Gedanken und seinem Herzen immer bei Ihnen.

Er freut sich darauf, in dieser ganz besonderen Nacht mit Ihnen zusammenzusein und an Ihrem Geburtstag zuzuschauen, wie Sie seine Karte lesen und sein Geschenk auspacken. Und was schenken Sie ihm? Zum Valentinstag, dem Tag der Liebenden, eine schlichte Karte, *kurz und nett*, ohne Gedichte und Luftballons und zum Geburtstag oder zu Weihnachten vielleicht einen Schal oder einen Pullover. (Siehe Kapitel 16: Übertreiben Sie es nicht und andere *Regeln*, wenn Sie einem Mann etwas schenken)

Ist ein Mann nicht in eine Frau verliebt, nimmt er Feiertage möglicherweise gar nicht wahr. Er könnte Sie am Samstagabend wie gewohnt zum Essen ausführen und mit keinem Wort erwähnen, daß Sie beide demnächst ein paar Tage mehr als sonst freihaben – in der Hoffnung, daß Sie es ebenfalls nicht ansprechen. Vielleicht erklären Sie seinen Mangel an Romantik mit seiner Kindheit oder früheren Beziehungen, aber ein Mann, der in eine Frau verliebt ist, benimmt sich ihr gegenüber anders als allen anderen Menschen.

Wenn er wirklich nicht vorhat, Sie zu heiraten, ist es nicht ausgeschlossen, daß er Sie in der Woche vor Pfingsten oder Silvester gar nicht erst anruft. Er läßt einfach eine Woche verstreichen, um sich so aus der Affäre zu ziehen. Fragen Sie ihn dann, warum er nicht von sich habe hören lassen, könnte er sich damit herausreden, daß in der Firma höllisch viel zu tun war oder daß Feiertage ganz allgemein blöd sind. Doch ein verliebter Mann würde vor Feiertagen nicht zu viel zu tun haben oder sie mit einer zynischen Bemerkung abtun.

Ein Mann, der eine Frau nicht liebt, kauft ihr eine alberne vorgedruckte Geburtstagskarte, die er nur noch mit seinem Namen unterzeichnen muß, ohne »Ich liebe Dich« dazuzuschreiben. Er findet Feiertage langweilig oder empfindet sie als »Konsumzwang« und wird reizbar, wenn Sie sie ernst nehmen und erwarten, daß er etwas mit Ihnen daraus macht.

Was können Sie tun, wenn der Mann, den Sie lieben, von Ostern, Pfingsten und Weihnachten nichts wissen will? Erwähnen Sie die Feiertage genausowenig. Tun Sie so, als hätten Sie nicht daran gedacht oder als ob es Ihnen egal wäre – und weinen Sie sich dann bei Ihrer

Freundin aus. Lassen Sie ihn bloß nicht merken, daß es Ihnen zu Herzen gegangen ist!

Suchen Sie kein Gespräch darüber, wie schön Sie sich Ihren ersten gemeinsamen Geburtstag mit ihm vorgestellt hätten und wie enttäuscht und traurig Sie jetzt seien. Sie können in einem Mann keine romantischen Gefühle erwecken, die er zur entscheidenden Stunde nicht empfunden hat. Wenn ihm solche besonderen Tage nichts bedeuten, müssen Sie das akzeptieren.

Geben Sie ihm keinen Wink mit dem Zaunpfahl, indem Sie ihm Blumen kaufen oder darauf drängen, ein elegantes Restaurant mit ihm aufzusuchen. Entweder kommt er von selber darauf, wenn er das möchte, oder er will es nicht. Versuchen Sie nicht, etwas herauszuholen, wo es nichts zu holen gibt. Wenn es Ihnen wichtig ist, kaufen Sie sich selber Blumen.

Wenn Sie darauf bestehen, daß er Ihnen Blumen mitbringt und mit Ihnen essen geht, willigt er vielleicht schließlich ein, aber das kommt dann nicht von Herzen. Er tut es wahrscheinlich nur, um einem Streit aus dem Wege zu gehen, damit Sie sich auch weiterhin sehen (bis er eine andere findet) oder damit er hinterher Sex mit Ihnen haben kann. Es bringt nie auf Dauer etwas, gewisse Gesten erzwingen zu wollen.

Wenn der Mann, mit dem Sie eine Beziehung verbindet, Sie nicht fragt, ob Sie Silvester mit ihm verbringen oder sich zu Weihnachten sehen wollen, können Sie es auch nicht ändern. Sie können ihm nicht sagen, was er tun soll! Laden Sie ihn nicht zu einem Abendessen bei Kerzenschein in Ihrer Wohnung ein (damit machen Sie es ihm nur leichter. Er braucht sich nichts einfallen zu lassen und spart obendrein noch Geld). Wenn der Vorschlag für einen romantischen Abend zu zweit nicht von ihm kommt, ist ihm an einem romantischen Abend mit Ihnen nichts gelegen. Behalten Sie im Hinterkopf, daß dieser Mann keine romantischen Gefühle für Sie hegt oder Sie nicht liebt. Damit müssen Sie leben oder sich einen anderen suchen. In jedem Fall wäre es ein günstiger Zeitunkt, die Beziehung noch einmal unter die Lupe zu nehmen und zu entscheiden, ob er wirklich der Richtige für Sie ist.

Bevor Sie die *Regeln* entdeckten, haben Sie an bestimmten Feiertagen möglicherweise solche Zeichen dafür, daß ein Mann nicht in Sie verliebt ist, übersehen. Sie haben es hingenommen, keine Geburtstagskarte von ihm zu erhalten oder nur eine lieblos ausgesuchte und sich gesagt, daß es auf solche Kleinigkeiten nicht ankomme. Doch tief in Ihrem Herzen haben Sie die ganze Zeit die Wahrheit geahnt. Sie wußten, daß ein Mann, der Sie liebt, Ihnen Blumen gekauft oder sich etwas Schönes für Sie beide ausgedacht hätte.

Nun, da Sie die *Regeln* kennen – was fangen Sie mit dem Abend an, wenn der Mann, mit dem Sie zusammen sind, Sie nicht wenigstens ein paar Tage – besser, eine ganze Woche – im voraus gefragt hat, ob Sie etwas mit ihm unternehmen wollen?

Verabreden Sie sich mit Freunden, gehen Sie auf eine Party, wo Sie vielleicht jemand anderen kennenlernen. Für eine alleinlebende Frau können Fest- und Feiertage eine recht schmerzliche Angelegenheit sein, versuchen Sie also möglichst, nicht allein zu Hause herumzusitzen.

Aber auch wenn Ihnen gar nichts anderes einfällt, als daheim zu bleiben, achten Sie zumindest darauf, daß Ihr Anrufbeantworter eingeschaltet bleibt, damit er, für den Fall, daß er doch anruft, nicht weiß, wo Sie stecken. Es spielt wirklich keine Rolle, was Sie am Abend machen, solange Sie nicht in einem Augenblick der Schwäche doch zum Hörer greifen und ihn anrufen, um ihn zu sich einzuladen. Holen Sie sich ein spannendes

Video oder kochen Sie etwas für eine gute Freundin, und denken Sie vor allem ernsthaft darüber nach, ob Sie mit diesem Knaben nicht besser Schluß machen sollten. Nehmen Sie sich vor, bei jedem Mann, den Sie von jetzt ab kennenlernen, die *Regeln* anzuwenden, damit Sie Ihren nächsten Geburtstag, das nächste Weihnachtsfest oder die nächste Silvesternacht nicht mit sich alleine verbringen müssen!

Kapitel 16

Übertreiben Sie es nicht und andere Regeln, wenn Sie einem Mann etwas schenken

Wie wir im ersten Buch dargelegt haben, sollten Sie bei den ersten drei Verabredungen nicht anbieten, sich an der Rechnung zu beteiligen. Das ist auch gar nicht nötig. Ist ein Mann ehrlich interessiert an Ihnen, denkt er nicht ans Geld (etwa daran, daß Sie bei der Rechnung halbe-halbe machen), sondern er möchte einen guten Eindruck hinterlassen und hofft, daß er Sie wiedersehen darf. Es gehört dazu, Pläne zu schmieden und alle Kosten zu übernehmen, wenn ein Mann um eine Frau wirbt. Fragt er Sie allerdings, ob Sie sich die Rechnung mit ihm teilen möchten, gehen Sie gerne darauf ein. Schließlich ist es Ihnen nicht um ein kostenloses Abendessen gegangen, sondern Sie möchten, daß er *von sich aus* den Wunsch hat, Sie einzuladen. Wir sagen einem Mann nicht, daß er die Rechnung begleichen solle. Wir stellen nur fest, daß er es nicht von selber tut und behalten das im Hinterkopf. Unter Umständen ist er doch nicht der Richtige.

Wir wollen Ihnen nicht einreden, knauserig zu sein, und es geht ja auch gar nicht darum, *wieviel* er für Sie ausgibt. Er darf gerne mit Ihnen in ein preiswertes Lokal oder ins Kino gehen, solange er für den Abend bezahlt. Wenn ein Mann richtig verliebt ist, macht er notfalls Überstunden oder borgt sich etwas von seinen Eltern und Freunden, um das Geld aufzubringen, mit dem er Sie verwöhnen möchte. Halbe-halbe machen ist in Ordnung unter Freunden und Kollegen, aber nicht beim Rendezvous mit einer Frau. Er soll doch schließlich verrückt nach Ihnen sein! Manche Frauen, besonders solche mit gutem Einkommen, sind manchmal ganz wild darauf, sich für jede Gefälligkeit gleich zu revanchieren. Wir raten Ihnen, sich in den ersten zwei oder drei Monaten einer Beziehung lieber darauf zu konzentrieren, als erste das Telefongespräch zu beenden und tunlichst abzuwarten, bis der Mann sich wieder meldet, anstatt darauf zu pochen, ihn zum Essen einladen zu wollen oder ihm eine hübsche Krawatte zu kaufen. Wenn Sie beide erst verheiratet sind, können Sie ihm schenken, was Sie wollen!

Nach drei Monaten dürfen Sie ihn ja zum Essen einladen – entweder in ein Restaurant oder zu sich nach Hause. Für seinen Geburtstag und für andere Gelegenheiten, bei denen man sich etwas schenkt, gelten folgende *Regeln*: Geben Sie nicht mehr als ungefähr hundert Mark aus, auch wenn Sie sich gerne etwas Teureres leisten würden. Vor allem aber schenken Sie ihm nichts, was als romantische Anspielung verstanden werden könnte.

Als gute Geschenke bieten sich an:
1. Ein Buch zu einem Thema, das ihn anspricht, solange es nichts mit Astrologie, Therapie, Liebe und Beziehungen zu tun hat, also ein politisches Sachbuch, ein Buch zu aktuellen Wirtschaftsfragen oder einen Roman (aber keinen Liebesroman).
2. Ein warmer Schal für den Winter.
3. Ein selbstbedrucktes T-Shirt oder etwas mit dem Emblem seiner Lieblingsmannschaft.

Nicht schenken sollten Sie:
1. Jede Art von Schmuck.
2. Irgend etwas mit seinem Monogramm darauf.

3. Ein gerahmtes Bild von sich oder ein Fotoalbum.
4. Champagnergläser und jede andere Art von Haushaltswaren.
5. Einen Gedichtband.

Frauen sind Männern gegenüber nicht nur in materieller Hinsicht zu großzügig – auch bei anderen Gelegenheiten übertreiben sie es gerne. Sie laden einen Mann, den sie erst vor kurzem kennengelernt haben, ein, sie zu einer Hochzeitsfeier, einer Dinnerparty, einem Geschäftsessen, einem Familientreffen zu begleiten oder ins Sommerhaus oder gar auf eine Reise. Davor möchten wir während der ersten drei Monate einer sich anbahnenden Beziehung strengstens abraten, weil er nämlich sonst denkt, Ihnen sei es mit dieser Beziehung sehr viel ernster als ihm, kalte Füße bekommt und einen Rückzieher macht. Außerdem wäre er bei den meisten dieser Einladungen von verheirateten Paaren umgeben und dürfte sich unter Druck gesetzt fühlen.

Haben Sie aufgrund Ihrer beruflichen Tätigkeit Zugang zu Freikarten für Sportveranstaltungen, zum Beispiel einem Tennisspiel, die Möglichkeit, kostenlos zu verreisen oder werden regelmäßig zu gesellschaftlichen Veranstaltungen eingeladen, nehmen Sie ihn während der ersten Monate nicht dorthin mit. Fragen Sie eine Freundin, ob sie Sie begleiten möchte oder nehmen Sie alleine teil. Warum?

1. Sie wirken nicht mehr geheimnisvoll, wenn er Ihren gesamten Terminkalender kennt.

2. Er sollte von Ihnen nicht als einer Art Dukatenesel denken. Wie wollen Sie sonst herausbekommen, ob er *Sie* liebt oder die Annehmlichkeiten, die Sie ihm bieten können? *Zuallererst* muß er sich in Sie verlieben!

3. Ist ein Mann verliebt in Sie, möchte er mit *Ihnen* zusammensein. Wenn Sie ihn dauernd beschenken oder

auf Reisen mitnehmen, könnte er meinen, sie wollten seine Liebe und Zuneigung *kaufen* oder Sie seien verzweifelt bemüht, ihm zu gefallen, was auch nicht gut ist.

Sich zu sehr in sein Leben einzumischen, ist eine weitere Art und Weise, einem Mann zuviel von sich zu geben. Selbstverständlich sollen Sie ihm zuhören, ihm mit Ratschlägen behilflich sein, wenn er Sie darum bittet, aber schalten Sie sich nicht in seine geschäftlichen und familiären Probleme ein. Sie sind weder seine Therapeutin noch seine Ehefrau (noch nicht).

Ja, das beste Geschenk, das Sie einem Mann machen können, ist, sich an die *Regeln* zu halten, denn das verschafft ihm den erregenden Reiz, um Sie werben zu müssen, und das Glücksgefühl, damit Erfolg gehabt zu haben!

Kapitel 17

*Vorsicht! Umtausch ausgeschlossen!
Wie Sie die Spreu vom Weizen trennen*

In den *Regeln* steht nichts davon, daß Sie den Erstbesten heiraten sollen, der Ihnen gefällt, der sich spätestens am Mittwoch für Samstag mit Ihnen verabredet und der Ihnen Blumen mitbringt.

Nein, es geht darum, daß Sie Ihren persönlichen Traummann finden – den Mann, den Sie lieben und dessen Charaktereigenschaften Sie bewundern und teilen können. Liebe mag zwar blind machen, aber wenn Sie die *Regeln* anwenden, sind Sie zumindest nicht dumm! Außerdem sollten Sie sein Verhalten in unterschiedlichen Situationen beobachten, um dann zu entscheiden, ob er der Richtige für Sie ist. Es wäre zum Beispiel gut, sich eine Art Tagebuch zuzulegen, um die mit ihm gemachten Erfahrungen auch später noch nachvollziehen zu können. Ist er ein Mann, der zu seinem Wort steht, oder verspricht er nur das Blaue vom Himmel? Redet er schlecht von anderen Menschen oder erzählt Schauergeschichten aus früheren Beziehungen? Hält er sein Geld zusammen, wenn Sie ausgehen? Mäkelt er an Ihnen herum? Trinkt oder raucht er zuviel? Benimmt er sich herablassend gegenüber der Bedienung im Restaurant? Falls einer von Ihnen beiden schon einmal verheiratet war – wie ist sein Verhältnis zu seinen oder Ihren Kindern? Es fällt nicht schwer, gewisse Eigenheiten zu ignorieren, aber wenn Sie alles schwarz auf weiß aufgeschrieben haben, erkennen Sie immer wiederkehrende Verhaltensmuster und können sich nicht mehr in die eigene Tasche lügen oder alles unter den Teppich kehren. Gehen Sie keine Ehe ein mit der Vorstellung, Sie würden ihm seine störenden Angewohnheiten schon noch austreiben – so leicht ändern sich die Menschen nicht. Wir sind davon überzeugt, daß alles, was Ihnen an dem Mann nicht gefällt, schon vor der Ehe angelegt gewesen war – Sie haben nur nicht ernsthaft genug darüber nachgedacht oder haben sich eingeredet, es sei nicht so schlimm.

Eine Frau, von der wir wußten, daß sie sich genau an die *Regeln* hielt, rief eines Tages an, um uns zu berichten, ihr Traummann habe ihr einen Heiratsantrag gemacht. Zuerst waren wir hocherfreut, aber wir wurden mißtrauisch, als wir hörten, daß seitdem sechs Monate ins Land gegangen waren und er sich immer noch nicht auf einen Termin für die Hochzeit festlegen mochte. Auch die Frau hatte das Gefühl, daß da irgendwas nicht stimmte, wollte diesen Mann aber unbedingt heiraten. Wir rieten ihr, ein bestimmtes Datum festzusetzen und keinen Widerspruch zu dulden. Als sie das tat, gestand er, wieder mit seiner früheren Freundin zusammen zu sein. Beschleicht Sie die Ahnung, daß mit einem Mann etwas nicht stimmt, ist das wahrscheinlich auch so! Sie wollen doch später nichts bereuen, also müssen Sie jetzt gut aufpassen. Frauen, die sich an die *Regeln* halten, schlafen nicht am Steuer!

Nein, solche Frauen werden sehr aktiv, wenn es darum geht, den Mann fürs Leben auszusuchen. Auf den ersten Blick scheint es, als würden die *Regeln* der Frau eine eher passive Rolle zuweisen – sie muß warten, bis er sie anruft, sie dann einlädt und sie abholt, ihm also die Führung überlassen. Eine gewisse Zeitlang muß das leider so sein. Aber die *Regeln* helfen der Frau auch, letztendlich den Charakter und das Verhalten des Mannes einschätzen zu lernen. Hat er zur vereinbarten Zeit angerufen? Hat er an ihren Geburtstag gedacht? Die Frau, die nach den *Regeln* lebt, beobachtet sorgfältig ihren Partner und hält ihre Wahrnehmungen schriftlich fest. Das ist ein durchaus aktiver Anteil an dem Prozeß des Kennenlernens. Als wir Ihnen für die ersten Verabredungen nahelegten, sich ein wenig geheimnisvoll zu geben, sich wie eine Dame zu benehmen, die Beine übereinanderzuschlagen, zu lächeln und nicht zu viel zu reden, haben wir damit nicht gemeint, daß Sie dabei den Verstand ausschalten sollen! Es gibt zwei Gründe dafür, sich anfangs zurückzuhalten:

1. damit Sie ihm nicht gleich als erstes Ihre ganze Lebensgeschichte verraten und es hinterher bereuen, und, nicht minder wichtig,

2. damit Sie *zuhören* können. Je mehr Sie ihm das Reden überlassen, um so weniger Hinweise darauf, ob er der Richtige für Sie ist, entgehen Ihnen.

Gelegentlich ist eine Frau so versessen darauf, einen Mann zu heiraten, der ihr gefällt – einen Mann, der, dank der *Regeln*, auch richtig um sie wirbt –, daß sie gewisse Züge, die ihr an ihm nicht gefallen, einfach nicht wahrnehmen will. Sie hofft, daß Liebe und Ehe das mit der Zeit schon wettmachen werden. Könnte sein, könnte aber auch nicht sein, ist unsere Meinung dazu. Es stimmt schon, daß manche richtigen Machos von ihrem Gehabe ablassen, wenn sie eine Frau kennenlernen, die nach den *Regeln* lebt, und ganz begeistert die Windeln wechseln, wenn erstmal ein Kind da ist. Aber wir sagen auch: Gekauft wie besehen. Verlassen Sie sich also nicht darauf, daß sich später alles zum Besseren wendet. Betrachten wir einmal einige Zwickmühlen, in die Sie geraten könnten:

Zwickmühle Nr. 1: Es verblüfft – und beeindruckt – Sie, welche Mengen Alkohol er wegstecken kann, ohne daß man ihm etwas anmerkt, und Sie finden es kultiviert, wie er in einem gemütlichen Restaurant mit Kennerblick die beste Flasche Wein aussucht. Aber wenn Sie jetzt daran zurückdenken, fällt Ihnen ein, daß Sie ja fast nur Mineralwasser zum Essen trinken und er freudevoll beinahe die ganze Flasche leeren darf.

Vorsicht: Liebe ändert nichts daran, wenn ein Mann zuviel trinkt. Und ein starker Hang zum Alkohol ist alles andere als ein kultivierter Zug, wenn Sie Kinder zu versorgen haben und er das Geld für Drinks hinauswirft oder wenn Sie nach jeder Party wie selbstverständlich diejenige sind, die fahren muß. Finden Sie, daß er zuviel trinkt, heiraten Sie ihn erst, wenn er versprochen hat, damit aufzuhören – notfalls auch mit professioneller Hilfe – und sich mindestens ein Jahr lang an dieses Versprechen gehalten hat. Das ist gut für ihn und gut für Sie.

Zwickmühle Nr. 2: Sie glauben, den Mann fürs Leben gefunden zu haben – nur vergräbt er sich an den Abenden und sogar am Wochenende lieber hinter der Zeitung oder sitzt am Computer, anstatt zärtlich zu Ihnen zu sein. Wenn Sie jetzt darüber nachdenken, fällt Ihnen ein, daß er für Ihre Bedürfnisse immer ein wenig zu leidenschaftslos gewesen ist. Sie hätten ihn sich etwas heißblütiger gewünscht, nicht so vergeistigt.

Vorsicht: Ist die Erfüllung durch Liebe und Leidenschaft für Sie wichtig, kann das ein Problem in Ihrer Ehe werden.

Zwickmühle Nr. 3: Er sieht sehr gut aus, ist sympathisch, und es macht mächtig viel Spaß, mit ihm zusammen zu sein, aber er ist nicht so intellektuell, wie Sie ihn gerne hätten. Sie lesen dicke Bücher, neigen dazu, die Dinge analytisch zu betrachten und befassen sich mit Yoga und Meditation. Er mag Sportarten wie Tennis und Basketball. Sie wünschen sich tiefsinnige Gespräche, er ist mehr der pragmatische Typ.

Vorsicht: Legen Sie Wert auf geistige Kommunikation mit Ihrem Partner, kann das zum Problem werden. Sie müssen darauf vorbereitet sein, daß er Sie zum Frühstück ruft oder mit Ihnen auf den Tennisplatz will, wenn Sie gerade mitten in Ihren Yogaübungen oder beim Meditieren sind.

Zwickmühle Nr. 4: Er ist der reinste Wirbelwind. Er ruft Sie Tag und Nacht an und fragt Sie schon nach sechs Wochen, ob sie beide nicht heiraten wollen. Sie finden das alles sehr aufregend, aber er ist Ihnen ein bißchen zu impulsiv.

Vorsicht: Lassen Sie sich nicht dazu verleiten, sich seinem Tempo anzupassen, es könnte ein böses Erwachen geben. Sie müssen die Bremse ziehen, sich die Zeit erlauben, sein Verhalten in vielen verschiedenen Situationen zu beobachten, ehe Sie einen so ernsten Schritt wagen. Sonst finden Sie erst *nach* der Eheschließung heraus, daß er ein Frauenheld oder ein Spieler und dazu noch emotional unreif ist, in finanziellen Schwierigkeiten steckt oder Dreck am Stecken hat. Aber dann ist es zu spät.

Zwickmühle Nr. 5: Er ist ein schneidiger Charmeur, aber auch ein Mann mit zwei Gesichtern. Sie haben miterlebt, wie er seine Eltern, seine Freunde, selbst seine Geschäftspartner anschreit.

Vorsicht: Er könnte eines Tages auch Sie anschreien oder brutal zu Ihnen oder Ihren Kindern sein.

Zwickmühle Nr. 6: Er liebt Sie, aber Ihre Freundinnen, Ihre Familie und jeder Mann, der freundlich zu Ihnen ist, sind ihm ein Dorn im Auge. Er wird immer gleich wütend, wenn Sie ihm nicht über jeden Ihrer Schritte Rechenschaft ablegen und ihn nicht in alles mit einbeziehen.

Vorsicht: Es ist schmeichelhaft, so sehr im Zentrum des Interesses zu stehen, aber bereiten Sie sich auf Streitigkeiten vor, wenn Sie Ihr Leben so leben wollen wie jeder andere auch, ohne daß er ständig dabei ist.

Manchmal ist das Problem nicht im Charakter des Mannes begründet, sondern tritt nur unter bestimmten Umständen auf, wie im nächsten Beispiel.

Zwickmühle Nr. 7: Sie lieben ihn, aber er ist wesentlich älter als Sie, geschieden, und pflichttreuer Vater zweier Töchter. Sie hatten nie viel Sinn für Kinder, erst recht nicht für Stiefkinder.

Vorsicht: Sie könnten wegen der Zeit, die er seinen Töchtern widmet und die Ihrer Beziehung verlorengeht, eine Abneigung gegen seine Töchter entwickeln, und Sie könnten sich über die Unterhaltsleistungen ärgern, die er seiner Ex-Frau zahlen muß. Manchmal hat das Problem aber gar nichts mit ihm zu tun, sondern mit *Ihnen*.

Zwickmühle Nr. 8: Sie lieben ihn, aber, um ehrlich zu sein, Sie würden ihn nicht heiraten, wenn er nicht soviel Geld hätte.

Vorsicht: Was wird, wenn seine Geschäfte schlechter laufen und er Ihnen keinen teuren Schmuck und keinen Pelzmantel mehr kaufen kann? Wenn Sie selber wieder zu arbeiten anfangen müssen?

In allen oben aufgeführten Situationen sagen wir nicht: Lassen Sie die Finger von ihm! Wir raten nur, mit offenen Augen in die Ehe zu gehen. Seien Sie ehrlich mit sich selbst. Überprüfen Sie Ihre Motive! Frauen, die sich an die *Regeln* halten, heiraten nicht um jeden Preis.

Wenn Sie später nichts bereuen wollen, denken Sie zweimal darüber nach, ehe Sie wegen Geld und Einfluß heiraten, es sei denn, Sie können auch ohne das alles gut leben. Denken Sie auch zweimal darüber nach, ob Sie heiraten sollen, um es Ihrem geschiedenen Mann heimzuzahlen, der Sie wegen einer Jüngeren verlassen hat, oder weil es ihm bei Ihnen beiden zu Hause nicht mehr gefiel, und denken Sie auch zweimal darüber nach, ob Sie jemanden heiraten wollen, bloß weil Sie sich Kinder wünschen.

Apropos Kinder: Das Thema sollten Sie mit Ihrem Zukünftigen schon *vor* der Ehe ausgiebig besprochen haben.

Es ist nicht immer leicht, sicherzugehen, daß Sie auch den richtigen Mann fürs Leben heiraten, aber indem Sie sich an die *Regeln* halten, trennen Sie zumindest die Spreu vom Weizen und sieben alle falschen aus.

Ein Mann zum Beispiel, der Sie nur wegen Sex und Geld heiraten will oder um sich ein bequemes Leben zu machen, verliert augenblicklich das Interesse an Ihnen, sowie Sie nicht sofort bereit sind, mit ihm ins Bett zu gehen, ihn finanziell zu unterstützen und nicht immer für ihn da sind, wann und wo es ihm gefällt.

Einem Mann muß *ernsthaft an Ihnen gelegen sein*, damit er Sie rechtzeitig in der Woche anruft (und zwar jede Woche), Pläne für Sie beide macht, Sie zu Hause abholt und geduldig wartet, bis Sie soweit sind, mit ihm zu schlafen. Der *Falsche* wird sich nicht dem strengen Regiment der *Regeln* unterwerfen und sich lieber eine Frau suchen, die keinen so hohen Standard pflegt.

Während Sie sich also tapfer nach den *Regeln* richten, beobachten, notieren Sie, denken Sie nach: *Ist er der Richtige für mich?* Nehmen Sie eine aktive Rolle ein – Ihr dauerhaftes Glück ist gewiß die Mühe wert.

Kapitel 18

Wie Sie zum Abschluß kommen (ihn vor den Traualtar bekommen)

Nein, wir sprechen hier nicht von einer geschäftlichen Transaktion, aber den gewünschten Mann fürs Leben dazu zu bewegen, um ihre Hand anzuhalten und sich dann auch auf einen festgesetzten Termin für die Hochzeit einzulassen, ist ein Kunststück, von dem viele Frauen behaupten, daß es komplizierter zu bewerkstelligen sein dürfte als die zäheste Geschäftsverhandlung.

Mit den *Regeln* fällt es natürlich ein gutes Stück leichter. Wenn Sie die *Regeln* befolgt haben, seit Sie Ihrem Traummann begegnet sind, und er sagt, daß er Sie liebe, ist die erste Hürde bewältigt – er wird um Ihre Hand anhalten. Es kann eine Weile dauern – im Schnitt so um die fünfzehn Monate. (Möglicherweise hat er seine eigenen *Regeln*, zum Beispiel, daß er jede einzelne der vier Jahreszeiten mit Ihnen durchlebt haben will, ehe er Sie heiratet, und dagegen ist auch überhaupt nichts einzuwenden.)

Mit Hilfe der *Regeln* bekommen Sie nicht nur einen Heiratsantrag, Sie wissen schon lange vor der entscheidenden Frage, in welche Richtung sich die Beziehung entwickelt. Sie werden spüren, wie ein warmes, offenes Gefühl von ihm ausgeht, merken, daß er sich wünscht, Sie an seiner Welt teilhaben zu lassen.

Im folgenden finden Sie ein paar Schlüsselwörter und -sätze, die er vermutlich in Ihre Gespräche einfließen lassen wird:

1. Die Zukunft – ob es nun darum geht, wo er leben möchte, seine beruflichen Ambitionen oder um das Auto, das er sich gerne anschaffen würde.
2. Heirat – indem er Ihnen etwa erzählt, er würde sich freuen, bei der Hochzeit seines Freundes der Trauzeuge zu sein.
3. Kinder – er könnte den bevorstehenden Geburtstag seines Neffen erwähnen.
4. Verheiratete Freunde – er erzählt von ihnen und schlägt vor, sich wieder mal zu viert zu treffen.
5. Seine Familie – er spricht von seinen Eltern oder fragt Sie nach Ihren und lädt Sie ein, Weihnachten mit seiner Familie zu verbringen.

Er wird Sie auch in die nebensächlichsten Einzelheiten seines Alltags einweihen – Ihnen erzählen, daß er beim Friseur gewesen ist oder seinen Wagen hat waschen lassen. Er bezieht Sie immer mehr mit ein.

Weil er um Sie werben mußte, Sie sich nicht öfter als zwei- oder dreimal die Woche getroffen und keine ausgedehnte Ferienreise mit ihm unternommen haben, nicht bei ihm eingezogen sind oder ihn auch sonstwie nicht mit Ihrer Nähe erdrückt haben, haben Sie ihm *geholfen*, sich in Sie zu verlieben und zu dem Entschluß zu gelangen, Sie heiraten zu wollen. Jetzt will er *mehr* von Ihnen.

Binnen eines Jahres – wenn nicht noch eher – hat er herausgefunden, daß er Sie nicht nur heiraten *will*, sondern Sie sogar heiraten *muß*, um Sie öfter sehen zu können, damit Sie wirklich »sein« sind.

Die Frage ist jetzt nicht mehr, *ob* er Sie heiratet, sondern *wann. Männer können sich bis zu fünf Jahre Zeit damit lassen!* Sie sind berüchtigt dafür, wichtige Entscheidungen des Herzens auf die lange Bank zu schieben. Schlägt er vor, zuerst zusammenzuziehen, um zu sehen, ob Sie auch dann noch gut miteinander auskommen, oder damit Sie mehr voneinander haben, sagen Sie ihm, Sie seien ein altmodisches Mädchen und würden damit lieber warten, bis Sie verheiratet oder wenigstens verlobt sind.

Ein Mann mag Sie noch so sehr lieben, aber heiraten ... das macht ihm ein bißchen Angst. Vielleicht will er noch ein wenig an seinem Junggesellenleben festhalten, vielleicht ist er schon einmal verheiratet gewesen und hat es nicht sonderlich eilig damit, es noch mal zu versuchen, oder er fühlt sich noch zu jung (ist unter fünfundzwanzig).

Um einen Mann dazu zu bewegen, um ihre Hand anzuhalten, und zwar binnen eines überschaubaren Zeitraums, sollte eine Frau nicht vor der Verlobung oder der Heirat mit ihm zusammenziehen und ihn weiterhin nur dreimal in der Woche treffen, selbst wenn sie inzwischen das Gefühl hat, sie und er wären unzertrennlich.

Klappt das trotzdem nicht, müssen Sie möglicherweise ein wenig sanften Druck ausüben, etwa übers Wochenende mit einer Freundin wegfahren, eine Verabredung am Samstagabend absagen, viel in der Firma zu tun haben, erwähnen, daß Sie den Mietvertrag für Ihr Einzimmerappartement verlängern wollen, und sich geheimnisvoll geben, was Ihre Unternehmungen betrifft. Irgendwas davon sollte ihm zu denken geben. Wie Sie bereits wissen, weicht die Angst eines Mannes, sich zu binden, sobald die Frau von ihm wegrückt, und steigert sich, sowie die Frau und damit die drohende Verpflichtung näher an ihn heranrückt. Das ist keine schäbige Taktik Ihrerseits. Sie verschaffen ihm nur Luft zum Atmen.

Haben Sie allerdings nicht die ganze Zeit über die *Regeln* befolgt, kann es sehr schwierig werden, einen Mann zu einem Heiratsversprechen zu bewegen.

Wenn Sie mit einem Mann schon zwei, drei oder gar fünf Jahre zusammen sind und er immer noch nichts von Heirat gesagt hat, mögen Sie denken, daß es nun auch nicht mehr darauf ankommt, daß es sich schon irgendwann ergeben wird. Sie haben vermutlich seine sämtlichen Ausflüchte geschluckt – finanziell noch nicht soweit, bereits einmal verheiratet gewesen, noch nicht innerlich darauf vorbereitet und so weiter –, wieso er Sie gerade jetzt noch nicht heiraten kann. Nun aber kennen Sie die *Regeln* und wissen, daß eine Frau, die sich danach richtet, nicht ewig darauf wartet, bis der Mann um ihre Hand anhält (wenn er's denn je tun wird), und es im Gegenteil jetzt darauf ankommt, nicht mehr länger zu warten.

Nehmen wir mal an, Sie sind inzwischen mehr als ein Jahr mit einem Mann zusammen, und es ist ihm irgendwie gelungen, sämtlichen Gesprächen über die Zukunft aus dem Wege zu gehen. Was sollen Sie tun?

Fragen Sie ihn nach seinen Plänen. Wenn er sagt, daß er nicht vorhabe, Sie zu heiraten, sagen Sie: »Alles klar«, und sehen ihn nie wieder. Männer sind in solchen Dingen ehrlich. Er hat nicht Angst, sich zu binden – er will Sie nur nicht heiraten.

Wenn er sagt, er hätte schon vor, Sie eines Tages zu heiraten, liegt es an Ihnen, ihn *zum Abschluß zu bringen.* Fragen Sie ihn, wann, und wenn er sich noch mehr als ein Jahr Bedenkzeit ausbittet, sehen Sie ihn weniger häufig und denken auch mal daran, mit anderen auszugehen. Sie haben jetzt schon mehr als ein Jahr gewartet, wollen Sie noch ein weiteres warten?

Falls Sie schon zusammenleben (weil Sie erst von den *Regeln* erfahren haben, nachdem Sie bei ihm eingezogen sind) und er sagt, er wolle sich nicht mit Ihnen verloben, fassen Sie einen Umzug ins Auge. Aber sagen Sie nicht: »Ich ziehe aus, weil du nicht bereit bist, dich längerfristig zu binden.« Das wäre zu offensichtlich. Sagen Sie einfach, Sie bräuchten mehr Platz oder daß irgendwo eine schöne Wohnung frei werde oder daß eine Freundin ins Ausland gehe. Will ein Mann sich nicht binden, lassen wir ihn ziehen. Versucht er nicht, Sie zurückzuhalten, vergeuden Sie keine weitere Zeit. Will er wissen, was denn los sei, antworten Sie ganz nonchalant: »Ich weiß nicht, ob du der richtige Umgang für mich bist.« Wenn er gut ohne Sie leben kann, wollen Sie auch nichts mehr von ihm wissen. Basta!

Hier sind fünf Dinge, die Sie nie tun dürfen, so groß die Versuchung auch sein mag:

1. Sagen Sie ihm nie, Sie seien gekränkt, sauer, oder werfen ihm vor, Ihre Zeit gestohlen oder Sie hingehalten zu haben. Sie haben nur mit ihm zusammengelebt – niemand hat Ihnen den Arm ausgerenkt. Für Ihr eigenes Tun müssen Sie schon selbst die Verantwortung übernehmen. Indem Sie sich nicht an die *Regeln* hielten, haben Sie ihm gestattet, das Zusammenleben mit Ihnen zu einem permanenten Zustand zu erklären. In einer Beziehung gemäß den *Regeln* spricht der Mann nach einem, maximal nach zwei Jahren von Heirat, sonst ist Schluß!

2. Schlagen Sie nicht vor, gemeinsam zur Therapie zu gehen oder durchzudiskutieren, warum er sich nicht binden will. Jeder Mann *kann* sich an eine Frau binden, wenn er sie nur genug liebt und sie sich an die *Regeln* hält. Aber Männer können eine Phobie gegen Bindungen entwickeln, wenn eine Frau sich ihnen zu sehr aufdrängt, sich als zu verfügbar erwiesen hat oder die Liebe des Mannes zu der Frau einfach nicht stark genug ist. Sie kommen dann mit Ausreden wie »Heiraten – der Gedanke daran liegt mir wie ein Stein im Magen« oder erwähnen bei jeder Gelegenheit die hohe Scheidungsrate.

3. Lassen Sie sich von keinem Mann aufschwatzen, die Ehe sei nicht wichtig – »Ist doch nichts als ein Fetzen Papier« – und daß es nur darauf ankomme, daß Sie beide zusammenblieben. Wenn er Sie nicht heiraten will, ist er eben doch nicht so verliebt in Sie, oder seine Liebe ist nicht die Art Liebe, die Sie sich wünschen. In Wirklichkeit heißt das nämlich nur, daß er sich den Rücken freihalten will, falls er mal eine andere kennenlernt!

4. Lassen Sie sich von keinem Mann einreden, er könne Sie nicht heiraten, weil er schon verheiratet gewesen sei und Zeit brauche, sich von Ehefrau Nummer Eins und Nummer Zwei zu erholen.

5. Lassen Sie sich von einem Mann, mit dem Sie schon seit Jahren ausgehen, nicht einreden, sie beide müßten warten, bis »in der Arbeit alles weniger hektisch verläuft« oder er sich finanziell so weit abgesichert habe, eine Ehe eingehen zu können. Das sind die am wenigsten überzeugenden Gründe. Es wird im Leben immer irgendwelche Probleme mit dem Job oder dem Geld geben, und die sollten nichts mit einer Heirat zu tun haben. Wenn ein Mann Sie liebt und Sie heiraten will, bemüht er sich entweder, Sie nichts von solchen Angelegenheiten merken zu lassen, oder er schließt Sie in die Lösung dieser Probleme mit ein und bittet Sie, ihn *trotzdem* zu heiraten. Er fällt vor Ihnen auf die Knie und sagt so etwas wie: »Versteh bitte, ich bin kein Millionär, aber ich liebe dich und würde alles für dich tun.« Sagt ein Mann aber: »Du bist zu gut für mich«, meint er in Wirklichkeit: »Ich will dich nicht.«

Fassen wir zusammen: Ein und derselbe Mann, der sich nicht an eine Frau binden will, weil er noch nicht über seine Scheidung hinweg ist oder seine Finanzen nicht im Griff hat, könnte kein Problem damit haben, eine andere, die sich weigert, ohne eine klare Aussage seinerseits länger als ein Jahr mit ihm auszugehen, zu fragen, ob sie seine Frau werden wolle. Manchmal halten Männer Frauen ganze fünf Jahre lang hin und erklären, der Heirat stehe noch dieses oder jenes im Wege, und wenn sie dann Schluß mit ihr gemacht haben, heiraten sie sechs Monate später eine andere vom Fleck weg.

Wenn Sie schon seit Jahren mit einem Mann zusammen sind, der Ihnen immer noch keinen Heiratsantrag gemacht hat, wie lange wollen Sie dann noch warten? Ein Mann, der weiß, daß Sie sich auch ohne Ehering zufriedengeben, hat keine Motivation, eine dauerhafte Verbindung auch auf dem Papier einzugehen. Sie müssen den Mut haben, einer solchen Beziehung, die ganz eindeutig in der Sackgasse steckt, den Rücken zu kehren. Aber nehmen wir einmal an, Sie wären bereits verlobt – wie bekommen Sie ihn dazu, auch den letzten entscheidenden Schritt zu vollziehen?

Ist die Verlobung zustande gekommen, weil Sie sich strikt an die *Regeln* gehalten haben, dürfte es keine Schwierigkeiten damit geben. In solchen Beziehungen gibt es keine »kalten Füße«. Eher ist das Gegenteil der Fall. Er hat seine Entscheidung getroffen, er *will* heiraten, für immer und ewig mit Ihnen zusammen sein.

Die Zeit der Hochzeitsvorbereitungen wird eine Periode voller wundervoller Vorfreude. Er telefoniert mit dem Partyservice, bestellt den Fotografen, leiht sich einen Smoking und gibt sich die größte Mühe, das schönste Hochzeitslied auszusuchen. Er ist an jeder Einzelheit des bevorstehenden Festes beteiligt. Er macht sich Sorgen, daß Ihr Hochzeitskleid nicht rechtzeitig fertig wird. Ungehalten wird er nur, wenn er zu merken glaubt, daß die Hochzeit nicht auch für *Sie* absolute Priorität vor allen anderen Dingen hat.

Eine Verlobung ist selbstverständlich noch keine *Garantie* für die Heirat, also dürfen Sie im Umgang mit den *Regeln* auch in dieser Zeit nicht nachlässig werden. Glauben Sie nicht, jetzt könnten Sie endlich stundenlang mit ihm telefonieren. Es wäre auch besser, jetzt noch nicht mit ihm zusammenzuziehen. Verlobungen können wieder gelöst und Hochzeitstermine verschoben oder nie ins Auge gefaßt werden. Wohnen Sie erst bei ihm, könnte er es sich anders überlegen und zu dem Schluß kommen, mit dem Bund fürs Leben wäre es nun ja nicht mehr so eilig! Besser, Sie machen sich noch nicht zu verfügbar, damit er Sie vermißt und auf die Hochzeit drängt, anstatt Platzangst zu bekommen, wenn Sie Ihre Sachen in seine Schränke einräumen.

Seien Sie auch auf der Hut vor gewissen besonderen Umständen und Ausflüchten Ihres Verlobten, wie etwa:

1. Er findet es toll, verlobt zu sein, aber warum die Heirat überstürzen?

2. Er ist schon einmal verheiratet gewesen, es war eine Katastrophe, und er hat es nicht eilig, noch einmal das Band der Ehe zu knüpfen. Er hat Ihnen einen Verlobungsring gekauft, damit Sie ihm nicht davonlaufen (sprich: mit keinem anderen schlafen), aber er ist ganz zufrieden mit dem bestehenden Zustand.

3. Er ist noch jung und macht ganz gerne mit seinen Freunden einen Zug durch die Stadt, möchte sich nicht zu fest binden. Ihm gefällt das Junggesellenleben, und obwohl Sie es geschafft haben, daß er sich mit Ihnen verlobt, läßt er sich von Ihnen auf kein Datum für die Hochzeit festlegen. Sie haben zwar seinen Ring, aber keine Ahnung, wie die Zukunft aussieht.

4. Sie lebten bereits zusammen, als Sie sich verlobt haben, aber ein Termin für die Heirat ist nicht in Aussicht. Was tun?

Wir sind schon der Meinung, daß auf eine Verlobung bald die Festsetzung eines Termins für die Hochzeit folgen sollte. In Beziehungen, die nach den *Regeln* verlaufen, dauert es meist höchstens ein Jahr. Sind Sie beide noch jung (unter fünfundzwanzig), dürfen es auch zwei Jahre werden.

Zieht sich die Zeit der Verlobung hin, sollten Sie sich überlegen, ob Sie ihm den Ring nicht zurückgeben und sich anderweitig umschauen. Vielleicht ist er doch nicht der Richtige? Frauen, die sich an die *Regeln* halten, vergeuden keine Zeit.

Und wenn es mit dem Gang vor den Traualtar nichts wird? (Seien Sie ehrlich mit sich selbst!) Möglicherweise sind *Sie* auch diejenige, die es sich lieber noch einmal überlegen möchte. Sie haben sich nach den *Regeln* gerichtet, er hat Ihnen einen Heiratsantrag gemacht oder auch nicht, aber nun kommen Ihnen Zweifel. Irgend etwas scheint mit ihm oder Ihrer Beziehung nicht so ganz zu stimmen, und Sie denken daran, sie zu lösen. Wer weiß, vielleicht ist er doch nicht Ihr wahrer Traummann? Auch viele andere Gründe sind denkbar. Was sollten Sie jetzt tun?

Haben Sie sorgfältig darüber nachgedacht und Ihre Entscheidung mit einem Therapeuten, guten Freunden oder mit Verwandten besprochen, raten wir, daß Sie stets Ihrem Gefühl folgen. *Lassen Sie es.*

Es sollte Ihnen nicht peinlich sein, Sie dürfen sich nicht albern vorkommen und sich auch kein schlechtes Gewissen einreden. Sie dürfen sich nicht dafür hassen oder sich als Versagerin fühlen, weil Sie ein oder zwei Jahre Ihres Lebens in den Falschen investiert haben. So dürfen Sie das nicht sehen. Eine aussichtslose Verlobung zu beenden, bedeutet, dazugelernt zu haben, um eine Erfahrung reicher geworden zu sein. Außerdem sind Sie bestimmt nicht die erste Frau, die sich eines Besseren besinnt und eine Hochzeit absagt. Das kommt vor. Sie haben es versucht, es hat nicht funktioniert, und je früher Sie sich von ihm lösen, desto besser. Bleiben

Sie nicht mit ihm zusammen, weil Sie beide doch nun schon so lange ein Paar sind, Zukunftspläne geschmiedet haben, Sie seine Eltern nett finden, alles mittlerweile in so festen Bahnen verläuft und Sie meinen, es würde Ihnen über den Kopf wachsen, alles abzublasen.

Wenn Sie einmal zu dieser Entscheidung gelangt sind, dürfen Sie sich auch Tränen gestatten. Wer würde in einer derartigen Situation nicht zutiefst aufgewühlt sein? Das ist eine völlig normale Reaktion. Aber geben Sie nicht gleich auf und werfen sich vor den nächstbesten Bus. Sie müssen Vertrauen haben. Denken Sie immer daran, daß es irgendwo da draußen noch einen anderen gibt – den wahren Mann fürs Leben – und Sie nur *gewinnen* können, indem Sie ehrlich mit sich selbst sind! Holen Sie tief Luft und lesen Sie noch einmal unser erstes Buch, vor allem die Regel Nummer 1:

Seien Sie anders als alle anderen. Sie vertrauen auf die Güte und die Vielfalt des Universums: Wenn er es nicht sein soll, kommt bestimmt ein Besserer ... Jeder Mann sollte froh und glücklich sein, Sie zu haben! Gehen Sie unter Menschen, mal wieder auf die Piste! Aber halten Sie sich schön an die *Regeln*. Ihr Traummann wartet vielleicht schon an der nächsten Ecke, und wenn Sie ihm erst begegnet sind, werden Sie es nicht bereuen, auf *ihn* gewartet zu haben!

Kapitel 19

Lassen Sie sich nicht zur Trostfrau machen und andere Regeln, wenn Sie mit einem getrennt lebenden Mann ausgehen

Wenn Sie stets die *Regeln* befolgt haben, kennen Sie all die Gründe, warum Sie nicht mit einem verheirateten Mann ausgehen sollten: Es ist unehrlich, er gehört Ihnen nicht wirklich, und Sie könnten eine Menge Zeit damit vergeuden, darauf zu warten, daß er sich endlich von seiner Frau trennt, falls es je soweit kommen sollte.

Viele Frauen haben uns angerufen, um uns zu sagen, daß sie trotzdem eine Beziehung zu einem verheirateten Mann unterhielten. Wir können diesen Frauen nur raten, den Mut aufzubringen – wenn es sein muß, beten Sie sogar um die Kraft dafür! –, mit ihm Schluß zu machen. Mit einem verheirateten Mann auszugehen ist, wie eine Sackgasse entlangzufahren – beides führt Sie nicht weit. Es ist allemal besser, zu warten, bis er geschieden und frei ist. Also rufen Sie ihn nicht an, schreiben Sie ihm keine Briefe, initiieren Sie keine zufälligen Begegnungen, und versuchen Sie nicht, sich mit ihm ganz kurzfristig zu verabreden.

Legen Sie Wert darauf, daß der Mann, mit dem Sie sich treffen, wenigstens von seiner Ehefrau getrennt lebt. Aber Sie müssen nicht bloß *glauben*, daß das der Fall ist. Woher wollen Sie es mit Sicherheit wissen? Gibt er Ihnen seine Privatnummer nichts, sondern sagt, am besten würden Sie ihn im Büro erreichen, oder gibt Ihnen eine Nummer, bei der nie jemand abnimmt, stellt Sie nicht seinen Freunden oder seiner Familie vor und benimmt sich auch sonst ziemlich geheimnisvoll, sollten Sie sich ernstlich Gedanken machen. Irgend etwas stimmt da nicht. Seien Sie auf der Hut. Er könnte versuchen, ein Doppelleben zu führen, aber das finden Sie rasch heraus, wenn Sie nur achtgeben und sich an die *Regeln* halten.

Also, Sie gehen jetzt mit einem Mann aus, der *hoffentlich wirklich* getrennt lebt. Das kann schon kompliziert genug sein! Da sind seine noch mit ihm verheiratete Frau, die ausstehende Frage der Unterhaltszahlungen, mögliche Scherereien mit Anwälten und vielleicht sogar ein Kampf ums Sorgerecht. Es könnte Ihnen vorkommen, als wären Sie mitten in einen Film hineinspaziert. Wollen Sie sich mit all dem herumschlagen und sich auf eine lange Wartezeit einlassen, bis Sie ihn heiraten können?

Schön, Sie wollen es. Hier einige Richtlinien:

Zusätzlich zu all den *Regeln*, die Sie befolgen müssen, wenn Sie mit einem unverheirateten Mann ausgehen, müssen Sie *genau zuhören*, wenn er darüber spricht, warum es mit seiner Ehe nicht geklappt hat, und sich überlegen, inwiefern das Ihre Chancen auf eine Heirat mit ihm beeinflußen kann und vor allem Ihre Chance, mit ihm verheiratet *zu bleiben*. Spricht er nicht von sich aus über die Trennung, versuchen Sie möglichst unauffällig, herauszufinden, ob die Trennung von ihm oder von ihr ausgegangen ist.

Diese Information ist wichtig. War die Scheidung sein Wunsch, bedeutet das vermutlich, daß er von seiner Frau die Nase voll hat – ein gutes Zeichen. Andererseits zeigt das aber auch, daß er imstande ist, eine Frau zu verlassen, und auch Ihnen das eines Tages mit ihm passieren kann. Sollten Sie zu dem Schluß gekommen sein, daß in der Ehe nicht alles nach den *Regeln* verlaufen ist – mit anderen Worten, sie ihn zur Heirat gedrängt hat –, Sie in Ihrer Beziehung aber auf die Einhaltung der

Regeln achten, gibt es keinen Grund zur Beunruhigung. Er wollte nur aus einer unglücklichen Ehe ausbrechen.

Haben Sie aber das Gefühl, er hat eines schönen Tages ohne triftigen Grund seine Sachen gepackt und ist ausgezogen, behalten Sie ihn gut im Auge. Er könnte Kummer am Horizont bedeuten. Die *Regeln* helfen Ihnen dabei, auffällige Verhaltensmuster und Anzeichen von Unzuverlässigkeit rechtzeitig zu registrieren. Solche Anzeichen könnten gegeben sein, wenn er ab und zu mal am Samstagabend keine Zeit für Sie hat, zu Verabredungen nicht erscheint, Ihren Geburtstag vergißt.

Wurde die Ehe auf Wunsch seiner Frau geschieden, müssen Sie davon ausgehen, daß er möglicherweise immer noch etwas für sie empfindet und die Chance besteht, daß die beiden sich wieder versöhnen. Diese Gefahr ist besonders groß, wenn er gerade erst frisch getrennt ist – sagen wir, weniger als ein halbes Jahr lang. Er könnte lediglich mit Ihnen ausgehen, um sich abzulenken und damit Sie ihm helfen, über seine Verflossene hinwegzukommen. Spricht er die ganze Zeit über *sie*, wenn Sie mit ihm zusammen sind, ist er bestimmt nicht Hals über Kopf in Sie verliebt! Denken Sie daran: Frauen, die nach den *Regeln* leben, lassen sich nicht zu Trostfrauen machen! Also achten Sie auf Vorwände, die er erfinden könnte, um sich mit ihr zu treffen. Liegen die beiden sich immer noch dauernd in den Haaren? Reagiert er sehr gefühlsbetont, wenn von der Trennung die Rede ist? All das sollte nicht zutreffen, wenn er über sie hinweg und in Sie verliebt ist! Will ein Mann nichts mehr von seiner Ex-Frau wissen, hat er möglichst wenig Umgang mit ihr und versucht nicht, die Scheidung hinauszuzögern. Er möchte alles hinter sich haben.

Wie es sich damit auch verhalten mag, spielen Sie nicht die Therapeutin für seine Eheprobleme. Wenn er andauernd über seine Trennung sprechen möchte, hören Sie eine gewisse Zeitlang geduldig zu, aber geben Sie ihm keine Ratschläge und pflichten Sie ihm nicht bei, wenn er alle Schuld auf seine Ex-Frau zu schieben pflegt. Er darf vielleicht schlecht über sie reden, Sie aber nicht. Zeigen Sie keine Eifersucht und klammern Sie sich nicht zu sehr an ihn, wenn er noch Kontakt mit ihr hat. Je weniger Interesse Sie an ihr beweisen, um so besser.

Nehmen Sie sich nicht vor, ihm »die bessere zweite Frau« zu sein, falls und wenn er Sie heiratet. Beklagt er sich, seine frühere Gattin hätte mehr Zeit für Ihren Beruf geopfert als für ihn, könnten Sie auf den Gedanken verfallen, die *Regeln* ein wenig zu strecken, etwa so, daß Sie *nicht immer* das Rendezvous mit ihm beenden müssen, weil er doch so viel durchgemacht hat und Sie seinetwegen mit Ihrer Karriere auch ruhig mal ein bißchen kürzer treten könnten. Verfallen Sie nicht darauf, ihn ständig sehen zu wollen, und kommen Sie auch nicht auf den Gedanken, am Wochenende für ihn vorzukochen, damit er die Woche über immer etwas Warmes zu essen hat – im wahrsten Sinne des Wortes *für ihn sorgen* zu wollen. Das wäre ein schwerwiegender Fehler. Wir kennen Frauen, die gleichzeitig Therapeutin und Krankenschwester spielen wollten, *weil es doch die Frau ist, die immer alles versteht*, und damit Jahre auf einen Mann verwendet haben, nur um am Ende zusehen zu müssen, wie er eine andere heiratet – eine, die seiner früheren Frau ähnlich war. Was immer er auch über seine Ex-Frau zu sagen hat – vergessen Sie nicht, daß er sie einmal *geheiratet* hat. Auf eine gewisse Weise muß sie also sein Typ gewesen sein. Verlassen Sie sich nicht darauf, was ein Mann *sagt* – was er *tut*, darauf kommt es an. Vertrauen Sie auf die *Regeln* und machen Sie sich nichts vor.

Wenn Sie mit einem getrennt lebenden Mann ausgehen, ist es natürlich nicht so leicht, sich aus seinen Problemen herauszuhalten – Sie müssen sich auf seinen Terminkalender, seine Bedürfnisse einrichten. Zum Beispiel könnte er für eine Weile keine neue Ehe eingehen wollen, weil er warten möchte, bis sich die Wogen geglättet oder bis seine Kinder sich auf die neue Situation eingestellt haben und soweit sind, eine Stiefmutter akzeptieren zu können.

Seien Sie verständnisvoll, aber nur bis zu einem gewissen Grade. Ist es ihm ernst damit, Sie heiraten zu wollen, gibt es keinen Grund, warum er nicht binnen eines Jahres, nachdem er Sie kennengelernt hat (oder zumindest so bald wie möglich), geschieden sein sollte. Sechs Monate, nachdem seine Scheidung rechtskräftig geworden ist, sollte die Verlobung stattfinden, und *recht bald* nach der Verlobung sollte ein Hochzeitstermin feststehen.

Dies sind allgemeine Richtlinien, also seien Sie nicht schwierig oder unflexibel, wenn Kinder im Spiel sind oder erschwerende Umstände auftauchen. Ernsthafte Gedanken sollten Sie sich nur machen, wenn er das Thema Heirat ganz und gar zu vermeiden sucht oder verlangt, daß Sie beide zuerst zusammenziehen. In jedem Fall sollten Sie dann noch einmal über ihn nachdenken oder sich eine Weile rar machen. Frauen, die die *Regeln* befolgen, warten nicht endlos darauf, bis ein Mann sein Leben in den Griff bekommen hat. Seien Sie nicht zu nachgiebig. Braucht er länger als zwei Jahre, um sich zu einer neuen Ehe durchzuringen, ist er vielleicht doch nicht der Richtige.

Die Tatsache, daß er Kinder hat, sollte keine größeren Abweichungen von diesem Zeitplan zur Folge haben, aber sie bedeutet, daß Sie eine gewisse Rücksicht walten lassen müssen, was seinen Umgang mit den

Kindern betrifft. Bisweilen werden Sie schon die zweite Geige spielen, manchmal sogar eine Engelsgeduld an den Tag legen müssen.

Bitten Sie ihn nicht darum, seine Kinder kennenlernen zu dürfen. In diesen Teil seines Lebens muß er Sie mit einbeziehen, wenn er soweit ist und den Wunsch danach hat. Sie möchten sich doch nicht in die Situation manövrieren, daß seine Kinder Sie ablehnen, Sie für seine ehelichen Schwierigkeiten verantwortlich machen oder das Gefühl bekommen, Sie würden ihnen ihren Vater wegnehmen. *Er* muß sich um ihren Schmerz kümmern, er muß ihnen erklären, daß er jetzt Sie liebt und seine Ehe ganz ohne *Ihr* Zutun in die Brüche gegangen ist, daß das nichts mit Ihnen zu tun gehabt hat. Sie sollten sich da nicht einmischen.

Werden Sie nicht eifersüchtig, wenn er seine Kinder ab und zu Ihnen vorzieht, zum Beispiel am Sonntagmorgen nicht lange mit Ihnen im Bett liegenbleiben kann, weil er zum Fußballspiel seines Sohnes muß. Sein Bestreben, ein guter Vater zu sein, seine Loyalität seinen Kindern gegenüber sind Eigenschaften, auf die Sie stolz sein können, die Sie getrost bewundern dürfen – und die Sie ihm keinesfalls nachtragen sollten. Beißen Sie sich auf die Zunge, beschäftigen Sie sich mit etwas anderem. Geben Sie ihm nicht das Gefühl, sich zwischen Ihnen und seinen Kindern entscheiden zu müssen. Wollen Sie eines Tages ihre Stiefmutter sein, müssen Sie sich auf deren Bedürfnisse ebenso einstellen wie auf Ihre eigenen.

Obwohl wir Ihnen nahelegen, behutsam mit der Beziehung zu seinen Kindern umzugehen – eine Scheidung kann für ein Kind eine traumatische Erfahrung sein –, verlangen wir auch nicht von Ihnen, sich aufs Abstellgleis schieben zu lassen. Es gibt genügend Männer, die ihre Freundin bitten, für ihre Kinder den Babysitter zu spielen, mit ihrer Tochter Eislaufen zu gehen, aber keinen Gedanken an Heirat verschwenden. Sie sind aber nicht nur seine Babysitterin oder die Freundin, die in allen Lebenslagen unermüdlich einspringt.

Eine Beziehung zu einem getrennt lebenden Mann kann schwierig sein. Indem Sie sich aber an den *Regeln* orientieren, bewahren Sie sich davor, endlos vertröstet zu werden. Reden Sie sich keine Erklärungen dafür ein, warum er Sie nicht gleich heiraten möchte oder Jahre braucht, bis er sich von seiner Scheidung erholt hat. Wenden Sie die *Regeln* an, kommt ein Mann schnell wieder auf die Beine und tritt nur zu gerne mit Ihnen vor den Traualter!

Kapitel 20

Noch ein paar Regeln für die verheiratete Frau

Ich bin verheiratet. Soll ich jetzt anfangen, mich nach den *Regeln* zu richten? Diese Frage hören wir oft von verheirateten Frauen, die erst jüngst unser erstes Buch entdeckt haben. Obwohl wir in unserem Buch unter Regel Nummer 25 (»Auch während der Verlobungszeit und in der Ehe sollten Sie sich an die *Regeln* halten«) darauf eingegangen sind, werden wir häufig um weiterführenden Rat gebeten. Daher wollen wir uns im vorliegenden Kapitel noch einmal eingehender mit diesem Komplex beschäftigen und Tips für Ehen, die nach den *Regeln* zustande gekommen sind, anbieten – wie auch für solche, bei denen das nicht der Fall war.

Wenn Sie sich vor der Ehe an die *Regeln* gehalten haben, brauchen Sie sich nicht mehr bewußt ein wenig geheimnisvoll zu geben. Klar, daß Ihr Mann wie verrückt in Sie verliebt ist. Weil Sie nicht ständig an seiner Seite geklebt und nicht stundenlang mit ihm telefoniert haben, haben Sie nicht Ihren Zauber für ihn verloren, und er findet das Leben mit Ihnen alles andere als langweilig. Auch nach Jahren erscheinen Sie ihm noch interessant und aufregend. Sie sind seine Schönheitskönigin, und er schätzt sich glücklich, Ihre Zuneigung gewonnen zu haben ... Und das wird immer so bleiben. Sie haben das wundervolle Gefühl, gut aufgehoben zu sein.

Männer, die ihre Frauen nach den *Regeln* kennengelernt haben, sind sehr engagierte Ehepartner. Sie rufen ständig an, sorgen für zärtliche Stunden im gemeinsamen Leben, und kaufen ihren Frauen Blumen oder hübsche Geschenke zum Geburtstag, zum Hochzeitstag und zum Valentinstag (und brauchen an keinen dieser drei Tage erinnert zu werden!).

Solche Ehemänner möchten am liebsten nichts mehr ohne ihre Partnerin oder die Familie unternehmen. Sie nehmen die Ehe sehr ernst. Sie beklagen sich nie, verheiratet zu sein, und machen auch keine dummen Bemerkungen (»Du hast mich ja ganz schön an der Kandare«), wie es manche ihrer Freunde tun, die es nicht so glücklich getroffen haben. Weil Sie den *Regeln* vertrauten, bleibt alles so schön, wie es am Anfang gewesen ist – um so mehr ein Grund, auch von dem Moment an, da Ihr Traummann in Ihr Leben getreten ist, die *Regeln* nicht zu vernachlässigen.

In einer Ehe nach den *Regeln* brauchen Sie nur Sie selbst zu sein – unbeschwert, umgänglich, um Ihr berufliches Fortkommen und um Ihre Gesundheit bemüht, ohne Ihre eigenen Interessen in den Hintergrund zu stellen – und brauchen sich keine Gedanken zu machen, wie Sie die Aufmerksamkeit Ihres Mannes für sich gewinnen können.

Wie steht es, wenn Ihre Verbindung nicht nach den *Regeln* zustande gekommen ist und Sie jetzt im Sinne eines noch erfüllteren Zusammenlebens daran arbeiten möchten? Es gibt zwei Arten solcher Ehen:

1. Er hat um Sie geworben, aber Sie haben die *Regeln* verletzt (zum Beispiel ihn zu oft gesehen, stundenlang mit ihm telefoniert, sich ihm zu sehr aufgedrängt) und

2. Sie sind ihm nachgejagt (haben ihn dauernd angerufen, sich mit ihm verabredet, sind mit ihm zusammen verreist und so weiter).

Für die erste Ehe gibt es ein simples Rezept. Da er um Sie geworben hat, wird er, wenn Sie sich in Zukunft nach den *Regeln* richten, sich aufs neue zu Ihnen hingezogen fühlen. Ein paar Anregungen: Fragen Sie ihn nicht unaufhörlich, ob er Sie liebt, erinnern Sie ihn nicht an den Valentinstag und erwarten Sie keine Blumen, regen Sie nicht an, mal über alles zu reden, rufen Sie ihn nicht zu häufig in der Arbeit an, beenden Sie das Gespräch, wenn *er* anruft, kleiden Sie sich ein bißchen mehr sexy, vernachlässigen Sie nicht Ihre eigenen Interessen, und bemühen Sie sich, etwas weniger anhänglich und etwas unabhängiger zu sein.

Sorgen Sie sich nicht, es könnte sonderbar wirken, wenn Sie sich nach all den Jahren ihm gegenüber plötzlich so anders benehmen. Halten Sie sich nur an die *Regeln*. Männer kümmert es nicht unbedingt, *warum* eine Frau sich intensiv um sich selbst bemüht und dadurch zu einem positiveren Lebensgefühl gelangt. Sie werden den Unterschied zu schätzen wissen und die Frau um so mehr begehren. Aber wenn die Beziehung zu Ihrem Mann auf *Ihr* Engagement zurückgeht und Sie sich jetzt nicht glücklich fühlen und sich wünschen, *er* hätte mehr Interesse an *Ihnen* gezeigt, ist das möglicherweise nicht so leicht zu beheben. Beginnen Sie zuallererst, sich an die *Regeln* zu halten. Das tut Ihnen und Ihrem Selbstwertgefühl gut. Sind Sie vor Ihrer Ehe diejenige gewesen, die Sex, romantische Stunden zu zweit, Pläne fürs Wochenende und gemeinsame Reisen initiiert hat, und hat sich auch nach der Heirat nichts daran geändert, hören Sie jetzt damit auf, alles zu ordnen und zu planen und die Romantikerin in Ihrer Partnerschaft zu sein. Halten Sie das eine oder zwei Wochen oder gar einen Monat durch und warten Sie ab, was passiert.

Indem Sie Ihren Mann ein klein wenig links liegen lassen, verschaffen Sie ihm einen willkommenen Freiraum und werden sich bald klarer darüber sein, wie er wirklich für Sie empfindet. Er wird Ihre Zärtlichkeiten vermissen und seinerseits zärtlicher zu Ihnen sein –

oder er merkt gar nichts. Mit Hilfe der *Regeln* finden Sie das rasch heraus. Sie lassen die Dinge ihren natürlichen Lauf nehmen.

Es folgen nun sechzehn Vorschläge, mit denen Sie, zusätzlich zur Regel Nummer 25, an der Verbesserung Ihrer Ehe arbeiten können:

1. Beginnen Sie mit Ihrem Aussehen: Wenn Ihr Mann sich nicht mehr so sonderlich interessiert an Ihnen zeigt, könnte es einen berechtigten Grund dafür geben? Betrachten Sie sich einmal ausgiebig im Spiegel! Haben Sie in letzter Zeit tüchtig zugenommen? (Wird das Trimmgerät in Ihrem Schlafzimmer als Wäscheständer benutzt?) Wann haben Sie sich zuletzt die Hände maniküriert oder sich eine neue Frisur machen lassen? Benötigen Sie ein paar flottere Kleidungsstücke? Anstatt von Ihrem Ehemann zu verlangen, daß er sich mehr um Sie kümmert oder seiner hübschen Sekretärin (die nur so schlank ist, weil sie nie Kinder gehabt hat) die Kündigung zu wünschen, beginnen Sie noch heute mit einem Plan, wie Sie sich äußerlich attraktiver geben können. Sagen Sie nicht, das wären doch reine Oberflächlichkeiten oder daß Sie Wichtigeres zu tun hätten. Die äußere Erscheinung zählt eine Menge, und warum sollte Ihr Mann Sie nicht sexy und begehrenswert finden? Tun Sie so, als hätten Sie ihn gerade neu kennengelernt und wollten ihn um jeden Preis für sich einnehmen! Zögern Sie es nicht hinaus, machen Sie eine Diät, wenn es sein muß, benutzen Sie Ihren Hometrainer, lassen Sie Ihr Haar länger wachsen, erfinden Sie sich neu! Es kommt nicht nur aufs Aussehen an, aber warum mit äußerlichen Reizen knausern? Es kann nie schaden, Ihr bestes Äußeres hervorzukehren. Sie werden sich wohler in Ihrer Haut fühlen, und ihm wird es gefallen!

2. Gebrauchen Sie Ihren Verstand: Manche Frauen beklagen sich, ihre Männer würden sie vernachlässigen, während sie selbst in Wirklichkeit wenig oder gar nichts dafür tun, um ihr eigenes Leben erfüllt zu gestalten. Ebenso, wie wir im ersten Buch Frauen auf der Suche nach einem Partner geraten haben, die Zeit bis zur Verabredung auszufüllen, wollen wir auch verheiratete Frauen ermuntern, sich in Aktivitäten außerhalb der Beziehung zu engagieren. Solche Aktivitäten könnten in der beruflichen Tätigkeit der Frau bestehen, im Umgang mit ihren Freundinnen, bei der Mithilfe in einer karitativen Organisation, in einer Fortbildung, der Beschäftigung mit einem Hobby oder einer Sportart oder ganz einfach darin, die Zeitung zu lesen oder ein Buch.

3. Analysieren Sie Ihre Beziehung nicht zu Tode oder zwingen ihren Mann, mit Ihnen darüber zu reden: Es ist kein Geheimnis, daß Frauen stärker das Bedürfnis haben, über ihre Gefühle und »die Beziehung« zu sprechen als Männer. Wenn Sie den Wunsch empfinden, vor Ihrem Ehemann Ihr Herz auszuschütten, aber den Verdacht haben, es käme ihm im Augenblick eher ungelegen, ist das Credo der *Regeln*: Abwarten! Sprechen Sie statt dessen mit einer Freundin. Es kommt kein gutes Gespräch dabei heraus, wenn er nicht in der Stimmung ist. Analysieren Sie auch nicht, warum er nicht mit Ihnen reden will. Geben Sie sich in Ihrer Beziehung entspannt und zuversichtlich, dann ist es viel wahrscheinlicher, daß er die Bereitschaft zeigt, sich mit Ihnen zu unterhalten. Ist außerdem ein Gespräch nicht unumgänglich, ziehen Sie die Aufmerksamkeit Ihres Ehemannes wirkungsvoll auf sich, indem Sie sich besonders hübsch machen und voller Enthusiasmus an Ihr gemeinsames Leben, so, wie es jetzt ist, herangehen.

4. Lassen Sie ihm seine Freiräume: Möchte sich Ihr Mann ein Fußballspiel im Fernsehen anschauen oder mit der Zeitung in seinem bequemen Sessel sitzen, lassen Sie ihm seinen Willen. Männer ziehen sich gerne mal in sich selber zurück, und das sind die unpassendsten Augenblicke, ihn versuchen zu überreden, etwas mit Ihnen zu unternehmen. Er ist glücklich mit dem, was er gerade tut. Sie beschäftigen sich mit etwas, wonach Ihnen gerade zumute ist. Wenn Sie ihn jetzt unterbrechen, wird er mürrisch reagieren, und Sie werden sich zurückgewiesen und ungeliebt fühlen. Haben Sie Geduld – wenn er soweit ist, wird er schon zu Ihnen kommen. Eine Ehe funktioniert besser, wenn der Mann der Frau hinterherlaufen muß.

5. *Nörgeln Sie nicht*: Liegen Sie ihm nicht ständig damit in den Ohren, das Geld würde nicht reichen, das Haus sei zu klein und außerdem müsse allerhand daran gemacht werden, oder zählen ihm auf, was Ihre Freunde besitzen und Sie nicht. Es ist nur zu hoffen, daß Sie aus Liebe geheiratet haben und aus keinem anderen Grund. Denken Sie immer daran, und machen Sie Ihren Mann nicht zum Sündenbock. Anstatt ihm seine Minderwertigkeit einzupauken, sollten Sie sich auf die positiven Aspekte Ihrer Beziehung konzentrieren. Sagen Sie ihm, wie glücklich Sie mit ihm, Ihrem Leben und Ihrer Ehe seien. Ehefrauen finden oft etwas daran auszusetzen, wie wenig ihre Männer im Haus mithelfen oder daß sie nie richtig zuhören. Manchmal ist durchaus etwas dran an solchen Vorwürfen, aber Nörgeleien sind nicht die Lösung. Weisen Sie ihn dauernd auf seine Fehler hin, handelt er irgendwann nach dem Motto: Zum einen Ohr rein, zum anderen raus. Ihnen bleibt nichts übrig, als ihn – einmal und freundlich! – zu bitten, sich am Riemen zu reißen und doch mal dies und das zu tun. Aber erwarten Sie nicht, daß sich seine Einstellung gleich von Grund auf ändert, weil er Sie glücklich machen möchte – geben Sie sich redlich Mühe, ihn so zu akzeptieren, wie er ist und das Beste aus sich selbst zu machen.

6. Überlassen Sie es ihm, wann Sie zärtlich miteinander sind: Manche verheirateten Frauen wünschen sich, Ihre Männer würden öfter mit Blumen nach Hause kommen. Ärgern Sie sich nicht und tragen Sie es ihm nicht nach, wenn er sich nicht dauernd benimmt wie eine wandelnde Glückwunschkarte! Schließlich hat er Sie geheiratet! Erwarten Sie nicht, daß er Ihnen jeden Tag aufs neue seine Liebe beweist. Sind *Sie* immer lieb und zärtlich, wenn er nach Hause kommt? In unserem ersten Buch haben wir den Leserinnen davon abgeraten, einen Mann zuerst anzusprechen, weil der Mann die Führung übernehmen muß und die Frau sich, wenn sie diese Regel befolgt, eine schmerzliche Zurückweisung ersparen könnte. In der Ehe dürfen Sie es Ihrem Mann natürlich sagen, wenn Sie zärtlich oder intim mit Ihm sein wollen, müssen es aber immer akzeptieren, wenn er gerade nicht in der Stimmung ist. Vielleicht beschäftigt ihn der Ärger im Büro? Können Sie damit leben, wenn er scheinbar abweisend reagiert, weil ihm nicht nach Liebe zumute ist? Erkennen Sie Ihre eigenen Möglichkeiten und Grenzen und verhalten Sie sich entsprechend.

7. Seien Sie nicht eifersüchtig: Anstatt sich über jede Frau zu ärgern, mit der er sich auf einer Party unterhält, verwenden Sie Ihre Energie lieber darauf, zuversichtlich zu sein und sich zu amüsieren. Hängen Sie sich nicht ständig an ihn, sondern mischen Sie sich unter die anderen Gäste. Eifersucht ist ein Zeichen von Schwäche. Ihr Mann soll doch nicht glauben, ohne ihn wären Sie hoffnungslos verloren. Als Frau, die an die *Regeln* glaubt, gilt das Gegenteil für Sie, denn Sie sagen sich: »Jeder Mann wäre froh, mich zur Frau zu haben!« Mit Eifersucht kommen Sie sowieso keinen Schritt weiter. Wir haben es schon so oft gesagt: Frauen, die sich an die *Regeln* halten, verschwenden keine Zeit, und schon gar nicht damit, in Gesellschaft jeden seiner Schritte zu beobachten, um neun Uhr morgens in seinem Büro anzurufen, um zu überprüfen, ob er auch da ist, seine Hemden nach Lippenstiftspuren zu untersuchen, seine Post zu durchstöbern.

8. Beklagen Sie sich nicht über seine Freunde und seine Familie: Sie kommen wahrscheinlich nicht mit jedem Mitglied seiner Familie und mit jedem seiner Freunde gleich gut aus, aber kritteln Sie bloß nicht vor Ihrem Ehemann an seinen Freunden und Verwandten herum! Seien Sie über so etwas erhaben. Führen Sie sich vor Augen, daß er in einer besonderen Beziehung zu ihnen steht, die Sie vielleicht nicht nachvollziehen können. Wie würde es Ihnen denn gefallen, wenn er über die Schwatzhaftigkeit Ihrer Freundinnen herziehen würde oder darüber, daß sich Ihre Schwester überall einmischen muß? Suchen Sie sich einen unparteiischen Zuhörer, bei dem Sie Ihrem Verdruß Luft machen können. Selbst wenn Sie voll und ganz im Recht sind – kommen Sie damit nicht Ihrem Mann. Er sollte Sie nicht für eine notorische Mäklerin halten. Es ist nicht gesund, Vorbehalte in sich zu schüren und mit sich herumzutragen, also gewöhnen Sie sich diese Unart gar nicht erst an.

9. Seien Sie kompromißbereit: Sie möchten mitten in der Stadt wohnen, er schätzt die Ruhe der Vororte. Ihre Vorstellung von einem guten Essen besteht in einem Besuch beim teuersten Franzosen, er ist mit Currywurst und Pommes frites zufrieden. Sie sehen gerne Filme, in denen Sie so richtig schön nach Herzenslust heulen können, bei ihm geht es nicht ohne Horror, Blut und Schrecken. Worin besteht die Lösung? Seien Sie offen für neue Erfahrungen. Erweitern Sie Ihren Horizont und schauen Sie, was Sie von ihm lernen können. Möglicherweise entdecken Sie Ihre Vorliebe für Gruselfilme. Und wenn nicht, denken Sie daran, warum Sie ihn geheiratet haben und daß es darauf ankommt, daß Sie beide zusammen sind und nicht darauf, was Sie im einzelnen unternehmen. Auch wenn's schwerfällt – lassen Sie ihn ab und zu die Oberhand gewinnen. Warum? Weil Ihre Beziehung wichtiger ist, als immer den eigenen Willen durchzusetzen. Als faire Kameradin werden Sie ihm noch begehrenswerter erscheinen, und er wird das Gefühl haben, ein jeder Mann könne sich glücklich schätzen, mit Ihnen verheiratet zu sein. Er wird noch mehr Angst davor haben, Sie zu verlieren, weil es so wundervoll ist, Sie in seiner Nähe zu wissen. Kompromisse sind gut für einen gesunden Umgang miteinander, und die gegenseitige Zufriedenheit, die aus ihnen erwächst, bedeutet, daß Sie in jedem Fall am Ende als Siegerin dastehen.

10. Zögern Sie nicht, sich zu entschuldigen, und kommen Sie ihm damit zuvor: Ein Streit ist Bestandteil jeder Ehe, aber Frauen, die sich an die *Regeln* halten, schreien nicht bei jeder sich bietenden Gelegenheit herum, hegen keine Vorbehalte, kommen nicht immer wieder mit alten Geschichten und machen aus einer Mücke keinen Elefanten. Wenn Sie beide sich streiten, versuchen Sie, nicht gemein oder verächtlich zu sein. Gehen Sie nicht im Zorn schlafen, und machen Sie den ersten Schritt zu einer Aussöhnung. Hinterher werden Sie froh darüber sein.

11. Halten Sie Ordnung: Im Vergleich zu anderen Verhaltensmaßregeln für die Ehe, über die wir gesprochen haben, hört sich das recht trivial und kleinkariert an, aber solche praktischen Nebensächlichkeiten haben für Männer ihre Bedeutung, mehr noch als für Frauen. Verkramte Zimmer, in denen überall alte Zeitungen aufgestapelt sind, Flecken auf dem Teppich, Strumpfhosen mit Laufmaschen, eine dreckige Badewanne ... All diese Dinge sind nicht sexy! Sie werden sich besser fühlen, wenn alles aufgeräumt ist, und er wird Sie mehr respektieren, weil auch Sie mehr Respekt vor sich selber haben. Denn was soll er von Ihnen halten, wenn Sie nicht genügend Eigenliebe aufbringen, um auf Laufmaschen zu achten und Ihre Kleider wegzuhängen? Ehefrauen, die über keinen Ordnungssinn verfügen, sollten sich mit solchen beraten, die keine Probleme damit haben, ihre Schränke aufzuräumen und ihre Papiere sinnvoll abzuheften. Notfalls muß eine Putzfrau her! Sauberkeit ist sexy!

12. Seien Sie unabhängig: Sprechen Sie nicht ständig von Ihrer Angst, allein gelassen zu werden, oder daß Sie es, auf sich selbst gestellt, nie schaffen würden. Ihr Mann sollte wissen, daß Sie sich begehrenswert fühlen, anders sind als alle anderen, ein echter Glücksgriff. In Wirklichkeit wünschen die Männer sich Frauen, die auch ohne sie gut zurechtkämen, aber zu dem Entschluß gelangt sind, daß an der Seite eines Mannes alles *noch* viel besser geht. Geraten Sie (in seiner Gegenwart) nicht vollkommen aus der Fassung, wenn sich in Ihrem Freundeskreis ein Paar scheiden läßt. Sagen Sie nicht: »Mein Gott. Das ist ja nicht auszudenken. Stell dir vor, uns würde das passieren. Ich wüßte nicht, was ich ohne dich tun sollte!« Sagen Sie ganz ruhig: »Das tut mir aber leid für die beiden. Hoffentlich kommt doch noch alles wieder ins reine«, und wechseln dann das Thema.

13. Machen Sie sich zusammen ein paar schöne Stunden: Haben Sie Kinder, verzichten Sie nicht darauf, sich mal einen Babysitter kommen zu lassen und mit Ihrem Mann abends auszugehen – und zwar regelmäßig und ohne dabei ein schlechtes Gewissen zu haben! Natürlich verdienen Ihre Kinder Ihre ungeteilte Aufmerksamkeit, aber sie verdienen es ebenso, mit Eltern aufzuwachsen, die eine erfüllte Beziehung verbindet. Streben Sie eine ausgewogene Mischung aus Allein- und Zusammensein an, und vergessen Sie nicht, daß Stunden der

Trennung ebenso wichtig sind wie Stunden der Gemeinsamkeit.

14. Verschließen Sie die Schlafzimmertür: Anfangs mögen sich Ihre Kinder ausgeschlossen vorkommen und im Flur herumkrakeelen. Aber nach und nach werden sie begreifen, daß ihre Eltern auch mal intime Momente zu zweit brauchen, und das gibt ihnen das Rüstzeug, spätst selber eine glückliche Ehe einzugehen.

15. Sagen Sie auf nette Weise, was Sie zu sagen haben: Nichts versetzt einer glücklichen Beziehung so sehr einen Dämpfer wie Geschrei und Schuldzuweisungen. Wenn Sie mißgelaunt, erschöpft oder ausgelaugt sind, verschaffen Sie Ihrem Groll ein Ventil, indem Sie eine Runde joggen, sich mit Freunden unterhalten oder Yoga machen. Selbst wenn Sie sich wie durch die Mangel gedreht fühlen, lassen Sie es nicht an Ihrem Mann aus, und verzichten Sie darauf, ihm seine Fehler aufzuzählen. Kommen Sie zum Beispiel nach Hause und stellen fest, daß er dem Baby die Windel verkehrtherum angelegt hat, machen Sie ihm keine Vorwürfe. Äußern Sie etwas Aufbauendes wie: »Donnerwetter, diese Windeln funktionieren ja immer, gleich, wie rum man sie auch anlegt.« Loben Sie ihn für seine Bemühungen und zeigen Sie ihm geduldig, wie es richtig gemacht wird – und nächstes Mal schafft er es ganz alleine!

16. Hegen Sie keine übertriebenen Erwartungen: Falls er am Wochenende Überstunden machen muß oder Ihnen zum Geburtstag nicht *genau* das besorgt hat, was Sie sich gewünscht haben, machen Sie keine Staatsaffäre daraus. Fragen Sie sich selbst, ob es Ihnen wirklich so wichtig gewesen ist. Wenn Sie sich mal über Kleinigkeiten ärgern, finden Sie Trost in dem Wissen, glücklich verheiratet zu sein!

Kapitel 21

Regeln fürs (eheliche) Schlafzimmer

Wollen Sie eine glückliche Ehe, vernachlässigen Sie nicht Ihr Liebesleben. Sie haben es ihm nicht zu leicht gemacht und ihn für sich gewonnen – nun achten Sie darauf, daß auch im Bett in Erfüllung geht, was Sie beide sich versprochen haben.

Ihr Liebesleben darf nicht darunter leiden, daß Sie beispielsweise einen harten Tag im Büro hinter sich haben, Ihre Kinder Ihnen keine Minute Ruhe gönnen wollten und Sex das letzte ist, wonach ihnen jetzt der Sinn steht. Vielleicht sind Sie auch gerade heute mit Ihrem Haar ganz und gar unzufrieden. Sie haben nicht das Gefühl, besonders attraktiv auszusehen, und fühlen sich keineswegs begehrenswert. Gut, jede Frau hat mal einen solchen Tag. Aber nehmen Sie sich trotz alledem die Zeit, zärtlich zu sein! Betrachten Sie Sex realistisch. Sie möchten, daß dieses gemeinsame Erlebnis durch nichts getrübt wird – romantisch und ohne Hetze und Eile vonstatten geht. Das ist nicht immer möglich – also versuchen Sie, flexibel zu sein. Manchmal ist Sex der krönende Abschluß eines gemütlichen, zauberhaften Abends. Manchmal ergreifen Sie nur die Gelegenheit beim Schopfe – zum Beispiel morgens, wenn die Kinder noch nicht aufgestanden sind.

Ihnen geht so vieles im Kopf herum. Sie denken an Ihre Verkaufspräsentation am nächsten Morgen, an Ihre Kinder, an das, was am Haus gemacht werden muß, und so weiter. *Vertreiben Sie all das aus Ihrem Kopf.* Sie brauchen kein aufgeräumtes Gehirn, um die Liebe genießen zu können. Zuweilen sieht *danach* alles schon wieder ganz anders aus!

Manche Frauen machen Sex zum Verhandlungsgegenstand. Das ist keine gute Idee. Wollen Sie etwas durchsetzen, suchen Sie sich eine andere Art und Weise, zum Ziel zu kommen. Kochen Sie ihm nicht sein Lieblingsessen oder begleiten ihn zum Fußballspiel, nur damit er hinterher mit Ihnen schläft. Es ist einer Beziehung nicht zuträglich, wenn Sex zum Druckmittel wird, zu einer Möglichkeit beispielsweise, ihm etwas heimzuzahlen. Zum Fußball kann er immer noch alleine oder mit seinen Freunden gehen, aber beim Sex geht's nicht ohne Sie! Falls Sie aber über die nötige Zeit und Energie verfügen, schlagen wir Ihnen vor, daß Sie Sex zu einem einzigartigen Erlebnis machen, indem Sie einen romantischen Abend darum herum gestalten. Holen Sie die silbernen Kerzenhalter, die Sie zur Hochzeit bekommen haben, aus der Abstellkammer und kochen Sie ihm etwas besonders Leckeres. Spielen Sie verträumte Musik, tragen Sie das, was er am liebsten an Ihnen sieht, und seien Sie ein bißchen verführerisch. Ab und zu dürfen Sie auch Ihre Eltern oder Schwiegereltern bitten, übers Wochenende die Kinder zu nehmen, damit Sie beide mal zwei Tage lang ganz unter sich sind – zu Hause oder anderswo!

Auf lange Sicht werden Sie eine glücklichere Ehe führen, wenn Sie ein erfülltes Liebesleben haben. Hier sieben gute Gründe dafür:

1. Es wird Ihre Bindung aneinander stärken.

2. Er wird tagsüber öfter an Sie denken.

3. Er freut sich den ganzen Tag auf den gemütlichen Feierabend mit Ihnen.

4. Er wird zusehen, abends pünktlich aus dem Büro zu kommen.

5. Er hat dauernd den Wunsch, Sie anzurufen oder bei Ihnen zu sein.
6. Er hat bessere Laune.
7. Sie haben bessere Laune.

Zeigen Sie Ihrem Mann stets, wie glücklich Sie sind und wie geschmeichelt Sie sich fühlen, wenn er Sex mit Ihnen möchte. In einer Ehe nach den *Regeln* denkt Ihr Mann nur an *Sie*, wenn er den Wunsch hat, mit einer Frau zu schlafen, und das macht Sie beide glücklich.

Kapitel 22

Noch einmal von vorne anfangen – Regeln für die Frau in den reiferen Jahren

Wenn Sie vielleicht schon etwas älter sind, finden Sie an den *Regeln* möglicherweise nicht so viel Überraschendes mehr. Sie stimmen mit unseren Vorstellungen wahrscheinlich mehr überein als Ihre fünfundzwanzig oder fünfunddreißig Jahre alten Töchter. Als Sie vor dreißig oder vierzig Jahren zum ersten Mal mit einem Mann ausgegangen sind – als von Feminismus und sexueller Revolution noch keine Rede war –, galten die *Regeln* als fester Bestandteil eines jeden Rendezvous. Ja, ohne sie war es undenkbar. Damals rief keine Frau einen Mann an, fragte ihn, ob er mit ihr ausgehen möchte, ging nicht gleich beim ersten Mal mit ihm ins Bett und zog auch nicht vor der Ehe zu ihm. Da gab's keine Frage – so etwas gehörte sich nicht! Aber das heißt nicht, daß Sie die *Regeln* schon in ihrer gesamten Bandbreite kennen und auch nicht, daß es für Sie nichts mehr dazuzulernen gibt, vor allem, wenn Ihre erste Ehe ein Reinfall war.

Ihre Mutter mag Sie ermahnt haben, den Männern nicht hinterherzurennen, aber hat Sie Ihnen auch beigebracht, wie Sie gezielt die Entwicklung Ihrer beruflichen Karriere und Ihrer persönlichen Interessen verfolgen, wie Sie lernen, Grenzen zu setzen und Ihr Selbstwertgefühl zu entwickeln, keinen Mann zum Mittelpunkt Ihres gesamten Lebens zu machen oder sein schlechtes Benehmen widerspruchslos zu akzeptieren? Hat sie Ihnen gesagt, Sie sollten aus Liebe heiraten (und nicht nur, damit Sie finanziell abgesichert sind, wenn Sie das elterliche Nest verlassen)? Wenn nicht, dann brauchen Sie die *Regeln*. Wir kennen so manche älteren Frauen, deren erste Ehe geschieden worden ist – nicht unbedingt, weil sie ihren Ehemännern nachgejagt sind, sondern aus ganz anderen Gründen, die es nie gegeben hätte, wenn sie sich nach den *Regeln* gerichtet hätten.

So haben sie zum Beispiel einen guten Freund geheiratet – jemanden, für den sie Zuneigung empfanden, aber keine Leidenschaft –, und das hat sich in ihrem Ehe- und Liebesleben niedergeschlagen. Sie haben aus Gründen der finanziellen Absicherung geheiratet und dafür emotionale Armut in Kauf genommen. Sie haben geheiratet, um dem gesellschaftlichen Druck nachzugeben, denn sie wollten schließlich nicht als alte Jungfern enden. Sie haben die Zeichen nicht erkannt oder es vorgezogen, sie zu ignorieren. »Meine Liebe zu ihm wird ihn schon noch ändern«, dachten sie und sind bei einem Trinker, einem Spieler oder einem unverbesserlichen Frauenhelden gelandet, was sie dann ihr Leben lang bereuen mußten. Mit Liebe allein war es nicht getan. Sie haben es nicht geschafft, sich ein eigenes, interessantes Leben zu gestalten und sind in völlige Abhängigkeit von ihren Ehemännern geraten, womit sie sie schließlich aus dem Haus getrieben haben.

Wie gesagt, diese Frauen sind den Männern nicht gerade im buchstäblichen Sinne nachgelaufen, aber an die *Regeln* haben sie sich auch nicht gehalten. Bei den *Regeln* geht es nicht nur ums Heiraten an sich, sondern darum, daß der Auserkorene auch der Richtige ist.

Falls Sie nun also wieder alleine dasitzen, weil Sie inzwischen geschieden oder verwitwet sind, besinnen Sie sich darauf, was Ihre Mutter Ihnen beigebracht hat – aber machen Sie sich dabei nicht wieder von anderen abhängig und heiraten Sie nur einen Mann, den Sie wirklich lieben und der gut zu Ihnen ist. Heiraten Sie nicht in der Hoffnung, Sie würden ihn schon nach Ihrer Vorstellung zurechtformen. Ist er vor der Heirat nicht gut zu Ihnen, oder können Sie sich nicht vollständig auf ihn verlassen, wird es nach der Eheschließung nur noch schlimmer werden. Wenn Sie eine Erziehung der alten Schule genossen haben, wird es Ihnen vermutlich leichtfallen, darauf zu verzichten, Ihn anzurufen oder nach dem ersten gemeinsamen Abend mit ihm zu schlafen. Also können Sie in anderer Hinsicht an sich arbeiten und die Dinge ändern, die Sie vielleicht davon abhalten, dem Mann Ihrer Wünsche zu begegnen.

Achten Sie möglicherweise nicht mehr auf Ihr Aussehen? Haben Sie zugenommen, schminken sich nicht mehr? Wann war Ihr letzter Friseurtermin? Falls Sie geschieden sind – wollen Sie vielleicht von Männern nichts mehr wissen, weil Sie über Ihre gescheiterte Ehe verbittert sind? Oder sind Sie zu erwartungsvoll und wirken Sie zu eifrig bemüht (anstatt sich geheimnisvoll zu geben und damit für den Mann eine Herausforderung darzustellen), wenn Männer Interesse an Ihnen zeigen? Oder sind Sie verwitwet und glauben einfach nicht daran, ein zweites Mal die große Liebe zu finden wie bei Ihrem ersten Mann? Haben Sie sich zurückgezogen und fristen ein Einsiedlerdasein? Und wenn Sie doch mal ausgehen, tun Sie das dann lustlos und nur, um überhaupt einmal unter Leute zu kommen? Sollte etwas davon auf Sie zutreffen, finden Sie hier ein paar Anregungen, an denen Sie sich orientieren können:

Lassen Sie sich nicht gehen. Denken Sie daran, Sie sind anders als alle anderen! Diese Regel gilt für ältere Frauen genauso wie für Fünfundzwanzigjährige. Das hat wirklich nichts mit dem Alter zu tun, sondern kommt von Innen. Sagen Sie sich, Sie seien schön und begehrenswert, dann sind Sie es auch! Denken Sie positiv! Beschäftigten Sie sich mit interessanten Dingen,

Unternehmungen, Büchern und Menschen, dann werden auch Sie auf andere interessant wirken. Bei Verabredungen werden Sie mehr zu erzählen haben als von Ihren Arztbesuchen und Enkelkindern.

Vernachlässigen Sie nie Ihr Äußeres. Es gibt keinen Grund für Sie, nicht alles zu tun, um attraktiv zu wirken. Trösten Sie sich nicht über einen möglichen Kummer mit zu reichlichem Essen, Alkohol oder Tabletten hinweg. Essen Sie gesund, machen Sie Fitneßübungen, und ziehen Sie sich hübsch an. Besorgen Sie sich Bücher, die Frauen Ihrer Generation zu einem positiveren Selbstverständnis verhelfen. Solche Bücher unterstützen Sie, den Erscheinungen des zunehmenden Alters entgegenzuwirken. Bemühen Sie sich, es den Frauen, die diese Bücher geschrieben haben, gleichzumachen, und suchen Sie sich auch ansonsten Vorbilder. Seien Sie altmodisch, was Ihren Umgang mit Männern betrifft, aber modern und aufgeschlossen sich selbst und Ihrem Aussehen gegenüber.

Gehen Sie unter Menschen. Ein Muß. Sind Sie erst sein kurzer Zeit geschieden oder verwitwet, schwanken Ihre Gefühle vermutlich zwischen Einsamkeit und Verlassensein (bis hin zu Verbitterung und Ratlosigkeit), vor allem, wenn Ihr Mann lange vor der Zeit gestorben ist oder Sie für eine jüngere Frau verlassen hat. Vielleicht machen Ihnen Weltschmerz und Zukunftsängste zu schaffen. Sie sind seit dreißig Jahren nicht mehr mit einer neuen Männerbekanntschaft ausgegangen und wissen nicht, wo Sie anfangen sollen. Selbstverständlich müssen Sie sich eine Zeit der Trauer gestatten – Trauer ist eine ganz normale, letztlich aufbauende Gemütsregung –, aber lassen Sie diese Trauerarbeit nicht auf Ewigkeit von Ihnen Besitz ergreifen.

Haben Sie den Wunsch, wieder zu heiraten oder zumindest einen liebevollen Lebensgefährten zu finden, sollten Sie sich jede erdenkliche Mühe geben, Männern zu begegnen. Anstatt zu glauben, das Leben wäre jetzt gelaufen und Ihnen bliebe nur noch die Hoffnung auf Enkelkinder, machen Sie sich klar, daß es jede Menge geschiedener oder verwitweter Männer in Ihrem Alter gibt, die ebenfalls nach einer lieben Frau suchen, mit der sie später ihren Lebensabend verbringen können. Auf die Suche nach so einem Mann müssen Sie sich machen.

Wir verstehen ja, daß das nicht immer leichtfällt und auch nicht unbedingt angenehm ist. Sie würden lieber zu Hause bleiben, fernsehen, mit Ihren Kindern telefonieren, stricken, kochen und ein Buch lesen, aber, wie gesagt, werden Sie nicht zur Einsiedlerin oder verbringen jeden Abend im Kino oder nur in der Gegenwart anderer Frauen. Vergraben Sie sich nicht in Canasta, Bridge und ähnlichen Kartenspielen. Dies sind alles angenehme Zeitvertreibe, die Sie sich nicht vorenthalten sollen, aber einen neuen Mann werden Sie dabei nicht kennenlernen. *Motivieren Sie sich selbst*, indem Sie daran denken, wie schön es wäre, den Lebensabend an der Seite eines liebevollen Mannes zu verbringen. Wie würde das Ihr Dasein bereichern und beleben – keine einsamen Nächte, Wochenenden und Ferienreisen mehr –, jemanden zu haben, mit dem Sie befreundete Paare und Ihre Kinder besuchen können!

Und wo finden Sie solche Männer? Überall. Besuchen Sie Museen, buchen Sie Reisen, die speziell auf Menschen Ihres Alters zugeschnitten sind, engagieren Sie sich in der Arbeit Ihrer Kirchengemeinde. Sie dürfen sich nicht hängenlassen! Haben Sie besonders ein Auge auf Männer, die erst seit kurzer Zeit alleine sind. Denken Sie daran, daß Männer, die fast ihr ganzes Leben lang verheiratet waren, sich oft verloren vorkommen und auf Ausschau nach einem Menschen sind, der die entstandene Lücke füllen kann. Suchen Sie ihre Nähe, aber vergessen Sie nicht, daß es der Mann ist, der Sie ansprechen muß! Haben Sie keine Freundin, die Sie auf Veranstaltungen begleitet, gehen Sie alleine. Vielleicht ist es sogar besser so! Etwas ältere Männer, die sich ohne ihre Frauen in Gesellschaft ein wenig unwohl fühlen, könnten Hemmungen verspüren, sich einem ganzen Kreis von Frauen zu nähern. Sind Sie also mit Freundinnen einer Einladung gefolgt oder zu einer Lesung gegangen, halten Sie sich ein bißchen abseits von ihnen, um zu signalisieren, daß Sie ansprechbar sind. Ganz gleich, wie Sie sich auch fühlen, machen Sie einen entspannten Eindruck. Halten Sie zum Beispiel nicht Ihre Handtasche fest an die Hüfte gedrückt, als fühlten Sie sich bedroht.

Seien Sie bei Verabredungen heiter und unbeschwert. Sie haben vermutlich schon Ihren Teil der Härten des Lebens erfahren und sind auch gesundheitlich nicht mehr ganz auf der Höhe. Sie machen sich vielleicht Sorgen, weil es in der Ehe Ihrer Tochter kriselt, Sie Rückenschmerzen haben, Ihr verstorbener Ehemann Ihnen einen Haufen Schulden hinterlassen hat, Ihr Blutdruck zu hoch ist, Sie vielleicht auch schon eine Krebsoperation hinter sich haben. Es gibt so vieles, über das Sie sich zu beklagen wüßten, aber versuchen Sie, das auf den Kreis Ihrer Freundinnen zu beschränken und belasten Sie damit nicht den Mann, mit dem Sie heute abend verabredet sind. Seien Sie fröhlich und guten Mutes. Erwecken Sie nicht den Eindruck, Sie ständen unter verzweifeltem Druck, sich wieder verheiraten zu wollen, müßten sich Geldsorgen machen oder kämen sich ohne Mann ganz verloren vor. Es wäre nicht gut, nur sein Mitleid zu erwecken. Sobald Sie erst mit einem Mann, den Sie mögen, öfter ausgehen, kommen fast alle *Regeln* zur Geltung: Rufen Sie ihn nicht an – das haben Sie natürlich längst gewußt! –, aber seine Anrufe dürfen

Sie gerne erwidern. Auch ältere Männer mögen noch das Jagdfieber in sich erwachen spüren, aber sie lassen es langsamer angehen. Sie suchen nicht mehr den Kick eines Sprungs vom Bungeeturm! Sie wollen keine Kinder mehr mit Ihnen haben. Sie sind eben älter, schon etwas müde, sie haben so manches durchgemacht, und deswegen dürfen Sie auch zurückrufen – allerdings erst am nächsten Tag. (Sie sollten sich an die 24-Stunden-Regel halten. Lassen Sie einen Tag verstreichen, ehe Sie zum Hörer greifen.)

Nehmen Sie keine Verabredungen in letzter Minute an, und treffen Sie ihn möglichst nur an den Wochenenden. Wenn er immer nur dienstags mit Ihnen Tee trinken will, sind Sie vielleicht doch nicht so etwas Besonderes für ihn oder er hat schon eine Freundin für den Samstag und Sonntag. Lassen Sie sich von ihm abholen und zum Essen ausführen. Erzählen Sie nicht von Ihren Kindern und Enkelkindern und zeigen Sie ihm keine Fotos von Ihnen oder fragen ihn, ob er sie kennenlernen möchte – außer, er regt das von sich aus an. Fragen Sie auch ihn nicht nach *seinen* Kindern oder seiner früheren Frau, wenn er sie nicht von selbst erwähnt. Hängen Sie auch nicht an die große Glocke, was Ihnen an Ihrem früheren Mann nicht gefallen hat. Erkundigt er sich nach Ihrer Scheidung, bemerken Sie einfach nur, sie beide wären wohl doch nicht füreinander bestimmt gewesen. Sind Sie verwitwet, werden Sie nicht zu emotional, um zu zeigen, wie sehr Sie leiden. Das ist nicht leicht, aber es muß sein!

Bleiben Sie beim ersten Mal noch recht unverbindlich, und beenden Sie das Rendezvous. Warten Sie, bis in Ihre Beziehung eine gewisse Beständigkeit eingekehrt ist – er ruft Sie regelmäßig an und verbringt schon seit Monaten jeden Samstagabend mit Ihnen –, ehe Sie sich innerlich zu sehr an ihn binden.

Versuchen Sie nicht, ihn mit teuren Geschenken zu verwöhnen, auch wenn Sie es sich ohne weiteres leisten können, weil Sie mehr Geld haben als er. In diesem Fall sollten Sie, wenn er um Ihre Hand anhält, nicht zögern, ihn zu bitten, eine Gütertrennungsvereinbarung zu unterschreiben. (Ist es umgekehrt, sollten Sie sich natürlich auch nicht zieren. Schließlich heiraten Sie nicht wegen des Geldes.)

Ältere Frauen halten nicht unbedingt etwas von einer Wiederverheiratung. Vielleicht schrecken Sie wegen Ihrer Kinder oder wegen möglicher finanzieller Komplikationen vor einer neuen Ehe zurück. Wünschen Sie sich aber, wieder zu heiraten, und er will das nicht, sollten Sie sich ein wenig zurückziehen. Sagen Sie ein paar Wochen lang alle Verabredungen mit ihm ab, machen Sie ganz alleine eine Reise, stellen Sie ihm notfalls sogar ein Ultimatum, um ihn ein wenig aufzurütteln, und warten Sie seine Reaktion ab.

Wenn es Ihnen nicht wichtig ist, wieder eine Ehe einzugehen – weil es Ihnen nur um Liebe und Kameradschaft geht, nicht um ein Hochzeitsfest oder um eine Legalisierung Ihrer Beziehung –, ist nichts dagegen zu sagen, wenn Sie zu ihm ziehen. Sie können so leben, als wären Sie verheiratet – gemeinsam auf Reisen gehen und sich die Kosten teilen, sogar den ganzen Winter mit ihm im Süden verbringen.

Solange er Sie nur regelmäßig anruft, Ihnen das Gefühl gibt, etwas Besonderes für ihn zu sein, und einen guten Umgang mit Ihren Kindern pflegt, brauchen Sie nicht noch einmal vor den Altar zu treten. Für Sie bedeutet diese zweite Chance, mit einem Mann zusammen zu sein, den Sie lieben, der Sie liebt und den goldenen Herbst Ihres Lebens mit ihm zu teilen.

Kapitel 23

Regeln für gleichgeschlechtliche Beziehungen

Gelten die *Regeln* auch für gleichgeschlechtliche Beziehungen, und wenn ja, wie? Müssen sich beide Partner an die *Regeln* halten? Oder nur einer von beiden? Welcher? Verwirrt? Das brauchen Sie nicht zu sein. Es ist eigentlich ganz einfach. Die Antwort ergibt sich fast von selbst. Wenn Sie jetzt dieses Buch oder dieses Kapitel lesen, werden Sie die *Regeln* höchstwahrscheinlich auf Ihr Leben anwenden können!

Wenn Sie unser erstes Buch gelesen und die darin beschriebenen Gefühle des Verlassenwerdens und Verletztseins, die sich einstellen, wenn eine Beziehung in die Brüche geht, wiedererkannt haben und sich dachten: »Wenn sie doch nur ein Kapitel über gleichgeschlechtliche Beziehung eingebaut hätten, denn darin würden sie nur ein paar Worte austauschen müssen, und dann könnte ich mich wirklich mit dem Buch identifizieren«, dann brauchen Sie die *Regeln*! Jede homosexuelle Frau und jeder homosexuelle Mann kann für sich selber entscheiden, ob sie bzw. er ein Mensch ist, der in einer Beziehung einen gewissen Halt, einen gewissen Schutz sucht. Können Sie diese Frage für sich bejahen, sind Sie vermutlich ein besonders sensibler Mensch. Sie sind mit Ihren Gedanken sehr stark bei Ihrem Partner – fast von ihm besessen, wäre wohl noch treffender – und der Beziehung, die Sie beide verbindet. Sie fühlen sich schlecht – richtig schlecht –, wenn Sie sich vernachlässigt oder zurückgewiesen glauben. Sie sind nicht der

Typ, der mit einer Trennung leicht umgehen kann, weil ein Ende mit Schrecken besser ist als ein Schrecken ohne Ende. Trennungen sind für Sie eine ganz und gar niederschmetternde Erfahrung.

Möglicherweise ist Ihnen schon einmal weh getan worden, sind Sie Ihr ganzes Leben lang unschönen Erfahrungen ausgesetzt gewesen, von der sozialen Ausgrenzung Homosexueller ganz zu schweigen. Sie sehnen sich nach einer liebevollen Beziehung, können es aber nicht ertragen, noch einmal verletzt zu werden. Sie brauchen die *Regeln*. Vieles von dem, was über Fragen der Homosexualität geschrieben worden ist, beschäftigt sich in erster Linie damit, wie eine solche Neigung für sich selbst zu erkennen und zu akzeptieren ist, wie also eine eigene sexuelle Identität entwickelt werden kann, und weniger damit, wie das *Verhalten* in einer gleichgeschlechtlichen Beziehung aussehen sollte. Das vorliegende Kapitel unternimmt den Versuch, diese Lücke mit einigen guten Ratschlägen zu füllen.

Die *Regeln* vermitteln denjenigen, die ganz unbefangen mit ihrer eigenen Sexualität umgehen, im entscheidenden Augenblick aber zu emotionalen Blockaden neigen, das »Gewußt wie« beim Kennenlernen neuer Menschen, aber wie verhält es sich damit unter gleichgeschlechtlich veranlagten Partnern? Wer spricht wen zuerst an? Sollten Sie sich zunächst unnahbar geben?

Glauben Sie nicht, daß es hier keine *Regeln* gibt. Es gibt sie durchaus, nur existieren in solchen Partnerschaften ein wenig mehr Kameradschaft und Gemeinsamkeit, als sie zwischen Männern und Frauen zu finden sind. Sie dürfen sich gerne interessiert zeigen, Sie dürfen auch Telefonanrufe erwidern. Es ist alles nicht so einseitig, es herrscht mehr ausgleichende Balance. Sind Sie alleine oder mit Freunden in Gesellschaft, sind Sie offen für neue Bekanntschaften, aber nicht verlegen darum. Sie machen sich auf Parties nicht aggressiv an andere heran. Sie lächeln zurück, wenn Sie angelächelt werden, und wenn jemand Ihre Nähe sucht, geben Sie derjenigen ebenfalls durch ein Lächeln grünes Licht. Sie möchten dem Menschen zeigen, daß Sie nichts dagegen haben, angesprochen zu werden. Aber gehen Sie nicht zu weit.

Schließlich ist ein Gespräch in Gang gekommen, und es nimmt einen vielversprechenden Verlauf. Sie sind beide ein bißchen aufgeregt, plaudern vergnüglich, lachen über launige Bemerkungen, aber Sie entblößen nicht Ihre Seele und Ihre Gefühle. Das Gespräch bleibt ganz zwanglos. Langsam kommen Sie aus sich heraus, geben nicht *zu viel, zu früh*. Als Lesbe haben Sie sich Ihr ganzes Leben lang vielleicht ein wenig isoliert gefühlt. Sie haben auf eine Frau gewartet, die Ihre Gefühle teilt. Doch wenn Sie schließlich dieser Frau begegnen, laden Sie nicht Ihre gesamte Lebensgeschichte auf dieser Frau ab. Sie könnten sie verschrecken. Oder – was noch schlimmer wäre – sie schätzt sich sehr glücklich, ein offenes Ohr für Sie haben zu können, aber das macht Sie voneinander abhängig, und so wollen Sie doch keine Beziehung beginnen.

Es fällt nicht leicht, sich zurückzuhalten, wenn Sie endlich jemanden mit einem solchen offenen Ohr gefunden haben. Also bleiben Sie unverbindlich. Achten Sie auf Zeichen, daß diese Frau Sie wiedersehen möchte. Sie müssen ein Gefühl dafür bekommen. Anders als in einer verschiedengeschlechtlichen Partnerschaft, bei der der Schlußstrich erreicht ist, wenn der Mann die Frau nicht ausführt, verschwimmen solche eindeutigen Anzeichen ein wenig, aber es existieren immer noch *Regeln*, und diese zu befolgen, fällt gar nicht so schwer, wie Sie vielleicht glauben. Gehen Sie langsam voran. Lernen Sie die Frau, an der Sie interessiert sind, nach und nach kennen – legen Sie anläßlich eines dreistündigen Beisammenseins zum Kaffee nicht gleich sämtliche Karten auf den Tisch. Sie fühlen sich zu der Frau hingezogen, aber je geheimnisvoller Sie sich geben, um so besser.

Es kommt darauf an, den Grundgedanken der *Regeln* in Ihre Verabredungen einzubringen. Sie sollten nicht auf eine Freundschaft drängen. Beruht das Interesse nicht auf Gegenseitigkeit, gibt es kein Geben und Nehmen, und da wird sich auch nichts entwickeln. Genießt es die andere, diejenige sein zu sollen, die um Sie wirbt, macht das alles sehr viel leichter. Ihnen gefällt es, umworben zu werden, Sie können sich der Gefühle der anderen gewiß sein und werden weniger unsicher.

Trotzdem sollten Sie auch nicht stundenlang mit Ihrer neuen Freundin telefonieren oder sich ganz kurzfristig mit ihr verabreden. Sie haben Ihr eigenes Leben, Ihre eigenen Pläne, Sie warten nicht darauf, erlöst zu werden. Lassen Sie sich auch nicht zu spontanem Sex überreden. Seien Sie nicht andauernd mit ihr zusammen, und ziehen Sie auch nicht unter ein Dach, bis Sie wissen, daß eine dauerhafte Partnerschaft daraus werden soll. Bewahren Sie Ihre Selbstachtung. Streckt Ihre Freundin ihre Fühler auch anderswohin aus, läßt Sie bisweilen links liegen oder zeigt sich auch an anderen Menschen sexuell interessiert, sollten auch Sie sich nach neuen Möglichkeiten umschauen.

Sie wissen, daß jede Beziehung auf gegenseitiger Partnerschaft aufgebaut sein muß, sonst handelt es sich um keine Beziehung, die es wert ist, Bestand zu haben. Nun, da Sie die *Regeln* kennen, möchten Sie sich auch auf nichts anderes mehr einlassen. Sie wollen für sich nur das Beste. Sie verdienen auch das Beste, und indem Sie sich nach den *Regeln* richten, werden Sie auch das Beste bekommen!

Kapitel 24

Regeln für Kontaktanzeigen und Partnerschaftsvermittlungen

Wenn Sie jemanden über eine Kontaktanzeige oder eine Partnerschaftsvermittlung kennenlernen wollen, sollten *Sie* die Anzeige aufgeben und die Männer darauf antworten lassen.

Warum? Das geht zurück auf das Basisprinzip der *Regeln*: Der Mann muß um die Frau werben. Er muß sich durch ein Meer von Kontaktanzeigen, Partnerangeboten, Fotos und Videoaufnahmen kämpfen und Sie auserwählen. Er muß *Ihre* Haarfarbe mögen, *Ihre* Stimme, die Art und Weise, wie *Sie* sich darstellen, *Ihre* Körpergröße, *Ihr* Beruf muß ihm zusagen und so weiter. Denken Sie daran: Der Mann ist der Jäger! Jeder Mann hat seinen Typ Frau, der ihm gefällt. In ihm muß ein Funke entzündet werden, der *Sie* für ihn attraktiv macht, etwas, das Sie für ihn als etwas ganz Besonderes erscheinen läßt.

Unserer Erfahrung nach ist es nicht allzu vielversprechend, auf die Kontaktanzeige eines Mannes zu antworten. Indem Sie das tun, sich für ihn als Ihren Typ entscheiden, sein Aussehen mögen oder seine Stimme oder auch das, was er beruflich macht, versetzen Sie sich in die unerwünschte Position derjenigen, die um ihn wirbt. Er weiß dann schon, daß Sie an ihm oder an seinem Typ interessiert sind, und die Herausforderung ist dahin.

Wählt er allerdings Sie unter Dutzenden anderer Frauen aus, ist das noch keine Garantie dafür, daß Sie ihn auch mögen werden. Aber das kann Ihnen ebenso auf einer Party oder in einer Tanzbar passieren. Sie würden sich ja nicht dem nächstbesten an den Hals werfen, der »Ihren Typ« verkörpert, sondern darauf warten, daß ein Mann auf *Sie* zukommt. Diese Regel gilt im großen und ganzen auch für Bekanntschaften, die durch Kontaktanzeigen oder Partnerschaftsvermittlungen zustande kommen, obgleich hier die Grenzen nicht so eng gezogen sind. Sie müssen nur so lange auf solcherart arrangierte Verabredungen eingehen, bis Sie unter den Männern, die auf Ihre Annonce geantwortet haben, denjenigen entdecken, der Ihnen wirklich gefällt. Es ist natürlich zu hoffen, daß Sie möglichst viele Reaktionen bekommen – siehe dazu auch unsere folgenden Ratschläge, wie Ihre Kontaktanzeige aufgemacht sein sollte – so daß Sie eine große Auswahl haben. Viele Männer kennenzulernen, unter denen Sie dann wählen können, ist immer gut – je öfter Sie sich verabreden, um so selbstsicherer werden Sie und um so weniger neigen Sie dazu, in einem bestimmten Mann gleich den Richtigen zu sehen.

Was sollte in Ihrer Anzeige stehen?

Um möglichst viele ernstgemeinte Antworten zu bekommen, sollte Ihre Annonce kurz, unverkrampft, ein wenig keck und auf Ihre äußeren Vorzüge anstatt auf Ihre innersten Gefühle hin ausgerichtet sein.

Natürlich möchte jeder Mann, der Ihnen schreiben will, zuallererst wissen, wie Sie aussehen. Da Sie in Ihre Annonce wahrscheinlich kein Foto von sich einfügen lassen, müssen Sie dem Mann ein geistiges Bild von Ihnen vermitteln.

Es fällt Ihnen möglicherweise schwer, sich selber zu beschreiben. Dann könnte es hilfreich sein, eine Schauspielerin oder eine Frau des öffentlichen Lebens zu erwähnen, der Sie ähnlich sehen. Lügen Sie nicht, aber seien Sie auch nicht zu bescheiden. Hat Ihnen nicht irgendwann irgendwer gesagt, Sie würden wie die und die aussehen? Sind Sie schlank, blond und hochgewachsen, fällt Ihnen bestimmt eine Schauspielerin ein, auf die diese Attribute zutreffen. Sind Sie eher klein und haben dunkles Haar und große runde Augen, gibt es gewiß eine Politikerin oder eine andere Frau des öffentlichen Lebens, mit der Sie sich vergleichen können. Fragen Sie Ihre Freundinnen, wem Sie möglicherweise ähnlich sehen, und schreiben Sie das in Ihre Anzeige. Männer mögen so etwas!

Beschränken Sie sich auf etwa vier Zeilen und auf die Tatsachen – Alter, Größe, Beruf, Lieblingsbeschäftigungen. Schreiben Sie nicht, Sie wären auf der Suche nach wahrer, romantischer Liebe. Das klingt wieder so nötig.

Dies wäre zum Beispiel so eine Anzeige:

»Ich bin 28 Jahre alt, 1,68 groß, habe glattes, langes braunes Haar und grüne Augen. Meine Freunde sagen, ich sähe aus wie ... Ich bin Zahnarzthelferin. Ich spiele gerne Tennis und gehe oft schwimmen. Ich würde mich freuen, von Dir zu hören.«

Hier eine Anzeige, die Sie bestimmt nicht werden aufgeben wollen, auch wenn sie genau beschreibt, wie Sie sich fühlen:

»Ich weiß wirklich nicht mehr weiter. Es fällt mir so schwer, Männer kennenzulernen, daß ich es einmal auf diese Art versuchen wollte. Ich bin 35, Steuergehilfin und suche den Mann, mit dem ich den Rest meines Lebens verbringen möchte. Bitte nur ernstgemeinte Zuschriften.«

Abgesehen davon, daß kein Mann, der so eine Annonce liest, sich eine Vorstellung davon machen kann, wie die Frau aussieht, ist der Ton der Anzeige auch viel zu negativ, verrät zuviel über die Stimmung der Frau und wirkt so im großen und ganzen eher deprimierend.

Erhalten Sie erste Reaktionen, rufen Sie die Männer, die Sie möglicherweise gerne näher kennenlernen würden, zu einer Zeit an, wenn diese vermutlich nicht zu Hause sind, und hinterlassen Sie Ihren Namen und Ihre Telefonnummer auf deren Anrufbeantworter. Ist er zu Hause, begrenzen Sie das Gespräch natürlich auf zehn Minuten. Das gilt ebenso für seinen Rückruf aufgrund Ihrer Nachricht. Im günstigsten Fall hat er binnen dieser Zeit Ort und Zeitpunkt für ein Treffen mit Ihnen ausgemacht. Beenden Sie aber trotzdem das Gespräch nach zehn Minuten. Länger mit ihm zu telefonieren, gibt ihm mehr Zeit, Sie auszufragen, und das widerspricht den *Regeln*. Tun Sie auch nicht gleich so, als wären Sie beide schon die besten Freunde. Wir wissen von Frauen, die stundenlang mit Männern telefoniert haben, die sich auf ihre Anzeige gemeldet hatten, weil sie hofften, sie so möglichst gut kennenzulernen. Diese Männer haben die Frauen dann nie um eine Verabredung gebeten oder wollten sich nur auf vage Terminvorschläge einlassen, aus denen dann später nichts Konkretes geworden ist. Sie erwiesen sich als kompliziert und unzuverlässig. Beziehungen, die trotzdem auf diese Weise zustande kamen, waren meistens nach wenigen Monaten wieder im Sande verlaufen. Es gab keine Geheimnisse, kein Wachsen des gegenseitigen Zutrauens – wieder einmal zu viel, zu früh. Davor bewahren Sie sich, wenn Sie das Gespräch nach zehn Minuten beenden. Lernen Sie den Mann von Angesicht zu Angesicht kennen.

Kontaktanzeigen und Partnerschaftsvermittlungen können Ihnen durchaus eine Hilfe auf Ihrer Suche sein. Die Männer, die auf solche Annoncen antworten oder sich bei Partnervermittlungen eintragen, meinen es in der Regel ernst mit ihrem Wunsch, eine Frau kennenzulernen und sie auch zu heiraten – warum sonst sollten sie Zeit und Geld investieren? Wir kennen so manche Frau, die auf diese Weise ihren heutigen Ehemann getroffen hat.

Aber unser abschließender Rat muß doch lauten, daß Sie *nichts* unversucht lassen sollten, um Ihren Traummann kennenzulernen. Wenn Sie also eine solche Anzeige aufgegeben haben, muß Sie das nicht davon abhalten, weiterhin auf Parties zu gehen, Bars für Singles aufzusuchen oder sich einem kontaktfreudigen Sport wie Tennis zu widmen. *Nutzen Sie alle sich Ihnen bietenden Chancen!*

Kapitel 25

Regeln für das On-Line-Dating

In den vergangenen Jahren ist es sehr populär geworden, im Internet auf Partnersuche zu gehen. Deshalb liegen uns viele Anfragen vor, wie dies auf der Basis der *Regeln* zu bewerkstelligen sei, und wir haben uns entschlossen, dem Thema ein eigenes Kapitel zu widmen. Was halten wir vom On-Line-Dating? Um ganz ehrlich zu sein: Wir möchten Ihnen nicht davon abraten, es zu versuchen, wenn Sie auf keine andere Weise Männer kennenlernen konnten, haben aber doch die Erfahrung gemacht, daß solcherart entstandene Beziehungen meistens nicht das einhielten, was sie ursprünglich versprachen. In den besten Fällen fanden die Frauen einen Brieffreund, aber keinen Ehemann.

Das hauptsächliche Problem bei der Partnersuche im Internet besteht darin, daß die sich anbahnenden Beziehungen auf der Grundlage lockerer Schwätzchen beruhen und nicht darauf, daß Menschen sich zueinander physisch hingezogen fühlen. Der bewußte Funke, der für eine Beziehung nach den *Regeln* so wichtig ist, kam nicht zum Überspringen.

Außerdem kann das On-Line-Dating geradewegs *gefährlich* sein. Auch Sie haben vermutlich die Zeitungsmeldungen über Frauen gelesen, die von Männern, die sie über das Internet kennengelernt haben, vergewaltigt oder umgebracht worden sind. In Wahrheit ist es doch so: Wie sympathisch, intelligent oder aufrichtig ein Mensch in der On-Line-Kommunikation auch erscheinen mag, Sie wissen nur das über ihn, was er Ihnen von sich mitzuteilen beliebt. Dahinter könnte sich ein Psychopath, ein Mörder, ein Schüler, der sich einen Jux machen will, oder ein verheirateter Mann verbergen – Sie können's einfach nicht wissen!

Natürlich begreifen wir, warum manche Frauen die Partnersuche im Internet dem Besuch einer Single-Bar vorziehen. Sie sind es überdrüssig, in Lokalen und auf Parties herumzuhängen und auf den Traummann zu warten. Glauben sie, nicht attraktiv zu sein, fühlen sie sich in der Öffentlichkeit im Nachteil. Sie hoffen, daß Sie mit Hilfe ihres Verstandes, ihrer Persönlichkeit oder ihrer witzigen Art, sich mitzuteilen, eine größere Chance haben, einen Mann auf sich aufmerksam zu machen als über ihr Aussehen. Das Internet erlaubt es ihnen, ohne Make-up und in Trainingshosen ein Rendezvous wahrzunehmen.

All das ist uns durchaus einsichtig, doch wir sind einfach der Meinung, daß diese Methode nicht so gut funktioniert wie das Kennenlernen von Angesicht zu Angesicht. Die erfülltesten Partnerschaften haben damit angefangen, daß die Chemie stimmte. Internet-Partnerschaften haben dem nur eine eindimensionale Kommunikation entgegenzusetzen. Wie viele Frauen haben monatelang über das Internet mit Männern Kontakt gepflegt, bis sie sie endlich kennenlernten! Selten kam dann etwas von bleibendem Wert dabei heraus. Der Mann nannte die Frau seine »Seelenverwandte«, diejenige, die seine geheimsten Gedanken und Wünsche kennt, aber geheiratet hat er dann eine andere, zu der er sich auch körperlich hingezogen fühlte.

Wenn Sie aber fest entschlossen sind, durch On-Line-Dating Männer kennenzulernen, möchten wir Ihnen nahelegen, sich soweit als möglich an den *Regeln* zu orientieren, um keine Zeit mit Männern zu vergeuden, die nie die Absicht haben werden, Sie zu heiraten, oder sogar eine Gefahr für Sie darstellen. Hier ein paar Ratschläge:

1. Sowie er erst einmal Interesse an Ihnen bekundet hat, indem er Ihnen etwa eine Nachricht in Ihrer Mailbox hinterläßt, bitten Sie ihn, unverzüglich über E-Mail Fotos auszutauschen. Es hat keinen Zweck, eine On-Line-Romanze aufrechtzuerhalten, wenn der Mann Sie unattraktiv findet.

2. Sobald er Ihr Foto bekommen hat, obliegt es ihm, ein Treffen mit Ihnen vorzuschlagen. (Tut er das nicht, hat er nichts mit Ihnen im Sinn, und Sie vergessen ihn lieber!) Lebt er in einer anderen Stadt, muß er Sie besuchen, nicht umgekehrt. (Siehe Kapitel 6 & 7: Beziehungen auf Distanz) Wir haben von Frauen gehört, die sich sofort hinters Steuer gesetzt haben, um einen Mann zu treffen, mit dem sie monatelang nur locker geplaudert haben. Frauen, die sich an die *Regeln* halten, lassen den Mann anreisen! Aber kommt er dann wirklich, müssen Sie sich an einem neutralen Ort mit ihm verabreden. *Er sollte nicht erfahren, wo Sie wohnen!* Wir können nicht häufig genug auf den Faktor der eigenen Sicherheit hinweisen. Es ist kein Geheimnis, daß manche Frauen ihr Leben riskiert haben, indem sie Männer, die sie nur übers Internet kannten, schon bei der ersten oder zweiten Verabredung in ihre Wohnung ließen. Das ist einfach zu riskant! Außerdem sollten Sie eine Freundin oder einen Verwandten über die Umstände Ihres Rendezvous genau unterrichten – wo, wann, mit welchem Ziel und so weiter – damit gegebenenfalls Nachforschungen über Ihren Verbleib angestellt werden können.

3. Benutzen Sie nicht das Internet, um einem Mann Ihr Herz auszuschütten oder sich mit ihm zu sehr zu »verbrüdern«. Viele Frauen denken, daß die *Regeln* –

zum Beispiel, sich nicht zu schnell zu öffnen, aufrichtig, aber geheimnisvoll zu sein – nicht für das On-Line-Dating zutreffen. Sie fragen sich, wie sie diesen Fremden denn je kennenlernen sollen, wenn sie ihm nicht gleich ihre ganze Lebensgeschichte erzählen. Sie denken sich nichts dabei, ihre Seele zu entblößen oder frühere Beziehungen mit ihm zu diskutieren und ihm ihren Wunsch anzuvertrauen, möglichst bald den Traummann fürs Leben zu finden. Und wohnt er in einer anderen Stadt, so daß ein persönliches Treffen nicht gleich möglich ist, halten sie es auch für gerechtfertigt, regelmäßig über E-Mail mit ihm zu kommunizieren. Machen Sie sich nichts vor. Es gibt keinen Unterschied zwischen E-Mails und Telefongesprächen, Briefen und Glückwunschkarten. Wir rufen Männer nicht von uns aus an, schreiben ihnen keine Briefe oder Karten, und wir wollen es auch nicht mit E-Mails übertreiben.

Ob Sie sich nun online mit einem Mann treffen oder beim persönlichen Rendezvous – Männer bleiben Männer. Sie verlieben sich nicht in die Frauen, die ihnen regelmäßig die aufschlußreichsten E-Mails schicken, auch wenn sie das von sich behaupten mögen. Sie sagen Ihnen vielleicht, sie schätzten es, wenn eine Frau offen und ehrlich zu ihnen sei, wenn sie es geradeheraus sagt, daß sie mit einem Mann eine Partnerschaft anstrebe und sich nicht geheimnisvoll gibt. *Heiraten* werden sie nämlich eine Frau, zu der sie sich physisch hingezogen fühlen, die nicht ständig verfügbar ist und somit eine Herausforderung darstellt. Und deren E-Mails diese Einstellung widerspiegeln. Kurz und bündig ist immer am besten.

Wenn Sie ständig über den Computer zu einem Schwätzchen verfügbar sind, wie sehr fühlt er sich dann herausgefordert, Sie auch auf andere Weise näher kennenzulernen? Wie vielseitig und interessant kann Ihr

Leben schon sein, wenn Sie ständig vor Ihrem Terminal hocken und zehnmal am Tag die Zeit finden, sich bei ihm zu melden?

Gewöhnen Sie ihm an, Ihnen ab und zu kleine Nebensächlichkeiten aus seinem Leben mitzuteilen, ohne daß er jedesmal unbedingt eine Reaktion erwartet. Denken Sie daran: online oder in Person, Sie sind anders als alle anderen und es wert, umworben zu werden, also soll er sich gefälligst an die Arbeit machen!

Kapitel 26

Die Regeln-Selbsthilfegruppe

Sagen wir es doch ruhig ehrlich: Es ist nicht leicht, sich strikt an die *Regeln* zu halten! Sie erlauben Ihnen nicht, den Mann anzurufen, den Sie wirklich ins Herz geschlossen haben, verlangen von Ihnen, daß Sie den Wunsch unterdrücken, nach dem ersten oder zweiten wunderschönen Abend zu ihm unter die Bettdecke zu schlüpfen, gestatten es ebensowenig, ihm alles über sich zu erzählen, was Sie so gern loswerden wollen – und dann noch all die übrigen *Regeln*, die von Ihnen enorme Selbstbeherrschung, Geduld und Vertrauen erwarten. Manchmal kommen Ihnen die *Regeln* wahrscheinlich vor wie eine strenge Diät oder der Versuch, das Rauchen aufzugeben. Sind Sie es gewohnt, Ihre Entscheidungen alleine zu treffen, raten wir Ihnen, sich nicht ohne eine gewisse Unterstützung durch andere auf die *Regeln* einzulassen!

Unser Vorschlag wäre, eine *Regeln*-Selbsthilfegruppe zu gründen – oder einer beizutreten, falls es in Ihrer Gegend schon eine gibt. Die Weight Watchers oder die werdenden Nichtraucher haben es uns schließlich vorgemacht und treffen sich in bestimmten Abständen, um einander Mut zuzusprechen oder tauschen zumindest ihre Telefonnummern untereinander aus. Es ist so leicht, sich eine logische Erklärung einfallen zu lassen, um die *Regeln* zu brechen – einen Mann anzurufen, der partout nichts von sich hören läßt, oder mit einem Freund zusammenzuziehen, der von Heirat noch nichts wissen will –, wenn Sie ganz auf sich allein gestellt sind. Kennen Sie aber gleichgesinnte Frauen, die Sie anrufen und mit denen Sie über den Verlauf Ihres jüngsten Rendezvous sprechen können, ist die Versuchung längst nicht mehr so groß.

Und Sie werden ehrlich gemeinten Trost, frische Hoffnung und Erleichterung finden, wenn Sie Ihre Erfahrungen mit Frauen teilen können, die mit Männern ebendas durchgemacht haben, was Ihnen gerade widerfährt, und es nun beim nächsten Mal besser wissen werden. Zu einer solchen Gruppe zu gehören oder einfach eine Telefonnummer zu haben, die Sie im vermeintlichen Notfall wählen können, gewinnt besondere Bedeutung, wenn Ihre Freundinnen, Kolleginnen und Ihre Familie nichts mit den *Regeln* anzufangen wissen. Das Gespräch mit Gleichgesinnten, die die Wichtigkeit der *Regeln* begreifen, gibt Ihnen neuen Mut und Selbstvertrauen. Sie fühlen sich nicht allein gelassen. Anderen Frauen zu helfen, nicht die *Regeln* zu brechen – zum Beispiel, ihnen am Telefon klarzumachen, warum es verkehrt wäre, einen bestimmten Mann jetzt anzurufen –, macht Sie stärker und bekräftigt Sie in Ihrer Überzeugung, sich nach den *Regeln* richten zu wollen. Jede einzelne Aktivität dieser Art ist wie eine Einzahlung auf ein Bankkonto, dessen Zinsen Sie eines Tages reichlich werden ernten können!

Es hat uns mit tiefer Befriedigung erfüllt, zu erfahren, daß sich überall in den USA solche Selbsthilfegruppen gebildet haben und zu hören, daß Frauen, die sonst nie etwas voneinander gewußt hätten, Kontakt miteinander halten und so ein Netzwerk bilden, um sich gegenseitig bei der Einhaltung der *Regeln* zu helfen – und dabei verbindet diese Frauen doch lediglich der Wunsch, nicht mehr ergebnislos ständig neue Männerbekanntschaften suchen zu müssen. Sie alle vereint das eine gemeinsame Ziel: zu einer liebevollen Partnerschaft zu finden und eines Tages ihren Traummann zu heiraten. Darüber hinaus fördert die Gruppe auch enge Freundschaften zwischen Frauen. Manche dieser Frauen begeben sich zusammen auf Reisen, gehen zusammen aus, um Männer kennenzulernen – und sind sich eines Tages vielleicht gegenseitig die Trauzeugin! Zu einer *Regeln*-Selbsthilfegruppe zu gehören, wird eine Erfahrung sein, die Sie nicht mehr missen möchten!

Wie gründen Sie eine solche Gruppe?

Kennen Sie Freundinnen, Bekannte oder Kolleginnen, die an die *Regeln* glauben, laden Sie sie zu einem informellen Treffen zu sich nach Hause ein. Haben Sie keine solchen Frauen in Ihrem Bekanntenkreis, gibt es folgende Möglichkeiten, sie auf sich aufmerksam zu machen:

1. Entwerfen Sie ein Flugblatt. Sie könnten zum Beispiel den folgenden Text fotokopieren und in Buchhandlungen, im Gemeindezentrum, in der Uni, in Fitneßclubs oder im Bürgerhaus am Schwarzen Brett anbringen, überall dort, wo Ihre Mitteilung betroffene Frauen erreichen könnte: »Gehören Sie auch zu den Frauen, die die zwanglosen Zeiten des Universitäts- oder WG-Lebens miterlebt haben, sich heute aber nach einer festen, verständnisvollen Partnerschaft sehnen, ohne sich als Frau unterordnen zu müssen? Und stehen diesem Ziel irgendwelche inneren Blockaden oder äußere, gesellschaftliche Umstände entgegen? Möchten Sie sich wohler in Ihrer Haut fühlen und ein erfülltes Leben genießen? Trifft das auf Sie zu, lassen Sie von sich hören! Kontaktadresse: _____ .«

2. Verschaffen Sie sich kostenlose Publizität, indem Sie Kopien Ihres Flugblatts an Ihr lokales Mitteilungsblatt schicken und die Redaktion bitten, den Text im regionalen Nachrichtenteil abzudrucken bzw. einen

redaktionellen Beitrag daraus zu machen. Vielleicht finden Sie sogar einen örtlichen Radiosender, der über die geplante Gruppe berichtet!

3. Fragen Sie auch Ihren Therapeuten, ob Sie Ihr Flugblatt in seinem Wartezimmer aushängen dürfen.

Sobald sich eine Gruppe zusammengefunden hat, sollten Sie darauf hinarbeiten, daß Sie sich möglichst jede Woche oder jeden Monat zu einer festen Zeit verabreden. Wo, muß im Einzelfall entschieden werden. Das könnte reihum in den Wohnungen der Mitglieder geschehen, aber solange Sie einander noch nicht so vertraut sind, könnten Sie als Versammlungsort auch einen öffentlichen Raum oder Saal (Bürgerzentrum, Gemeindehaus, Schule) ins Auge fassen. Sie könnten sich auch zum Essen in einem gemütlichen Lokal treffen und hinterher gemeinsam ins Kino gehen. Eine Zusammenkunft für ein oder zwei Stunden am Samstagnachmittag wäre ebenfalls eine praktikable Möglichkeit – hinterher könnten die Teilnehmerinnen frisch bestärkt ihren abendlichen Verabredungen entgegenstreben. Bei einer Zusammenkunft am Sonntagnachmittag könnte der vorangegangene Samstagabend »analysiert« werden.

Es wird sich zeigen, daß die Gruppe zu den besten Ergebnissen kommt, wenn eine Teilnehmerin zur Diskussionsleiterin ernannt wird. Exemplare unserer beiden Bücher sollten zur Hand sein, damit in Zweifelsfällen ein rasches Nachschlagen möglich ist.

Wie umfangreich die Gruppe werden soll, ist ganz Ihnen überlassen. Behalten Sie nur im Auge, daß eine *Regeln*-Selbsthilfegruppe keine Therapiesitzung darstellt und auch kein Forum sein soll, um Kindheitsprobleme und finanzielle und berufliche Sorgen zu diskutieren, solange diese nicht einen Grund darstellen, von den *Regeln* abweichen zu müssen. Auch eine Therapeutin kann den Vorsitz der Gruppe übernehmen, aber es ist darauf zu achten, daß die *Regeln* Kernpunkt der Zusammenkünfte bleiben. Eine Diskussion kommt zum Beispiel zustande, wenn alle Teilnehmerinnen reihum schildern, welche *Regeln* sie in der vorangegangenen Woche eingehalten haben und welche nicht. Die Diskussionsleiterin kann Fragen stellen, wie etwa:

Welche *Regeln* bereiten euch besondere Schwierigkeiten? Trägt sich eine von euch mit dem Gedanken, einen Mann zum Essen einzuladen? Oder eine hypothetische Situation in den Raum stellen: Ein Mann hat nach der dritten Verabredung seinen Schirm in der Wohnung einer Frau vergessen. Was soll die Frau tun? (Antwort: Sie darf das nicht als Vorwand benutzen, ihn anzurufen, sondern muß warten, bis er anruft, und es dann erwähnen.) Schlagen Sie den Teilnehmerinnen vor, ein Tagebuch darüber zu führen, wie sie mit den *Regeln* zurechtkommen.

Alle Frauen in der Gruppe sollten ihre Telefonnummern austauschen, damit sie einander auch zwischen den Treffen erreichen können. Es ist immer hilfreich, eine solche Nummer zur Hand zu haben, wenn eine Frau drauf und dran ist, einen Mann anzurufen! Ist die betreffende Gruppenkollegin verheiratet oder lebt sie mit einem Mann zusammen, wäre es allerdings besser, sie im Büro anzurufen anstatt zu Hause. Vergewissern Sie sich deshalb lieber vorher. Sie wollen doch nicht, daß der Mann oder der Freund sich aufregt, wenn er auf dem gemeinsamen Anrufbeantworter die Nachricht vorfindet, seine Gattin bzw. Freundin solle sich ihm gegenüber ruhig ein bißchen rarer machen!

Die Teilnahme an einer *Regeln*-Selbsthilfegruppe sollte natürlich kostenlos sein, damit auch solche Frauen dabeisein können, die nicht imstande sind, sich einen Therapeuten zu leisten. Gelegentlich müßte die Organisatorin der Gruppe die Teilnehmerinnen allerdings um einen geringen Unkostenbeitrag bitten, um damit Porto- und Telefongebühren, die Miete für den Versammlungsraum oder die Kosten für den Kaffee zu decken.

Auch wenn nichts organisiert oder geplant ist – keine Flugblätter, keine regelmäßigen Treffen, keine Vorsitzende –, kommt eine *Regeln*-Selbsthilfegruppe auch schon zustande, wenn sich nur fünf gute Freundinnen im Beisein einer Frau, die mit den *Regeln* bestens vertraut ist, am Sonntag zum Brunch versammeln!

Kapitel 27

Regeln für Freundinnen, Vorgesetzte, Kolleginnen und Kinder

Weil sie im Umgang mit Männern solchen Erfolg mit den *Regeln* hatten, fragen uns viele Frauen, ob die *Regeln* auch auf platonische Beziehungen anzuwenden seien. Absolut! Im Sinne einer guten, gesunden Beziehung helfen auch bei Freundinnen, Vorgesetzten, Kolleginnen und sogar bei Kindern die *Regeln*, Sie noch beliebter zu machen und nicht für selbstverständlich genommen zu werden. Hier die entsprechenden *Regeln*:

Freundinnen: 1. Wenden Sie die *Regeln* bei den Männern an. Indem Sie das tun, sind Sie Ihren Freundinnen automatisch eine kameradschaftliche Gefährtin. Überlegen Sie doch mal – Sie sagen nicht in letzter Minute eine Verabredung ab, um die spontane Einladung eines Mannes anzunehmen. Es ist Ihnen ernst damit, was Sie sich mit Ihren Freundinnen vorgenommen haben, und Sie versetzen sie nicht, wenn Sie ein reizvolleres Angebot bekommen. Sie sind loyal. Und selbstverständlich flirten und schlafen Sie nicht mit dem Freund oder Ehemann Ihrer Freundin. Ihre Freundinnen können Ihnen vertrauen.

2. Finden Sie heraus, wer Ihre wahren Freunde sind. Sind Sie diejenige, die immerzu Zeit haben muß, die jedesmal anruft, ihre Bücher, CDs, ihren Ledergürtel ausleiht und im Gegenzug nichts erwartet und auch nichts bekommt? Ziehen Sie sich ein wenig zurück und warten Sie ab, was passiert. Für beide Beteiligten ist es nicht gut, wenn die Freundschaft einen so einseitigen

Charakter hat, und vielleicht ist die andere auch gar nicht so sehr daran interessiert, mit Ihnen befreundet zu sein. Ist es aber umgekehrt und sind Sie es, die mehr nimmt als gibt, versuchen Sie ebenfalls, sich in Zukunft etwas zurückzuhalten.

3. Seien Sie für andere keine Belastung. Wenn Sie gerade eine besonders unerfreuliche Zeit durchmachen – Ärger mit dem Partner, gesundheitliche Probleme, Streß am Arbeitsplatz – laden Sie nicht alles auf einer einzigen Freundin ab. Verteilen Sie Ihre Klagen auf mehrere Schultern, damit nicht die eine Freundin die gesamte Last abbekommt und irgendwann nichts mehr von Ihnen wissen will. Versuchen Sie, jeder Freundin, die sich eine Stunde lang Ihren Problemen gewidmet hat, eine Stunde Ihrer Zeit zurückzugeben. Vergessen Sie nie, sich bei Ihren Freundinnen nach deren Befinden zu erkundigen, selbst wenn Sie *genau wissen*, daß es denen besser geht als Ihnen. Für jeden sind gut und schlecht im Leben gleichmäßig verteilt. Am Ende gleicht sich alles wieder aus. Sind Sie so am Ende, daß Sie meinen, da Vergleiche anstellen zu müssen?

4. Freuen Sie sich mit und für Ihre Freundinnen. Heiratet Ihre Freundin, während es in Ihrem Leben nicht einmal einen Mann gibt, oder bekommt sie einen Klassejob, während Sie selbst jeden Tag haßerfüllt zur Arbeit gehen, mag es schwerfallen, sich ehrlich über ihr glückliches Geschick zu freuen, aber Sie müssen daran arbeiten. Schließlich ist es nicht die Schuld Ihrer Freundin, daß Ihnen nicht alles so gut gelingt wie ihr. Außerdem hat sie vielleicht hart daran gearbeitet – ist viel unter Leute gegangen oder hat fleißiger Bewerbungen verschickt als Sie. Aber darauf kommt es auch gar nicht an. Was immer der Grund sein mag, sie ist Ihre Freundin und verdient es, daß Sie sich für sie freuen und nicht, daß Sie neidisch auf sie sind. Anstatt eifersüchtig

mit den Zähnen zu knirschen, sollten Sie lieber schauen, was Sie tun können, um einen Mann zu finden oder eine bessere Stelle zu bekommen. Schicken Sie ihr eine Hochzeitskarte und lächeln Sie bei der Feier. Anderen Glück zu wünschen ist der schönste Weg, es sich selbst zu erwerben.

Vorgesetzte und Kolleginnen: 1. Geben Sie sich nicht *zu* ungezwungen, und erzählen Sie im Büro nicht zuviel aus Ihrem Privatleben. Mag sein, daß Sie sich auf der Arbeit mehr zu Hause fühlen, wenn Sie über persönliche Angelegenheiten sprechen können. Aber Ihre Vorgesetzten und Kollegen respektieren eher eine gewissenhafte Angestellte als eine Klatschtante.

2. Verwenden Sie Ihre Arbeitskraft zum Besten der Firma, aber nicht zu Ihrem persönlichen Vorteil. Denken Sie jeden Tag: »Wie kann ich mehr für meine Firma leisten oder die Kunden besser bedienen?« Halten Sie diesen Ratschlag nicht für naiv oder albern. Wir wissen, daß es im Berufsleben oft alles andere als leicht zugeht. Aber wenn Sie an Ihre Firma denken, kommen Sie ganz von selbst weiter.

3. Konzentrieren Sie sich nicht ausschließlich darauf, wie Sie zu einer Beförderung oder einer Gehaltserhöhung kommen oder wie Sie Ihren Arbeitseinsatz auf ein Mindestmaß reduzieren können, ohne aufzufallen, sondern darauf, eine wertvolle Mitarbeiterin zu sein – dann fühlen Sie sich gleich viel wohler in Ihrer Haut.

4. Legen Sie es nicht darauf an, möglichst viel auf einmal zu erledigen, damit Ihr Vorgesetzter es auch ja bemerkt. Seien Sie zur Stelle, wenn er Sie wirklich braucht, und dann wird er schon wissen, was er an Ihnen hat.

5. Denken Sie nicht nur an sich selbst und auch nicht nur von heute auf morgen. Das bleibt den anderen nicht verborgen, und es schmälert Ihr Ansehen.

6. Zeigen Sie Teamgeist.

7. Arbeiten Sie nicht vierundzwanzig Stunden rund um die Uhr. Sie müssen auch ein Privatleben haben. Arbeit ist nicht alles. Sie werden eine viel wertvollere Mitarbeiterin, wenn Sie auch in anderen Bereichen Ihres Lebens Erfüllung finden.

Kinder: Kinder sind in vieler Hinsicht wie Männer. Reichen Sie ihnen den kleinen Finger, wollen sie gleich die ganze Hand. Daß Ihre Kinder Sie ebenso respektvoll und nett behandeln werden, wie Ihr Mann es tut, ist einer der Vorzüge einer Ehe nach Maßgabe der *Regeln*. Die Kinder übernehmen das Verhalten ihres Vaters und machen ihn zum Vorbild in ihrem Umgang mit der Mutter. Bekommt Ihr Sohn mit, wie sein Vater Sie mit liebevoller Aufmerksamkeit behandelt, Ihnen Blumen und kleine Geschenke mitbringt, wird er versuchen, es ihm auf seine Weise nachzumachen, indem er sein Sparschwein schlachtet, um Ihnen auch eine hübsche Kleinigkeit zu kaufen.

In unserem ersten Buch hatten wir geschrieben: »Wenn er Sie liebt, liebt er auch Ihre Kinder.« Dem würden wir gerne hinzufügen: »Wenn er Sie liebt und respektiert, werden auch Ihre Kinder lernen, Sie zu lieben und respektieren.« Hier noch einige zusätzliche *Regeln*, mit denen Sie sich das Wohlwollen Ihrer Kinder sichern:

1. Lassen Sie sich von Ihren Kindern nicht als gleichberechtigte Partnerin behandeln. Reagieren Sie einfach nicht, wenn sie Sie bei Ihrem Vornamen rufen. Fragen Sie statt dessen: »Hat da jemand etwas gesagt? Ich höre auf den Namen Mutti.« So merken die Kinder, wer der Boss ist. Fragen Sie Ihre Kinder auch nicht, ob sie zur Schule oder ins Bett gehen möchten oder ob sie Lust hätten, sich die Zähne zu putzen. Erklären Sie ihnen, was sie zu tun haben. Kinder müssen Disziplin lernen

und brauchen klare *Regeln*. Sie tun ihnen keinen Gefallen, wenn Sie ihnen das Sagen überlassen.

2. Verwöhnen Sie Ihre Kinder nicht zu sehr. Die Versuchung mag oft da sein, besonders, wenn Sie erst spät Kinder bekommen haben. Am liebsten würden Sie sofort springen, wenn das Baby schreit. Ist Ihr Baby gesund, gefüttert und trocken, brauchen Sie nicht stundenlang an seinem Bettchen zu sitzen und es in den Schlaf zu wiegen. Hat sich das Kind erst einmal daran gewöhnt, wird es Sie jeden Abend endlos in die Pflicht nehmen. Kinder müssen frühzeitig lernen, auch mal alleine zurechtzukommen. Mit dem Älterwerden sollten sie ihnen kleine Pflichten im Haushalt übertragen. Lernen Kinder rechtzeitig Verantwortung, anstatt von vorn bis hinten bedient zu werden, werden Ihre spätere Unabhängigkeit und ihr Geschick gefördert.

3. Machen Sie kein Aufheben wegen des Essens. Zwingen Sie Ihre Kinder nicht, jeden Teller leer zu kratzen. Ohne es zu ahnen, legen Sie eine spätere Übergewichtigkeit bei ihnen an. Anders als Erwachsene essen Kinder, wenn sie hungrig sind und hören auf, wenn sie satt sind. Sie werden schon nicht verhungern. Sparen Sie sich Ihre Energie für wichtigere Dinge auf, etwa Ihren Kindern gute Manieren beizubringen und Wertvorstellungen zu vermitteln.

4. Gönnen Sie sich auch etwas Freizeit! Machen Sie sich kein schlechtes Gewissen, weil Sie zur Arbeit gehen und oft geschäftlich oder privat telefonieren. Auch Sie haben Anspruch auf Ihr eigenes Leben, und wenn Sie diesen Grundsatz nicht aus den Augen verlieren, macht Sie das auch zu einer besseren Mutter. Mütter, die zuviel ihrer Zeit für ihre Kinder opfern und sie verhätscheln, während Sie selbst zu kurz kommen, sind oft frustriert oder hegen einen Groll gegen die eigenen Kinder. Während der Zeit, die Sie mit Ihren Kindern verbringen,

kommt es auf das »wie« an und nicht auf das »wie lange«. Ihr Kind sollte auch wissen, daß es Sie in Ruhe lassen soll, wenn Sie Besuch haben, und Sie nicht beim Telefonieren unterbrechen darf. Handelt es sich nicht gerade um einen Notfall, und ist Ihr Kind auch nicht krank, sagen Sie ihm, Sie seien jetzt beschäftigt und würden sich nachher kümmern kommen – und bleiben Sie auch dabei. So lernt das Kind, Ihr Privatleben zu respektieren und geduldig zu sein. Mutti kommt ja, aber später!

5. Räumen Sie nicht den ganzen Spielzeugladen leer. Möglicherweise sind Sie in der Lage, Ihrem Kind immer nur das Beste zu gönnen, aber müssen Sie es dann auch gleich *kaufen*? Wir meinen: Nein, außer, Sie wollen Ihr Kind zu einem kleinen Scheusal erziehen, das jedesmal gleich das Heulen und Schreien kriegt, wenn Sie ein Kaufhaus mit ihm betreten. Gut, Sie *können* es sich leisten, den ganzen Bestand aufzukaufen, aber halten Sie sich zurück. Ebensowenig sollten Sie Ihr Kind zu jedem Hobby drängen oder dazu, sich für jede Sportart zu interessieren. Fassen Sie sich an die eigene Nase: Wollen Sie das wirklich nur für Ihr Kind, oder ist es Ihr Ego, das möchte, daß Ihr Kind in allen Sparten glänzt?

6. Bringen Sie Ihren Kindern bei, Verantwortung für ihr eigenes Handeln zu übernehmen. Wollen Ihre Kinder die Hausaufgaben nicht machen, versuchen Sie, herauszufinden, *warum*. Möglicherweise haben sie nicht begriffen, worin die Aufgabe besteht. Helfen Sie ihnen, aber erledigen Sie nicht gleich die ganze Arbeit für sie. Handelt es sich nur um Faulheit oder fehlenden guten Willen, erklären Sie ihnen, daß sie die Konsequenzen werden tragen müssen. Sie können Ihren Kindern auch sagen, Sie selber hätten früher stets pünktlich ihre Schularbeiten erledigt, und schließlich sei ja auch etwas aus Ihnen geworden!

7. Seien Sie konsequent. Erklären Sie Ihrem Kind, schlechtes Benehmen – fluchen, sich mit anderen prügeln wollen – würde immer eine Strafe nach sich ziehen. Entscheiden Sie sich beispielsweise für Fernsehverbot, müssen Sie das auch durchhalten. Mit leeren Drohungen verspielen Sie nur Ihre Glaubwürdigkeit, und Ihre Kinder merken, daß sie Ihnen ungestraft auf der Nase herumtanzen können.

8. Sagen Sie Ihrem Kind, daß es sich Ihnen immer anvertrauen darf. Ihr Kind muß genau wissen, was erlaubt und verboten ist, aber lassen Sie stets die Tür ein Stückchen offen, falls Ihr Kind Ihnen etwas erzählen will, was Sie vielleicht ganz und gar nicht gerne hören möchten. Mit anderen Worten: Seien Sie streng, aber trotzdem verständnisvoll. Gibt es dann mal etwas, was Ihr Kind Ihnen nicht sagen möchte, weiß es, daß es wenigstens zu Ihnen kommen kann, um Ihnen zu beichten, es habe ein Problem, über das es aber jetzt nicht sprechen möchte. Wenn Sie nicht zu spät von dritter Seite über die Schwierigkeiten Ihrer Kinder unterrichtet werden wollen, machen Sie Ihren Kindern deutlich, daß sie immer auf Sie vertrauen können – *was auch geschehen sein mag.*

Noch ein ganz allgemeiner Hinweis: Gute Mütter halten stets die Augen und Ohren offen. Haben Sie das Gefühl, Ihr Kind leide unter Ängsten oder benehme sich sonderbar, verzichten Sie lieber auf das, was Sie sich für den Nachmittag vorgenommen haben oder kommen Sie früher von der Arbeit nach Hause, um einen »Kindernachmittag« oder einen »Kinderabend« mit ihm zu gestalten. Gehen Sie mit ihm ins Kino oder einen Hamburger essen. Es könnte sein, daß Ihr Kind sich Ihnen anvertraut und Ihnen sagt, was ihm auf der Seele brennt.

Kapitel 28

Keine Sorge, auch Männer können etwas mit den Regeln anfangen

Falls Sie es vergessen haben sollten – Sie richten sich nach den *Regeln*, weil es gut für Sie und Ihr Selbstwertgefühl ist, und es kommt überhaupt nicht darauf an, ob das den Männern gefällt oder nicht. Denn auch Männer können auf ehrliche, offene Weise über ihren Wunsch, mit einer Frau zusammen sein zu wollen, sprechen. Nur steht das, worauf sie letzlich *anspringen*, auf einem völlig anderen Blatt – sie suchen die Herausforderung, das Geheimnisvolle, das Faszinierende. Gefällt einem Mann eine Frau, wird er sie wieder anrufen, und wenn die Frau dann das erste Rendezvous nicht gleich zu einer *Tour de Force* des gegenseitigen Kennenlernens gestaltet, wird er sich schon sehr bald wieder mit ihr verabreden wollen. Also: Was der Mann auch von sich behaupten mag, er wird rasch das Interesse an einer Frau verlieren, die die *Regeln* bricht! Sie sind wahrscheinlich ohnehin neugierig, zu erfahren, was Männer über die *Regeln* denken oder sagen. Unserer Erfahrung nach haben sie gar nichts dagegen, solange die *Regeln* in einer für sie einsichtigen Weise Eingang in die Beziehung finden, ja, ihnen gefallen die Ergebnisse, die mit den *Regeln* erreicht werden, sogar recht gut.

Hier ein paar Auszüge aus Briefen, die wir von Männern bekommen haben: »Wenn ich eine Frau kennenlerne und entscheide, daß sie die einzig Wahre für mich ist, lasse ich mich durch kein Buch, das sie gerade liest, davon abhalten, um sie zu werben«, schreibt ein leitender Angestellter einer New Yorker Universität. Er ist der Überzeugung, Männern »entginge etwas«, wenn sie nicht um eine Frau werben dürften, sie würden »vor einer Bindung zurückschrecken« und »mehr Freiräume« für sich beanspruchen, wenn eine Frau bestimmte *Regeln* verletzt. Und er steht nicht allein mit dieser Meinung. Wir haben Dutzende Briefe (und auch Anrufe) von Männern erhalten, in denen sie sich dafür bedanken, daß wir das Buch geschrieben haben, und uns mitteilen, daß sie es an ihre Töchter, Schwestern, Freundinnen und sogar Ex-Freundinnen weiterverschenken.

Ein Lehrer aus Lexington, Kentucky, ließ uns wissen, wie gut ihm unsere Beschreibung der typischen Frau, die sich an die *Regeln* hält, gefalle – »engagiert, mit einem hohen Selbwertgefühl, unterhält keine Beziehungen zu verheirateten Männern und strebt auch keine solchen an, hat hohe moralische Wertvorstellungen, ist fähig, mit dem Kopf und mit dem Herzen zu denken und zu lieben. Einem jeden vernünftigen Mann muß eine solche Frau doch überaus attraktiv vorkommen ...« Ein Arzt aus Chicago schrieb uns, er wäre »immer wieder auf Beziehungen zu Frauen verfallen, die sich von den Männern abhängig machten und unfähig waren, ein eigenständiges Leben zu führen, »so daß ich mich durch ihre fast selbstzerstörerische Anhänglichkeit an den Film ›Eine verhängnisvolle Affäre‹ erinnert fühlte. Nun aber habe ich neue Hoffnung geschöpft, eine Freundin zu finden, die über die Qualitäten der in dem Buch beschriebenen Frauen verfügt.« Ein weiterer Fan der *Regeln* meldete sich aus Los Angeles: »Sie haben ja so recht – es ist viel erregender für uns Männer, wenn die Frau sich nicht so leicht kriegen läßt. Ich habe mich nie für Frauen interessiert, die mir den Hof machten. Ich war geschmeichelt, aber ich fand diese Frauen langweilig.« Aus Illinois erreichte uns der Brief eines angehenden Facharztes für Psychiatrie: »Meiner Meinung nach hat eine junge Frau, die um die *Regeln* weiß und sie korrekt anwendet, einen enormen Vorsprung, wenn es darum geht, den richtigen Mann zu finden und mit ihm eine dauerhafte Beziehung einzugehen.«

Natürlich gibt es auch Männer, die die *Regeln* einfach nur albern finden – nicht, daß sie ihnen sonderlich im Wege stünden. Sie finden sie einfach albern! Diese Männer können sich eben nicht vorstellen, daß Frauen solche Bücher lesen. Aber sie erkennen nicht, in welchem Maße Frauen sich von Beziehungen abhängig machen können. Wüßte ein Mann wirklich, wie oft eine Frau an ihn denkt, wie intensiv sie sich mit in die Brüche gegangenen Beziehungen beschäftigt und wie sehr sie darunter leidet, würde er ihr auf die Schulter klopfen und sagen: »Nur zu, lies dieses Buch, wenn es dir hilft!«

Hat Ihr Freund Sie also in Verdacht, nach den *Regeln* zu leben und haben Sie Sorge, er könnte fuchsteufelswild werden, wenn er es herausfindet – »Deswegen rufst du mich also nie an!« –, geben Sie nicht auf. Sie brauchen gar nicht darüber zu sprechen. Tief in seinem Inneren ist es einem Mann lieber, Sie richten sich nach den *Regeln – auch wenn er das Gegenteil behauptet!* Tief in seinem Inneren wünscht sich jeder Mann eine Frau, die ihm Raum zum Atmen gibt. Also kümmern Sie sich nicht darum, was die Männer über die *Regeln* denken – halten Sie sich daran. Die Männer werden Sie dafür mögen – ja, sie werden sogar noch mehr tun, als Sie nur zu mögen – sie werden Sie lieben und mit Ihnen verheiratet sein wollen!

Kapitel 29

Regeln speziell für den Mann

Wir haben unser erstes Buch geschrieben, um Frauen zu helfen, den richtigen Mann zu finden, und nicht, um die Männer zu verwirren. Doch seit Erscheinen des Buches melden sich immer wieder Männer bei uns – sie schreiben uns, sie rufen an, sie kommen sogar zu unseren Seminaren.

Warum? Nun, manche wollen sich einfach nur bei uns dafür bedanken, daß wir den Frauen gesagt haben, was bestimmte Männer in einer Beziehung schon immer für gut und richtig hielten. Andere brachten zum Ausdruck, daß sie mit den *Regeln* nicht recht klarkämen und nicht wüßten, wie ein Rendezvous in den neunziger Jahren denn nun auszusehen habe.

Einige dieser Männer wandten sich mit der Frage an uns, wie sie sich in einer Beziehung verhalten sollten und wie sie mit Bestimmtheit sagen könnten, daß eine Frau, mit der sie gerade ausgingen, sich auch wirklich für sie interessiere. Solche Fragen trafen uns nicht unvorbereitet. Wir hatten schon davon gehört, daß Männer Frauen, die sich weigerten, sich telefonisch bei ihnen zu melden und allzu häufige Verabredungen ablehnten, mit der Frage kamen: »Behandelst du mich etwa nach den *Regeln*?« Uns wurde vorgeschlagen, ein Buch oder wenigstens ein Kapitel mit dem Titel »*Regeln* für Männer« zu schreiben. Ihnen war es um Antworten, Einsichten, Tips – in der Tat, um alles mögliche gelegen, aber vor allem wollten sie mit einbezogen werden!

Auch das überraschte uns nicht. Wir selber hatten beobachten können, wie Männer in Buchhandlungen angestrengt in unserem Buch blätterten, und von anderen gehört, die sich ein Exemplar von ihren Freundinnen ausborgten, um darin nach Hinweisen zu suchen, wie sie zu einem besseren Verständnis der Frauen – und von sich selbst! – gelangen konnten. Und natürlich gab es auch Männer, die unumwunden bei dem Buch die Schuld suchten, wenn eine Frau nichts von ihnen wissen wollte.

Deshalb haben wir dieses Kapitel geschrieben, um darin die Ängste der Männer anzusprechen, ihnen das Gefühl zu geben, nicht ausgeschlossen zu sein, mögliche Spannungen zwischen den Geschlechtern zu zerstreuen und den Männern zu erklären, warum sie nicht einem Buch die Schuld daran geben sollten, wenn eine Frau sich nicht für sie interessiert. Es ist uns nie darum gegangen, einen Konflikt zwischen Mann und Frau zu schüren. Zu einer Beziehung gehören zwei Partner, nicht zwei Gegner, und auf dieses Ziel wollten wir hinarbeiten.

Hoffentlich finden auch Sie im folgenden ein paar nützliche Tips, wie Sie zu einer glücklichen Partnerschaft gelangen können. Wie merke ich, ob sie sich für mich interessiert?

Sie interessiert sich ernsthaft für Sie, wenn:
1. Sie Ihnen ihre Telefonnummer gibt, *wenn Sie sie darum bitten.*
2. Sie weder Ihre Privat- noch Ihre Firmennummer haben will, aber Ihnen gerne die ihre gibt, *wenn Sie sie danach fragen.*
3. Sie einwilligt, sich für Samstagabend mit Ihnen zu verabreden, sofern Sie sie spätestens am Mittwoch gefragt haben.

4. Sie sagt: »Ich würde ja so gerne, aber ich habe einfach zuviel zu tun«, wenn Sie zu spät in der Woche anrufen oder sie wirklich sehr beschäftigt ist.

5. Sie die Verabredung mit Ihnen zu genießen scheint, lacht, sich von Ihnen einen Gutenachtkuß geben läßt. Möglicherweise sind Sie sich noch nicht ganz sicher, ob sie Sie eines Tages heiraten wird, aber Sie haben sehr wohl das Gefühl, daß sie Sie wahrscheinlich wiedersehen möchte.

6. Sie nicht jedesmal Ihren Anruf erwidert, sich aber freut, von Ihnen zu hören, sooft *Sie* sie anrufen.

7. Sie nicht sehr lange mit Ihnen telefoniert – aber immer ein nettes Wort findet, bevor sie das Gespräch beendet.

Sie interessiert sich nicht für Sie, wenn:

1. Sie einfach »nein« sagt, wenn Sie sie nach Ihrer Telefonnummer fragen oder ihr die Ihre geben wollen.

2. Sie ablehnt, wenn Sie sie auf einer Party zum Tanz auffordern.

3. Sie »nein« oder »ich glaube, eher nicht« sagt, wenn Sie sie *schon früh in der Woche* um eine Verabredung für den Samstagabend bitten, und das mehrere Wochen hintereinander.

4. Sie *nie, wirklich nie*, zurückruft.

5. Sie sagt: »Der Funke will einfach nicht überspringen«, oder: »Ruf mich in nächster Zeit bitte nicht wieder an.«

Kapitel 30

Gesünder leben mit den Regeln

Auf den ersten Blick mag es Ihnen so vorkommen, unser Buch wäre ein praktischer Ratgeber für Beziehungsfragen – nicht mehr, nicht weniger. Aber wenn Sie sich die Zeit nehmen, genauer darüber nachzudenken, werden Sie feststellen, daß die *Regeln* Ihnen auch für andere Bereiche des Lebens gute Ratschläge anbieten – und Sie damit zu einem ausgeglichenen, gesunden Lebensstil führen. Indem Sie nicht krampfhaft einer Beziehung nachjagen oder in einer unglücklichen, von Abhängigkeiten geprägten Partnerschaft verharren, weil Sie sich immer wieder Gründe dagegen einreden, diese aufzulösen, wird aus Ihnen ganz von selbst ein gesünderer Mensch, der mit beiden Beinen fester auf dem Boden steht und unbeirrter seinen Weg geht. Sie sind kein nervöses Wrack mehr, das versucht, in einem Mann, der keinerlei ernsthafte Absichten hegt, die Liebe zu erwecken, und bei jeder Verabredung verzweifelt hofft, daß es nicht die letzte sein wird.

Wenn Sie sich je in einen Mann verliebt haben, der Ihre Gefühle nicht teilte und Sie schließlich sitzenließ, wissen Sie, wovon wir sprechen. Und wie bei den meisten Frauen dürfte es eine ganze Weile gedauert haben, bis Sie sich davon erholt hatten. Die vergebliche Liebe zu diesem Mann hat Ihre Arbeit, Ihren nächtlichen Schlaf, Ihren Appetit, die Beziehung zu Ihren anderen Freunden und Ihr Nervenkostüm beeinträchtigt. Eine Frau, die sich nach den *Regeln* richtet, geht nicht aus schierer Angst, allein zu sein oder aus mangelndem Selbstwertgefühl eine aussichtslose Beziehung ein oder verharrt unnötig lange darin. Sie hat genug Selbstvertrauen, um zu wissen, daß der richtige Mann eines Tages in ihr Leben treten wird. Je eher sie einer Beziehung, die zu nichts führt, den Rücken kehrt, um so eher wird etwas Besseres an die Stelle dieser Beziehung treten. Optimismus, inneres Wachstum, die Bereitschaft, ausgetretene Wege zu verlassen, das Streben danach, nur das Beste für sich zu wollen – all das sind höchst willkommene Nebenwirkungen, wenn Sie den *Regeln* vertrauen. Der Glaube an den unendlichen Reichtum des Universums führt zu einer vernünftigeren, gesünderen Lebenseinstellung.

Selbstverständlich können Frauen auch in funktionierenden Partnerschaften zu besitzergreifend werden, den Wunsch haben, ihren Freund oder ihren Ehemann alle naslang anzurufen oder sich zu abhängig von ihm zu machen. Indem sie sich an die *Regeln* halten, lernen diese Frauen, nicht so oft anzurufen und auch, daß es im Leben noch andere Dinge gibt, mit denen es sich zu beschäftigen lohnt. Sie sind offen für neue Bekanntschaften und nicht mehr nur auf sich selbst gestellt und verlieren sich auch nicht in der Vorstellung, »ohne den Mann nichts wert zu sein«. Es ist nie gut, sich zu sehr an einen anderen Menschen zu ketten.

Mit den *Regeln* erfahren Sie, wie wichtig es sein kann, einen Mann auch mal sich selbst zu überlassen. Daraus ziehen beide Seiten ihren Nutzen. Der Mann ist dankbar dafür, sich in Ruhe ein Fußballspiel ansehen oder einem anderen Hobby frönen zu dürfen, und die Frau findet die Zeit zu einem guten Buch oder zu anderen Dingen ihres Interesses. Die *Regeln* fördern die Charakterstärke, indem sie davon ablenken, daß eine Frau sich auch auf andere Dinge konzentriert als einzig und allein auf »die Beziehung«. Indem Sie nicht die ganze Zeit an seiner Seite hocken oder nur noch ein Teil seines Lebens sind, anstatt Ihr eigenes zu genießen, werden Sie feststellen, wieviel Energie für andere nützliche Dinge in Ihnen steckt. Vielleicht finden Sie jetzt die Zeit, sich um eine Freundin zu kümmern, die Ihres Zuspruchs bedarf – und das hieße, Ihre Zeit wesentlich produktiver zu nutzen, als nur darauf fixiert zu sein, mit dem Mann, mit dem Sie liiert sind, oder mit einem unbekannten, schönen Fremden am Telefon zu sprechen.

Wenn Sie die *Regeln* befolgen, das heißt sie leben und leben lassen – dann werden Sie selbst am meisten die Früchte Ihres neu definierten Umgangs mit sich und Ihrer Umgebung ernten, auch, was die Kunst betrifft, sich wieder miteinander zu vertragen. Sie haben sich zum Beispiel mit Ihrem Freund gestritten. Sie glauben, jetzt ginge es um alles oder nichts. Sie möchten den Konflikt augenblicklich beilegen, indem Sie Stunden damit verbringen, die Sie beide verbindende Beziehung zu analysieren, aber er hat keine Lust dazu. Er möchte seinen Zorn lieber abreagieren, indem er mit seinen Freunden eine Runde kegelt, und sich danach in aller Ruhe beim Abendessen oder bei einem Fernsehfilm mit Ihnen unterhalten. Lassen Sie ihm sein Spiel. Lassen Sie ihn sich mit dem Streit auf eine Art und Weise auseinandersetzen, die ihm angemessen erscheint. Verlangen Sie nicht ständig, daß alles nach Ihrer Vorstellung geregelt wird. Wenn Sie über den Zank sprechen müssen, rufen Sie eine gute Freundin oder Ihre Mutter an. Er verarbeitet den Krach auf seine Weise – Sie auf die Ihre, indem Sie mit jemandem darüber reden. So bleiben kleine Zwistigkeiten klein und eskalieren nicht zu großen Meinungsverschiedenheiten.

Manchmal lassen sich Unstimmigkeiten am besten bereinigen, indem *nicht* darüber gesprochen wird, vor allem, wenn *er* nicht dazu aufgelegt ist. Viele Frauen diskutieren nur zu gerne ihre Beziehung, aber den meisten Männern bereiten solche Grundsatzdebatten nur Kopfschmerzen. Ihn jedesmal aus seiner Reserve und zu einem Gespräch locken zu wollen, bringt ihn Ihnen nicht unbedingt näher – im Gegenteil. Verlangen Sie auch nicht von ihm, sich Partnerschaftsratgeber durchzulesen oder Gruppentherapien beizuwohnen. Für Sie mag das gut und richtig erscheinen und Aussicht auf eine Lösung bieten, aber ihn könnte so etwas höchstens langweilen, also suchen Sie *Ihren* Weg, um den Konflikt aus der Welt zu schaffen.

Bisweilen sollten Sie Ihre Phantasie spielen lassen, um einen Zank zu beenden. Seien Sie zärtlich, ziehen Sie etwas Hübsches an, schrubben Sie ihm in der Badewanne den Rücken, oder arrangieren Sie ein Abendessen bei Kerzenschein. Zwingen Sie ihn nicht dazu, über Ihre Probleme zu sprechen, wenn *Ihnen* der Sinn danach steht, werden Sie paradoxerweise die Erfahrung machen, daß er zärtlich auf Sie zukommt oder von sich aus das Thema anschneidet, wenn er soweit ist.

Wie wir schon in Kapitel 20, »Noch ein paar *Regeln* für die verheiratete Frau«, schrieben, sollten Sie, soweit irgend möglich, versuchen, die erste zu sein, die sich entschuldigt. Sie werden sich hinterher viel besser fühlen, und Ihr Freund oder Ehemann wird Ihren Großmut und Ihre Bereitschaft, alles wieder ins Reine zu bringen, zu schätzen wissen. Verharren Sie nicht stur in Lauerstellung, bis *er* ankommt. Warum sollten Sie Ihren Seelenfrieden riskieren und sich schlaflose Nächte antun? Halten Sie uns in diesem Punkt bitte nicht für weltfremd. Wir wissen selber, daß die Männer oft genug im Unrecht sind und es bisweilen schwerfällt, alles zu vergeben und zu vergessen. Aber versuchen Sie es – Sie werden staunen, wie gut es Ihnen hinterher geht, wenn

Sie Ihren Ärger nicht in sich hineinfressen! Wir haben uns mit Frauen unterhalten, die, weil sie die *Regeln* noch nicht kannten, unerfreuliche Erfahrungen mit Männern machen mußten – weil diese Männer nach einer bereits länger anhaltenden Partnerschaft plötzlich nichts mehr von sich hören ließen, die Frauen betrogen, sie herablassend behandelten. Verständlicherweise waren die Frauen verbittert – nicht gerade eine gute Voraussetzung für innere Gelassenheit.

Und natürlich konnten wir ihren Schmerz verstehen – es gibt wohl kaum etwas Deprimierenderes, als von dem Mann, den wir lieben, verletzt zu werden. Aber wir versuchten, diesen Frauen auszureden, ihr Handeln durch ihre Gefühle bestimmen zu lassen. Wir haben ihnen gesagt, bei den *Regeln* geht es nie darum, anderen etwas heimzuzahlen – die Männer zum Beispiel mit nächtlichen Telefonanrufen oder bitterbösen Briefen zu traktieren. Statt dessen sollten die Frauen sich ihre eigene Rolle in dem Streit vor Augen führen, um zu erkennen, welche Fehler sie gemacht haben, an welchem Punkt sie bedenkliches Verhalten unnötig toleriert haben könnten. *Sie sind es, die etwas ändern müssen.* Deswegen raten wir den Frauen auch, sich in einer Therapie oder in einer *Regeln*-Selbsthilfegruppe ein Ventil für ihren Zorn zu schaffen.

Es ist sehr wichtig, zu wissen, daß keine Frau einem Mann *beibringen* kann, gut zu ihr zu sein oder sie zu lieben. Wir versuchen, betroffenen Frauen zu der Erkenntnis zu verhelfen, daß sie sich, indem sie nicht nach den *Regeln* handelten, selbst in eine Position gebracht haben, in der sie angreifbar, verletzlich wurden. Eine dieser Frauen hatte zum Beispiel die Tatsache toleriert, daß der Mann, mit dem sie nun seit fünfzehn Monaten zusammen war, sich nur jeden zweiten Samstag mit ihr verabreden wollte und nie ein Wort über die Zukunft oder gar noch Heirat verlor. Sie erklärte das damit, daß er wohl »Schwierigkeiten damit hätte, seine Gefühle auszudrücken«. Sie war wie vor den Kopf geschlagen, als sie erfuhr, daß er neben ihr noch Umgang mit anderen Frauen pflegte. Hätte sie die *Regeln* gekannt, würde sie die Warnsignale nicht übersehen haben.

Wir sagen diesen Frauen, unser bester Rat für sie sei, beim nächsten Mann die *Regeln* anzuwenden! Sich das eigene Leben so erfüllt und streßfrei wie möglich zu gestalten, ist die beste Rache für erlittene Unbill! Sich von der Vergangenheit zu lösen und sich dem Kommenden zu stellen, gibt Kraft! Wie wir immer zu sagen belieben: *Der nächste bitte!*

Und doch – obwohl wir genau wissen, wie die *Regeln* funktionieren, zwingen wir sie trotzdem nicht unseren Freundinnen oder anderen Frauen auf. In den *Regeln* geht es unter anderem auch darum, Männern notfalls ihren Willen zu lassen. Wir sind tolerant, nicht von einer Idee besessen. Hat eine Frau Probleme mit den Männern, teilen wir gerne unsere Erfahrungen mit ihr, aber damit hat es sich dann auch. Wir sind keine Predigerinnen.

Möglicherweise kennen Sie eine Frau – eine Freundin, eine Kollegin – die in ihrer Beziehung leiden muß, weil sie sich nicht nach den *Regeln* richtet. Sie raten ihr immer wieder dazu, aber sie hält das für Unsinn oder sagt, das sei nichts für sie. Sie haben ihr unser Buch geschenkt, Sie haben ihr angeboten, sie zur Sitzung einer Selbsthilfegruppe mitzunehmen, und Sie haben ihr sogar gesagt: »Hättest du doch bloß auf mich gehört«, wenn ihr Freund wieder einmal ihren Geburtstag vergessen hat. Was können Sie noch tun?

Wenn sich Ihre Freundin das nächste Mal darüber beklagt, der Mann, mit dem sie nun schon seit drei Jahren befreundet sei, würde immer noch nichts von einer gemeinsamen Zukunft hören wollen, zeigen Sie Mitgefühl – so, als wäre ihr ein schmerzliches Mißgeschick passiert. Sagen Sie: »Das tut mir ja wirklich leid für dich.« Sagen Sie nicht: »Ja, wenn du dich an die *Regeln* gehalten hättest ...«

Es ist wahrscheinlicher, daß sie auf den Gedanken kommt, es mit den *Regeln* zu versuchen, wenn Sie nicht zu sehr auf sie einreden. Sie sieht ja, was die *Regeln* bei Ihnen und in Ihrem Leben bewirkt haben. Also lassen Sie sie in Ruhe und laden Sie sie zu Ihrer Hochzeit ein. Indem Sie sich nur nach den *Regeln* richten, können Sie einen helfenden, heilenden Einfluß auf ihr Leben nehmen.

Kapitel 31

Antworten auf häufig gestellte Fragen zu den Regeln

Wie soll ein Mann mein wahres Ich kennenlernen, wenn ich mich streng an die Regeln halte?
Antwort: In Gegenwart des Mannes zeigen Sie Ihr wahres Ich. Es besteht ein großer Unterschied zwischen geheimnisvoll wirken und täuschen. Sie lügen ihn ja nicht an, Sie öffnen sich ihm nur nicht zu schnell. Sie würden ja nicht behaupten, Akademikerin zu sein, wenn Sie »nur« einen Realschulabschluß haben. Andererseits vermeiden Sie im Gespräch aber auch Themen, bei denen er Ihnen zu leicht in die Karten schauen könnte, wie Ehe, Zukunft, Kinder, oder bei denen Sie das Gefühl bekommen, er könnte Ihnen Fragen stellen, bei deren Beantwortung Sie zu früh und zu viel über sich verraten müßten oder die Ihnen im Augenblick überhaupt nicht gelegen kommen.

Fragt er Sie zum Beispiel, warum ein nettes Mädchen wie Sie noch nicht verheiratet sei, antworten Sie beiläufig, darüber hätten Sie noch nie nachgedacht, und wechseln dann das Thema. Sagen Sie nichts Deprimierendes, wie zum Beispiel: »Ich bin seit sechs Jahren nicht mehr mit einem Mann ausgegangen«, oder: »Heutzutage ist es schwer, nette Männer kennenzulernen«, und vermeiden Sie sarkastische Bemerkungen wie: »Das ist mir zum Glück bisher erspart geblieben.«

Es geht darum, daß Sie nicht jede Frage beantworten müssen, die er Ihnen stellt. Bei der ersten, zweiten und dritten Verabredung sollte Ihre Vorgeschichte, was

Männer betrifft, noch kein Thema für ihn sein. Insistiert er trotzdem, ist er entweder vielleicht doch kein so netter Kerl, oder er hat vielleicht doch nicht nur die besten Absichten mit Ihnen. Möchte ein Mann einer Frau gefallen, bringt er sie schließlich nicht in peinliche Situationen.

Keine Sorge, Ihr »wahres Ich« wird ganz bestimmt nicht im verborgenen bleiben. Ihre Art, sich zu unterhalten, Ihr Erscheinungsbild, Ihr Lachen – all das ist untrennbar mit Ihnen verbunden und hilft ihm, den Menschen zu entdecken, der anders ist als alle anderen – Sie!

Wenn ich mich streng nach den Regeln richte, wie soll er dann wissen, daß ich ihn gerne mag?

Antwort: Sie sagen zu, wenn er Sie bis spätestens Mittwoch fragt, ob Sie am Samstagabend mit ihm ausgehen möchten. Zum Rendezvous erscheinen Sie mit einem Lächeln, sind freundlich, aufgekratzt, so daß es ihm Spaß macht, mit Ihnen zusammenzusein, und bedanken sich schließlich für den netten Abend. So weiß er, daß Sie ihn gerne mögen.

Im Gegensatz zur althergebrachten Meinung brauchen Sie Männer weder anzurufen, noch ihnen Briefe zu schreiben und ihnen auch keine Geschenke zu kaufen, um Ihr Interesse zu beweisen.

Wenn Sie ihn durchaus gerne mögen, er aber zu spät in der Woche anruft, so daß Sie keine Verabredung für den Samstag mehr akzeptieren können, sagen Sie: »Wie schade, aber nun habe ich schon etwas anderes vor.« Indem Sie betonen, daß Sie es schade fänden, und höflich ablehnen, teilen Sie ihm mit, daß Sie sich schon gerne mit ihm treffen würden, er aber zu spät dran ist. Mag er Sie auch gern, wird er wieder anrufen, aber diesmal etwas früher in der Woche.

Was tue ich, wenn ein Mann mir seine Karte überreicht und sagt, ich solle ihn doch mal anrufen?

Antwort: Schauen Sie die Karte an, als hätten Sie so etwas noch nie von einem Mann bekommen, lächeln herzlich und sagen: »Nein danke. Ich glaube, lieber nicht.«

Frauen, die sich an die *Regeln* halten, rufen nicht bei Männern an und haben daher auch gar keine Verwendung für deren Geschäftskarten. Ist ein Mann wirklich an Ihnen interessiert, wird er Sie um Ihre Telefonnummer bitten. Sagen Sie nicht: »Ich rufe nie bei Männern an. Besser, Sie rufen mich an.« Damit schreiben Sie ihm vor, was er tun soll. Entweder fragt er Sie nach Ihrer Nummer, oder er läßt es bleiben. Sie möchten schließlich auch nur Männer kennenlernen, die Ihre Nummer wissen *wollen*.

Was tue ich, wenn ein Mann am Mittwoch eine Nachricht auf meinem Anrufbeantworter hinterläßt? Kann ich Ihn zwecks einer Verabredung fürs Wochenende zurückrufen?

Antwort: Während des ersten Monats ist es am besten, ihn nicht zurückzurufen. So muß er das tun (am Anfang der darauffolgenden Woche) – wenn er Sie wirklich sehen will. Es ist besser, auf ein Rendezvous am Samstagabend zu verzichten, als sich zu verfügbar zu machen und damit die Chance auf eine länger andauernde Beziehung zu gefährden.

Während dieses ersten Monats sollte sich ein Schema herausbilden: Er ist der Jäger, ruft Sie immer wieder an, bis er Sie persönlich am Apparat hat. Besser, er versucht, Sie zu erreichen (auch, wenn er Sie nicht mehr rechtzeitig für eine Verabredung am Wochenende erwischt), als daß Sie ihn sofort zurückrufen und ihm zeigen, daß er Sie jederzeit »von der Stange« nehmen kann. Bei einigen Frauen aus unserem Bekanntenkreis hat sich das bis zu einem Monat lang hingezogen – ohne daß die beiden sich sahen! Und heute sind sie glücklich miteinander verheiratet. In den Männern war der Jagdinstinkt geweckt und die Flamme der Sehnsucht ist entfacht worden.

Versucht er natürlich, Sie zwei- oder dreimal in der Woche anzurufen und bekommt immer nur Ihren Anrufbeantworter dran, wäre gegen einen kurzen Rückruf wohl nichts einzuwenden. Das müssen Sie von Fall zu Fall abwägen. Aber solche Rückrufe sollten auf ein Minimum begrenzt bleiben!

Sind Sie einen Monat lang zusammen, können Sie seine Anrufe einen oder zwei Tage später erwidern oder ihn gelegentlich von sich aus anrufen (Faustregel: Nach jeweils vier von seinen Anrufen rufen Sie einmal zurück), am besten zu einer Zeit, wenn er nicht zu Hause ist. Wenn er absolut darauf besteht, daß Sie ihn anrufen, lassen Sie ab und zu von sich hören, damit er nicht denkt, Sie hätten das Interesse verloren.

Eine Freundin hat für mich eine Verabredung mit einem Mann arrangiert, den ich gar nicht kenne. Es war ein schöner Abend. Soll ich die Freundin anrufen, um mich bei ihr zu bedanken, und dabei erwähnen, daß ich den Mann sehr nett finde?

Antwort: Nein, rufen Sie die Freundin nicht an, weder um sich bei ihr zu bedanken, noch um Interesse an dem Mann zu bekunden, mit dem sie Sie bekanntgemacht hat. Das mag unhöflich klingen, aber wenn Sie sich an die *Regeln* halten wollen, nehmen Sie sich vor, in nächster Zeit etwas Nettes für Ihre Freundin zu tun. Nur lassen Sie sich nicht in die Karten schauen. Es könnte Ihrer Freundin versehentlich herausrutschen, daß Sie sie angerufen hätten. Vielleicht telefoniert Sie sogar mit dem Mann, um ihm das mitzuteilen. Auf jeden Fall wird er es als ein Zeichen Ihres Interesses an ihm interpretieren. Lassen Sie *ihn* anrufen, wenn er wissen will, wie Sie ihn finden. Auf eine gezielte Frage Ihrer Freundin sollten Sie ausweichend antworten: »Ach, er scheint ja ganz nett zu sein. Wir haben viel gelacht.« Unverbindlich, aber positiv – genau der Ton, den Sie zu treffen suchen.

Funktionieren die Regeln bei allen Männern?
Antwort: Glücklicherweise ja. Die *Regeln* funktionieren bei allen Männern aus allen Ländern und aus allen Schichten. Und das ist gut so, denn es bedeutet, daß wir nicht für Männer jeder Nationalität ein Extrabuch mit *Regeln* schreiben müssen und auch nicht jedesmal, wenn wir erfahren, daß ein bestimmter Mann eine Ausnahme darstellt.

Mit den *Regeln* brauchen Sie bei einem schüchternen Mann nicht aus sich herauszugehen und auch nicht nur bei einem Wirtschaftsmagnaten die Geheimnisvolle zu spielen.

Wir sind der festen Überzeugung, daß *alle* Männer die Herausforderung lieben und ihre Schüchternheit von ihnen abfällt, sobald sie eine Frau kennenlernen, zu der sie sich wirklich hingezogen fühlen. Gehen sie dann nicht von selbst auf diese Frau zu, liegt es daran, daß kein Funke übergesprungen und dieses Interesse vielleicht nur oberflächlicher Natur ist! Auch der zurückhaltendste Mann springt ins nächste Flugzeug, um mit der Frau zusammen zu sein, nach der er ganz verrückt ist. Derselbe Mann, den Sie fünf Jahre lang weichzuklopfen versucht haben, weil er eine »Scheu vor Bindungen« hat, heiratet plötzlich eine andere, die er gerade mal ein halbes Jahr lang kennt.

Uns versuchen die Frauen immer wieder, etwas anderes zu beweisen. Sie erzählen von derart gehemmten

Männern, daß den Frauen gar nichts übrigblieb, als sich gezielt an sie heranzumachen. Andere seien so gesprächig, daß es unmöglich sei, ein Telefonat nach zehn Minuten zu beenden. Manche hätten auch als Kind nicht genügend Zuneigung oder Aufmerksamkeit erfahren und bräuchten jetzt eine Frau, von der sie sich bemuttern lassen können. Aber diese Männer heiraten dann auch nicht unbedingt die Frau, die ihnen die Mutterliebe ersetzt hat, sondern suchen sich wenig später eine andere, die sich unnahbar gibt, viel lacht, sich nicht als Retterin aus der Not aufspielt und nicht zuviel auf einmal gibt.

Deswegen sollten Sie unter allen Umständen auch die *Regeln* beachten, wenn Sie einen Mann im Rahmen einer Gruppentherapie kennenlernen, bei der Gefühle offen diskutiert werden und die Verteidigungsinstinkte abstumpfen. Ein Mann bleibt ein Mann und mag immer noch die Herausforderung, selbst wenn er wegen Schüchternheit in Behandlung ist oder nach Tibet reist, um Geistheilung zu finden. Doch das bedeutet auch, daß Sie, wenn *er* sich *Ihnen* zu schnell öffnet und gleich von seinen Gefühlen zu erzählen beginnt, sich immer noch aufrichtig, aber geheimnisvoll zeigen müssen. Die *Regeln* funktionieren unabhängig von jeder Philosophie, Religion oder therapeutischen Schule, zu der er sich hingezogen fühlen mag, denn in erster Linie ist und bleibt er ein Mann!

Anstatt sich also bei jedem Mann auf seine ethnische Herkunft, seinen spezifischen Charakter oder seine Kindheit einzustellen zu versuchen, benutzen Sie schlicht und ergreifend die *Regeln*. Es bleibt Ihnen später noch genug Zeit, sein Salz der Erde, sein Fels in der Brandung oder seine Seelenverwandte zu sein, wenn Sie erst einmal verheiratet sind!

Ich habe keine Probleme mit den Regeln, aber damit, Männer zu finden, bei denen ich sie anwenden kann. Wie können Sie mir helfen?

Antwort: Unser Buch ist kein Ratgeber, wie eine Frau Männer kennenlernt, sondern dafür gedacht, daß sie sich richtig verhält, sobald sie einen Mann *kennengelernt hat*. Da uns aber sehr viele Frau in dieser Hinsicht um Rat fragen, hier ein paar Anregungen.

Zunächst sollten Sie zwei Dinge verinnerlichen: Ihre Chancen, einen Mann kennenzulernen, vergrößern sich erheblich, sobald Sie aus der Wohnungstür treten. Also hoch vom Sofa! Und vergessen Sie nicht: Es reicht, wenn Sie einen, *den Richtigen*, finden!

Und ziehen Sie auch nicht blindlings in der Gegend herum, sondern suchen Sie Orte auf, an denen Sie Gleichgesinnte finden könnten. Sie wollen doch keine Ehepaare mit kleinen Kindern kennenlernen.

Also los, den Versuch ist es allemal wert!

1. Ein Ferienclub für Singles.
2. Ihre Kirchengemeinde.
3. Joggen im Park.
4. Das Fitneßcenter.
5. Jede von Männern bevorzugte Sportart, wie beispielsweise Golf, Tauchen oder Tennis.
6. Eine Kontaktanzeige in Ihrem Lokalblatt.
7. Eine Partnerschaftsvermittlung.
8. Eine Skireise.
9. Ein Besuch mit Freunden in einem Restaurant mit Bar.
10. Eine Lesung aus einem Buch, das Männern thematisch entgegenkommt.
11. Das Strandbad.
12. Fragen Sie Freunde, ob sie nicht jemanden für Sie wüßten (aber gehen Sie nicht zu offensiv vor).

Was immer Sie aber auch unternehmen, sprechen Sie nie einen Mann an, sondern halten Sie sich in seiner Nähe und hoffen Sie, daß *Sie* ihm auffallen.

Wenn ich nicht über meine Gefühle und meine früheren Beziehungen sprechen darf, worüber darf ich dann reden?
Antwort: Über Sport, Politik, Ihre Lieblingsbücher und -filme, welche Museen Sie besuchen, Ihre Arbeit, das Wetter, das Essen und die Atmosphäre, wenn Sie sich in einem Restaurant verabredet haben. Ein Rendezvous ist keine Therapiesitzung – sprechen Sie über Dinge, die nichts mit Ihnen persönlich zu tun haben. Es gibt so vieles, was sich zu bereden lohnt!

Euer Buch ist ja ziemlich verbreitet. Was mache ich, wenn ein Mann mich geradeheraus fragt, ob ich die Regeln auf ihn anwende? Und ob das der Grund ist, weswegen ich ihn nie anrufe?
Antwort: Sie könnten ganz unschuldig fragen: »Was für *Regeln* denn?« und hoffen, daß er glaubt, Sie hätten nie von dem Buch gehört, und nicht weiter nachhakt. Und denken Sie daran: Nur weil ein Mann Ihnen eine Frage stellt, ist das noch kein Grund, sie auch zu beantworten. Können Sie aber nicht umhin, sich zu äußern, sagen Sie zum Beispiel: »Ich telefoniere nicht besonders gerne.« Bevor Sie unser Buch gelesen haben, riefen Sie öfters mal bei Männern an. Jetzt tun Sie das nicht mehr. Wir alle kennen Lebenshilfebücher, die uns sehr beeindruckt haben und aus deren Inhalt etwas in unser Leben Eingang gefunden hat, so daß aus uns der Mensch geworden ist, der wir heute sind. Also ist es eben ein Teil Ihrer Persönlichkeit, selten bei Männern anzurufen! (Daß Sie sich an die *Regeln* halten, kann Ihnen sowieso keiner nachweisen!)

Wie bekomme ich heraus, ob er der Richtige ist?
Haben Sie Zweifel, sollten Sie sich die folgenden Fragen stellen: »Mag ich ihn gerne küssen? Möchte ich für den Rest meines Lebens jeden Morgen an seiner Seite aufwachen? Gefällt mir der Klang seiner Stimme? Unterhalte ich mich gerne mit ihm? Gehe ich gerne mit ihm Tanzen? Mag ich die Art, wie er mit anderen Menschen umgeht? Fühle ich mich von ihm gut behandelt? Mag ich ihn als Mensch überhaupt?

Die Antworten auf diese Fragen können allerdings von Tag zu Tag ein wenig variieren. *Vor allem müssen Sie einfach gerne mit ihm zusammen sein!*

Freilich können wir Ihnen nicht sagen, wie Sie einem Mann gegenüber empfinden sollten, aber es ist schon ein sehr gutes Zeichen, wenn Sie denken: »Mensch, den darf ich mir nicht wegschnappen lassen! Wenn wir doch bloß erst miteinander verheiratet wären.« Kein gutes Zeichen ist es allerdings, wenn Sie hin und her gerissen sind, Zweifel Sie plagen, Sie eine Liste seiner Vorzüge und Nachteile aufstellen müssen. Wenn Sie sich *zwingen*, ihn zu mögen, weil er so gut zu Ihnen zu passen *scheint* (Ihre Mutter findet ihn sympathisch, Ihre Freundinnen sagen, er sei genau der Richtige für Sie, er verfügt über ein gutes Einkommen), aber eigentlich gar nicht Ihr Typ ist, sollten Sie bald zu einer Entscheidung kommen. Vertrauen Sie Ihrem Instinkt!

Ich bin mit einem Mann ausgegangen, der am Ende des Abends sagte, es hätte ihm viel Spaß gemacht, und er würde mich bald wieder anrufen. Das hat er aber nie getan. Wieso? Ein Monat ist seitdem vergangen. Ich glaubte, ich hätte mich genau an die Regeln gehalten. Darf ich ihn anrufen, um herauszufinden, was nicht gestimmt hat?

Antwort: Wundern Sie sich nicht zu sehr. Wir haben von vielen Frauen gehört, denen genau dasselbe widerfahren ist. Manche Männer wollen nur höflich sein, wenn sie etwas versprechen. Vielleicht haben sie den Abend wirklich genossen, aber sind an einer Wiederholung nicht sonderlich interessiert. Eine Frau, die nach den *Regeln* lebt, vergeudet keine Zeit mit dem Versuch, das herauszubekommen, und bricht zu neuen Ufern auf!

Wir raten davon ab, ihn anzurufen, um nach einer Erklärung zu fragen. Es verstößt ganz einfach gegen die *Regeln*, hinter einem Mann herzujagen, gar noch mit dem Ziel, eine eindeutige Antwort von ihm zu erhalten. Was soll er schon sagen, ohne Ihnen weh zu tun? Aber wenn Sie ihn denn absolut anrufen müssen, lassen Sie wenigstens einen gewissen Zeitraum verstreichen, bis Sie sich ganz sicher sind, daß er sich nicht wieder melden wird. Besser, Sie verletzen die *Regeln* bei einer voraussichtlichen Niete als bei einem ernsthaften Kandidaten.

Wie kann ich seine Eltern und seine Freunde kennenlernen, bevor er meine kennenlernt, wenn er gerade von Los Angeles nach New York gezogen ist und seine Familie und seine ganzen Bekannten an der Westküste leben?

Antwort: Versuchen Sie, es möglichst hinauszuschieben, ihn Ihrer Familie und Ihren Freunden vorzustellen, solange Sie seine noch nicht kennen. Ist er wirklich in Sie verliebt, dürfte er seinen Eltern von Ihnen erzählt haben, und sie kommen Sie möglicherweise in New York besuchen. Und da er den Entschluß gefaßt hat, nach New York zu ziehen, wird er auch dort bald seinen Bekanntenkreis, angefangen mit seinen Kollegen, haben, also warten Sie wenigstens, bis er Sie denen vorgestellt hat.

Wir sind für Samstagabend verabredet, aber er hat am Nachmittag immer noch nicht angerufen, um den Termin zu bestätigen. Kann ich ihn anrufen, um zu fragen, ob die Verabredung noch gilt?

Antwort: Nein, Sie verhalten sich so, *als wüßten Sie genau*, daß Sie mit ihm verabredet sind und sind fertig angezogen und aufbruchbereit, wenn er anruft oder vor Ihrer Tür steht. Mit anderen Worten: Er sollte nicht erfahren, daß Sie sich den ganzen Tag lang Gedanken gemacht haben (und vielleicht schon die ganze Woche!), falls er nichts von Ihnen wissen will. Meldet er sich nicht, weil er die Verabredung vergessen hat, rufen Sie ihn auch nicht an. Sagen Sie sich, daß er als nächstes vergessen wird, zu Ihrer beider Hochzeit zu erscheinen. *Der Nächste bitte!*

Ist es okay, wenn ich auf einer Party einen Mann anlächle oder Blickkontakt mit ihm aufnehme?

Antwort: Sie dürfen seinen Blick erwidern, wenn er Sie ansieht, und sein Lächeln natürlich erst recht. Flirten Sie nur nicht gleich zu heftig oder bauen sich vor ihm auf, damit er Sie nur ja nicht übersieht. Andererseits brauchen Sie auch nicht den Blick zu Boden zu senken oder ihm den Rücken zuzukehren, wenn er Sie anstarrt. Sie sind höflich, aber nicht auf der Pirsch nach Männern!

Ich möchte einem Mann, den ich gerade kennengelernt habe, ungern meine Privatnummer geben. Darf ich denn seine nehmen und ihn anrufen?

Antwort: Wir verstehen durchaus, was aus Gründen der persönlichen Sicherheit dagegen spricht, einem Fremden seine Telefonnummer zu geben, sind aber trotzdem nicht glücklich mit der von Ihnen vorgeschlagenen Lösung. Sie verstößt ganz einfach gegen die

Regeln. Woher wollen Sie wissen, ob er wirklich vorgehabt hat, Sie anzurufen? Bisweilen findet ein Mann nicht die passenden Worte, wenn er eigentlich nur sagen will: »War nett, Sie kennengelernt zu haben. Leben Sie wohl.« Aus Höflichkeit fragt er nach Ihrer Telefonnummer und sagt, daß Sie sich vielleicht mal wiedersehen sollten. Sie antworten, daß Sie ungern Ihre Privatnummer aus der Hand gäben, und wollen seine erfahren. Dann rufen Sie ihn an und glauben, damit völlig richtig zu handeln. Immerhin *hat* er ja nach Ihrer Nummer gefragt. Am Ende wundern Sie sich, wieso es mit Ihnen beiden nicht geklappt hat.

Unser Vorschlag wäre, daß Sie sich Wege und Möglichkeiten einfallen lassen, wie ein Mann sich mit Ihnen in Verbindung setzen kann, zum Beispiel indem er Sie auf Ihrer Arbeitsstelle anruft oder Sie einen Auftragsdienst einschalten. Auf diese Weise schützen Sie Ihr Privatleben, verhalten sich aber gemäß den *Regeln*. Gibt es gar keine andere Möglichkeit, warten Sie wenigstens eine Woche, bevor Sie ihn anrufen. Aber selbst dann dürfen Sie nicht vergessen, daß er derjenige sein muß, der Sie um ein Rendezvous bittet. Hat er das nach zehn Minuten nicht getan, beenden Sie das Gespräch und wenden sich anderen Dingen zu. Kommt es aber zu einer Verabredung, und es ist Ihnen, nachdem Sie mehrere Stunden mit ihm verbracht haben, immer noch unwohl dabei, ihm Ihre Nummer zu geben, haben Sie höchstwahrscheinlich ohnehin Vorbehalte gegen ihn und suchen sich vielleicht lieber jemanden, bei dem es Ihnen nichts ausmacht, ihm Ihre Privatnummer zu nennen.

Kapitel 32

Zum Schluß noch ein kleines Extra –
20 ganz besondere Tips

1. Sie haben gerade erst von unserem Buch erfahren, aber zwischen Ihnen und einem Mann besteht bereits eine feste Beziehung. Was tun? Fangen Sie heute mit den *Regeln* an! Ja, für die *Regeln* ist es nie zu spät. Machen Sie es sich von jetzt an zur Gewohnheit, ihn nicht von sich aus anzurufen und das Gespräch nach zehn Minuten zu beenden, wenn er Sie anruft. Haben Sie sich bisher jeden Abend getroffen, verabreden Sie sich von nun an nur ein- bis zweimal in der Woche. Will er den Grund dafür wissen, sagen Sie, Sie hätten zu tun, zu tun, zu tun! Möchte er, daß Sie eine Woche mit ihm wegfahren, erklären Sie, sich nur für ein verlängertes Wochenende freinehmen zu können – zuviel in der Firma zu tun usw. Wohnen Sie bereits mit ihm zusammen, haben aber noch keinen Verlobungsring und auch noch keinen Hochzeitstermin in Aussicht, beginnen Sie, die Immobilienanzeigen in der Zeitung durchzusehen. Verstanden, worum's geht? Was immer Sie auch mit ihm unternehmen, treten Sie von nun an etwas kürzer. Geben Sie ihm zuviel von sich und könnten darüber Ihre eigenen Bedürfnisse in den Hintergrund stellen, ziehen Sie sich ein wenig von ihm zurück und achten Sie darauf, was passiert!

2. Vermeiden Sie bei Verabredungen oder Telefongesprächen Worte wie »Beziehung«, »Bindung«, »Zusammensein« und sprechen Sie auch nicht über Ihre Bedürfnisse. Sie wollen sich doch nicht anhören wie ein

wanderndes Lebenshilfebuch. In der frühen Phase einer Beziehung kommt es sehr darauf an, ein wenig geheimnisvoll zu sein.

3. Achten Sie darauf, daß der Text auf Ihrem Anrufbeantworter nicht zu ausgefallen klingt. Er sollte eine klare, vernünftige Aussage enthalten. Bei unseren Hunderten von Rückrufen bei Frauen, die uns um Rat gebeten haben, mußten wir uns oft die verrücktesten Sachen anhören – wüste Musikorgien, sinnliche Songtexte und dahingehauchte Grüße an den (unbekannten) Anrufer. Solche Botschaften lassen in Männern den Verdacht aufkommen, Sie versuchten mit allen Mitteln, Aufmerksamkeit für sich zu erregen – und das schreckt nur ab. Sie brauchen nicht auf dem Anrufbeantworter Ihre Kreativität unter Beweis zu stellen. Im Zweifelsfall lieber zu zurückhaltend als zu aufdringlich. Am empfehlenswertesten ist ein kurzer, freundlicher Text wie: »Hallo, dies ist der Anschluß von Karin. Ich bin leider im Augenblick beschäftigt und kann nicht ans Telefon kommen. Bitte hinterlaßt eine Nachricht.«

4. Reagieren Sie nicht eifersüchtig, wenn eine frühere Bekannte Ihres Freundes oder Ehemannes ihn anruft oder ihm einen Brief schreibt. Solange *er* nicht damit anfängt, gibt es keinen Grund zur Besorgnis. Niemand kann Ihnen wegnehmen, was *Ihnen* gehört!

5. Telefonieren Sie gerade vom Büro aus, und er meldet sich auf einer anderen Leitung, unterbrechen Sie nicht jedesmal das erste Gespräch, um mit ihm zu reden. Sie wollen doch nicht den Eindruck erwecken, Sie würden nur darauf warten, ein beruflich bedingtes Telefonat oder einen kurzen Schwatz mit einer Freundin sofort abzubrechen, sowie *er* anruft. Sagen Sie einfach, Sie seien mitten in einem Gespräch, und er solle es in zehn Minuten (oder wieviel Zeit Sie brauchen, um die andere Unterredung abzuschließen) noch einmal pro-

bieren. Auf diese Weise brauchen *Sie* ihn nicht zurückzurufen, aber sobald er dann anruft, sollten Sie auch Zeit haben, mit ihm zu sprechen.

6. Schicken Sie einem Mann keine Prospekte, Broschüren oder Zeitungsausschnitte, von denen Sie meinen, sie könnten ihn interessieren. Erzählen Sie einer Freundin, daß Sie ihm diese Sachen schicken wollten, und werfen Sie sie dann in den Papierkorb. Männer können diese Art von Aufmerksamkeit als zu aufdringlich empfinden. Sie wissen so etwas oft nicht zu schätzen und denken gar nicht daran, sich bei Ihnen zu bedanken, und Sie halten sie dann wiederum für unhöflich oder glauben, sie hätten Ihren Brief gar nicht erhalten. Aber in Wirklichkeit ist es dem Mann einfach zuviel gewesen!

7. Haben Sie das Gefühl, ein Mann würde *Sie* nach den *Regeln* behandeln, weil er sich von Ihnen zurückzieht, Telefongespräche beendet und bei Verabredungen als erster zum Aufbruch drängt – irren Sie sich vermutlich. Vielleicht ist er einfach nicht so verschossen in Sie, wie Sie geglaubt haben. Wenn ein Mann Sie liebt, will er einfach nur mit Ihnen zusammensein. Scheint er sich nicht die Mühe machen zu wollen, um Sie zu werben, ist er wahrscheinlich doch nicht so interessiert an Ihnen.

8. Wenn Sie sich an die *Regeln* halten, aber Männer trotzdem nie eine Verabredung mit Ihnen eingehen wollen, muß das nicht an den *Regeln* liegen (Mit anderen Worten: Benutzen Sie das nicht als Vorwand, sich an Männer heranzupirschen). Entweder müssen Sie öfter unter Menschen gehen – eine Kontaktanzeige oder Partnerschaftsvermittlung könnte ebenfalls weiterhelfen – oder notfalls etwas für Ihr Aussehen tun. Tragen Sie Kontaktlinsen anstatt Ihrer Brille, trainieren Sie Ihren Körper oder essen Sie weniger, wenn Sie mit Ihrer Figur Probleme haben, und schaffen Sie sich ein paar

vorteilhaftere Kleidungsstücke an. Machen Sie was aus sich, dann werden die Männer schon kommen!

9. Nun, da unser Buch eine gewisse Verbreitung gefunden hat, könnte ein Mann auch davon gehört haben und glauben, Sie würden sich im Umgang mit ihm nach den *Regeln* richten. Kein Grund zur Sorge. Auch wenn er den Verdacht hegt, daß Sie sich an die *Regeln* halten, schmälert das nicht ihre Wirkung.

10. Und wie stehen Sie im Wettbewerb mit all den anderen Frauen da, die das Buch ebenfalls gelesen haben und danach leben? Auch davor brauchen Sie keine Angst zu haben. Halten Sie sich nur weiterhin an die *Regeln*. Gefallen Sie einem Mann, dann gefallen nur Sie ihm.

11. Vergessen Sie nie die Zauberwörter »bitte« und »danke«, ob Sie nun mit einem Mann, mit Freunden und Freundinnen oder mit Ihrer Familie zusammen sind und ebensowenig im Berufsalltag. Höflichkeit wirkt erfrischend und macht Sie sympathisch. Sie zeigt Ihre Wertschätzung anderen wie auch sich selbst gegenüber.

12. Das erste oder zweite Rendezvous kann an einem Donnerstag oder jedem anderen beliebigen Wochentag stattfinden. Ab der dritten Verabredung sollte aber der Samstag für Sie reserviert sein!

13. Denken Sie daran: Findet er Sie attraktiv, und Sie sitzen den ganzen Abend nur schweigend herum, glaubt er, Sie wären halt nicht besonders gesprächig. Sind Sie darüber hinaus auch nicht unbedingt sein Typ, hält er Sie für langweilig. Sie brauchen sich nicht als Alleinunterhalterin aufzuspielen. Sie merken auch so recht bald, wie er zu Ihnen steht.

14. Geht er auch mit anderen aus, sollten Sie dasselbe tun. Sie sind nicht auf ihn angewiesen, solange er nicht selber den Wunsch äußert, in Zukunft jeden Samstagabend nur noch mit Ihnen zu verbringen.

15. Versuchen Sie, nicht jeden Tag mit ihm zu telefonieren. Wenn Sie den *Regeln* folgen, treffen Sie sich während der ersten ein oder zwei Monate ein- bis zweimal in der Woche mit ihm. Wenn er aber nun jeden Tag bei Ihnen anruft, und sei es, um nur ein bißchen zu schwatzen? Sollten Sie dann jedesmal ein Gespräch mit ihm anfangen? Nein, so verfügbar dürfen Sie sich nicht machen. Lassen Sie bisweilen auch Ihren Anrufbeantworter eingeschaltet, wenn Sie zu Hause sind, und sagen Sie ihm, in der Firma könnten Sie nur schlecht telefonieren. Er soll es sich ruhig angewöhnen, ab und zu auch vergeblich bei Ihnen anzurufen, um Ihnen zu zeigen, daß er gerade an Sie gedacht hat. Geben Sie sich ein wenig geheimnisvoll. Wenn Sie bisher jeden Tag mit ihm telefoniert haben, beschränken Sie das jetzt auf alle zwei Tage (wenn *er* anruft). In der Zwischenzeit soll er sich damit begnügen, Ihre Stimme auf dem Anrufbeantworter zu hören. Er darf Sie ruhig ein wenig vermissen. Wenn er sich mehrmals am Tag mit Ihnen unterhalten möchte, kann er Sie ja heiraten!

16. Erzählen Sie Männern nicht, daß Sie sich nach den *Regeln* verhalten, und diskutieren Sie die *Regeln* auch nicht mit Männern oder versuchen sie nicht, sie ihnen nahezubringen. Manche Frauen machen den Fehler, Männern unverblümt zu *sagen*, sie müßten Sie spätestens am Mittwoch anrufen, wenn sie sich für Samstag mit ihnen verabreden wollen. So ist das nach den *Regeln* aber nicht gedacht. Damit geben Sie ja Ihren Vorteil preis. Nein, gemäß der *Regeln* sagen Sie einem Mann, der erst spät in der Woche anruft: »Tut mir leid, aber ich habe schon etwas anderes vor.«

Er muß von selbst darauf kommen, Sie rechtzeitig anzurufen, wenn er Sie am Wochenende sehen möchte. Wir können einen Mann nicht für uns gewinnen, indem wir ihm vorschreiben, wann er anzurufen hat. Entweder will er Sie, oder er will Sie nicht. Das finden Sie mit Hilfe der *Regeln* ganz schnell heraus.

17. Verreisen Sie nicht mal eben zwischendurch mit einem Mann für ein paar Tage. Sparen Sie sich das für Ihre Flitterwochen auf. Und falls Sie nun meinen, den Richtigen gefunden zu haben und er Sie nach ein oder zwei Monaten zu einer Kreuzfahrt einlädt? Keine Zeit, keine Möglichkeit ist die Antwort!

Schiffsreisen und Kurzurlaube verursachen nur Rückschritte! Es kann sich plötzlich ganz heftig zwischen Ihnen beiden entwickeln, wenn Sie sieben Tage und Nächte lang vierundzwanzig Stunden ununterbrochen mit ihm zusammen sind. Sie könnten das Gefühl bekommen, schon mit ihm verheiratet zu sein und anfangen, ihn zu ermahnen, nicht so fett zu essen, oder ihm Ratschläge für sein berufliches Fortkommen zu erteilen. Er könnte auf der Reise die romantischsten Empfindungen entwickeln, aber nach der Heimkehr einen Rückzieher machen, weil er merkt, daß auch er seine Freiräume braucht, und dann hören Sie ein oder zwei Wochen lang erst mal gar nichts mehr von ihm. Ihre erste ausgedehntere Reise mit ihm sollte Ihre Hochzeitsreise sein. Sind Sie schon drei oder vier Monate mit ihm zusammen, darf er Sie gerne mal für ein verlängertes Wochenende irgendwohin entführen, aber mehr auch nicht!

18. Wie beenden Sie eine Beziehung, wenn Sie den Mann zwar gerne mögen, aber beim besten Willen nicht gerade behaupten können, Sie wären in ihn *verliebt*? Sobald es in diesem Punkt keinen Zweifel mehr für Sie gibt, sagen Sie: »Ich finde, du bist ein netter Kerl, aber irgendwie will es bei mir nicht funken«, oder: »Ich sehe nicht allzuviel Zukunft für uns beide.« Es ist nicht gut für Sie, an einem Mann festzuhalten, den Sie nicht wirklich lieben – und für ihn genausowenig. Falls er sich sehr

zu Ihnen hingezogen fühlt, führen Sie ihn damit nur an der Nase herum und verhindern, daß er eine andere kennenlernt, und das wäre nicht fair. Indem Sie sich an die *Regeln* halten, ersparen Sie sich beiden eine Menge Herzschmerz.

19. Nehmen Sie bei Verabredungen nicht mehr als einen Drink zu sich, damit Sie im Hinblick auf die *Regeln* einen klaren Kopf behalten, rechtzeitig wissen, wann es Zeit ist, das Rendezvous zu beenden, und sich hinterher noch erinnern, was sich abgespielt hat!

20. Denken Sie daran: Schon Aschenbrödel wußte dem Königssohn zu entwischen, als er beim ersten Rendezvous *zu früh und zu viel* von ihr wollte!

Kapitel 33

Berichte von Frauen, die mit den Regeln erfolgreich ihr Leben verändern konnten

Seit »Die Kunst, den Mann fürs Leben zu finden« 1995 in der amerikanischen Originalausgabe erschien, haben sich Tausende von Frauen um weiterführenden Rat bei dieser erfolgreichen Methode, den Traummann kennenzulernen und ihn dann auch zu heiraten, an uns gewandt. Viele schrieben uns aber auch, um uns von ihren Erfahrungen zu berichten. Überall auf der Welt kaufen Frauen unser Buch, um es an ihre unverheirateten Freundinnen zu verschenken. Mütter geben es ihren Töchtern und Großmütter ihren Enkeltöchtern. Überall hört man es: Die *Regeln* funktionieren! Hier nun einige wahre Erfolgsgeschichten, von denen Sie sich dazu anregen lassen sollten, die *Regeln* noch intensiver als bisher zu befolgen – oder jetzt damit anzufangen!

Zunächst die *Geschichte von Jennifer T.* aus Los Angeles, Kalifornien: Als sie aufhörte, einem Mann Postkarten zu schicken, und ihm ein wenig Raum zum Atmen gab, entschied er, daß sie seine Frau fürs Leben ist.

Jennifer T., dreiunddreißig, rief uns aus Los Angeles an, um uns um Rat zu bitten. Eine Freundin hatte ihr ein Exemplar unseres Buches gegeben, und nun versuchte Jennifer voller Erwartungen, die *Regeln* in ihrer Beziehung zu Mark, einem einunddreißigjährigen, seit zwei Jahren geschiedenen Arzt, anzuwenden. Die beiden gingen seit vier Monaten regelmäßig miteinander aus, erzählte Jennifer, aber nun schien Mark sich innerlich von ihr abzuwenden. Sie wollte wissen, was sie verkehrt gemacht haben könnte. Sie weinte, als sie mit uns telefonierte – sie wollte diesen Mann unbedingt heiraten! Wir gingen mit ihr die wichtigsten Fakten durch – wie sie sich kennengelernt hatten, wer den ersten Schritt gemacht hatte, welche *Regeln* möglicherweise gebrochen worden waren – um auf den Kernpunkt des Problems zu kommen.

Sie hatten sich bei einem Blind Date, einer Verabredung zweier Unbekannter, kennengelernt und fühlten sich beide sogleich zueinander hingezogen. Während der ersten zwei Monate ihrer Bekanntschaft rief Mark Jennifer *schon zu Anfang der Woche* an, um sich für Samstagabend mit ihr zu verabreden. Das war ein gutes Zeichen. Fortan sahen sich die beiden ein- bis zweimal die Woche. Nach sechs Monaten schliefen sie zum ersten Mal miteinander. So weit, so gut. Doch dann vertraute ihr Mark eines Abends beim Essen an, er sei sich über seine Gefühle für sie nicht recht im klaren und wisse nicht, wie es weitergehe. Was war schiefgelaufen?

Auf näheres Nachfragen stellten wir fest, daß Jennifer in mehrerer Hinsicht über die Stränge geschlagen hatte. Der schlimmste Fehler war ihr sogar schon nach der zweiten Verabredung mit Mark unterlaufen. Sie schickte ihm eine kitschige Grußkarte, auf der sie ihm mitteilte, wie froh sie sei, daß sie und Mark sich kannten, und die sie mit »Tausend Küßchen« unterschrieb. Mark war mit keinem Wort auf die Karte eingegangen. Nachdem die beiden ein Wochenende beim Skilaufen verbracht hatten, schrieb sie ihm eine weitere Karte, in der sie sich für die Einladung bedankte. Wiederum reagierte Mark nicht.

Frauen, die sich nach den *Regeln* richten, wissen natürlich, daß sie Männern keine solchen Karten schicken dürfen, sondern schlicht und einfach beim nächsten

Rendezvous ihren Dank aussprechen. Es ist überflüssig, das vorab noch in schriftlicher Form zu tun, denn es zeigt zu starke Anhänglichkeit und zu viel Mitteilungsbedürfnis, was als Zeichen für geringes Selbstwertgefühl gedeutet werden könnte. Er hat schließlich ein ganzes Wochenende mit ihr verbracht! Was soll er da mit einer vorgedruckten Danksagungskarte? So eine romantisch gemeinte Karte unterrichtet einen Mann genau über die Gefühle einer Frau und zerstört jedes prickelnde Geheimnis und jegliche Herausforderung. Frauen, die sich an die *Regeln* halten, bekommen bunte Glückwunschkarten, sie schicken sie nicht in die Welt hinaus. Mark hat Jennifer nie eine Karte geschickt und noch nicht einmal zu ihr gesagt, daß er sie liebt.

Jennifers weitere Fehler: Nachdem sie und Mark sich zwei Monate kannten, fing sie an, sich in letzter Minute für Montag abends mit ihm zu verabreden. Und als Mark ihr sagte, er wäre sich seiner Gefühle ungewiß, löcherte sie ihn mit lauter Fragen, um aus ihm herauszubekommen, worin das Problem bestand. Was genau war es, dessen Mark sich nicht ganz sicher war? Gab es etwas an ihr, das ihm nicht gefiel und das sie ändern sollte? Empfand er noch etwas für seine geschiedene Frau? Mark antwortete, es wäre nichts Besonderes. Er schlug vor, sich eine oder zwei Wochen lang nicht zu sehen, damit er mit seinen Empfindungen ins reine kommen könnte. Jennifer war wie vor den Kopf geschlagen.

Wir gaben ihr folgenden Ratschlag: Wenn ein Mann sagt, er wäre »sich seiner Gefühle ungewiß« und nach vier Monaten der Bekanntschaft gerne mal eine oder zwei Wochen »Pause machen« würde, bedeutet das in den meisten Fällen, daß er sich durch die Zuneigungsbeweise der Frau erdrückt fühlt. Und es bedeutet auch, daß er, weil er die Gefühle der Frau genau kennt, nichts

Aufregendes, Herausforderndes mehr an ihr findet. Die Beziehung beginnt, ihn zu langweilen, weil ihm alles zu leicht gemacht wird. Die Spannung ist raus. Das ständige Streben der Frau danach, ihm nahe zu sein, könnte ihm sogar lästig fallen.

Wir rieten Jennifer, Mark weder zu schreiben noch ihn anzurufen – sie spielte gerade mit dem Gedanken, ihm eine Karte mit den Worten »Ich bin immer für Dich da, wenn Du mich brauchst« zu schicken. Wir legten ihr nahe, für ein paar Tage mit einer Freundin zu verreisen und zu versuchen, andere Männer kennenzulernen, um sich beschäftigt zu halten, anstatt neben dem Telefon auf Marks Anruf zu warten und dann, wenn es soweit war, in ihrer Freude übereifrig zu reagieren.

Wir sagten ihr auch, sie solle bei Marks Anruf entspannt und fröhlich klingen und das Gespräch nicht auf ihre jüngste, problembelastete Unterhaltung bringen. Falls Mark sie fragen würde, ob sie sich nicht wieder einmal mit ihm treffen wolle, sollte sie freundlich, aber bestimmt sagen, das fände sie zwar schön, aber in den nächsten paar Wochen käme ihr solch eine Verabredung ganz und gar nicht gelegen. Außerdem sollte sie das Gespräch nach zehn Minuten beenden, im Notfall mit dem Hinweis darauf, sie sei schon in Hut und Mantel und müsse los.

Warum dieses strenge Vorgehen? Weil Jennifer nur dann erfahren würde, ob Mark sie wirklich liebt und nicht ohne sie leben kann, wenn sie dafür sorgt, daß er sie vermißt. Mark mußte das Gefühl bekommen, daß sie ihm zu entgleiten drohte und er sie nur durch eine eindeutige Liebeserklärung zurückgewinnen könnte. Jennifer erklärte sich einverstanden. Schließlich bereitete es ihr zuviel Kummer, nach vier Monaten von einem Mann hören zu müssen, er sei sich »seiner Gefühle für sie ungewiß«.

Jennifer folgte genau unserer Strategie – traf sich auch mit anderen Männern, buchte eine Reise in einen Ferienclub, ließ Mark bei ein paar Versuchen, sich mit ihr zu verabreden, abblitzen – und meldete sich jüngst bei uns, um uns mitzuteilen, Mark würde mittlerweile heftig um sie werben. Er hatte ihr zum ersten Mal Blumen geschickt und eine Karte, auf der er ihr schrieb, wie schrecklich er sie vermisse. Schon am Anfang der Woche rief er bei ihr an, um sich mit ihr für Samstag zu verabreden – ganz, wie er es zu Beginn ihrer Beziehung gehalten hatte. Bei ihrem ersten Treffen nach der Trennung entschuldigte er sich mit den Worten: »Du weißt, daß ich mir anfangs meiner Gefühle für dich nicht ganz sicher gewesen bin. Scheint, daß ich ein bißchen Zeit gebraucht habe, über alles nachzudenken. Aber jetzt weiß ich, daß du die einzige für mich bist!«

Anstatt ihn zu bitten, das doch einmal näher auszuführen oder Marks Bemerkung zum Diskussionsstoff für den Abend zu machen, hat Jennifer einfach nur gelächelt. Seit die beiden wieder zusammen sind, hat sie ihm nur eine einzige Karte geschickt – einen schlichten, liebevollen Geburtstagsgruß. Drei Monate später hielt Mark um ihre Hand an. Jennifer weiß, wieviel sie den *Regeln* verdankt, und rät all ihren Freundinnen, es auch einmal damit zu probieren.

Nun die *Geschichte von Barbara N.* aus Athens, Ohio: Als sie aufhörte, locker mit Männern befreundet zu sein, fand sie einen Freund fürs Leben, ihren Ehemann!

Nachdem sie unser Buch »Die Kunst, den Mann fürs Leben zu finden«, gelesen hatte, rief Barbara, eine neunundzwanzigjährige Sozialarbeiterin, bei uns an. Sie gestand, ihr großes Dilemma bestünde darin, daß sie sich zu schnell mit Männern anfreundete und manche dieser Männer sie als eine Art Trostfrau mißbrauchten, bei der sie sich über ihre eigentlichen Freundinnen beschweren und Barbaras Rat einholen konnten, nur um sich anschließend wieder mit ihnen zu versöhnen und Barbara sitzenzulassen! Barbara befand sich immer irgendwie inmitten einer Dreiecksbeziehung – wartete darauf, daß der Mann, für den sie sich interessierte, von der Frau, die dieser Mann in Wirklichkeit liebte, den Laufpaß bekam oder spielte bei den Männer einfach nur stets die zweite Geige. Mit anderen Worten: Sie mußte sich ständig mit Krümeln zufriedengeben, wie einer Verabredung am Donnerstagabend oder einem Mittagessen am Montag. Es war immer dieselbe Geschichte: Alle Männer fanden Barbara lieb und nett, aber es wäre ihnen nicht im Traum eingefallen, sie zu heiraten.

Als wir Barbara rieten, damit aufzuhören, Männern die gute Freundin und Therapeutin für ihre Beziehungsprobleme zu sein, argumentierte sie, daß sie großen Wert auf Freundschaften mit Männern legte, damit sie die Herren der Schöpfung besser kennenlernte und auf diese Weise eines Tages den Mann fürs Leben zu finden hoffte. Wir versicherten ihr, aller Rat, den sie auf diesem Wege benötige, fände sich kurzgefaßt auf den Seiten unseres Buches, und daß sie nur einen einzigen besten Freund brauche, ihren zukünftigen Ehemann nämlich. Doch bis dahin sollte sie sich von Männern als Busenfreunden fernhalten.

Wir erarbeiteten mit Barbara eine Strategie, wie sie bei Unterhaltungen mit Männern verfängliche Themen, wie zum Beispiel Beziehungen – die der Männer, ihre eigene, sonstwelche –, vermeiden konnte. Wir wußten, daß ihr das nicht leichtfallen würde. Als Sozialarbeiterin waren solche Themen ihr liebster Gesprächsstoff. Wir rieten ihr auch, Männer nicht von sich aus anzurufen, nur selten ihre Anrufe zu erwidern, und alles nicht so bierernst zu nehmen. Auch das fiel Barbara ziemlich schwer, da sie es als »ungezogen« erachtete, nicht zurückzurufen, und Gespräche, in denen es nicht um die Gefühle der Beteiligten ging, »oberflächlich« fand. Doch sie erklärte sich einverstanden, es auf unsere Art und Weise zu versuchen, weil es auf ihre schließlich nicht geklappt hatte. Fünf Jahre ohne eine erfüllte Beziehung zu einem Mann – sie war des Alleinseins überdrüssig.

Vor sechs Monaten begann Barbara die *Regeln* bei Barry anzuwenden, den sie in einer Single-Bar kennengelernt hatte. Er war als erster auf sie zugegangen. Nach ungefähr einer Viertelstunde unverbindlichem Geplauder zwang sie sich dazu, sich auch mal unter die anderen Gäste zu mischen (obwohl sie sich am liebsten den ganzen Abend lang mit ihm unterhalten hätte), was Barry veranlaßte, sie nach ihrer Telefonnummer zu fragen. Im Gegensatz zu ihrer üblichen Gewohnheit gab sie ihm nicht ihre Karte, so daß er sich vom Barkeeper extra Stift und Zettel ausborgen mußte. Barbara wollte es nicht glauben. Die *Regeln* funktionierten!

Pünktlich rief Barry sie am darauffolgenden Dienstag an, um sich für Samstagabend mit ihr zu verabreden, und seitdem sind die beiden fest miteinander befreundet. Zum ersten Mal versucht Barbara nicht, sich mit dem erstbesten verfügbaren Junggesellen zu verbrüdern. Bei Verabredungen bittet sie sich rechtzeitigen Anruf aus und ist diejenige, die sagt, wann es Zeit ist, nach Hause zu fahren. Nach ihren Treffen mit Barry folgt sie ihm auch nicht in sein Apartment. Sprechen die beiden über seine Probleme, spielt sie nicht die Therapeutin. Sie hört zu, sie tröstet ihn, sie ist lieb und nett, aber sie bestimmt, wann das Gespräch vertagt werden sollte.

Barbara hat immer geglaubt, ein jeder Mann würde das Interesse an ihr verlieren, wenn sie nicht seine

Probleme löste. Jetzt ist ihr aufgegangen, daß sie es gar nicht nötig hat, dies oder das zu sein und dies oder das zu tun, sondern daß sie sich nur nach den *Regeln* richten muß, um einen Mann an sich zu binden. Nun versteht sie, daß Männer sich in den inneren Kern einer Frau verlieben und nicht in das, was sie darzustellen scheint. Sie hat Barry auch nicht zu früh in ihre Welt eingeführt, indem sie ihn etwa ihren Freunden und ihrer Familie vorstellte, bevor er das bei den seinen getan hat.

Indem Barbara die *Regeln* befolgte, hat sie es geschafft, daß Barry sich ganz von selbst in sie verliebte – und diese Liebe scheint Bestand zu haben. Vor kurzem waren die beiden als Paar zur Hochzeit seines besten Freundes eingeladen. Als Braut und Bräutigam zum Altar schritten, flüsterte Barry Barbara ins Ohr: »Die nächste Hochzeit, auf die wir gehen, soll aber unsere eigene sein.«

Die *Geschichte von Susan G.* aus Boca Raton, Florida: Nachdem sie jahrelang mit den Falschen ausgegangen war, haben die *Regeln* der geschiedenen Frau geholfen, endlich den richtigen Mann fürs Leben zu finden.

Susan, vierzig, Innendekorateurin und geschieden, weiß eine Menge Geschichten von launischen, sarkastischen und ganz allgemein schwierigen Männern zu erzählen. Da wäre Brian, ihr geschiedener Ehemann, der unablässig etwas an ihr auszusetzen fand; Steven, ihr vorerst letzter Freund, der sich jeglicher Zärtlichkeiten enthielt und sich dauernd beschwerte, sie sei »nicht genug für ihn da«. Susans Reaktion auf Stevens Genörgel bestand darin, daß sie sich weder um ihre Freundinnen noch um ihre liebgewonnen Gewohnheiten kümmerte, sondern nur noch darum, ihn mit erlesenen Abendessen zu verwöhnen, seine Bewerbungsunterlagen zu tippen, wenn er wieder einmal von einem Job die Nase voll hatte, und ihm schließlich noch die ganze Wohnung zu renovieren. Je mehr Mühe sie sich mit ihm gab, um so mehr fand er zu bemängeln. Schließlich verschwand er von der Bildfläche.

Susan suchte Rat bei einer Therapeutin, die zu dem Schluß kam, Susan fühlte sich zu Männern hingezogen, die sie an ihren überkritischen Vater erinnerten. Doch nach dreißig Sitzungen war es ihr weder gelungen, Susan davon abzubringen, die Nähe solcher Männer zu suchen, noch, sie auf den Weg zu führen, erstrebenswertere Partnerschaften einzugehen. Es gelang ihr lediglich, Susan auf ihre selbstzerstörerischen Verhaltensmuster aufmerksam zu machen.

Auf Anraten einer Freundin las Susan unser Buch. Sie setzte sich mit uns in Verbindung und wollte es einmal mit den *Regeln* versuchen. Wir empfahlen ihr, sich darüber hinaus vor Männern zu hüten, die zu launenhaften Stimmungen neigen, auch wenn sie sich physisch zu ihnen hingezogen fühlte.

Das funktionierte. Zum ersten Mal in ihrem Leben traf sie sich nur mit Männern, die sie gut behandelten, ihr Komplimente machten und um sie warben, ohne daß sie sich im Gegenzug ein Bein ausreissen mußte, um ihnen zu gefallen. Zum ersten Mal konnte sie voller Selbstvertrauen und ohne ängstliche Vorbehalte auf einen Mann eingehen.

Schließlich traf Susan einen wirklich rücksichtsvollen Mann mit nur den besten Absichten, Alan. Aber sie war sich nicht ganz sicher, ob sie Alan vielleicht bloß mochte, weil er so nett mit ihr umging, oder ob sie auch sie in ihn verliebt war. Außerdem hatte sie Vorbehalte, sich noch einmal zu verheiraten, aber was sie sich unbedingt wünschte, war eine Partnerschaft nach Maßgabe der *Regeln*. Wir legten ihr nahe, ihre Empfindungen schriftlich niederzulegen, damit sie sie schwarz auf weiß vor sich hätte und sie unbefangener analysieren konnte.

Susan merkte bald, daß sie nicht wirklich in Alan verliebt war, sondern sich dazu zwang, einen »lieben Mann« zu mögen, der sie mit Respekt behandelte – dank der *Regeln*! Susan kam auch zu dem Schluß, Alan nicht sonderlich aufregend zu finden, eben bloß nett und immer um sie bemüht. Sie war einfach nur froh, in einer Beziehung nicht mehr leiden zu müssen, so daß sie versuchte, ihn zu lieben. Sie verlieben sich nicht immer, wenn Sie sich an die *Regeln* halten, aber zumindest wissen Sie sich von den falschen Männern fernzuhalten!

Susan stimmte mit unserer Einschätzung überein. Und obwohl es sie schmerzte, mit einem »guten Kerl« wie Alan Schluß zu machen, tat sie es doch und begab sich erneut auf Partnersuche. Geht es Ihnen ähnlich wie Susan, seien Sie daran erinnert, daß die *Regeln* nicht dafür gedacht sind, daß Sie sich mit einer bestimmten Situation arrangieren sollen – mit anderen Worten, sich genötigt fühlen, bei einem Mann zu bleiben, bloß weil er Sie liebt und alles richtig zu machen versucht, immer anruft, Ihnen Blumen schenkt und so weiter. Sinn und Zweck der *Regeln* ist es, den Mann, den Sie vorbehaltlos lieben können, dazu zu bringen, Sie zu heiraten.

Wir versicherten Susan, indem sie sich bei Männern, die sie wirklich liebte, streng an die *Regeln* hielt, würde sie den wahren Mann fürs Leben finden. Und wir hatten recht. Vor einiger Zeit lernte sie Robert kennen, den sie ausgesprochen sexy findet, nicht nur »nett«. Sie ist mit ihren Gedanken ständig bei ihm und braucht sich gar nicht zweimal zu fragen, ob er der Richtige für sie ist. Er ruft sie beinahe jeden Tag an und gibt ihr das Gefühl, etwas ganz Besonderes für ihn zu sein.

Susan führt es auf die *Regeln* zurück, daß ihr Leben

sich so zum Positiven gewandelt hat. Sie findet, daß die *Regeln* sie dazu gebracht haben, mehr an sich selber zu denken und nicht bloß passiv hinzunehmen, wie die Männer mit ihr umspringen.

Inzwischen ist Susan Mitglied einer *Regeln*-Selbsthilfegruppe aus ungefähr einem Dutzend Frauen, die sich einmal in der Woche treffen, um sich auszutauschen und einander mit Rat und Tat hilfreich unter die Arme zu greifen. Kürzlich konnte Susan ihrer Gruppe mitteilen, daß Robert schon nach zehn Monaten um ihre Hand angehalten habe. Nach der Verlobung hätte er mit ihr zusammenziehen wollen, aber sie habe das mit dem Hinweis darauf, ein altmodisches Mädchen zu sein, freundlich aber bestimmt abgelehnt, worauf er sogleich den Hochzeitstermin vorverlegt habe!

Die *Geschichte von Stacey G.* aus Houston, Texas: Sie war vier Jahre verheiratet, als sie die *Regeln* entdeckte. Es ist nie zu spät!

Stacey, eine fünfunddreißigjährige Sekretärin, hat erst ein bißchen spät von den *Regeln* erfahren – vier Jahre nach der Heirat! Nachdem sie das Buch gelesen hatte, wünschte sie sich von ganzem Herzen eine Ehe nach den *Regeln*! (Sooft Ihnen eine Frau sagt, sie habe auch ohne die *Regeln* sehr wohl einen Mann gefunden, denken Sie daran, daß es in den *Regeln* nicht nur darum geht, unter die Haube zu kommen, sondern auch, eine *erfüllte* Ehe zu führen, mit einem Mann, der wie verrückt in Sie verliebt ist und Ihnen jeden Wunsch von den Augen abliest!)

Nun ja, die *Regeln* hätten Stacey über die Jahre tatsächlich allerhand Kummer ersparen können. Sie hatte Neil, einen gutaussehenden Börsenmakler, im Fitneßclub kennengelernt (beide sind aktive Freizeitsportler), er sprach sie an, um ihr ein paar Ratschläge zu geben, als sie gerade am Muskeltrainer ihre Übungen machte, und lud sie nach der Fitneßstunde zu einer Tasse Kaffee ein.

Soweit hätten wir eigentlich einen guten Anfang für eine Beziehung nach Maßgabe der *Regeln* – sie ist ihm aufgefallen, er fand sie schön und hat den ersten Schritt gemacht. Doch geblendet von seinem guten Aussehen sagte Stacey vorschnell ja, und das war ihr erster Fehler. Sie war machte es ihm zu einfach, indem sie sich zu rasch verfügbar zeigte. »Oh, gerne, aber ich habe noch allerhand zu erledigen«, hätte ihre Antwort lauten sollen. Immer daran denken: Wir gehen nicht auf eine spontane Einladung eines Mannes mit ihm einen Kaffee trinken! Das ist keine Lappalie, denn es hat mit der Wertschätzung Ihrer eigenen Person und Ihrer kostbaren Zeit zu tun. Ein Mann muß ein wenig warten können, wenn er mit Ihnen zusammen sein will!

Und so begann ein Jahr voller überstürzter Verabredungen, weil Neil merkte, daß er jederzeit über Stacey und ihre Zeit verfügen konnte. Häufig rief er sie am Freitagnachmittag an, um sich für den Samstagabend mit ihr zu verabreden. Stacey sagte dann gleich alles ab, was sie sich mit Freundinnen vorgenommen hatte, um dann am Samstag nachmittag Neil im Fitneßclub über den Weg zu laufen und von ihm zu hören, er wäre heute nicht in der Stimmung und hätte es sich anders überlegt. Natürlich war Stacey traurig, sagte sich aber, wie niedlich sie Neil fände und daß sie ihn schon »kriegen« würde, wenn sie sich nach seinen Wünschen richte. Wenn sie nicht immer für ihn da war, könnte er schließlich glauben, sie würde ihn nicht mehr mögen, oder, was noch schlimmer wäre, eine Verabredung mit einer anderen eingehen!

Stacey hat in dieser Zeit viel geweint, alleine oder im Beisein ihrer Freundinnen, aber nicht die Hoffnung aufgegeben, Neil würde sie eines Tages heiraten. Das ging ungefähr zwei Jahre lang so. Neil benahm sich ziemlich selten zuvorkommend Stacey gegenüber. Nach einem romantischen Wochenendtrip – auf ihren Vorschlag hin – erklärte er ihr ganz kühl und sachlich, er würde sie mögen, wisse aber nicht, ob er für immer und alle Tage mit ihr zusammenbleiben wolle. Er brauche seine Freiheit. Eines Sonntags kam sie zu ihm in seine Wohnung und bot ihm an, etwas Schönes zum Abendessen zu kochen. »Super«, sagte Neil und ließ sie dann in der Küche stehen, um mit seinen Freunden Basketball spielen zu gehen. Sie stand weinend über Töpfen und Pfannen, während er genüßlich große Sprünge machte.

Irgendwann wußte Stacey nicht mehr, wie es mit dieser Beziehung, die doch so offensichtlich in der Sackgasse steckte, weitergehen sollte. Sie drohte Neil damit, ihre gutbezahlte Stellung aufzugeben und zu ihrer älteren Schwester in eine andere Stadt zu ziehen. Sie ahnte nicht, daß sie sich damit nach den *Regeln* richtete – sie kannte das Prinzip noch nicht – hatte nur ganz einfach genug, und ihre Schwester riet ihr denn auch, Neil vor ein Ultimatum zu stellen: Heirate mich oder vergiß mich. Stacey folgte diesem Rat. Aus Angst, sie zu verlieren – schließlich war sie ihm doch ein guter Kumpel gewesen – hielt Neil um Staceys Hand an.

Vier Jahre später wünschte sich Stacey allerdings, sie könne einige der Annehmlichkeiten genießen, die aus einer Ehe nach der Maßgabe der *Regeln* erwachsen. Gingen die beiden zum Beispiel auf eine Party, ließ Neil sie jedesmal stehen, um sich mit anderen Gästen zu unterhalten.

Zu Hause war er bisweilen lieb und zärtlich, aber nie sonderlich zu Intimitäten aufgelegt. Er behandelte sie wie die gute, immer verläßliche Stacey – das Mädchen, das für ihn gekocht hat, während er Basketball spielte –

und ganz gewiß nicht wie eine Frau, die für ihn anders war als alle anderen. Wir rieten Stacey, sich an Regel Nummer 25 zu orientieren – »Auch während der Verlobungszeit und in der Ehe sollten Sie sich an die *Regeln* halten« – und sich fortan danach zu richten. Wir schlugen ihr vor, vorteilhaftere Kleider zu tragen (sie neigt zu eher konservativerer Garderobe), ihre Fitneßübungen wieder aufzunehmen (nach der Eheschließung hatte sie damit aufgehört) und *ihn* auf Parties links liegenzulassen, in Zukunft aufs Händchenhalten zu verzichten, nicht mehr so häufig auf Intimitäten zu drängen, ihn nicht so oft in der Arbeit anzurufen oder ihm Zettelchen an den Kühlschrank zu klemmen.

Wir rieten ihr, sich ein wenig unnahbarer zu geben – das Mädchen, von dem man nicht weiß, ob es nicht eines Tages seine Siebensachen packt und weiterzieht. Schließlich war es nicht Stacey, das »brave Mädchen«, die artige Köchin, gewesen, die Neil dazu veranlaßt hatte, um ihre Hand anzuhalten, sondern der Teil von Stacey, der sich unbewußt an die *Regeln* hielt.

Seit sie in ihrer Ehe die *Regeln* anwendet, hat Stacey bereits eine Veränderung in Neils Verhalten festgestellt. Er ruft sie tagsüber häufiger an und ist aufmerksamer ihr gegenüber – sowohl zu Hause als auch im Beisein anderer.

Kürzlich überraschte er sie damit, daß er sie zu ihrem fünfunddreißigsten Geburtstag in ein romantisches Ausflugslokal einlud. Stacey, die schon nicht mehr daran hatte glauben wollen, daß sich in ihrer Ehe noch etwas ändern könnte, ist heute eine glühende Anhängerin der *Regeln*.

Und zum Schluß die *Geschichte von Amy D.* aus San Diego, Kalifornien: Diese chronische Regelbrecherin mußte es auf die harte Tour lernen: Sich einem Mann zu sehr zu nähern, läßt ihn in die andere Richtung davonrennen!

Amy, dreiundvierzig Jahre alt und geschieden, glaubte, endlich das große Los gezogen zu haben. Sie war fünfunddreißig, als ihr Mann sie verließ, und hatte seitdem nur Männerbekanntschaften gepflegt, die alle keine Aussicht auf die Ehe versprachen. Dann lernte sie anläßlich einer Geschäftsreise Jack kennen. Sie und er waren bei derselben Computerfirma beschäftigt, allerdings in unterschiedlichen Niederlassungen: sie in San Diego, er in Minneapolis. Zur Einführung eines neuen Softwaresystems waren alle Mitarbeiter in die Firmenzentrale nach Chicago eingeladen worden. Jack fiel Amy sogleich auf, und sie nahm im Sitzungssaal neben ihm Platz. Erster großer Fehler! Frauen, die sich nach den *Regeln* richten, forcieren keine Bekanntschaften! Entweder bemerkt uns ein Mann oder nicht, setzt sich neben uns oder läßt es. Da sie schon länger in der Branche war als er, bot Amy Jack an, ihm ein paar Tips zu geben – ein Trick, auf den viele berufserfahrene Frauen gerne zurückgreifen, wenn sie einen Mann auf sich aufmerksam machen wollen. Dummerweise führt er nie zum erwünschten Ziel! Jack, der ganz der Gentleman sein wollte, lud Amy als Dank zum Abendessen ein, und so führte das eine zum anderen: Ein paar Drinks zuviel, und schließlich landete Amy in Jacks Hotelzimmer mit ihm im Bett.

Die heiße Liebe kühlte auch nicht ab, als das Einführungsseminar vorüber war. Die beiden telefonierten dauernd miteinander und tauschten E-Mails aus. Jack schlug vor, Amy solle sich um eine Stelle in seiner Niederlassung bewerben und zu ihm nach Minneapolis ziehen. Die Firma hatte dort aber keinen Posten zur Verfügung. Amy kündigte trotzdem und folgte Jacks Vorschlag. (Wie viele Frauen haben für einen Mann ihre

Karriere und ihre Wohnung aufgegeben? Natürlich haben sie alle es hinterher bereut. Frauen, die die *Regeln* kennen, wissen's besser!)

Der erste Monat unter einem gemeinsamen Dach war wie ein Geschenk des Himmels – er rackerte sich ab, um voranzukommen, sie dekorierte die Wohnung neu und kochte für ihn, während sie sich vergeblich um Arbeit bemühte.

Im zweiten Monat war alles nicht mehr so lustig. Jack gefiel es immer weniger, daß Amy ihm auf der Tasche lag. Er blieb jeden Tag länger im Büro und rief oft in letzter Minute an, um ihr zu sagen, daß er es nicht pünktlich zum Abendessen schaffen würde. An den Wochenenden ging er Golf spielen, während sie zu Hause hockte.

Amy hatte in Minneapolis noch keine Freunde gefunden und wurde zunehmend einsamer und deprimierter. Eines Tages nahm sie allen Mut zusammen und fragte Jack, was denn eigentlich los sei. Er antwortete, »die Dinge würden sich nicht so entwickeln, wie er erwartet hätte«, und sie solle sich eigene Wohnung suchen – lieber heute als morgen! (Männer können ziemlich grausam sein, wenn eine Frau die *Regeln* mißachtet.)

In ihrer Verzweiflung rief Amy eine Freundin in San Diego an, die ihr eine Couch zum Schlafen anbot. Diese Freundin gab Amy auch ein Exemplar unseres Buches. Amy las es in einem Rutsch durch und begann zu weinen, als ihr all die Fehler bewußt wurden, die sie bei Jack gemacht hatte (und bei diversen anderen Männern, einschließlich ihres Ehemannes).

Sie war es, die Jack angesprochen und sich neben ihn gesetzt hatte; sie benutzte ihre Kenntnisse, um mit ihm ins Gespräch zu kommen; er war nicht wirklich an ihr interessiert, sondern nur an ihrem Fachwissen; sie ließ sich schon nach dem ersten Rendezvous (das ja nicht einmal ein Rendezvous gewesen war, sondern nur eine

Einladung zum Abendessen aus Dankbarkeit!) von ihm verführen. Und das Schlimmste: Sie hatte ihre Stellung gekündigt und Freunden und Verwandten den Rücken gekehrt, um Hals über Kopf mit ihm zusammenzuziehen. Nachdem sie das Buch gelesen hatte, trat Amy einer *Regeln*-Selbsthilfegruppe bei, in der sie lernte, keine Gespräche mit Männern anzufangen und sich nicht in ihre beruflichen Angelegenheiten einzumischen. Kürzlich machte sie auf einer Computermesse in New York die Bekanntschaft von Bruce. Er sprach sie an, und nachdem die beiden sich eine Viertelstunde lang unterhalten hatten, erklärte Amy, sie habe noch etwas zu erledigen.

Bruce bat sie um ihre Telefonnummer. Amy erkannte sich selbst nicht wieder. In früheren Zeiten hätte sie jeder neuen Männerbekanntschaft spontan ihre gesamte Lebensgeschichte aufgetischt. Nach Ende der Messe rief Bruce sie an, kam dann extra von New York nach San Diego geflogen, um Amy zu besuchen, und schickte ihr während der ersten Monate zwischen seinen Besuchen öfters Postkarten. Acht Monate später fragte er sie, ob sie seine Frau werden wolle, und bot an, nach San Diego umzusiedeln.

Amy kann es immer noch nicht glauben. Das war das erste Mal, daß sie nicht meinte, darauf bedacht sein zu müssen, die Bekanntschaft eines Mannes zu suchen, sondern getrost alles ihm überlassen konnte ... und es hatte funktioniert! Für den Juni ist die Hochzeit geplant, und Amy braucht weder ihr Apartment noch ihre Stelle aufzugeben. Die im Beruf wieder erfolgreiche Frau, die einmal geglaubt hatte, so etwas wie die *Regeln* wäre »was für andere Frauen«, leitet heute selbst eine *Regeln*-Selbsthilfegruppe und geht voll und ganz darin auf!

Haben auch Sie uns eine Geschichte zu erzählen? Nur zu gerne würden wir von Ihnen hören, wie Sie die *Regeln* angewendet haben, um einen liebevollen Partner oder einen treuen Ehemann zu finden! Schreiben Sie bitte an:

The Rules
FDR Station, P.O.Box 6047
New York, N.Y. 10150
USA

Danksagung

Wir möchten uns bei unseren wunderbaren Ehemännern und unseren Kindern für ihre Liebe und ihre Unterstützung bedanken.

Besonderer Dank auch unseren Agenten Connie Clausen und Sted Mays. Ein großes Dankeschön allen bei Warner Books, besonders dem Vorsitzenden von Time Warner Trade Publishing, Larry Kirshbaum, unserer Lektorin Caryn Karmatz Rudy, unserer leitenden Redakteurin Tina Andreadis und ihrer Stellvertreterin Heather Fain.

Und natürlich gebührt unser Dank auch unseren Müttern Sylvia und Margie, unseren Freundinnen und Freunden, unseren Mitarbeiterinnen und Mitarbeitern, den Mitgliedern von *Regeln*-Selbsthilfegruppen auf der ganzen Welt und den Tausenden von Frauen, die uns geschrieben und uns angerufen haben, um uns zu ermuntern, unser zweites Buch zu schreiben.

Ellen Fein und Sherrie Schneider

Suzanne Finnamore
Endlich verlobt
Roman. 256 Seiten. Geb.
Aus dem Amerikanischen von Angela Hohmann.

Als 36jährige erfolgreiche Werbetexterin hatte ich wirklich allen Grund, mit dem Leben zufrieden zu sein, zumal Michael mir ausreichend emotionale und erotische Höhenflüge bescherte. Michael hatte nur einen Riesenfehler, und der ließ sich mit »Angst vor Verpflichtungen« oder »Bindungsunfähigkeit« ziemlich treffend beschreiben. War es schon schwer genug gewesen, ihn von Gabrielle loszueisen, so schien es schier unmöglich, daß aus meinem gutaussehenden, charmanten, witzigen und intelligenten Lebensabschnittsbegleiter jemals »mein Mann Michael« werden würde.
Aber dann hatte ich ihn eines Tages soweit. Blieb also nur noch das Problem des Hochzeitskleids zu meistern. Und die Frage, wie und wo wir unsere Flitterwochen verbringen sollten. Und der Ringkauf, wobei unsere Meinungen doch ganz schön auseinandergingen. Und die endlosen Telefonate mit meiner Mutter. Und die Angst davor, daß mit dem Eheleben urplötzlich der Sex aufhört ...
Erfrischend frech liest sich diese locker-ironische Beichte einer jungen Frau über die schier unerträglich lange Zeit bis zur Traumhochzeit.

KABEL

Hilke Rosenboom
Die Rezepte, für die man geheiratet wird
144 Seiten. Geb.

Sie haben sich bereits ausgetobt, und es gelüstet Sie nicht mehr nach Männern, die mit einer roten Rose zwischen den Zähnen und Ihnen in den Armen über Tische und Designersofas springen. Sie wollen endlich einen Ehemann, und zwar den besten von allen. Und Sie wollen, daß auch Ihr Herzblatt nichts anderes mehr will, als Sie vor den Traualtar zu führen.

Dieses Buch handelt von grundsoliden Rezepten, die jeden eingefleischten Single zur Zweisamkeit bekehren und jeden Gigolo in einen zahmen Bettvorleger verwandeln. Von Gerichten, die den Mann Ihres Herzens schlichtweg süchtig machen nach einem geruhsamen Leben zu zweit - und zwar mit Ihnen! Daß Sie hier neben nützlichen Tips für die Zubereitung seiner Leibgerichte vor allem nachlesen können, wie Sie ansonsten Ihren Traummann sicher in den Hafen der Ehe lotsen, macht das Buch zu einem Muß für alle weiblichen Singles, die sich vorgenommen haben, zu heiraten.

KABEL

Julie Tilsner
Fünf vor Dreißig

Es gibt ein Leben nach dem 30. Geburtstag. 256 Seiten. Geb. Aus dem Amerikanischen von Eva Dempewolf.

Wenn dir der Girlie-Look nur ein müdes Grinsen entlockt, du schon lange nicht mehr in der Eckkneipe kellnerst und gelegentlich sogar über eine Altersvorsorge nachdenkst ... wenn du beim Haareschneiden dezent auf die ersten Grauen hingewiesen wirst und dir nur noch alle Schaltjahre einmal ein echter Traummann über den Weg läuft, während es um dich herum nur noch Pärchen (mit Kind) zu geben scheint, dann ist eins ganz klar: Du gehst steil auf die Dreißig zu.
Oder – Glückwunsch! – du hast diesen Meilenstein bereits überwunden und weißt jetzt, wie es jenseits dieser magischen Zahl aussieht.
Auch Julie Tilsner hat entdeckt, daß »das Leben danach« sehr viel besser ist als sein Ruf. Bestechend offen und witzig schreibt sie, wie Dates und Beziehungen, Beruf und Finanzen, Klamotten und Trends sich verändern, wenn man den 30. erst mal erfolgreich hinter sich gebracht hat.

KABEL

Sam Keen
Das Chaos der Liebe
16 Schlüsselelemente für unser
zentrales Lebensgefühl
280 Seiten. Geb. Aus dem Amerikanischen
von Michael Benthack.

Die große, einmalige, unvergängliche Liebe fürs ganze Leben fällt nicht vom Himmel. Sie ist auch kein Lottogewinn, sondern sie ist eine Kunst, die immer neu erarbeitet, gepflegt und verfeinert werden muß. Sam Keen plädiert leidenschaftlich dafür, daß wir uns mit unserem ganzen Sein – unserem Geist, unserem Körper und unserer Seele – diesem zentralen Sinn unseres Lebens widmen.
Zur Orientierung im Labyrinth der Liebe bietet er sechzehn Schlüsselelemente, die zusammengenommen die ganze Bandbreite umfassen: Das Geschenk der Aufmerksamkeit, das wir Freunden, Kindern, Partnern und Kollegen machen können, ist der mögliche Auftakt zu weiterer Hinwendung wie Verlangen, Sexualität und hingebungsvoller Liebe. Der Autor zeigt, wie wir sowohl Freude und Bindung in der Liebe entwickeln können, warum Loslassen und Alleinsein so wichtig sind und wie wir so wesentliche Qualitäten wie Reue und Mitgefühl kultivieren können.
Seit Erich Fromms »Die Kunst des Liebens« ist nicht mehr so ausdrucksvoll und beredt über die Ursehnsucht des Menschen geschrieben worden.

KABEL

Susan Kelley
Warum Männer verschwinden - warum Männer sich binden
224 Seiten. Geb. Aus dem Amerikanischen von Renate Zeschitz.

Ein Ratgeber zu einer der wichtigsten Fragen überhaupt: Wie und wodurch kann sich eine Liebe zu einer langfristigen Beziehung, basierend auf Treue, Vertrauen und Respekt, entwickeln?
Die Autorin Susan Kelley kann zu Recht als Expertin in Sachen »Männer« betrachtet werden. Sie hat Hunderte von Männern, die ihre Frau betrogen haben, nach deren Antriebsfedern befragt und erstaunlich ehrliche Antworten erhalten. Nun müssen die Begründungen von Männern für ihr Tun Frauen nicht gleich veranlassen, sich schuldig zu fühlen oder gar allein die Beziehungsarbeit zu leisten.
Es geht der Autorin darum, ihren Geschlechtsgenossinnen zu vermitteln, daß eine Chance für eine dauerhafte Beziehung erst dann gegeben ist, wenn sie die männlichen Gründe für Treulosigkeit kennen. Es ist ihr sehr wichtig, nicht nur die Motive der männlichen Betrüger offenzulegen, sondern gleichzeitig Frauen dafür zu sensibilisieren, was sie nach Meinung der Männer zu potentiellen Betrogenen macht, und ob es Wege gibt, die eine solche Entwicklung verhindern.

KABEL

PIPER

Nate Penn/Lawrence LaRose
Die Kunst, der Frau fürs Leben zu entgehen

Aus dem Amerikanischen von Massimo Spitz. 127 Seiten.
Serie Piper 2818

Endlich haben zwei Männer die Antwort gefunden auf die unzähligen Ratgeber, die Frauen »den Mann fürs Leben« bescheren wollen. Nate Penn und Lawrence LaRose zeigen Ihnen, wie Sie das Superweib erobern, ohne die sonst üblichen Risiken und Nebenwirkungen in Kauf nehmen zu müssen: Sie brauchen kein Vermögen für Pelzmäntel auszugeben, Sie werden keine einzige Sportschau versäumen, und am Ende brauchen sie keinen langfristig bindenden Ehevertrag zu unterschreiben. Mit witzigen, schlagfertigen und nicht so ganz ernst gemeinten Ratschlägen wird hier die Kunst geschildert, die Frau des Lebens zu erobern und sie garantiert nicht heiraten zu müssen.